『可洪音義』研究
——以引書考爲中心

韓小荆 著

中國社會科學出版社

圖書在版編目(CIP)數據

《可洪音義》研究：以引書考為中心 / 韓小荆著 .—北京：中國社會科學出版社，2019.1
ISBN 978-7-5203-3796-0

Ⅰ.①可⋯　Ⅱ.①韓⋯　Ⅲ.①汉语-中古音-研究　Ⅳ.①H113

中國版本圖書館 CIP 數據核字（2018）第 287829 號

出 版 人	趙劍英
責任編輯	任　明
責任校對	楊　林
責任印製	郝美娜

出　　版	中國社會科學出版社
社　　址	北京鼓樓西大街甲 158 號
郵　　編	100720
網　　址	http://www.csspw.cn
發 行 部	010-84083685
門 市 部	010-84029450
經　　銷	新華書店及其他書店

印刷裝訂	北京君昇印刷有限公司
版　　次	2019 年 1 月第 1 版
印　　次	2019 年 1 月第 1 次印刷

開　　本	710×1000　1/16
印　　張	29.5
插　　頁	2
字　　數	475 千字
定　　價	158.00 圓

凡購買中國社會科學出版社圖書，如有質量問題請與本社營銷中心聯繫調換
電話：010-84083683
版權所有　侵權必究

目　錄

引言 …………………………………………………………… (1)
第一章　《可洪音義》引字書研究 ………………………… (5)
　第一節　《可洪音義》引"説文"研究 ……………………… (5)
　　一　指《説文解字》 ………………………………………… (6)
　　二　指其他字韻書釋文 …………………………………… (9)
　　三　指經文原文 …………………………………………… (13)
　　四　指經文夾注 …………………………………………… (14)
　　五　出處待考 ……………………………………………… (15)
　　附：可洪所引"説文"資料疏證 …………………………… (17)
　第二節　《可洪音義》引《玉篇》研究 …………………… (86)
　　一　引言 …………………………………………………… (86)
　　二　可洪所引《玉篇》的文獻學價值 …………………… (91)
　　三　可洪所引《玉篇》的語言文字學價值 ……………… (98)
　　附1：可洪所引《玉篇》資料疏證 ……………………… (104)
　　附2：可洪所引《玉篇》與現存《玉篇》及相關字書異同
　　　　對照表 ………………………………………………… (151)
　第三節　《可洪音義》引《字樣》研究 …………………… (151)
　　一　可洪所引《字樣》内容與《五經文字》相合 ……… (152)
　　二　可洪所引《字樣》内容與《九經字樣》相合 ……… (171)
　　三　可洪所引《字樣》内容可能出自《顔氏字樣》 …… (177)
　　四　可洪所引《字樣》内容出處不詳 …………………… (179)
　　五　結論 …………………………………………………… (181)
第二章　《可洪音義》引韻書研究 ……………………… (184)
　第一節　《可洪音義》所引《切韻》研究 ………………… (184)

  一　可洪所引《切韻》與現存《切韻》系韻書之比較 …… (184)
  二　可洪所引《切韻》與陸法言《切韻》的關係 ……… (187)
  三　可洪所引《切韻》與《韻》的關係 ………………… (189)
  四　可洪所引《切韻》的文獻語言學價值 ……………… (190)
  附1：可洪所引《切韻》資料疏證 ……………………… (198)
  附2：可洪所引《切韻》與現存《切韻》系韻書對照表 … (230)
 第二節　《可洪音義》所引《新韻》研究 …………………… (230)
  一　《新韻》與現存《切韻》系韻書之比較 …………… (230)
  二　《新韻》和《舊韻》的關係 ………………………… (232)
  三　《新韻》和可洪所引《切韻》的關係 ……………… (233)
  四　《新韻》的文獻語言學價值 ………………………… (234)
  附1：可洪所引《新韻》資料疏證 ……………………… (243)
  附2：可洪所引《新韻》與現存《切韻》系韻書對照表 … (260)
 第三節　《可洪音義》所引《舊韻》研究 …………………… (260)
  一　《舊韻》與現存《切韻》系韻書之比較 …………… (261)
  二　《舊韻》和可洪所引《切韻》的關係 ……………… (263)
  三　《舊韻》和陸法言《切韻》的關係 ………………… (263)
  附1：可洪所引《舊韻》資料疏證 ……………………… (264)
  附2：可洪所引《舊韻》與現存《切韻》系韻書對照表 … (276)
 第四節　《可洪音義》所引孫愐《韻》研究 ………………… (276)
  一　孫愐《韻》與現存《切韻》系韻書之比較 ………… (276)
  二　孫愐《韻》和《舊韻》的關係 ……………………… (279)
  三　孫愐《韻》和《新韻》的關係 ……………………… (280)
  附1：可洪所引孫愐《韻》資料疏證 …………………… (280)
  附2：可洪所引孫愐《韻》與現存《切韻》系韻書對照表 … (293)
 第五節　《可洪音義》所引《切韻》系其他韻書研究 ……… (293)
  一　引《韻》 ……………………………………………… (293)
  二　引舊《切韻》 ………………………………………… (296)
  三　引"陸法言説" ……………………………………… (297)
  四　引《唐韻》 …………………………………………… (299)
  五　引《新唐韻》 ………………………………………… (303)

六　小結 ……………………………………………………（304）
　第六節　《可洪音義》所引萇筠《切韻》研究 ………………（305）
　　　一　文字方面多收俗字異體 ………………………………（305）
　　　二　注音方面多存時音異讀 ………………………………（309）
　　　三　釋義方面切近語言事實 ………………………………（313）
　　　附：可洪所引萇筠《切韻》輯佚與考辨 …………………（317）
第三章　《可洪音義》與佛典整理 ………………………………（327）
　第一節　湯用彤《高僧傳》獻疑 ………………………………（327）
　第二節　郭紹林《續高僧傳》獻疑 ……………………………（332）
　第三節　李小榮《弘明集校箋》獻疑 …………………………（341）
第四章　餘論 ………………………………………………………（350）
　第一節　同經異譯與佛經音義研究 ……………………………（350）
　　　一　參考異譯有助於發現音義作者的失校、誤校 ………（354）
　　　二　參考異譯有助於修正音義作者的注釋疏誤 …………（357）
　　　三　參照異譯可以更透徹地理解音義作者的釋義 ………（361）
　　　附：慧琳《道地經音義》疏證 ……………………………（364）
　第二節　佛經音義注釋疏誤原因分析 …………………………（389）
　　　一　經本校勘不到位 ………………………………………（390）
　　　二　參考字韻書泥古不化 …………………………………（397）
　　　三　外典文獻知識儲備欠缺 ………………………………（400）
　　　四　佛教基礎知識儲備不足 ………………………………（408）
　　　五　對印度的自然環境、風俗文化不夠了解 ……………（413）
　　　六　對梵文辭書或原典的參考不足 ………………………（417）
　　　七　對同經異譯的參考不足 ………………………………（420）
　　　八　結語 ……………………………………………………（422）
附錄圖表 …………………………………………………………（424）
參考文獻 …………………………………………………………（450）
字詞索引 …………………………………………………………（455）

附錄圖表：

圖表1：可洪所據《玉篇》與現存《玉篇》及相關字書異同對
　　　　照表…………………………………………………………（424）
圖表2：可洪所引《切韻》與現存《切韻》系韻書對照表 …………（429）
圖表3：可洪所引《新韻》與現存《切韻》系韻書對照表 …………（438）
圖表4：可洪所引《舊韻》與現存《切韻》系韻書對照表 …………（443）
圖表5：可洪所引孫愐《韻》與現存《切韻》系韻書對
　　　　照表…………………………………………………………（447）

引　言

　　《可洪音義》（全稱《新集藏經音義隨函録》）是一部大型佛經音義書，作者釋可洪，歷代僧傳失載，生平事迹不詳。據其書前序、後序、《施册入藏疏文》《慶册疏文》及希悟的《贊經音序》，大體可以肯定他生活在後唐、後晉之際，是漢中僧人。

　　《可洪音義》是一部很有價值的佛經音義書，成書以後即入藏流傳，在佛教界有一定影響，然一直未引起教外學者們的足夠重視。即便有人提及，也多是零星參考，如季羨林等校注《大唐西域記》、湯用彤校注《高僧傳》時，就參考了《可洪音義》。至於對《可洪音義》進行全面系統研究的著作，目前還不多，現有的一些研究多集中在音韻、文字方面，如高田時雄的《可洪〈隨函録〉與行瑫〈隨函音疏〉》[①]、許端容的《可洪〈新集藏經音義隨函録〉音系研究》[②]和儲泰松的《〈可洪音義〉研究》[③]，都是研究《可洪音義》的反切和音系的著作。從文字方面對《可洪音義》進行研究的文章有臺灣徐珍珍的碩士學位論文《〈新集藏經音義隨函録〉俗字研究》[④]和蔣妙琴的《〈新集藏經音義隨函録〉在研究俗字上的價值》[⑤]，專著有鄭賢章的《〈新集藏經音義隨函録〉研究》[⑥]和韓小荆《〈可洪音義〉研究——以文字爲中心》[⑦]，都是利用《可洪音義》所提供的文字資料，著重討論它在文字學方面的重要功用。

[①] ［日］高田時雄：《敦煌·民族·語言》，鍾翀等譯，中華書局2005年版。
[②] 許端容：《可洪〈新集藏經音義隨函録〉音系研究》，博士學位論文，中國文化大學，1989年。
[③] 儲泰松：《〈可洪音義〉研究》，復旦大學博士後出站報告，2002年4月。
[④] 徐珍珍：《〈新集藏經音義隨函録〉俗字研究》，碩士學位論文，逢甲大學，1986年。
[⑤] 蔣妙琴：《〈新集藏經音義隨函録〉在研究俗字上的價值》，《吳鳳學報》1995年第5期。
[⑥] 鄭賢章：《〈新集藏經音義隨函録〉研究》，湖南師範大學出版社2007年版。
[⑦] 韓小荆：《〈可洪音義〉研究——以文字爲中心》，巴蜀書社2009年版。

《可洪音義》的研究價值是多方面的，例如《可洪音義》中所引典籍甚多，尤其是他所引用的字韻書以及各類佛經音義，都有重要的語言文字學價值和版本價值，可以利用《可洪音義》對之進行輯佚、整理與研究。再如，《可洪音義》所釋對象是中古時期的抄本佛經，是現行刻本佛典的鼻祖，對於我們校勘佛教典籍大有裨益。這兩方面的工作目前較少有人論及，即便有篇把碩士學位論文，也都是簡單的輯錄而缺乏深入的考辨和系統的研究。

筆者自攻讀博士學位以來，一直在對《可洪音義》進行研究與整理，前幾年主要研究其在文字方面的價值和功用，已經出版了《〈可洪音義〉研究——以文字爲中心》。近兩年主要整理其書，準備出版《〈可洪音義〉校箋》，同時還在研究《可洪音義》的引書問題，以及利用《可洪音義》研讀、校勘現行佛教典籍。本書主要是對《可洪音義》徵引字韻書的考察，至於《可洪音義》徵引各類佛經音義的引書研究，將另有專書出版，此書暫不涉及。

本書第一章研究《可洪音義》所徵引的主要字書，包括三小節。

（一）《可洪音義》引"説文"研究：《可洪音義》共提到"説文"250次左右，一般認爲指的就是《説文解字》，并有人試圖據此校正今本《説文》。然而，經過考證，我們發現其中情況複雜，可洪所言"説文"一詞往往所指不同，所引"説文"資料來源多樣，具體所指如下：1. 指《説文解字》；2. 指其他字韻書釋文；3. 指經文原文；4. 指經文夾注。此外，還有一些來源不明，出處待考。上述這些所謂"説文"引文跟《説文解字》關係不大，甚至可以説毫不相干，需要特別引起注意。此小節不但對《可洪音義》引"説文"的所有情況進行了總結，而且附錄了《可洪音義》引"説文"的全部資料，以備研究《説文》者參考。

（二）《可洪音義》引《玉篇》研究：《玉篇》自成書至宋代重修，其間增補删訂不斷，各時代具體修訂情況如何，至今仍不明朗。《可洪音義》中稱引了很多《玉篇》的內容，將它與現存《玉篇》各種版本進行比勘，可以確知其差異，對於研究《玉篇》的傳承流布史有重要意義。不僅如此，可洪所引《玉篇》的某些字形、注音或釋義，傳世其他字韻書中均未收錄，在語言文字學研究方面也有彌足珍貴的價值。此小節詳細闡述了可洪所引《玉篇》的文獻學、語言學價值，並附錄了《可洪音義》引《玉篇》的全部資料，以備研究《玉篇》者參考。

（三）《可洪音義》引《字樣》研究：《可洪音義》有一百多條詞目釋文中都稱引了"字樣"，但未點明具體所指，我們通過逐一分析考證，得出如下結論：除個別條目引自《顏氏字樣》外，絕大多數條目所提到的"字樣"指《五經文字》和《九經字樣》。至少在晚唐五代及宋初的文獻中，《五經文字》又稱《五經字樣》，《五經文字》和《九經字樣》也常統稱爲《五經字樣》或《字樣》。《希麟音義》和《龍龕手鏡》二書中稱引"字樣"的情況與《可洪音義》完全相同，可以作爲旁證。此發現對於研究後人對唐代字樣書的引用情況、探討唐代字樣書的歷史傳承有重要意義。

第二章引韻書考主要考察了《可洪音義》引用《切韻》系韻書的情況。這些《切韻》系韻書被可洪稱爲《韻》、《切韻》、舊《切韻》、孫愐《韻》、《唐韻》、《新唐韻》、《舊韻》、《新韻》等名目，這些稱謂之間到底是什麼關係，具體是哪幾種韻書，版本情況如何，和現存的韻書是什麼關係，在分韻、收字、注音、釋義等方面有哪些特色，筆者通過將可洪所引的這些韻書與現存唐宋《切韻》系韻書進行全面比較，嘗試回答上述問題。

本章分六節，前五節主要考察如下問題：《可洪音義》引《切韻》研究、《可洪音義》引《新韻》研究、《可洪音義》引《舊韻》研究、《可洪音義》引孫愐《韻》研究、《可洪音義》引《切韻》系其他韻書研究。不僅如此，各節還把對這些韻書的輯佚考證資料都附在文後，以供研究韻書者參考。

第六節研究《可洪音義》所引莨筠《切韻》，莨筠和尚《切韻》今已失傳，據《可洪音義》所引推測，該書大概編撰于中晚唐時期，然而歷代公私書目中未見著錄，具體內容、編撰體例、版本情況，以及和其他《切韻》系韻書的關係，皆不可考。《可洪音義》共稱引莨筠《切韻》27次，涉及27個字詞，其他著作中尚未見引用。通過對這爲數不多的二十幾條資料的分析研究，可以看出，莨筠《切韻》在收字方面多存俗字異體，注音方面多存時音異讀，釋義則切近語言事實，是一部很有特色的韻書。

第三章主要是利用《可洪音義》校讀佛教典籍，對目前比較通行的佛籍整理本提出商榷意見。《可洪音義》所依據的佛典底本大都是唐以前的抄本，理論上訛誤率應該比後代的抄本、刻本低。而且，《可洪音義》

以辨析解釋手寫佛經中的俗訛難字爲主要目的，所以對於校讀整理現行佛教典籍具有獨特價值。今人在佛典整理方面已經做了很多工作，出版了一些高質量的校本，比如湯用彤先生點校的《高僧傳》、郭紹林先生點校的《續高僧傳》，以及李小榮先生的《弘明集校箋》等，都用力頗深，很多校箋值得稱道，筆者在參考過程中受益匪淺。幾位先生在校勘中對佛經音義書都有利用，但還不夠系統全面。筆者對照佛經音義，尤其是《可洪音義》，發現這些整理本中還有些許字詞的校勘值得商榷，於是敷衍成文，以求教於作者和方家。

第四章餘論部分主要探討有關佛經音義研究方法的問題。

第一節討論佛經異譯本對佛經音義研究的意義。同一部佛經的不同譯本之間互爲異譯。同經異譯對於我們校勘佛經、理解經意很有幫助。歷代經師在注釋佛經時對異譯都有所參考，但是沒有程式化，不成體系，尤其在注釋某些艱澀難懂的早期譯經時，由於沒有參考異譯本，結果出錯率比較高。今天我們研究古代經師的佛經音義書時，要充分吸取這個經驗教訓，多多參考異譯。具體而言，參照異譯，有助於發現佛經音義作者的失校、誤校；有助於修正佛經音義作者的注釋疏誤；有助於更加深入透徹地理解音義作者的釋義。本節即以慧琳《道地經音義》爲例，並對照《可洪音義》，來就這個問題加以深入分析。

第二節主要分析佛經音義注釋疏誤的原因。佛經音義的重要性及其存在價值自然無須懷疑。但是，佛經音義注釋中那些成功的方法和正確的指導思想並沒有被一以貫之，其結論並不總是正確，很有一些條目值得再商榷，我們在研究《可洪音義》的過程中對其注釋疏誤情況就已經深有體會，在分析慧琳《道地經音義》時也充分展示了佛經音義注釋中存在的缺憾。所以，本節即以《可洪音義》等各類佛經音義爲例，全面分析了佛經音義注釋中存在的各種問題，目的是爲了明確今後佛經音義研究之門徑，避免重蹈其覆轍，然後循其弊病，一一擊破之。

筆者不揣鄙陋，每有所得，輒收拾纂輯，敷衍成文，欲貽同好，並求教方家。

第一章 《可洪音義》引字書研究

　　佛經音義的注釋主要靠徵引字韻書，有的書多用明引，如《玄應音義》《慧苑音義》《慧琳音義》《希麟音義》等，有的書主要用暗引，如《可洪音義》。關於《玄應音義》《慧琳音義》的引書研究，前賢時俊屬意頗多。早在清代的乾嘉學者們就已經注意到《玄應音義》徵引古辭書十分豐富，且很多今已失傳，故視其爲至寶，爭相輯佚，如任大椿據以輯有《字林考逸》，孫星衍輯有《倉頡篇》。清末《慧琳音義》復歸中國後，陶方琦亦利用該書補輯《字林》《倉頡篇》。當代學者對二書的研究也較其他佛經音義充分，尤其是引書考方面，成果頗多。至於《可洪音義》，由於釋語簡略，引書亦多暗引，不出書名，故學者們不甚措意。其實深究起來，可洪所引字韻書亦頗具時代特色，自有其價值。本章主要考察《可洪音義》所引字書，揭示其在字書傳承流布史中的重要意義，以及在語言文字學研究方面的珍貴價值。

　　《可洪音義》參引了很多字書，如《説文解字》《字林》《玉篇》《字樣》《字統》《文字音義》等，其中《字林》《字統》《文字音義》今已失傳，且可洪明確提到三書的條目甚少，故不是本書的研究重點。本章主要考辨可洪所引《説文》《玉篇》《字樣》的内容，並將其與現存版本進行比勘，從而全面探討其參引字書的體例，及其所引字書在收字、注音、釋義等方面的版本特色。

第一節 《可洪音義》引"説文"研究

　　《可洪音義》中共提到"説文"250次左右，一般認爲指的就是《説文解字》，并有學者試圖據此校正今本《説文》。然而，經過分析考證，我們發現《可洪音義》中"説文"一詞所指往往不同，所引資料來源多樣，跟《説文解字》相關或勉强相關的也不過100例左右。其他的五分之三中，有近 80 例引自或者很可能引自《切韻》系韻書釋文，還有少量出自《字樣》《玉篇》等其他字書，20 多例引自《玄應音義》釋文，10 多例出自經文原文，9 例引自經文夾注。此外，還有一些來源不明，出處待考。上述這些所謂"説文"引文跟《説文解字》關係不大，很多甚至可以説毫不相干，特別需要引起注意。下文即就《可洪音義》中"説文"一語的具體所指，分類舉例加以論證。

一 指《説文解字》

（一） 直接本自《説文解字》

1. 與《説文》字義説解相合

【例1】誶通，上雖醉反，言也。《詩》云：歌以誶止。《説文》云：讓也。《國語》曰：吳王誶申胥。（卷 26，《集沙門不應拜俗等事序音義》）①

按，《説文·言部》："誶，讓也。从言，卒聲。《國語》曰：誶申胥。"（51）② 可洪所引與《説文》釋義基本相合。

2. 與《説文》字形分析相合

【例2】稱權，上尺證反。下巨員反，稱錘也，《説文》從木、雚聲。雚，户官反。（卷 19，《阿毗達磨順正理論音義》卷 1）

按，《説文·木部》："權，黄華木。从木、雚聲。"（112） 與可洪所引相合。

3. 與《説文》字音相合

【例3】傳傳，二同，知戀反，傳也。傳傳，相傳也。《説文》中傳音椽。（卷 18，《律二十二明了論音義》）

按，《説文·人部》："傳，遽也。从人，專聲。"（163）大徐本根據《唐韻》注音"直戀切"，《五經文字·人部》："傳，丈緣反。"（11）皆音同"椽"，證明可洪所言《説文》字音源自歷代共識。《廣韻》有二音，《線韻》："傳，訓也。《釋名》曰：傳，傳也，以傳示後人也。直戀

---

① （後晉）釋可洪：《新集藏經音義隨函録》，《景印高麗大藏經》本，臺北新文豐出版公司 1982 年版，第 34—35 册。下同。中華電子佛典協會的電子佛典資料庫 CBETA 即用此版本録入，並提供了每個條目所出處的册數和頁碼，可以據此核對紙本原文。

② （東漢）許慎：《説文解字》，中華書局 2013 年版。下同。

切。"（411）又知戀切："傳，郵馬。《釋名》曰：傳，傳也，人所止息而去，後又復來，轉轉相傳，無常人也。"①

4. 與《説文》所列字形相合

【例4】澔盧，上呼古反，《説文》作汻。（卷3，《大乘大集地藏十輪經音義》卷1）

按，《説文·水部》："汻，水厓也。从水，午聲。"（231）邵瑛《群經正字》："今經典作澔。……《釋水》：澔，水厓。"（285）②《玉篇·水部》："汻，呼古切，水涯也。澔：同上。"（345）③可洪所言與《説文》字形正合。

5. 與《説文》字際關係相合

【例5】御寓，于矩反，棟~也，《説文》：與宇字略同也。宇，宇宙也，大也，邊也，正字寓也，誤。（卷9，《大乘密嚴經音義》卷上）

按，"寓"乃"寓"字俗訛。《説文·宀部》："宇，屋邊也。从宀，于聲。《易》曰：上棟下宇。寓，籀文宇，从禹。"（147）與可洪所言相合。

6. 與《説文》字詞對應關係相合

【例6】殘酷，苦沃反，虐也，暴急也，《説文》作嚳也。（卷26，《集今古佛道論衡音義》卷4）

按，《説文·告部》："嚳，急告之甚也。从告，學省聲。"（24）又《酉部》："酷，酒厚味也。从酉，告聲。"（313）據此可知，酷虐暴急義《説文》本作"嚳"，"酷"乃假借字，後世借字行而本字廢，可洪所言與《説文》合。

（二）轉引自他書中所引《説文解字》

【例7】三䐓，宜作䭔，都回反。䭔䐓，面醜也。又直僞反，非也。《經音義》以頯字替之，直追反，《説文》：顀出也。亦非。（卷1，《佛説太子須大拏經音義》）

---

① （宋）陳彭年等重修，余迺永校注：《新校互註宋本廣韻》（簡稱《廣韻》），上海辭書出版社2000年版，第411頁。除非特別標注，本書一般徵引此種《廣韻》。

② （清）邵瑛：《説文解字群經正字》（簡稱《群經正字》），《續修四庫全書》本，第211冊。下同。

③ （宋）陳彭年等重修：《宋本玉篇》（簡稱《玉篇》），中國書店1983年影印清張氏澤存堂刻本。下同。

按，《說文·頁部》："頯，出額也。"（179）《玉篇·頁部》："頯，直追切。出額也。"（74）而可洪所引與今本《說文》文字順序不同。今考《玄應音義》卷5《太子須大拏經音義》："三頯，直追反，《說文》：額出也。今江南言頯頭胅額，乃以頯爲後枕高胅之名也。經文作膇，未見所出。"（72b）① 據此，可洪所據《說文》乃轉引自《玄應音義》，玄應所引的《說文》與今本不同，可洪因襲之。

【例8】北狄，徒的反，正作狄。《說文》曰：南蠻從虫，北狄從犬，西羌從羊，東夷從大人。（卷24，《開元釋教錄音義》卷7）

按，《說文·羊部》："羌，西戎牧羊人也。从人，从羊，羊亦聲。南方蠻閩从虫，北方狄从犬，東方貉从豸，西方羌从羊，此六種也。西南僰人、僬僥从人，蓋在坤地，頗有順理之性。唯東夷从大，大人也。夷俗仁，仁者壽，有君子不死之國。"（73）可洪所引與《說文》釋文不甚相合。又考《廣韻·支韻》以脂切："夷，夷猶等也，滅也，易也。《說文》：平也，从大弓。又曰：南蠻從虫，北狄從犬，西羌從羊，唯東夷從大人，俗仁而壽，有君子不死之國。"（51）故頗疑可洪所引《說文》乃轉引自韻書釋文。

【例9】飛霰，先見反，雨雪雜也。《說文》：積雪也。或作霹、霓二形，同。（卷30，《廣弘明集音義》卷23）

按，"霰（霰）""霓""霹"三字皆見《說文》，《雨部》："霰，稷雪也。从雨，散聲。霓，霰或从見。"（241）"霰"，經典相承作"霰"。又《雨部》："霹，小雨財零也。从雨，鮮聲。讀若斯。"（241）《說文》中"霰""霹"音義別，而後世却通用，如《玉篇·雨部》："霹，思移切。小雨皃。亦與霰同。"（365）又《龍龕手鏡·雨部》："霓，或作：亦小雪。霰，正：蘇見反，雨雪雜也。又霰，星也，水雪相搏如星而散也。"（308）② 又"霹：蘇見反，訓同上。又音斯，小雨也。"（308）二書皆可證其通用。據此，可洪釋"霰"字曰"積雪也"，"積"當爲"稷"字之訛，方與今本《說文》釋義相合。可洪又曰"霰"字"或作霹、霓二形"，則與今本《說文》所反映的字際關係不合。又考蔣斧本

---

① （唐）釋玄應：《一切經音義》，《影印高麗大藏經》本，臺北新文豐出版公司1982年版，第32冊。除非特別標注，本書一般徵引此版本。

② （遼）釋行均：《龍龕手鏡》（簡稱《龍龕》），中華書局1985年版。下同。

《唐韻·霰韻》:"霰,雨雪雜,又作霚,又作霓。蘇甸反。"(662)① 又《廣韻·霰韻》:"霰,雨雪雜,又作霓、霚。《釋名》曰:霰,星也,冰(水)雪相搏如星而散。《説文》云:霰,積(稷)雪也。蘇佃切。霓、霚,並上同。"② 據此,頗疑可洪所引乃據韻書釋文而來,連錯字"積"都照抄不誤,可見非直接本自《説文》。

二 指其他字韻書釋文

(一) 出自《切韻》系韻書釋文

【例 10】蝦蟹,上呼加反,《玉篇》作蚜,《切韻》唯蛇字説文中作蝦,言水母以蝦爲目也。(卷 23,《經律異相音義》卷 50)

按,考蔣斧本《唐韻·禡韻》:"蛇,水母也,一名蟁,形如羊胃,無目,以蝦爲目。除駕反。"(671)《廣韻》同。據此,可洪所言"説文"指《切韻》釋文。

【例 11】譏諫,上(下)③ 七賜反,數也,正作諫(諫)也。《切韻》譏字説文亦作諫,並久悞也。(卷 25,《一切經音義音義》卷 17)

按,《玄應音義》卷 17《出曜論音義》卷 8:"譏蚩,居衣反,《廣雅》:譏,諫也。《説文》:譏,誹也。下充之反,《廣雅》:蚩,輕也。《蒼頡篇》:蚩,相輕侮也。諫,音刺。"(236b) 可洪所釋詞目"譏諫"即指玄應此條釋文中之"譏諫","諫"乃"諫"字之訛。《説文·言部》:"諫,數諫也。从言,束聲。"(51)《廣韻·寘韻》七賜切:"諫,數諫也。"(347) 今考《鉅宋廣韻·微韻》居依切:"譏,諫也;誹也。"(32)④ "諫"乃"諫"字之誤,可洪所言"《切韻》譏字説文亦作諫,並久悞也",即指此。此處"説文"乃"釋文"之意。又考《廣雅·釋

---

① 周祖謨:《唐五代韻書集存》,中華書局 1983 年版。下同。
② 余廼永校"積"爲"稷"字之誤,見《新校互註宋本廣韻》,第 406 頁。
③ 本文所引文獻如存在文字缺訛脫衍等情況,處理方式如下:訛字在原字后用"( )"注出正字;脫文據上下文或文意補出時外加"[ ]";衍文據上下文或文意删去時外加"〖 〗";缺字用"□"號表示,缺幾字用幾個"□";模糊不清無法録出者用"■"號表示,缺幾字用幾個"■"。
④ (宋)陳彭年:《鉅宋廣韻》,上海古籍出版社 1983 年版。今余廼永《新校互注宋本廣韻》作"諫也"。

詁》："誧、証、譏、諍、諭、誶，諫也。"（118）① 據玄應、可洪對"諫"字的注音，可知今本《廣雅》之"諫"字亦"諫"字之訛，王念孫《廣雅疏證》失校。

【例12】紫鞕，五更反，堅牢也。按《舊韻》只一呼，説文：亦作硬也。（卷28，《續高僧傳音義》卷28）

按，《説文》無"鞕""硬"字。考伯2011《刊謬補缺切韻·敬韻》："鞕，五孟反。牢。"（2830）② 宋跋本《刊謬補缺切韻·敬韻》："鞕，五孟反。牢。亦作硬。"（506）③ 裴本《刊謬補缺切韻·映韻》："鞕，五孟反。牢也。俗硬。"（598）④ 蔣斧本《唐韻·敬韻》："鞕，堅牢也。亦作硬。五孟反。"（675）⑤《廣韻·諍韻》："鞕，堅牢。五爭切。硬，上同。"（430）"敬韻""映韻"是同一韻部的不同稱呼，中古與"諍韻"同用，"五孟反""五爭反"二切音同。綜上，可洪所言"説文亦作硬"，當指《舊韻》釋文亦作"硬"。

（二）出自《字樣》⑥ 釋文

【例13】朋友，上蒲弘反，黨也，正作朋。《舊韻》説文作孕；《字樣》作䪞、朋二形，説文云：本是古文鳳字，象形，鳳飛，群鳥從以萬數，故後爲朋黨字。隸變䪞爲朋也。（卷1，《放光般若經音義》卷1）

按，可洪引"説文"云："本是古文鳳字，象形，鳳飛，群鳥從以萬數，故後爲朋黨字。"《説文·鳥部》："鳳，神鳥也。……从鳥，凡聲。䪞，古文鳳，象形。鳳飛，群鳥從以萬數，故以爲朋黨字。"（73）與可洪所引基本相合。又考《九經字樣·雜辨部》："䪞、朋：本是古文鳳字，

---

① （清）王念孫：《廣雅疏證》，中華書局1983年版。下同。
② 張涌泉主編，許建平、關長龍、張涌泉等撰：《敦煌經部文獻合集》第6冊，中華書局2008年版。下同。周祖謨《唐五代韻書集存》中又稱《王仁昫刊謬補缺切韻一》，又簡稱"王一"。
③ 宋跋本《刊謬補缺切韻》，故宮博物院本，引自周祖謨《唐五代韻書集存》，中華書局1983年版。下同。書中又稱《王仁昫刊謬補缺切韻二》，又簡稱"王三"。
④ 裴務齊正字本：《刊謬補缺切韻》，引自周祖謨《唐五代韻書集存》，中華書局1983年版。下同。下文又稱裴本《刊謬補缺切韻》，又簡稱"王二"。
⑤ 蔣斧印本：《唐韻殘卷》，引自周祖謨《唐五代韻書集存》，中華書局1983年版。下同。
⑥ 在晚唐五代及宋初的文獻中，《五經文字》和《九經字樣》統稱爲《字樣》，《五經文字》又被稱爲《五經字樣》，參見本書"《可洪音義》引《字樣》研究"部分。

象形，鳳飛，群鳥從以萬數，故後以爲朋黨字。上古文，下隷省，非從月。"（55）① 據此，可洪所引"説文云"當直接出自《九經字樣》釋文，這裏"説文"乃是"釋文"的意思。又"《舊韻》説文作孕"，應該也是"《舊韻》釋文作孕"的意思，因《舊韻》今已不存，故無從考證，今本《廣韻》釋文不作"孕"形。

【例14】沈静，上直林反，《字樣》作沈，説文從人出〔冖〕。今以沈字又音審，別作沉，丈林反，於義無據，但一體二呼耳。（卷28，《續高僧傳音義》卷26）

按，《説文·水部》："沈，陵上滈水也。从水，冘聲。"（233）與可洪所言"説文從人出〔冖〕"不合。又考《五經文字》卷下《水部》："沈，丈林反，又音審，從人出冖。今人以此字音審，別作沉字，於義無據，亦行之久矣，但經典之文不可不正。"（58）② 此與可洪所引吻合，這裏"説文"指《五經文字》釋文。

（三）出自《玉篇》釋文

【例15】嗶嗶，宜作于靴反，小兒讀書聲也。律文云：如似童子在學堂中学誦聲是也。……又《玉篇》音韋，説文：失聲也。（卷15，《摩訶僧祇律音義》卷13）

按，《説文》無"嗶"字。考《玉篇·口部》："嗶，于歸切。失聲。"（105）據此，可洪所言"説文：失聲也"乃是出自《玉篇》釋文。

（四）出自《玄應音義》釋文

【例16】譚婆，《經音義》云今借爲徒紺反，説文云西國食狗肉人。（卷6，《楞伽阿跋多羅寶經音義》卷4）

按，《楞伽阿跋多羅寶經》卷4："如旃陀羅及譚婆等，狗見憎惡，驚怖群吠，故不應食肉。"《玄應音義》卷7《楞伽阿跋多羅寶經音義》卷4："譚婆，徒南反，今借爲徒紺反，謂西國食狗肉人也。"（97c）據此，可洪所引"説文"乃出自玄應釋文。

────────

① （唐）唐玄度：《新加九經字樣》，《叢書集成初編》第1065冊，中華書局1985年版。亦可參見京都大學人文科學研究所所藏石刻拓本資料。除非特別注明，本書一般使用叢書集成初編本。

② （唐）張參：《五經文字》，《叢書集成初編》第1064冊，中華書局1985年版。亦可參見京都大學人文科學研究所所藏石刻拓本資料。除非特別注明，本書一般使用叢書集成初編本。

【例17】胯衣，上苦化反，律云著女人~衣也，腰~也。又《經音義》及《西川經音》並作襪，音鉢，説文：三尺衣謂之襪也。胯，又苦故反，亦作袴、綺二形也，脛衣也。(卷15,《摩訶僧祇律音義》卷40)

按，《説文》無"襪"字，今考《玄應音義》卷15《僧祇律音義》卷40："撥衣，又作袚，同，補末反，《通俗文》：三尺衣謂之撥也。"(210a)《慧琳音義》卷58轉引如下："襪衣，又作袚，同，補末反，《通俗文》：三尺衣謂之襪也。"(58/612a)① 據此，可洪所引"説文"語直接出處是玄應釋文，而玄應則是引自《通俗文》。

【例18】瘊病，上戶鈎反，瘦也。又《經音義》作呼溝反，説文云未詳何證。又云律文多作癰，於恭反。(卷16,《四分律音義》卷35)

按，今本《説文》無"瘊"字，考《玄應音義》卷14《四分律音義》卷35："瘊病，相承呼溝反，未詳何證。律文多作癰，於恭反。《説文》：癰，腫也。"(193a) 據此，可洪所言"説文"指玄應釋文。

【例19】膭風，上音肥，風~病也，正作疿、痱二形也，此應筆受者俗從月、賁作膭也。又扶尾反。又《經音義》以殨字替之，胡對反，説文作膭、膭二字，並非字體也。賁音肥，又音賁。(卷18,《阿毗曇毗婆沙音義》卷43)

按，考《玄應音義》卷17《阿毗曇毗婆沙論音義》卷39："殨風，又作潰同，胡對反，《説文》：殨，漏也，謂決潰癰瘡也。論文作膭，肥膭也，膭非字體；又作膭，浮鬼反，《三蒼》：膭多涬也。膭非此義。"(228c) 據此，可洪所言"説文作膭、膭二字並非字體也"乃是在轉述《玄應音義》釋文的論斷，即《阿毗曇毗婆沙論》某些版本作"膭"或"膭"，皆不合文意。今本《説文解字》有"膭"無"膭"。

(五) 出自其他字韻書釋文

【例20】爛燀，上郎坦反，惰也，正作嬾，説文作懶、悚二形。(卷20,《鞞婆沙論音義》卷11)

按，《説文·女部》："嬾，懈也，怠也。一曰臥也。从女，賴聲。"(264) 段注："俗作懶。"(624)② 《説文》無"懶""悚"二字，這與可洪所言不合。今考伯2011《刊謬補缺切韻·旱韻》："嬾，洛旱反。惰。"

---

① (唐) 釋慧琳：《一切經音義》,《中華大藏經》影印高麗藏本，第57—59冊。下同。

② (清) 段玉裁：《説文解字注》，上海古籍出版社1981年影印經韻樓刻本。下同。

或作悚、憪，通俗作嬾。"（2786）據此，頗疑可洪所引字形出自韻書釋文。

【例21】乘檋，俱玉反，禹所乘車名也，説文云：直轅車也，正作轝也。又詰遥反。（卷28，《辯正論音義》卷1）

按，《説文》無"檋"字，《車部》："轝，大車駕馬也。从車，共聲。"（305）與可洪所引"説文云：直轅車也"不合。《史記·河渠書》"山行即橋"集解："徐廣曰：橋，近遥反，一作檋，檋，直轅車也。"（1405）① 又裴本《刊謬補缺切韻·燭韻》："轝，居玉反。直轅車，禹所乘。"（606）又蔣斧本《唐韻·燭韻》："轝，禹乘直轅車。居玉反。"（690）《廣韻·燭韻》："轝，禹所乘直轅車。《説文》曰：大車駕馬也。居玉切。"（461）《龍龕·車部》："轝，居玉反。禹所乘直轅車也。"（85）據此，頗疑可洪所引"説文云"出自字韻書釋文。

【例22】虎鵠，上火古反，正作虎，《切韻》作虖，説文：從虍、几，緣廟諱故，省右脚。（卷28，《弘明集音義》卷2）

按，《説文·虎部》："虎，山獸之君。从虍，虎足象人足。象形。"（98）此與可洪所引"説文"云云不合，頗疑可洪所引出自《切韻》釋文。又《可洪音義》卷11《瑜伽師地論音義》卷76："虎魄，上火古反……《字樣》云：避國諱，故省一畫也。"考《五經文字》卷下《虍部》："虖，緣諱，故省一畫，凡從虖者皆放此。"（79）此與可洪所引"説文：從虍、几，緣廟諱故，省右脚"主旨相合，蓋爲唐五代時期字韻書之共識。

三 指經文原文

【例23】悉思妑，上音滕；中音田，正作佃，説文作思，音田；下都故反。（卷7，《佛説十二佛名神呪格量功德除障滅罪經音義》）

按，遍考《説文》及諸字韻書，未見言"思"字音田者。可洪所釋詞目乃陀羅尼呪語，今大正藏本《佛説十二佛名神咒校量功德除障滅罪

---

① （漢）司馬遷撰、（唐）司馬貞索隱、（唐）張守節正義：《史記》，中華書局1982年版。

經》作"悉田妒"："悉田妒漫帶波陀（三十六）。"① 據此推論，可洪所言"説文作思"，是指可洪所見佛經底本作"悉思妘"，"思"字"音田"，乃是"田"受上文"悉"字影響而誤增心旁。

【例24】真唺，五諫反，僞也，古作贗也。按説文作唺、俕二形。又音彦，非。（卷8，《成具光明定意經音義》）

按，《説文》無"唺""俕"二字。《玄應音義》卷5《成具光明定意經音義》："真諺，宜箭反，俗言也，言了別真言俗語無疑難也。經文從口作唺，非也。"（71c）《慧琳音義》卷34轉引作"真諺，……經文從口作唺，俗，非也。"（58/86b）又《廣韻·諫韻》五晏切："贗，僞物。俕，上同。"（405）據此，"唺""俕"皆後起俗字。可洪所言"説文作唺、俕二形"，當是指經文有的版本作"唺"，有的作"俕"。今大正藏《佛説成具光明定意經》作"唺"："別了真唺而無疑難。"校勘記曰："唺"，宋、元、明本作"諺"。

【例25】吽字，上牛鳴音，厲聲急呼，説文云：撚作急聲。是也。（卷9，《蘇悉地羯囉經音義》卷上）

按，《説文》無"吽"字，今考《蘇悉地羯羅經》卷2："或有真言，後有吽字及有泮吒字者，當知皆應厲聲念誦。"又："或有真言，後有吽柿吒字者，當知皆應殺作急聲。"據此，可洪所言之"説文"乃指經文。

四 指經文夾注

【例26】唵吽，上烏感反。下牛鳴音，説文：合口擡聲引呼。（卷7，《不空胃索神變真言經音義》卷11）

按，《説文》無"吽"字，今考《不空胃索神變真言經》卷11："唵（喉中擡聲引呼之）吽（合口擡聲引呼之）鉢頭麼矩羅。"據此，可洪釋文中所言之"説文"指《不空胃索神變真言經》原經文中的夾注。

【例27】壹齝，竹戒反，准説文。（卷7，《十一面神呪心經音義》）

按，今本《説文》無"齝"字。《慧琳音義》卷76《龍樹菩薩爲禪

---

① 按，大正藏本《虛空藏菩薩問七佛陀羅尼咒經》卷1作"私田妘曼多羅波陀"，校勘記曰："田"，宋、元、明本作"甜"。本書所引佛經均來自中華電子佛典協會免費提供的《大正新修大藏經》（簡稱"大正藏"）電子佛典資料庫，並已核對紙本原文。《大正新修大藏經》，日本大正一切經刊行會編，臺北新文豐出版股份有限公司1994—1996年版。

陀迦王說法要偈音義》："齠齧，上齠字，諸字書並無此字，譯經人隨意作之，相傳音在諸反，非也，正合作齭，音陟皆反，謂沒齒齩也。《廣雅》云：齭，齧也。古人釋云斷筋骨也。又有音齠爲截，亦非也。下研結反，前《法花音義》云：噬，齩也。少噬爲齧，沒齒爲齭，於義爲正。"（58/1004b）《可洪音義》卷5《妙法蓮華經音義》卷2："齠齧，上竹皆反，齧挽曰齠也。《玉篇》作齠，《切韻》作齭也。下五結反。"《玉篇·齒部》："齭，卓皆切，噍齧聲也。"（109）《廣韻·皆韻》："齭，齧也。卓皆切。"（95）綜上，字典辭書中"齭"字皆爲平聲，可洪則"準說文"，注音去聲"竹戒反"，而《說文》中又無此字，怪哉！今考大正藏《十一面神咒心經》："壹齭（去聲呼，下同）伐齭（五）。"經文夾注標明"齭"字去聲呼。原來，可洪曰"准說文"，是指以經文夾注之注音爲準。又《陀羅尼集經》卷4："壹齭伐齭（十二）（荼賣反，去音，上下同）。"亦去聲呼。

【例28】近奧，烏告反，唵字說文。（卷9，《金剛光焰陀羅尼經音義》）

【例29】奐，烏告反，唵字說文，見別隨函，此經奧字。（同上）

按，今考《金剛光焰止風雨陀羅尼經》卷1："怛地（寧也反）他（去，四句）唵（近奧字音，攩聲呼，五句）。"又："唵（近奧音，喉中攩聲引呼）入縛（二合）攞入縛（二合）攞（七句）。"又："唵（近奧字音，喉中攩聲引呼）呬里弭里（二句）。"據此，可洪釋文中所說的"唵字說文"，指詞目字"近奧""奧"出自《金剛光焰止風雨陀羅尼經》中對"唵"字的夾注。

五　出處待考

【例30】鬧諍，上都豆反，競也，爭也，正作鬥、鬦二形也。說文云：字從兩刃相向也。（卷10，《菩薩地持經音義》卷5）

按，"鬦"是"鬥"的俗字，《玉篇·鬥部》："鬥，當候切，鬥爭也。鬦，上同，俗。"（128）今考《說文·鬥部》："鬥，兩士相對。兵杖在後。象鬥之形。"（58）又同部："鬧，遇也。从鬥，斲聲。"（58）皆與可洪所言"說文云：字從兩刃相向也"不合，不知可洪所本。

【例 31】京輦，……輦，步挽車也。說文云：一輪車也。（卷 11，《般若燈論序音義》）

按，《說文·車部》："輦，輓車也。从車，从㚘在車前引之。"（305）無可洪所引之"一輪車也"之類的釋語。又考《慧琳音義》卷 27《妙法蓮花經序品音義》："輦，力展反，《說文》：人輓車也，在前人引之。古者卿大夫亦乘輦，自漢以來天子乘之。《玉篇》：天子皇后所乘車曰輦也。"（57/965a）《龍龕·車部》："輦，力展反。輿也，人挽車也。"（82）《廣韻·獮韻》："輦，人步挽車。"（292）皆與可洪所引不同，不知可洪所本。

【例 32】是嘯，蘇叫反。說文：吟，聚脣（脣）作幽嘉之聲也，正作嘯、歗也。（卷 14，《佛本行集經音義》卷 29）

【例 33】俳嘯，蘇叫反。說文云：聚脣出幽嘉之聲也。（卷 25，《一切經音義音義》卷 22）

按，《說文·口部》："嘯，吹聲也。从口，肅聲。歗，籀文嘯，从欠。"（26）遍考全書，未見"聚脣出幽嘉之聲"之語，不知可洪所本，俟再考。

【例 34】擘腬，上補厄反；下羊朱反，肥也，亦五藏之名也。又或作胂，音申，脢也。脢，梅、妹三（二）音，說文：脊傷害也。又《經音義》作引人反，字體作腬，當脊肉也。《川音》作胛，音甲，非。（卷 19，《阿毗達磨順正理論音義》卷 31）

按，《說文·肉部》："胂，夾脊肉也。从肉，申聲。"（82）又："脢，背肉也。从肉，每聲。"（82）此與可洪所引"說文：脊傷害也"不合。又《慧琳音義》卷 71 轉引玄應《阿毗達磨順正理論音義》卷 31："擘腬，補麥反。下或作胂，同，引人反，當脊肉曰腬也。擘，分裂也。"（58/887a）① 《說文》無"腬"字，《玉篇·肉部》："腬，脊肉也。"（145）《廣韻·真韻》："腬，脊腬。"（104）然皆與可洪所言"說文"不合。又考《阿毗達磨順正理論》卷 31："有烏駮狗，撲令僵仆，齧首齩足，齘頸擘胛，攫腹搖心，擔挈食噉。"今大正藏所本之麗藏本經文作"擘胛"，與《川音》所據底本相同。又《阿毗達磨藏顯宗

---

① 《玄應音義》卷 25《阿毗達磨順正理論音義》卷 31："擘胛，補麥反，下引人反，當脊肉曰胛也。擘，分裂也。"（335b）與慧琳轉引內容不同。

論》卷 16："有烏駮狗，撲令僵仆，嚙首齩足，齣頸擘胂，鬬腹搯心，攎掣食噉。" 内容基本相同，此作 "擘胂"，與可洪所據底本相同。蓋可洪認爲，經文作 "擘胂"，指烏駮狗撕裂人之五藏；作 "擘肿"，則是傷害人之脊背；作 "擘胛" 不合經意，《川音》非也。據此，頗疑可洪所言 "説文：脊傷害也" 乃是 "經文：脊傷害也" 的意思，此處 "説文" 蓋指經文文意。

綜上所述，《可洪音義》中 "説文" 一詞所指非常複雜，並非單指《説文解字》，這提醒我們在使用這些資料時，必須仔細甄別。

附：可洪所引 "説文" 資料疏證

一劃

一部

【且】

【001】𠄞起，上七野反，發語詞也，正作且，《説文》從月、一。（卷 5，《悲華經音義》卷 5）

按，《説文·且部》："且，薦也。从几，足有二横，一，其下地也。"（301）與可洪所言不合，不知可洪所本。

【北】

【002】若駈，丘愚反，逐出也，正作驅、駈二形，字從區，或從北、丘二形。北音丘，見《説文》。（卷 16，《四分律音義》卷 1）

按，"丘"，小篆作 "𠀉"。《説文·丘部》："𠀉，土之高也，非人所爲也。从北，从一。一，地也，人居在丘南，故从北。" 徐鉉注曰："今隸變作丘。"（166）可洪所言與今本《説文》字形相合。又考《廣韻·尤韻》："丘，《説文》作𠀉。"（207）正與可洪所言吻合，頗疑可洪所言《説文》字形轉引自韻書釋文。

儿部

【兔】

【003】兔命，上他故反，正作兔也，《説文》云：鬼兔之類著一點者，行書也。（卷27，《大唐西域求法高僧傳音義》卷下）

按，《説文·兔部》："兔，獸名。象踞，後其尾形。兔頭與龟頭同。"（202）與可洪所引不同。檢諸《説文》全書，亦未見"鬼兔之類著一點者行書也"之語。又考蔣斧本《唐韻·暮韻》："兔，獸名。《説文》云：咎、鬼、菟（菟）之類著一點者，行書。"（646）據此，可洪釋文乃轉引自《唐韻》。《唐韻》所據《説文》蓋與今本不同，抑或轉引自《字林》之類字書，而非直接引自《説文》。

乙部

【乙】

【004】爲乙，亦作鳦，《説文》作乙，於乞反，鷰別名也。（卷29，《弘明集音義》卷6）

按，《説文·乙部》："乙，玄鳥也。齊魯謂之乙。取其鳴自呼。象形。凡乙之屬皆从乙。鳦，乙或從鳥。"（247）釋文中"乙"當作"乙"。徐鍇繫傳："此與甲乙之乙相類，此音軋，其形舉首下曲，與甲乙字異也。"（232）① 《字彙·乙部》："乙，……隸文既通作乙。"（27）② 據此，可洪所言與今本《説文》相合。《廣韻·質韻》："鳦，燕也，《説文》本作乙。燕乙，玄鳥也。齊魯謂之乙。取鳴自呼。象形。本烏轄切。或從鳥。"（472）今麗藏本《弘明集》卷6正作"爲乙"。

【乾】

【005】榦木，上古寒反，《説文》字從倝乞聲。又古案反，悮。（卷21，《出曜經音義》卷2）

按，"榦"，"乾"字異寫。《可洪音義》卷20《舍利弗阿毗曇論音

---

① （南唐）徐鍇：《説文解字繫傳》，中華書局1987年版。下同。
② （明）梅膺祚：《字彙》，上海辭書出版社1991年版。下同。

義》卷21："不乞，音干，正作乾，字從倝從乙，又音乞。《字樣》云：干、虔二音，爲字一體，今俗分別作乞、音虔，作乾、音干，悮也。倝，古案反。乙，烏八反。"據此知"乞"乃"乙"字刻訛。又考《說文·乙部》："乾，上出也。从乙，乙，物之達也，倝聲。"（310）《九經字樣·雜辨部》："乾，音虔，又音干。上從倝，倝音幹；下從乙，乙音軋。"（52）可見，可洪所引《說文》"從倝乙聲"當是"從乙倝聲"之訛，如此，則與《說文》相合。

二劃

二部

【互】

【006】𠄔相，上音護，交也，正作互，《說文》下不出脚。（卷1，《大般若經音義》帙30）

【007】𠄔相，上乎悟反，交差也，《說文》作互也，下不出脚也。"（卷2，《大寶積經音義》卷27）

【008】互吐，上胡故反，今作𠄔，《說文》作互，《說文》下不出脚也。"（卷26，《集今古佛道論衡音義》卷乙）

【009】雲互，音護，差也，《江西韻》作𠂉，《字樣》作互，孫愐《韻》作𠄟，《說文》下不出脚，即此正也。"（卷30，《廣弘明集音義》卷18）

按，《說文·竹部》："笠，可以收繩也。从竹，象形，中象人手所推握也。互，笠或省。"（92）王筠《說文釋例》："互字象形，當是古文，而說曰'笠或省'，倒置矣。笠加竹，非互省竹也。"（259）① 敦煌寫卷斯388《群書新定字樣殘卷》："互，正；𠂉，相承用；音護。"

---

① （清）王筠：《說文釋例》，中華書局1987年版。下同。

（3815）① 《慧琳音義》卷49《順中論音義》卷上："遞互，下胡故反……《說文》在竹部……今省竹作互，象形，中象人手所推握也。論文作手，俗用字也。"（58/409b）《龍龕·雜部》："手，俗；互，正；音護，更互也。"（549）綜上，可洪所言"互"字正體字形與《說文》相合。

卜部

【卝】

【010】金卝，古猛反，見《字樣》、《說文》、孫愐《韻》。《說文》亦作卝，金璞也，与礦同也。又串、卵二音，非呼也。（卷2，《大寶積經音義》卷116）

按，《九經字樣·雜辨部》："卝、卵：𤰞上。上《說文》，下隸變。"（52）認爲"卝"是"卵"之古字。《五經文字·卝部》："卝，古患反，見《詩·風》，《字林》不見。又古猛反，見《周禮》。《說文》以爲古卵字。"（29）《五經文字》與可洪所述《字樣》内容相合。

《五經文字》曰"卝"音古患反，見《詩·風》，考《詩·齊風·甫田》"總角卝兮"陸德明釋文："卝，古患反。"（353）清阮元校勘記："《唐石經》卝作卝。案：各本皆誤。《唐石經》是也。見《五經文字·卝部》。"（356）②

《五經文字》又曰"卝"音古猛反，見《周禮》，考《周禮·地官·司徒》"卝人中士二人"鄭玄注："卝之言礦也。金玉未成器曰礦。"陸德明釋文："卝，徐音礦，虢猛反；劉候猛反。礦音虢猛反。"（700）③

《五經文字》又曰"卝"字"《說文》以爲古卵字"，《九經字樣》亦云"卵"字《說文》作"卝"。然今大徐本《說文·卵部》"卵"字不作"卝"形，段玉裁于"卵"篆下增"卝，古文卵"一句，并注曰："各本無，今依《五經文字》《九經字樣》補。……是唐本《說文》有此無疑。"（680）又曰："《周禮》有卝人。鄭曰：'卝之言礦也，金玉未成器

---

① 張涌泉主編，許建平、關長龍、張涌泉等撰：《敦煌經部文獻合集》，中華書局2008年版，第8册。下同。

② 《毛詩正義》，（清）阮元校刻《十三經注疏》本，中華書局1980年版。下同。

③ 《周禮注疏》，（清）阮元校刻《十三經注疏》本，中華書局1980年版。下同。

曰卅。'此謂金玉錫石之樸韞於地中，而精神見於外，如卵之在腹中也。凡漢注云之言者，皆謂其轉注叚借之用。以礦釋卅，未嘗曰'卅，古文礦'，亦未嘗曰'卅讀爲礦'也。自其雙聲以得其義而已。卅固讀如管，讀如關也。自劉昌宗、徐仙民讀侯猛、虢猛反，謂即礦字，遂失注意。而後有妄人敢於《說文》'礦'篆後益之曰：'卅，古文礦。《周禮》有卅人。'則不得不敢於卵篆後徑刪'卅，古文卵'。是猶改蘭臺柒書以合其私，其誣經誣許，率天下而昧於六書。不當膚析言破律、亂名改作之誅哉。"（680）今大徐本《說文·石部》："礦，銅鐵樸石也。从石，黃聲，讀若穬。卅，古文礦，《周禮》有卅人。"（192）段注曰："《五經文字》曰：卅，古患反，見《詩·風》，《說文》以爲古卵字。《九經字樣》曰：卅、卵：上《說文》，下隸變。是《說文》卵字作卅，唐時不誤，確然可證。《五經文字》又云：卅，《字林》不見。可證卅變爲卵，始於《字林》。今時《說文》作卵不作卅，則五季以後據《字林》改《說文》者所爲也。"（449）

冂部

【冈】【网】【𨷻】

【011】𦉪象，上方往反，無也，《新韻》作冈；《舊韻》作罔，説文作冈、网、𨷻；《字樣》作罓、罔、网，六形也。（卷29，《弘明集音義》卷13）

按，"𦉪""𨷻"皆"罔"字異寫；"冈""网"是"网"字異寫。《說文》無"冈"字，"罔"即"网"也。《說文·网部》："网，庖犧所結繩以漁。从冂，下象网交文。……罔，网或从亡；䋄，网或从糸；𠔿，古文网；网，籀文网。"（154）可洪所引字形與今本《說文》不盡相同。又考伯2011《刊謬補缺切韻·養韻》："囗（罔），■（文）兩反。無。亦作■（𨷻）、𠔿、冈、亡。"（2794）又宋跋本《刊謬補缺切韻·養韻》："罔，文兩反。無。亦作冈、■、■、亡。"（484）故疑可洪所言"説文"指《舊韻》釋文。

【罔】

【012】罔知，上音網，無也，正作罔，《說文》從𠔿、從亡爲正。

（卷11，《般若燈論第一序音義》）

按，《說文》無"罔"字，"罔"即"网"。《說文·网部》："网，庖犧所結繩以漁。从冂，下象网交文。……罔，网或从亡；䍜，网或从糸；㒺，古文网；网，籀文网。"（154）"网"作部首時隸變作"罒"，《五經文字·罒部》注曰："亡往反，《說文》作网，今依《石經》作罒，凡從罒放此，非從四，四從囗中八，與罒不同。"（18）又："罔，作网同。"（18）可洪曰"罔"字"《說文》從罒、從亡爲正"，當據後代字書而言，而非直接本自《說文》。

人部

【伍】

【013】兵仵，音五，《音義》作伍，說文：五人爲伍也。鄭玄曰：伍，衆也。薄~也。仵，人姓也。非用也。（卷10，《大智度論音義》卷28）

按，《說文·人部》："伍，相參伍也。从人，从五。"（162）可洪所引與此不合。又考《玄應音義》卷9《大智度論音義》卷28："兵伍，兵，威也，五刃爲兵。下吾魯反，《周礼》：五人爲伍。鄭玄曰：伍，衆也。論文作仵，吾古反，逆也，仵非字義。"（127b）據此，可洪釋文中的"說文"指玄應釋文。

【俢】

【014】真嗲，五諫反，僞也，古作贋也。按說文作嗲、俢二形。又音彥，非。（卷8，《成具光明定意經音義》）

按，參見《〈可洪音義〉引說文考》例24。

【僻】

【015】屏處，上毗政反，隱~，無人處也。亦作僻，見《說文》。又音餅。（卷17，《沙彌威儀音義》）

按，可洪言"僻"字見《說文》，是也。考《說文·人部》："僻，僻寠也。从人，屏聲。"（163）段注："寠者，無禮之居也。《廣韻》曰：僻，隱僻也；無人處。引《字統》云：厠也。按僻與屏、屛義略同。"（377）朱駿聲通訓定聲："經籍皆以屏、屛爲之。"（867）①

---

① （清）朱駿聲：《說文通訓定聲》，武漢市古籍書店1983年版。下同。

【備】

【016】道備，音俻，《字樣》作俻，具也，皆也。《説文》從亻、從用。亻，居力反。(卷29,《廣弘明集音義》卷15)

按：《説文·人部》："備，慎也。从人，葡聲。"（161）與可洪所引字形解説不合。又考《五經文字·用部》："俻、備：上《説文》，從亻、從用。亻，已力反。下經典相承隸省。"（77）此與可洪所言基本吻合，可見可洪釋文這段字形解説引自《五經文字》的釋文，而非出自《説文》。又考《慧琳音義》卷6《大般若波羅蜜多經音義》卷506："備遭，上平媚反……《説文》：備，慎也，從人，從用，從苟（葡）省聲也。或作俻，經文作俻，俗字也。"（57/507b）亦與今本《説文》字形解説不同。

【傳】

【017】傳傳，二同，知戀反，傳也。傳傳，相傳也。《説文》中傳音椽。(卷18,《律二十二明了論音義》)

按，參見《〈可洪音義〉引"説文"考》例3。

【殤】

【018】彭殤，音商，夭也，未成人死也。年十九至十六而死爲長殤，十五至十二爲中殤，十一至八歲爲下殤，説文作傷。又尸亮反。(卷27,《續高僧傳音義》卷3)

按，《説文·歹部》："殤，不成人也。人年十九至十六死爲長殤；十五至十二死爲中殤；十一至八歲死爲下殤。从歹，傷省聲。"（79）又《人部》："傷，創也。從人，殤省聲。"（164）由此可知，"夭殤"義《説文》作"殤"不作"傷"，與可洪所言不合。又考宋跋本《刊謬補缺切韻·漾韻》式亮反："傷，未成人死。又式良反。"（505）蔣斧本《唐韻·漾韻》式亮反："傷，未成人死。亦作殤。又音商。"（673）《廣韻·漾韻》式亮切："傷，未成人［死］，或作殤。又音商。"（425）上引諸韻書釋文皆與可洪所言"説文作傷"吻合，故疑可洪所言"説文"指韻書釋文。

【僥】

【019】僥倖，上音澆，下音幸。《舊韻》作憿幸，説文作僥幸，亦作徼幸。説文：僥，僞也；徼，求也；幸，寵也。《説文》云：吉而免凶曰幸也，字從夭、從屰。(卷2,《道行般若經音義》卷9)

按：《切韻箋注（二）·蕭韻》："儌，儌幸，又作獥（儌）倖。"（2180）①又《耿韻》："㚔（幸），寵。"（2216）同小韻："倖，儌倖。"（2216）《切韻箋注（五）·耿韻》："幸，寵。胡耿反。二。《説文》：吉。古晃反。"（2468）②同小韻："倖，儌倖。"（2468）伯 2011《刊謬補缺切韻·蕭韻》："儌，儌幸。或作儌倖，亦作憢。"（2749）同小韻："憢，偽。又五聊反。"（2749）宋跋本《刊謬補缺切韻·蕭韻》"儌""憢"釋文同，又《耿韻》："幸，胡耿反。寵。正作㚔。"（485）同小韻："倖，儌倖。"（485）《廣韻·蕭韻》："儌，儌幸。或作儌，又作憢倖。"（145）同小韻："儌，求也。"（145）又《耿韻》："幸，《説文》作㚔，吉而免凶也，从屰、从夭。夭，死之事，故死謂不㚔也。胡耿切。"（317）同小韻："倖，儌倖。"（317）綜上，除個別文字有出入之外，可洪所引"説文"與《切韻》系韻書的釋文基本相合。可洪解釋"幸"字時引《説文》云："吉而免凶曰幸也，字從夭、從屰。"今本《説文·夭部》曰："㚔，吉而免凶也。从屰、从夭。夭，死之事，故死謂之不㚔。"（213）與可洪所引表述不同，但大旨相合。不過，可洪所引《説文》應該是轉引自《韻書》釋文。

厂部

【卮】

【020】圜器，上圓、還二音，卮字説文作圓［器］也。（卷25，《一切經音義音義》卷14）

按，麗藏本《玄應音義》卷14《四分律音義》卷10："卮中，之移反，《説文》：圜器也，一名觛。應劭注《漢書》云：卮受四升。律文作枝條之枝，非字義也。觛音徒亶反。"（187c）磧砂藏本同。可洪所釋詞目"圜器"即出玄應"卮"字釋文，然今本《玄應音義》皆作"圜器"，《慧琳音義》卷59轉引玄應《四分律音義》卷10亦作"圜器"（58/

---

① 《切韻箋注（二）》即敦煌殘卷斯 2071（底卷），參校俄敦 3109（甲卷）編輯而成，引自張涌泉主編《敦煌經部文獻合集》第 5 冊，下同。周祖謨《唐五代韻書集存》中又稱《箋注本切韻一》，又簡稱切三。

② 《切韻箋注（五）》由敦煌殘卷伯 3693（底一）、伯 3696A（底二）、伯 3696 碎九（底三）、斯 6176（底四）、伯 3694（底四）綴合而成，引自張涌泉主編《敦煌經部文獻合集》第 5 冊。下同。

第一章　《可洪音義》引字書研究　　　　　　　　　　　25

636a），又考《說文·卮部》："卮，圜器也。"（184）皆不作"圓器"，與可洪所見底本有出入。

一部

【玄】

【021】縣與，上音玄，古文玄字也。《說文》：幽遠，黑而有赤色者謂之玄，像幽而覆之也。又遠也，遠与彼同也。（卷27，《高僧傳音義》卷5）

按，《說文·玄部》："玄，幽遠也。黑而有赤色者爲玄。象幽而入覆之也。"（78）《集韻·先韻》："玄，胡涓切。《說文》：幽遠也。黑而有赤色者爲玄，象幽而入覆之。"（163）① 可洪所引與《說文》表述小別，且"像幽而覆之"句脱"入"字。

【兗】

【022】兗相，上緣緬反，州名也。《說文》從𠔁，山［閒］陷泥地曰𠔁也。兗州，九州泥［地］，故以兗爲名，正作兖也。𠔁，余叕反。（卷26，《大慈恩寺法師傳音義》卷6）

按，今本《說文》有"𠔁""沇"字而無"兗"，《古今韻會舉要·銑韻》："兗，《說文》：兗州之兗，九州之渥地也，本作𠔁……今文作兗……《集韻》通作沇。"（261）② 今考《說文·口部》："𠔁，山閒陷泥地。从口，从水敗兒。讀若沇州之沇，九州之渥地也，故以沇名焉。"可洪所引"𠔁"字釋文與《說文》不甚相合。又考《切韻箋注（五）·獮韻》："兗，以轉反。二。《說文》曰：兗，餘叕反。山澗陷泥地曰𠔁；兗州，九州泥地，故以兗爲名。"（193）此韻書所引《說文》與可洪所引表述略近，故疑可洪所引《說文》乃轉引自《切韻》系韻書釋文。

卩部

【印】

【023】卬綬，上伊進反，信也。《說文》云：執政所持信也。（卷

---

① （宋）丁度等編：《集韻》，上海古籍出版社1985年影印清述古堂影宋鈔本。
② （元）黃公紹、熊忠：《古今韻會舉要》，中華書局2000年版。下同。

10，《金剛三昧本性清浄不壞不滅經音義》）

按，"卯"，"印"字異寫。《説文·印部》："印，執政所持信也。"（184）與可洪所引同。

力部

【勖】

【024】以最，許玉反，勉也，正作勖，《説文》從冒、力也。愢。（卷27，《高僧傳音義》卷4）

按，"最"，"勖"字訛誤，《説文》作"勖"，《字彙·力部》："勖，同上（勖）。俗字。"（58）考《説文·力部》："勖，勉也。《周書》曰：勖哉，夫子！从力，冒聲。"（293）《慧琳音義》卷86《辯正論音義》卷7："勖哉，凶欲反，《爾雅·釋詁》並云：勖，勉勵也。《説文》從力、冒聲。"（59/113b）可洪所言與今本《説文》字形分析基本相合。

刀部

【刽】

【025】刽剝，上普皮反，開也，分也，散也，正作披、秛二形也。又普彼反。又應和尚《經音義》音皮，説文云：剝也。（卷15，《根本説一切有部毗奈耶律音義》卷30）

按：《説文》無"刽"字，《皮部》曰："皮，剝取獸革者謂之皮。从又，爲省聲。"（61）與可洪所引"説文"内容不合。考《玄應音義》卷14《四分律音義》卷43："刽皮，音皮，《廣雅》：刽，剝也。"（195a）又卷25《阿毗達磨順正理論音義》卷31："刽罨，音皮……《廣雅》：刽，剝也。"（335c）據此，《可洪音義》"剝也"的釋義乃出自《玄應音義》轉引《廣雅》的釋文，而非《説文》。又《可洪音義》卷2《大寶積經音義》卷56："鋸刽，上居去反，下普皮反，开也，分也，正作披、秛二形也。又音皮，《廣雅》：刽，剝也。"亦可爲證。綜上，可洪釋文"應和尚《經音義》音皮，説文云：剝也"這段話，都是在轉述《玄應音義》的内容，應該這樣理解："刽，《經音義》音皮，釋文云：剝也。"

另，玄應、可洪都説《廣雅》中已有"刽"字，然今本《廣雅·釋言》曰："皮，剝也。"（136）未見"刽"字，而"刽"字佛經中多有用例，如《長阿含經》卷 19："復次想地獄，其中衆生懷毒害想，共相觸嬈，手執自然刀劍，刀劍鋒利，迭相斫刺，剫剥黶割，身碎在地。"大正藏校勘記曰："剫"，宋、元本作"皮"。又《五陰譬喻經》卷 1："譬如比丘人求良材，擔斧入林，見大芭蕉，鴻直不曲，因斷其本，斬其末，劈其葉理，分分剫而解之，中了無心，何有牢固。"大正藏校勘記曰："剫"，宋、元、明本作"皮"。由佛經用例及異文可知，"剫"應是"皮"的後起俗字，從刀，皮聲，義爲手執利刀剥離皮革，專作動詞，分擔了原來"皮"的本義。宋代字書已收此字，宋本《玉篇·刀部》："剫，剥也。"（321）《集韻·支韻》："剫，刀析也。"（32）

【026】剫皮，上普皮、普彼二反，開也，張也，分也，散也，正作披。又《經音義》音皮，説文云：《廣雅》：頗（剫），剥也。（卷 16，《四分律音義》卷 43）

按，《玄應音義》卷 14《四分律音義》卷 43："剫皮，音皮，《廣雅》：剫，剥也。"（195a）據此，可洪所引"説文云"乃是"玄應釋文云"之意，僅"剫"訛作"頗"字而已。

【劓】

【027】劓鼻，上魚至反，割鼻也，《説文》或作劓，同。（卷 1，《大般若經音義》帙 52）

按，《説文·刀部》："劓，刑鼻也。从刀，臬聲。《易》曰：天且劓。劓，劓或從鼻。"（87）與可洪所言合。

【028】剠劓，上巨京反，剠，墨刑在面，《玉篇》云鑿額泪墨謂之剠刑也，《新韻》作黥，《舊韻》説文作剠也。下魚至反，割鼻也，《舊韻》説文作劓也。（卷 29，《廣弘明集音義》卷 13）

按，參見"剠"字疏證。

三劃

土部

【幸】

僥倖，上音澆，下音幸。《舊韻》作憿幸，説文作僥幸，亦作徼幸。説文：僥，偽也；徼，求也；幸，寵也。《説文》云：吉而免凶曰幸也，

字從夭、從屮。(卷2,《道行般若經音義》卷9)

按,參見"僥"字條。

【垸】

【029】骯䈥,上宜作骱、髖。[骱],五官反,䯒也,膝骨也。髖,苦官反,兩髂間也。《經音義》作骱,又作垸,同,胡灌反,說文:漆垸灰。非義。(卷20,《解脱道論音義》卷6)

按,《説文·土部》:"垸,以桼和灰而鬃也。从土,完聲。"(289)與可洪所引不同。根據可洪引書通例,此處所言"説文"應該指《玄應音義》釋文,然考《玄應音義》卷18《解脱道論音義》卷4:"骯節,又作垸,同,胡灌反,《通俗文》:燒骨以桼曰垸。《蒼頡訓詁》:垸,以桼和之。今中國人言垸,江南言髓,音瑞。桼,古漆字。"(241b) 未見"漆垸灰"之語,頗疑今傳各本《玄應音義》有删節,或者今本《可洪音義》有脱誤。

【墠】

【030】有墠,音善,壇也。《説文》云:野土也。(卷26,《大慈恩寺法師傳音義》卷3)

按,《説文·土部》:"墠,野土也。从土,單聲。"(290) 與可洪所引相合。

工部

【巫】

【031】巫覡,上文夫反,女曰巫也。《説文》:巫,祝也,女能事巫(無)形,以降神也。古者巫咸初作巫也。(卷28,《續高僧傳音義》卷25)

按,《説文·巫部》:"巫,祝也。女能事無形,以舞降神者也。象人兩褎舞形,與工同意。古者巫咸初作巫。"(95)《集韻·虞韻》:"巫,《説文》:祝也,女能事無形,以舞降神者。象人兩褎舞形。古者巫咸初作巫。"(78) 可洪所引與《説文》大意雖同,但有節略,且"無形"訛作"巫形",又脱"舞"字。

大部

【夷】

【032】摩夷,羊脂反,《説文》從犬、從弓作夷也。(卷16,《四分

律音義》卷 19)

按，"夷"，"夷"字異寫。《説文·大部》："夷，平也。从大、从弓。東方之人也。"（213）《五經文字·大部》："夷，從弓，從大，作夷者訛。"（54）《廣韻·脂韻》："夷，夷猶等也，滅也，易也，《説文》平也。从大弓。又曰：南蠻從虫，北狄從犬，西羌從羊，唯東夷從大人。"（51）綜上，可洪釋文"從犬"之"犬"乃"大"字刻訛，可洪所述與《説文》吻合。

尢部

【尢】

【033】尢工，上于求反，《説文》無點。（卷 20，《成實論序音義》）

【034】尢密，上于求反，多也，甚也，過也，《説文》無點。（卷 27，《高僧傳音義》卷 7）

【035】尢礼，上于求反，過也，嗟也，多也，正作尢。《説文》無點，今作尤，俗也。（卷 27，《高僧傳音義》卷 11）

【036】尢高，上于求反，《説文》無點。（卷 28，《辯正論音義》卷 6）

按，《説文·乙部》："尢，異也。从乙，又聲。"（310）小篆作"尢"，隸變應作"尢"，無點，與可洪所言相合。

寸部

【尊】

【037】搏俎，上子孫反，酒器也，正作罇、樽二形也。又按《説文》即作尊字也。曹憲《文字指歸》云：撿無罇字，亦無著木者也。（卷 26，《集沙門不應拜俗等事音義》卷 4）

按，《説文·酋部》："尊，酒器也。从酋，廾以奉之。《周禮》六尊：犧尊、象尊、著尊、壺尊、太尊、山尊，以待祭祀賓客之禮。尊，尊或从寸。"（315）《説文》無"罇""樽"二字。《廣韻·魂韻》："尊，尊卑，又重也，高也，貴也，敬也，君父之稱也。《説文》曰：酒器也。本又作尊。《周禮》有司尊彝。從土、從缶、從木，後人所加。"又："罇、樽，並見上注。"（118）可洪所言與《説文》

字形相合。

口部

【吃】

【038】齧吃，居兮、居礼二反，説文平、上二聲。（卷7，《不空胃索神變真言經音義》卷1）

按，《説文·口部》："吃，言蹇難也。从口，气聲。"（27）未言有二音。《廣韻》"吃"字有居乞切、苦擊切二音，但與可洪注音不合。"齧吃"，今大正藏翻刻麗藏本《不空胃索神變真言經》卷1作"齧吒"："齧吒（平聲紐至上聲是，下例同音）吒齧吒吒（十八句）。"據此，可洪所言"説文平、上二聲"當指經文夾注"平聲紐至上聲"。又考《釋教最上乘秘密藏陀羅尼集》卷14："齧Ć（ta）吒Ć（ta）吒齧吒吒（八十一）。"又卷16："齧Ć（ta）吒吒齧吒吒（六十四）。"又卷17："齧Ć（ta）吒吒齧吒吒（七十三）。"據此知詞目"齧吃"之"吃"乃"吒"字之訛。

【哨】

【039】哨咽，上徒果反，下烏賢反。哨，落也。咽，喉也。言佛示現受食，其食實不落喉中也。經云諸佛受食威儀，從閻浮提上至十八天，皆見如來食，不退轉菩薩及九地菩薩見旋疾天子接如來食，於他方施作佛事是也。《經音義》作哨，應師以哨字替之。哨，禹六反，説文云：哨，吐也。咽，嗌喉也。此乃非是經意也。嗌音益也。（卷9，《菩薩處胎經音義》卷1）

按，今本《説文》無"哨"字。考《玄應音義》卷4《菩薩處胎經音義》卷1："哨咽，禹六反，下於賢反，《廣雅》：哨，吐也。[咽，嗌]喉也。經文作哨①，音墮，誤也。"（61b）據此，可洪所引"説文"云云乃是玄應釋文內容，玄應引自《廣雅》，今《廣雅·釋詁四》："哨，吐也。"（133）

---

① 磧砂藏、明永樂南藏本《玄應音義》作"經文作隋，音墮，誤也"（《中華大藏經》第57冊，第178頁），《慧琳音義》轉引玄應曰"經文作陏，音墮，誤也"（58/282b）。今大正藏本《菩薩處胎經》對應經文作"哨咽"："如來現食味，次第味，味不動味，不哨咽，不哺噍。世尊舉飯向口時，心念十方諸五道衆生等同此味，即如念皆悉飽滿，猶如比丘得九次第禪心軟美飽，是謂菩薩摩訶薩口通清净。"今本經文或是據玄應之説校改而成。

第一章　《可洪音義》引字書研究　　31

【唵】

【040】近奥，烏告反，唵字<u>説文</u>。（卷9，《金剛光焰陀羅尼經音義》）

【041】奧，烏告反，唵字説文，見別随函，此經奥字。（同上）

按，參見《〈可洪音義〉引"説文"考》例28、例29。

【售】

【042】速售，音授，賣了也。説文：賣物出手也。（卷12，《大丈夫論音義》卷上）

按，《説文》無"售"字，徐鉉《説文新附·口部》："售，賣去手也。从口，雔省聲。"（29）與此表述不同。又考《廣韻·宥韻》："售，賣物出手。"（437）故疑可洪所引乃是韻書釋文。①

【諺】

真諺，五諫反，僞也，古作贗也。按説文作諺、俗二形。又音彥，非。（卷8，《成具光明定意經音義》）

按，參見《〈可洪音義〉引"説文"考》例24。

【喑】

【043】喑喑，上於禁反。下子夜反，《聲類》云大呼也，《説文》云大聲也。（卷18《大比丘三千威儀經音義》卷上）

按，《説文·言部》："譜，大聲也。从言，昔聲。讀若笮。喑，譜或从口。"（48）與可洪所引合。又考《玄應音義》卷4《大方便報恩經音義》卷1："喑喑，於禁反，下子夜反，《聲類》：大呼也。《説文》：大聲也。"（57b）又卷13《太子本起瑞應經音義》卷下："喑喑，又作譜，同，於禁反；下又作諎，同，子夜反。《説文》：喑喑，大聲也。《聲類》：喑喑，大呼也。"（175c）玄應所引《説文》乃釋"喑喑"爲"大聲也"。今本《説文·口部》："喑，宋齊謂兒泣不止曰喑。从口，音聲。"（25）又《言部》："諳，悉也。从言，音聲。"（52）與

---

① 《慧琳音義》卷35《蘇悉地經音義》："不售，音壽，《考聲》云：賣物了。"（58/110b）又卷57《普達王經音義》："已售，下雔祐反，《字書》：售，賣物得售也。顧野王云：售，賣物去也。《説文》從口，從隹省聲。"（58/598b）又卷78《經律異相音義》卷8："不售，下音壽，《韻英》云：賣物得去也。售，行也。《韻詮》云：賣物多也。《古今正字》從隹，口聲，亦會意字也。"（58/1037b）

玄應所引不同。

【嘩】

【044】嘩嘩，宜作于靴反，小兒讀書聲也。律文云：如似童子在學堂中学誦聲是也。……又《玉篇》音韋，說文：失聲也。（卷15,《摩訶僧祇律音義》卷13）

按，參見《〈可洪音義〉引"說文"考》例15。

【嘯】

【045】是嘯，蘇叫反。說文：吟，聚辱（脣）作幽嘉之聲也，正作嘯、歗也。（卷14,《佛本行集經音義》卷29）

【046】俳嘯，蘇叫反。說文云：聚脣出幽嘉之聲也。（卷25,《一切經音義音義》卷22）

按，參見《〈可洪音義〉引"說文"考》例32、例33。

【嚳】

【047】殘酷，苦沃反。虐也，暴急也，《說文》作嚳也。（卷26,《集今古佛道論衡音義》卷4）

按，參見《〈可洪音義〉引"說文"考》例6。

【囈】

【048】囈語，上魚祭反。睡語也，正作寱、㝱二形。說文作囈。（卷30,《廣弘明集音義》卷29）

按，《說文》無"囈"字，其《寢部》曰："寱，瞑言也。從寢省，臬聲。"（150）段注："俗作囈。"（348）故知可洪所言"說文"不指許慎《說文》。《廣韻·祭韻》："寱，睡語。㝱，上同。囈，亦同。"（378）後世"囈"字常用。

囗部

【國】

【049】壼奧，上苦本反，居也，廣也，宮中道也，說文合作國。（卷26,《大慈恩寺法師傳音義》卷8）

按，"壼"，今本《說文·囗部》作"𡆞"："𡆞，宮中道。從囗，象宮垣道上之形。《詩》曰：室家之壼。"（125）與可洪所言"合作國"字形不合，不知可洪所本。

第一章 《可洪音義》引字書研究

巾部

【市】

【050】朝市，上直遥反，又知遥反，且也。下神止反，賣買之所也，正作市，《説文》作󠄀也。（卷29，《廣弘明集音義》卷4）

按，《説文・冂部》："市（󠄀），買賣所之也。市有垣，从冂、从󠄀，󠄀，古文及，象物相及也，之省聲。"（105）可洪所錄《説文》字形與今本《説文》有差異。

【幟】

【051】㯍也，上音標，幟字説文也，正作幖也。又音栗，非。（卷25，《一切經音義音義》卷11）

按，今考《玄應音義》卷11《增一阿含經音義》卷48："爲幟，古文㡀，同，尺志反，幖也。《通俗文私記》曰：幟謂劒、蓋等五物，幖爲記也。"（151b）據此，可洪所釋詞目"㯍"乃"幖"的訛字，"幖也"出自玄應對"幟"的釋文。

山部

【崵】

【052】暘出，上音陽，日出~谷。《説文》作崵，亦首崵山名也。又或作晹，音釋。（卷29，《弘明集音義》卷9）

按，《説文・日部》："暘，日出也。从日，易聲。《虞書》曰暘谷。"（134）又《山部》："崵，崵山，在遼西。从山，易聲。一曰嵎鐵崵谷也。"（188）段玉裁認爲當作"首崵山"，注曰："各本無'首'字，今依《玉篇》及《伯夷列傳》正義、《王貢兩龔鮑傳》注所引正。"（439）《説文》"崵"字下追釋"一曰嵎鐵崵谷"，不知是否即日出之"暘谷"，故不敢妄斷。可洪所引與今本《説文》意合。又考裴本《刊謬補缺切韻・陽韻》："暘，日出處。亦崵。"（541）據此，疑可洪所引"説文作崵"乃是韻書"暘"字釋文曰"亦作崵"之意。

夕部

【舛】

【053】󰎊闕，上川兖反，正作舛也，《說文》從歺、牛。牛，苦瓦反。（卷27，《高僧傳音義》卷3）

按，"󰎊"是"舛"字異寫。《說文·舛部》："舛，對臥也。从夊、牛相背。"（108）據此，可洪釋文"從歺"蓋"從夊"之訛，如此，則與《說文》字形分析相合。

彳部

【役】

【054】役也，上以聞反，僅隸字，《說文》亦作役。（卷25，《一切經音義音義》卷1）

按，《說文·殳部》："役，戍邊也。从殳，从彳。伇，古文役，从人。"（61）與可洪所言相合。《廣韻·昔韻》："役，古從人，今從彳，《說文》曰：戍邊也。"（519）

宀部

【宄】

【055】宂宄，居美反，内盜也，《說文》從穴、從九。（卷26，《大唐西域記音義》卷5）

按，"宂"，"宄"字異寫。《說文·宀部》："宄，姦也。外爲盜，内爲宄。从宀，九聲。讀若軌。"（148）據此，可洪釋文"從穴"乃"從宀"之誤，如此，則字形分析與《說文》基本相合。《慧琳音義》卷82《西域記音義》卷10："姦宄，上音奸。下音軌，《韻英》云：賊在内也。從宀，宀音綿，從九。"（59/40b）慧琳所言與《說文》合。

【寓】

【056】御寓，于矩反，棟～也，《說文》與宇字略同也。宇，宇宙也，大也，邊也，正字寓也，誤。（卷9，《大乘密嚴經音義》卷上）

按，參見《〈可洪音義〉引"說文"考》例5。

广部

【厎】

【057】无手，同上①。諸部作厎，此經作平。按厎字，説文：下也，平也。今經文作𫝀（氐），以厎字替之，彼悮也。（卷2，《道行般若經音義》卷1）

按，"手"、"平"字訛誤。考《説文·广部》："厎，山②居也。一曰下也。从广，氏聲。"（190）《説文》無"平也"之義項，與可洪所引不合。又考《龍龕·广部》："厎，俗；底，正：都礼反，下也，平也，又止也。"（300）與可洪所引釋義吻合。《龍龕》釋文多本自韻書，據此，頗疑可洪所言"説文"指韻書釋文。

尸部

【凥】

【058】母凥，音居，當也，處也，安也，《舊韻》説文作凥字。（卷27，《高僧傳音義》卷4）

按，"凥"同"居"，《玉篇·尸部》："凥"，"居"的古文。（214）今《高僧傳》卷4作"母居"："時獨與母居，孝事盡禮。"居處義《説文》作"凥"："凥，處也。从尸得几而止。《孝經》曰：仲尼凥。凥謂閒居如此。"（301）可洪所言"説文作凥字"與今本《説文》相合。不過，考《切韻箋注（七）·魚韻》："居，……按《説文》從几作此凥。"（2616）③又伯2011《刊謬補缺切韻·魚韻》："居，舉魚反。止，亦作凥。"（2735）故宮博物院藏本《刊謬補缺切韻》與上二種基本相同。據此，我們認爲可洪所言"《舊韻》説文作凥字"，乃是"《舊韻》釋文作凥字"之意。

【屛】

【059】圊屛，上音清，下蒲政反，《字統》云廁也，正作偋、庰二

---

① 上一條爲："有平，皮兵反，亦作坪。"
② 段注："山當作止，字之誤也。"（445）
③ 《切韻箋注（七）》即敦煌殘卷斯2055，引自張涌泉主編《敦煌經部文獻合集》第5冊，下同。周祖謨《唐五代韻書集存》中又稱《箋注本切韻二》。

形，孫愐《韻》説文作屏。(卷2,《大寶積經音義》卷110)

【060】屏簿，上蒲政反，廁也，正作偋。《舊韻》説文作屏,《新韻》作庰，悮也。(卷26,《東夏三寶感通録音義》卷中)

按，"屏""庰""偋"皆見《説文》。《説文·尸部》："屏，屏蔽也。从尸，并聲。"(172)又《广部》："庰，蔽也，從广，并聲。"(190)又《人部》："偋，僻寠也。从人，屏聲。"(163)段注："寠者，無禮之居也。《廣韵》曰：偋，隱僻也；無人處。引《字統》云：廁也。按偋與屏、庰義略同。"(377)朱駿聲通訓定聲："經籍皆以屏、以庰爲之。"(867) "圍屏""屏簿"之"屏"，可洪認爲正作"偋"，或作"庰"。可洪所言之"孫愐《韻》説文作屏""《舊韻》説文作屏"，蓋指孫愐《韻》或《舊韻》釋文作"屏"。孫愐《韻》或《舊韻》原書今已不存，故無由塙解。

女部

【媧】

【061】女媧，古咼反，伏羲妹也，《説文》：古作䲿也。又古花反，古皇后。(卷28,《破邪論音義》卷上)

按，《説文·女部》："媧，古之神聖女，化萬物者也。从女，咼聲。䲿，籀文媧，從𠦝。"(260)可洪所言與此基本相合。《集韻·佳韻》："媧、䲿：公蛙切。《説文》：古之神聖女，化萬物者也。籀作䲿。"(102)

【婈】

【062】碌碌，音禄，多石皃也。又音録。又字意宜作婈，《坤蒼》云：顓頊妻名也。《説文》云：隨也。《史記》：毛遂入楚，謂平原君諸舍[人]曰：公等婈婈，可謂因人成事耳。婈、禄二音。(卷29,《弘明集音義》卷10)

按，《説文·女部》："婈，隨從也。从女，录聲。"(263)可洪所引與此有出入。又考蔣斧本《唐韻·屋韻》盧谷反："婈，《坤蒼》云：顓頊妻名。《説文》云：隨也。《史記》云：毛遂入楚，謂平原君諸舍人曰：公等婈婈，可謂因人成事耳。又力玉反。"(685)《廣韻·屋韻》："婈，《坤蒼》云：顓頊妻名。《説文》：隨從也。《史記》：毛遂入楚，謂十九人曰：公等婈婈，可謂因人成事耳。又力玉切。《史記》亦作録。"(451)據此可知，可洪所引《説文》乃是轉自韻書。

四劃

木部

【本】

【063】離夲，上力義反，下布損反，今作夲，正作本也，《字樣》作本，《說文》云從木、十（丅）。《切韻》云從木、丅。《舊韻》云從木。丅，音下，无點。（卷2，《道行般若經音義》卷1）

【064】夲意，上布損反，本，根也，始也，下也，舊也，《說文》從木、從丅，作本字體也。（卷10，《大智度論音義》卷63）

按，《說文·木部》："本，木下曰本。从木，一在其下。"（114）《五經文字·木部》："本、夲：上《說文》，從木，一在其[下]；下今經典相承隸省。"（2）《廣韻·混韻》："本，本末，又始也，下也，舊也。《說文》曰：木下曰本，从木，一在其下。俗作夲。"（282）皆與可洪所引《說文》不同。頗疑此句字形說解出自《顏氏字樣》釋文，而非直接出自《說文》，然《顏氏字樣》已經失傳，故無從考定。

【杼】

【065】機杼，上居依反，縢也，纏經也。下直與反，梭也，《說文》：持緯者也。（卷11《十二門論音義》）

按，《說文·木部》："杼，機之持緯者。从木，予聲。"（118）可洪所引稍有節略，但大意相合。

【桂】

【066】桂徙，上古惠反，香木也，叢生山澗間，無雜木，葉長尺餘，冬夏長青，其花白。《山海經》曰：八桂成林。《說文》曰：南方之木，百藥之長。（卷28，《辯正論序文音義》）

按，《說文·木部》："桂，江南木，百藥之長。从木，圭聲。"（110）《慧琳音義》卷1《大般若經聖教序音義》："桂生，圭慧反……《說文》云：江南香木也，百藥之長。從木，圭聲也。"（57/405b）可洪所引與今本《說文》大意雖同，但表述有別。

【椎】

【067】椎髻，上直追反，説文：椎髻一冣，其形如椎也。冣，才句也（反）。（卷26，《大唐西域記音義》卷7）

按，"冣"，"聚"字異寫，今本《説文》無"椎髻一聚"之語，不知可洪所本。《慧琳音義》卷82《西域記音義》卷2："椎髻，上直追反，髻似鐵椎形也。"（59/30a）《廣韻·脂韻》："椎，椎鈍不曲撓；亦棒椎也；又椎髻。"（58）

【槀】

【068】萎槀，苦老反，枯也，乾也，正作槁，《説文》作槀。（卷25，《一切經音義音義》卷12）

按，《玄應音義》卷12《毗耶娑問經音義》卷下："萎蔫，於危反，下於言反。萎，槀也。《説文》：蔫，菸也。"（167a）可洪所釋詞目"萎槀"即出自此。可洪曰"槁"《説文》作"槀"，考《説文·木部》："槀，木枯也。从木，高聲。"（115）可洪所言與《説文》合。又《廣韻·晧韻》："槁，木枯也。《説文》作槀。"（303）可洪亦與韻書所言相合。

【樂】

【069】㦨樂，上五孝反，好也，愛慕也，正作樂也。下勒告反，不捨境界修空之義也，説文：㦨樂也。（卷21，《道地經音義》）

按，《説文·木部》："樂，五聲八音總名。"（119）與可洪所引不同，其他字韻書亦未見"㦨樂"之義項，不知可洪所本，俟再考。

【橯】

【070】若橯，来到反，《經音義》作橯，説文云：關中名磨，山東名橯也，編棘爲之，以平塊也。然或是杷別名也。杷，步化反。又音牢也。（卷16，《四分律音義》卷53）

按，《玄應音義》卷14《四分律音義》卷52："若橯，借音力導反，關中名磨，山東名橯，編棘爲之，以平塊也。"（197b）據此，可洪所言"説文"指玄應釋文。

【欈】

【071】乘欈，俱玉反，禹所乘車名也，説文云：直轅車也，正作輂也。又詰遥反。（卷28，《辯正論音義》卷1）

第一章 《可洪音義》引字書研究　　39

按，參見《〈可洪音義〉引"說文"考》例21。

【檄】

【072】苻檄，上音扶。下戶的反，告急牘也，說文云：二尺二寸書，插羽傳之。（卷11，《十住婆沙論音義》卷10）

【073】傳撽，戶的反，告急牘也。說文云：二尺二寸書也，從木，敫聲，急則插羽以傳之也。（卷27，《續高僧傳音義》卷16）

按，"撽"，"檄"字異寫。《說文·木部》："檄，二尺書。从木，敫聲。"（119）與可洪所引"說文"不合。又考《漢書·高帝紀下》"吾以羽檄徵天下兵"顔師古注："檄者，以木簡爲書，長尺二寸，用徵召也。其有急事，則加以鳥羽插之，示速疾也。"（69）① 此與可洪引文多有相似，只是尺寸不同。不過，由此可以推測可洪引語蓋出自注疏釋文。

【權】

【074】稱推，上尺證反。下巨員反，稱錘也，《說文》從木、藿聲。（卷19，《阿毗達磨順正理論音義》卷1）

按，參見《〈可洪音義〉引"說文"考》例2。

犬部

【犴】

【075】野犴，古寒反，即野狐也，如《五分律》作野狐，《毗奈耶》等諸律並作野干，是也。又《經音義》作野干，說文云：亦似狐而小也。又玉寒、胡安、可顔、胡案、五案五反，說文云：胡地野犬，似狐而小，黑喙也。此後五呼及《經音義》說文並非義也。（卷16，《四分律音義》卷10）

按，可洪解釋"犴"字引"說文"曰："似狐而小也。"又曰："胡地野犬，似狐而小，黑喙也。"今考《說文·豸部》："豻，胡地野狗。从豸，干聲。犴，豻或从犬。《詩》曰：宜犴宜獄。"（196）與可洪所引表述不合。又考《玄應音義》卷14《四分律音義》卷11："野干，案《子虚賦》云：騰遠射干。司馬彪、郭璞注並云：射干似狐而小，能緣木。射音夜，又作野。"（188b）又《廣韻·寒韻》："豻，胡地野狗，似狐而

---

① （漢）班固撰、（唐）顔師古注：《漢書》，中華書局1962年版。下同。

小。或作犴。俄寒切。又音岸。犴，上同。"（121）又《删韻》："豻，胡地野犬，似狐而小，黑喙。可顔切。又我悍、俄寒二切。"（128）綜此，可洪釋文"《經音義》作野干，説文云：亦似狐而小也"乃轉引自《玄應音義》釋文，這裏的"説文"乃"釋文"的意思，最後一句"《經音義》説文"也是指《玄應音義》釋文。又"玉寒、胡安、可顔、胡案、五案五反，説文云：胡地野犬，似狐而小，黑喙也"，頗疑這一段轉引自《切韻》系韻書，這裏的"説文"指韻書釋文。

【狄】

【076】北狄，徒的反，正作狄。《説文》曰：南蠻從虫，北狄從犬，西羌從羊，東夷從大人。（卷24，《開元釋教録音義》卷7）

按，參見《〈可洪音義〉引"説文"考》例8。

瓦部

【瓨】【瓮】

【077】瓦瓨，下江反，出《説文》。（卷7，《陀羅尼集經音義》卷1）

按，"瓨"乃"瓨"字異寫，《説文·瓦部》："瓨，似罌，長頸，受十升。讀若洪。从瓦，工聲。"（269）與可洪所言"瓨"字出《説文》相符。今大正藏翻刻麗藏本《陀羅尼集經》卷1作"瓦瓨"。

【078】香瓨，行江反，罌屬也，正作缸。説文作瓨、瓮也。（卷5，《大樹緊那羅王所問經音義》卷2）

【079】瓨食，上幸江反，正作瓱①。説文作瓨、瓮二形。（卷12，《長阿含經音義》卷8）

【080】水瓨，行江反，罌屬也，正作缸。説文作瓨、瓮二形也。（卷15，《摩訶僧祇律音義》卷35）

【081】瓨瓶，上户江反，正作缸。説文作瓨、瓮。（卷18，《阿毗曇毗婆沙音義》卷23）

按，《説文》有"瓨"字，《瓦部》："瓨，似罌，長頸，受十升。讀若洪。从瓦，工聲。"（269）王筠句讀："瓨，字與《缶部》缸同。"

---

① 瓱，當是"瓱"字異寫，"瓱"同"缸"，《廣韻·江韻》："缸，甖缸。瓱，上同。"（39）

（510）①《玉篇·缶部》："缸，胡江切，與瓨同。"（308）裴本《刊謬補缺切韻·江韻》："缸，甖類。又瓨。"（541）《説文》無"瓨"，王筠句讀："瓨，字又作瓨。"（510）綜上，可洪所言與今本《説文》不合，不知可洪所本。

【䀀】

【082】鋺盞，上烏管反，盛食器也，正作椀，説文作䀀、盌、㿿、鋺四形也。（卷17，《删補羯磨音義》）

按，《説文·皿部》："盌，小盂也。从皿，夗聲。"（99）又《瓦部》："䀀，小盂也。从瓦，夗聲。"（269）但是"㿿""鋺"二字《説文》未收，與可洪所言不符，頗疑可洪之意乃是"經文有的版本作䀀、作盌、作㿿或作鋺"的意思。今大正藏翻刻麗藏本《四分律删補隨機羯磨》卷2作"鋺盞"，與可洪所用底本相同。

【甎】

【083】一甎，之緣反，説文從甴、厶、寸、瓦。（卷16，《根本毗奈耶雜事音義》卷33）

按，今本《説文》無"甎"字，考《慧琳音義》卷34《大方廣如來藏經音義》："金甎，音專。《埤蒼》云：甋甎也，經從石作磚，俗字也。《説文》從瓦，專聲也。"（58/88a）又卷53《起世因本經音義》卷1："甎墼，上拙緣反，《古今字詁》火燒土墼也。《埤蒼》云：甋甎也。《古今正字》從瓦、從專聲。或作甎，古字也。經文從土作塼，俗字也。"（58/486b）又卷55《佛説五苦章句經音義》："甎石，上拙緣反，《埤蒼》云：甎，甋甎也。《考聲》云甓也。《古今正字》從瓦，專聲。……經文從土作塼，俗字也。"（58/532a）又卷83《大唐三藏玄奘法師本傳音義》卷2："甎石，上音專，《埤蒼》云：甋甎也。《説文》從瓦，專聲。"（59/48a）慧琳所引《説文》皆曰"從瓦，專聲"，亦與可洪所言不合，不知可洪所本。

戈部

【戠】

【084】未戠，亦作戠，尸力反，知也，別知也，与識字同也。説文

---

① （清）王筠：《説文解字句讀》，中華書局2016年版。下同。

作戠也。(30,《廣弘明集音義》卷29)

按,"戠""識"皆見於《説文》。《説文·戈部》:"戠,闕。从戈,从音。"(267) 又《言部》:"識,常也。一曰知也。从言,戠聲。"(46) 但《説文》未言識別之"識"亦作"戠",頗疑可洪所言"説文作戠"乃是"經文作戠"的意思。可洪所見底本作"未戠",今大正藏翻刻麗藏本《廣弘明集》卷29作"未識",吴大澂《説文古籀補》:"戠,古識字。"(9)① 又:"古戠字,與識、織、幟三字并通。"(51)

止部

【步】

【085】步呯,上蒲故反,正作步也,《説文》云從止下 ㄓ,從少者訛也。下弥尔反。ㄓ,他割反。(卷17,《根本薩婆多部律攝音義》卷9)

按,《説文·步部》:"步,行也。从止、ㄓ相背。"(32) 所引與《説文》主旨吻合,但表述不同。又考《五經文字·止部》:"步,薄故反,從止下ㄓ。ㄓ音吐葛反,相承以ㄓ爲少者訛。"(14) 據此,頗疑可洪所引的"説文"蓋出自字樣書的釋文。

攴部

【敕】

【086】筞進,上初責反,駈策也,捶也,《説文》作敕(敇)。(卷2,《大寶積經音義》卷20)

按,"筞""敕"分別是"策""敇"之異寫。《説文·竹部》:"策,馬箠也。从竹,朿聲。"(93) 又《攴部》:"敇,擊馬也。从攴,朿聲。"(64) 段注:"所以擊馬者曰箠,亦曰策。以策擊馬曰敇,策專行而敇廢矣。"(126)《類篇·攴部》:"敇,測革切,《説文》:擊馬也。通作策。"(110)② 可洪所引字形"敕"與《説文》"敇"字形有出入,或是轉引自其他字韻書釋文,而非直接本自《説文》,抑或刊刻時俗訛。

---

① (清) 吴大澂:《説文古籀補》,中華書局1988年版。下同。
② (宋) 司馬光等編:《類篇》,中華書局1984年版。下同。

日部

【旨】

【087】經 ▣，音旨，美也，詞也，志也，意也，正作旨。《說文》云從匕從甘。（卷6，《緣生經序音義》）

按，"▣"，"旨"字異寫。《說文·旨部》："旨，美也。从甘，匕聲。"（96）可洪所引與《說文》大旨相合，但措辭小別。《廣韻·旨韻》："旨，《說文》云：美也，从匕、甘。又志也。"（247）

【䈋】

【088】我䈋，音昔，往也，古文昔字也，出《說文》。（卷5，《說無垢稱經音義》卷2）

按，《說文·日部》："▣，乾肉也。从殘肉，日以晞之。"（135）"昔"，《說文》小篆作"▣"，隸定作"䈋"，隸變作"昔"。《廣韻·昔韻》："昔，……《說文》作䈋，乾肉也。"又："䈋，籀文。"（516）可見，可洪所言與《說文》相合。

【昭】

【089】昭穆，上市招反，亦作佋也。~，廟也，~穆也，父佋子穆，《孝經疏》云：佋，昭也，明也；穆，敬也。故佋南面，穆北向，孫從父坐。說文作昭。（卷29，《廣弘明集音義》卷10）

按，《說文·人部》："佋，廟佋穆。父爲佋，南面。子爲穆，北面。从人，召聲。"（165）又《日部》："昭，日明也。从日，召聲。"（134）《切韻箋注（二）·宵韻》："佋，廟佋穆。或作昭。"（2181）宋跋本《刊謬補缺切韻》同。《廣韻·宵韻》："佋，廟佋穆也，或作昭。父昭子穆，《孝經疏》云：昭，明也；穆，敬也。故昭南向，穆北向，孫從父坐。"（149）綜上，昭穆之"昭"《說文》本作"佋"，經典相承作"昭"。據此，可洪所言"說文作昭"，不指《說文解字》。今麗藏本《廣弘明集》卷10作"昭穆"。

【暴】

【090】從日，而一反，自前暴字，《說文》皆云從日、從出、夘（収）、米，字意也。（卷25，《一切經音義音義》卷21）

按，《玄應音義》卷1《法炬陀羅尼經音義》卷3："暴曬，蒲卜反，下所懈反。《説文》：暴，晞乾也，字從日、從出、從収、米，字意也。収又作廾，同，巨凶反，兩手持也。"（14a）據此，可洪所引《説文》實轉自《玄應音義》。今本《説文·日部》："暴，晞也，从日，从出，从収，从米。"（135）與玄應所引基本相同。

月部

【朋】

【091】𦫵友，上蒲弘反，黨也，正作朋。《舊韻》説文作孕；《字樣》作𦫵、朋二形，説文云：本是古文鳳字，象形，鳳飛，群鳥從以萬數，故後爲朋黨字。隸變𦫵爲朋也。（卷1，《放光般若經音義》卷1）

按，參見《〈可洪音義〉引"説文"考》例13。

【脤】

【092】受服，音伏，衣服也。又事也，敬也。又《川音》作脤，時忍反，祭餘肉也。《説文》云：天子所以親遺百姓也。又社肉，盛以蜃，因謂之脤也。然服、脤二字未委何正。（卷30，《廣弘明集音義》卷20）

按，"脤"，《説文》作"祳"，《慧琳音義》卷98《廣弘明集音義》卷20："受脤，臣忍反，鄭注《周禮》：脤皆社稷宗廟之肉也。杜注《左傳》云：宜社之肉盛之以脤器，故曰脤。《公羊傳》云：生曰脤，熟曰膰。《説文》從示作祳。"（59/305b）《説文·示部》："祳，社肉，盛以蜃，故謂之祳。天子所以親遺同姓。从示，辰聲。《春秋傳》曰：石尚來歸祳。"（3）雖與可洪所引"説文云：天子所以親遺百姓也"相合，但此乃"祳"字釋文。又考伯2011《刊謬補缺切韻·軫韻》："脤，祭餘肉。"（2782）宋跋本《刊謬補缺切韻》、裴本《刊謬補缺切韻》皆同，又《廣韻·軫韻》："祳，祭餘肉。《説文》云：社肉，盛之以蜃，故謂之祳，天子所以親遺同姓。脤，上同。"（275）故疑可洪所引《説文》乃轉引自韻書釋文，也有可能轉引自《川音》釋文。

【脢】

【093】擘䏝，上補厄反；下羊朱反，肥也，亦五藏之名也。又或作肿，音申，脢也。脢，梅、妹三（二）音，説文：脊傷害也。又《經音義》作引人反，字體作䐃，當脊肉也。《川音》作胛，音甲，非。（卷

第一章 《可洪音義》引字書研究　　　　45

19,《阿毗達磨順正理論音義》卷 31）

按，參見《〈可洪音義〉引"説文"考》例 34。

【腰】

【094】𦞼細，上於遥反，身中也，正作㜷也，《説文》云象人𦞼，從［自］臼之形也，今作𦞼、要二形。（卷 15,《十誦律音義》卷 39）

【095】細要，於消反，《説文》作㜷，今作𦞼、要二形也。（卷 16,《四分律音義》卷 11）

按，"𦞼"，"𦞼"字俗體。《説文·臼部》："㜷，身中也。象人要自臼之形。从臼，交省聲。"（54）段玉裁删"交省聲"三字，并注云："上象人首，下象人足，中象人𦞼，而自臼持之，故從臼。"（105）《九經字樣·雜辨部》："㜷、要：音𦞼，身中也，象人𦞼自臼之形。上《説文》，下隸變，本非從女。"（54）可洪所言與《説文》主旨相合，但表述稍異。又邵瑛《群經正字》曰："此字俗作腰，隸作要。"（86）《廣韻·宵韻》："要，俗言要勒，《説文》曰身中也。……今作腰。"（150）又："腰，見上注。亦作𦞼。"（150）

【媵】

【096】媵含，上徒登反，國名也，因以爲姓，《説文》從舟，《通俗文》從月。又音悉，怢也。《新韻》闕此媵字也。（卷 26,《東夏三寶感通録音義》卷中）

按，"媵含"，今大正藏本《東夏三寶感通録》卷中作"媵含"，"媵"乃"媵"字之誤。《説文·水部》："滕（𤅬），水超涌也。从水、朕聲。"（229）而"朕"字從"舟"，隸屬《説文·舟部》，故"媵"字間接從舟，然許慎未直言"媵"字從"舟"，可洪所言不出自《説文》原文，當轉引自他書。

【膹】

【097】膹風，上音肥，風~，病也，正作疕、痱二形也，此應筆受者俗從月、賁作膹也。又扶尾反。又《經音義》以殯字替之，胡對反，説文作膹、膹二字，並非字體也。賁音肥，又音詖。（卷 18,《阿毗曇毗婆沙音義》卷 43）

按，參見《〈可洪音義〉引"説文"考》例 19。

【臗】

臗風，上音肥。風～，病也，正作疿、痺二形也。此應筆受者俗從月、貴作臗也。又扶尾反。又《經音義》以殰字替之，胡對反，説文作臗、臗二字並非字體也。貴音肥，又音詖。（卷18，《阿毗曇毗婆沙音義》卷43）

按，參見《〈可洪音義〉引"説文"考》例19。

牛部

【牟】

【098】牟字，上牛鳴音，屬聲急呼，説文云：擬作急聲。是也。（卷9，《蘇悉地羯囉經音義》卷上）

按，參見《〈可洪音義〉引"説文"考》例25。

【099】唵牟，上烏感反。下牛鳴音，説文：合口擅聲引呼。（卷7，《不空胃索神變真言經音義》卷11）

按，參見《〈可洪音義〉引"説文"考》例26。

【100】呷牟，上虎甲反，二合，牛鳴音，説文云作喉聲。（卷9，《牟梨曼陀羅呪經音義》）

按，大正藏翻刻麗藏本《牟梨曼陀羅呪經》："唱呷牟作聲（作喉聲）。"據此，可洪所言之"説文"當指經文夾注。

手部

【手】

【101】動乎，下尸有反，正作手，古文𠂇，《説文》並作𠂇、𡴀、才三形也。（卷5，《大悲分陁利經音義》卷4）

【102】毛麈，上尸酉反，正作手，古文及《説文》作𠂇、𡴀、才。（第25，《一切經音義音義》卷23）

按，《説文·手部》："手，拳也。象形。𠂇，古文手。"（251）只有兩個字形，與可洪所言不合，不知可洪所本。

【拯】

【103】拯一，上音拯，救也，説文無韻反，取蒸字上聲呼。（卷1，《大般若經第十四會憨波羅蜜多分序音義》）

【104】拯含，上之庱反，救也，説文云無韻翻，取蒸字上聲呼之。庱，力拯反。（卷19，《阿毗達摩大毗婆沙論聖教序第一首音義》）

【105】拯濟，上之庱反，救也，助也。説文云取蒸字上聲。（卷23，《陀羅尼雜集音義》第1）

【106】拯溺，上之扄反，救也，助也，正作拯也，説文云取蒸上聲呼也。扄，而拯反。（卷27，《續高僧傳音義》第8）

按，《説文》無"拯"字。考伯2011《刊謬補缺切韻·拯韻》："拯，無反語，取蒸之上聲。救溺。"（2799）《廣韻·拯韻》："拯，救也，助也。無韻切，音蒸上聲。"（320）《慧琳音義》卷1《大唐三藏聖教序音義》："拯含，拯音無疊韻，取蒸字上聲。"（57/403b）又卷12《大寶積經音義》卷33："拯濟，無反音，取蒸字上聲。《方言》云：拯，救助也。"（57/634a）又卷61《根本説一切有部毗奈耶律音義》卷31："拯濟，拯字無反脚，取蒸字上聲。"（58/677a）據此，可洪所言之"説文"當指韻書釋文。

【揟】

【107】兩銷，相朱反，如鏁中逆~也，正作鑐字也。又相居反，鉤也。説文：取水具也。正作揟。（卷12，《別譯阿含經音義》卷15）

按，"銷"，可洪認爲有可能是"揟"字俗體。《説文·手部》："揟，取水沮也。"（256）段注："沮，《玉篇》《廣韻》作具，非也。"（607）考《玉篇·手部》："揟，取水具。"（119）《廣韻·魚韻》："揟，取水具也。"（68）而較早的《篆隷萬象名義·手部》則曰："揟，取水沮。"（54）[1] 與《説文》完全相同。據此，可洪所引"説文"云云乃本自《篇》《韻》釋文。

片部

【牖】

【108】窓牖，音酉，正作牖也。《説文》云：在室曰窓，在牆曰牖。（卷3，《大方廣佛花嚴經音義》卷16）

---

[1] ［日］釋空海：《篆隷萬象名義》，中華書局1995年版。下同。

按，《說文·片部》："牖，穿壁以木爲交窻也。"（140）又《囱部》："囱，在牆曰牖，在屋曰囱。象形。……窗，或从穴。"（212）《慧琳音義》卷15《大寶積經音義》卷96："窓隙，……《說文》：在牆曰牖，在屋曰囱。"（57/684b）又卷32《藥師瑠璃光如來本願功德經音義》："軒牕，……《說文》云：在牆曰牖，在屋曰牕。"（58/29a）《廣韻·江韻》："囱，《說文》曰：在牆曰牖，在屋曰囱。"（39）可洪所引與《說文》大意相合，但語序及字形不盡相合。

火部

【炰】

【109】包羲迺，上步交反，説文作炰。（卷30，《廣弘明集音義》卷19）

按，《説文》無"炰"字，今麗藏本《廣弘明集》卷19作"庖羲迺神"。"庖羲"又作"炮犧"，《漢書·律曆志下》："《易》曰：'炮犧氏之王天下也。'言炮犧繼天而王，爲百王先，首德始於木，故爲帝太昊。作罔罟以田漁，取犧牲，故天下號曰炮犧氏。"（1011）《説文·火部》："炮，毛炙肉也。从火，包聲。"（207）《慧琳音義》卷58《五分律音義》卷17："自炮，字書作炰，同，白包反。《説文》：毛炙肉也。《詩》傳曰：以毛曰炰。是也。亦裹燒也。"（58/625b）《玉篇·火部》："炮，白交切，炙肉也。炰，同上。"（390）《廣韻·肴韻》："炮，合毛炙物（肉）也，一曰裹物燒。炰，上同。"（154）綜此，"包羲"即"炮犧"，"炮"字出《説文》，後代字韻書釋文曰亦作"炰"，此蓋可洪所本。

【烈】

【110】爛也，上音焰，烈説文。（卷25，《一切經音義音義》卷7）

按，麗藏本《玄應音義》卷7《大般泥洹經音義》卷6："猛烈，力折反，《説文》：烈，火猛也。《廣雅》：烈，熱也，爛也。"（99a）磧砂藏本同。可見，可洪詞目字"爛也"當出自玄應《經音義》對"烈"字的釋文。但是《玄應音義》引《廣雅》作"烈，爛也"，今《廣雅·釋詁》作"煉、烈：蒸也"，王念孫疏證："煉讀爲爛。《集韻》云：'爛或作煉。'……蒸、熱、炳並通。"（50）《詩·大雅·生民》"載燔載烈"鄭玄箋亦曰："烈之言爛也。"（531）由此，頗疑可洪詞目字"爛"乃"爛"字之誤，可洪失校。

心部

【思】

【111】悉思妭，上音膝；中音田，正作佃，說文作思，音田；下都故反。（卷7，《佛説十二佛名神呪格量功德除障滅罪經音義》）

按，參見《〈可洪音義〉引"説文"考》例23。

【悸】

【112】惶悸，求季反，心動也。《説文》：氣不定也。（卷11《大莊嚴論經音義》卷3）

按，《説文·心部》："悸，心動也。从心，季聲。"（220）與可洪所引"《説文》"不合。然《玄應音義》卷1《大方等大集經音義》卷16："焦悸，古文痵，同，其季反，《字林》：心動也。《説文》：氣不定也。"（8a）又卷4《大灌頂經音義》卷5："驚悸，古文痵，同，其季反，《字林》：心動也。《説文》：氣不定也。"（51b）又卷10《大莊嚴經論音義》卷3："惶悸，古文痵，同，其季反，《説文》：氣不定也。《字林》：心動曰悸。"（132b）皆曰"悸"又作"痵"，并引《説文》曰："氣不定也。"今考《説文·疒部》："痵，气不定也。从疒，季聲。"（152）原來"氣不定也"是《説文》對"痵"字的釋義。後世皆以"痵"同"悸"，如《玉篇·疒部》："痵，瓊季切，氣不定也，心動也。亦作悸。"（217）故可洪把《説文》對"痵"的釋義安在"悸"字之下。又如《龍龕·心部》："悸，其季反，心動也，氣不定也。"（59）與可洪同。

【悚】【懶】

【113】爛憧，上郎坦反，惰也，正作嬾，說文作懶、悚二形。（卷20，《鞞婆沙論音義》卷11）

按，參見《〈可洪音義〉引"説文"考》例20。

【憦恫】

【114】忩洞，宜作恅恫，應和尚《音義》作謥詞，上倉弄反。說文云：恅恫，不得志也。謥詞，言急也。（卷2，《阿彌陀經音義》卷下）

按，"忩""恅""謥"分別爲"恩""憦""謥"之異寫。《説文》未釋"憦恫""謥詞"等詞語，根據可洪引書通例，此處所引"説文"云云應該出自《玄應音義》釋文。然考《玄應音義》卷8《阿彌陁經音義》卷下："謥詞，麁痛反，下徒痛反。《通俗文》：言過謂之謥詞。《篡文》云：諰詷，急也。"（114a）無可洪所引語句，頗疑今傳各本《玄應音義》有删節。又考《玉篇·心部》"愡，七弄切，愡恫，不得志。"（156）又《言部》："諰，且送切，諰詷，言急。"（166）"愡""諰"亦"惚""諰"之異寫。又《龍龕·言部》："諰，倉弄反，諰詷，詞言急也。"（47）又《心部》："愡恫，上千弄反，下徒弄反，愡恫，不得志皃也。下又音通，痛也。"（60）又《廣韻·送韻》："諰，諰詷，言急。俗作諰。千弄切。"（343）又："愡，愡恫。"（343）又徒弄切："恫，愡恫，不得志。"（343）綜此，又疑可洪所引"説文云"乃出自其他字韻書釋文。

斗部

【斛】

【115】文𣁳，古岳反，正作斛。

説文𣁳，同上。（卷25，《一切經音義音義》卷14）

按，"𣁳""𣁳"皆"斛"字異寫。考《玄應音義》卷14《四分律音義》卷31："角刀，古文斛，同，古卓反。《廣雅》：角，量也。《説文》：斛，平斗斛也。"（192b）今《説文·斗部》："斛，平斗斛也。"（302）據此，詞目字"説文𣁳"出自《玄應音義》釋文，"説文"即指《説文解字》。

水部

【汻】

【116】湆盧，上呼古反，《説文》作汻。（卷3，《大乘大集地藏十輪經音義》卷1）

按，參見《〈可洪音義〉引"説文"考》例4。

【沈】

【117】沈静，上直林反，《字樣》作沈，説文從人出［冖］。今以沈字又音審，別作沉，丈林反，於義無據，但一體二呼耳。（卷28，《續高僧傳音義》卷26）

按，參見《〈可洪音義〉引"説文"考》例14。

第一章 《可洪音義》引字書研究

【湑】

【118】淪滑，上力旬反，下相余反。淪，没了。滑（湑），沉也。《舊韻》作湑，説文：沉也。《新韻》作湑，説文：露皃也。下又古勿、胡八二反，並非也，悮也。（卷27，《續高僧傳音義》卷23）

按，"滑"，"湑"字訛誤。可洪釋文曰："《舊韻》作湑，説文：沉也。《新韻》作湑，説文：露皃也。"兩引《説文》而釋義不同，根據其引書慣例，此處"説文"當指釋文，即分别出自《舊韻》釋文和《新韻》釋文。且《説文·水部》："湑，茜酒也。一曰：浚也。一曰：露皃。从水，胥聲。"（235）没有"沉也"之義項，與可洪所引不同。

考《慧琳音義》卷88《釋法琳本傳音義》卷5："淪湑，下息余反，《韻略》云：湑，沈也。"（59/140b）又卷89《高僧傳音義》卷6："淪湑，下息余反。……《考聲》：湑，沈也。"（59/163b）據此，《韻略》《考聲》"湑"字釋義皆與《舊韻》釋文相同。又《慧琳音義》卷88《集沙門不拜俗議音義》卷6："淪湑，相與反，《韻詮》云：露貌。從水。"（59/148a）《龍龕·水部》："湑、滑：相居反，落也；又露皃也。"（227）《廣韻·魚韻》："湑，露皃。"（68）又《語韻》："湑，露皃。"（257）皆與《新韻》釋文相同，蓋皆本自《説文》。

【渴】

【119】乾渴，音竭，盡也，舉也，《説文》与竭同也。（卷22，《賓頭盧突羅闍爲優陁延王説法經音義》）

【120】輙渴，上知葉反，專也。下音竭，盡也，出《説文》。（卷22，《勸發諸王要偈音義》）

按，《説文·立部》："竭，負舉也。从立，曷聲。"（215）又《水部》："渴，盡也。从水，曷聲。"（234）段注："渴、竭古今字，古水竭字多用渴，今則用渴爲瀫字矣。"（559）可洪所言與《説文》相合。今《賓頭盧突羅闍爲優陁延王説法經》和《勸發諸王要偈》分別作"乾竭""輙竭"，用今字。

【鴻】

【121】鴻猪，上胡公反，潰也，爛也，正作洚、洪、仁三形也。諸經洪爛字作洪字是也。此中經意謂此人遭其搒笞，身上破損猶如爛猪也。《川音》作鴻豬，下音猪，説文云：鴻，爛也。《江西音》作豬，音支，非也。《經音義》作鵁猪，上尺脂反，非也。説文元本是鴻豬字，有改作

厠猪字者，非也。（卷21，《修行道地經音義》卷5）

按，今本《説文·鳥部》："鴻，鴻鵠也。"（75）與可洪所引"説文云：鴻，爛也"不合，字韻書及古籍注疏中"鴻"釋爲"爛也"者亦未見，竊以爲此處"説文"指《川音》釋文。

又，"説文元本是鴻鞾字"中之"説文"指經文原文，今大正藏翻刻麗藏本《修行道地經》卷5對應經文正作"鴻鞾"，可證。

五劃

玉部

【瑛】【瓊】

【122】帝瑛，音唤，出《郭氏音》，《玉篇》《切韻》無此字。或作瓊、瑛，二同，巨營反，説文云：亦有從反作也。（卷24，《開皇三寶録音義》卷3）

按，《説文》無"瑛"字，《玉篇》《切韻》亦無，《康熙字典·玉部》據《字彙》收此字如下："瑛，《字彙》呼玩切，音唤，玉有文采，通作焕。"（814）[1] 今大正藏翻刻麗藏本《開皇三寶録》卷3作"焕"："元帝陳留王焕。"校勘記曰："焕"，宋、元、明、宫本作"瑛"。

又考《説文·玉部》："瓊，赤玉也。从玉，夐聲。璚，瓊或从矞。瓗，瓊或从巂。琁，瓊或从旋省。"（4）《説文》無"瑛"字，亦無"亦有從反作也"之語，不知可洪所本，俟再考。

【壐】

【123】天壐，斯此反，天子印也，正作壐也，《説文》亦從玉。（卷24，《開皇三寶録音義》卷3）

按，"玊"是"土"字俗體。《説文·土部》："壐，王者印也，所以主土，从土，爾聲。璽，籒文从玉。"（289）與可洪所言吻合。《廣韻·紙韻》："壐，《説文》曰：王者印也，所以主土，從土、爾聲。璽，籒文從玉。"（244）

---

[1] （清）張玉書等編：《康熙字典》，上海書店出版社1985年版。下同。

示部

【禰】

【124】你禰，上奴里反；下虵逸反，説文：同上。是也，悮。（卷7，《不空胃索神變真言經音義》卷1）

按，《説文》無"禰"字。考《不空胃索神變真言經》卷1："縛（無各反）祇（虵逸反）儞禰（同上）婆嚩使那（去）野迦（六十二句）。"據此，可洪所言"説文"指《不空胃索神變真言經》夾注。

石部

【砭】

【125】砭疾，上方廉反，石針也。《説文》：以石刺病也。又方驗反。（卷28，《續高僧傳音義》卷28）

按，《説文·石部》："砭，以石刺病也。"（193）與可洪所引合。又考《廣韻·鹽韻》："砭，以石刺病。府廉切。又方驗切。"（225）又《豔韻》方驗切："砭，石針。《説文》曰：以石刺病也。又甫兼切。"（443）據此，又頗疑可洪所引《説文》乃轉引自韻書釋文。

【硤】

【126】西硤，下夾反，州名也，在荆楚之間，説文曰：以居三硤之口，因名爲硤州也。或作峽也。（卷26，《東夏三寶感通錄音義》卷中）

按，《説文》未收"硤"字，考《廣韻·洽韻》："硤，硤石縣，亦州名，秦將白起攻楚，燒夷陵，即其地。……周以居三峽之口，因爲峽州也。"（542）與可洪所引"説文"基本相合，故疑可洪釋義乃據韻書釋文而來。

【磔】

【127】作掉，經意是厇，或作㭬。説文作磔，同，知革反，張也。或作厈，音磔，張幔也。（卷25，《一切經音義音義》卷13）

按，《玄應音義》卷13《樓炭經音義》卷2："梟磔，……磔，竹格反，張磔也。經文作掉，疑誤也。"（177a）可洪所釋詞目"作掉"即出自此條，其所言"説文作磔"當指玄應釋文作"磔"。今大正藏翻刻麗藏本《大樓炭經》卷2作"掉"："王勅使四支梟掉之。"校勘記曰："掉"，宋、元、明本作"挓"。玄應疑"掉"字誤，乃以"磔"字替之。

【磺】

【128】寶砿,古猛反,金玉之璞也,正作磺,今作礦、鑛二形,古文作䤵、卝二形,《説文》從黄。(卷3,《大集月藏經音義》卷2)

按,今大徐本《説文·石部》:"磺,銅鐵樸石也。从石,黄聲。讀若穬。"(192)正與可洪所言"《説文》從黄"相合。《慧琳音義》卷68《阿毗達磨大毗婆沙論音義》卷42:"金磺,虢猛反,《廣雅》云:鐵磺,銅鐵等璞也,璞謂之磺。《説文》從石,黄聲。論作鑛,亦通。"(58/829a)

【磧】

【129】穢磧,七亦反,沙磧也。《説文》云:渚有石曰磧。(卷11《攝大乘論釋音義》卷3)

按,《説文·石部》:"磧,水陼有石者。从石,責聲。"(192)《文選·左思〈吴都賦〉》"翫其磧礫而不窺玉淵者"李善注:"《説文》曰:磧,水渚有石也。"(203)① 《玄應音義》卷19《佛本行集經音義》卷17:"大磧,且歷反。《説文》:水渚有石曰磧。"(257a)可洪所引與李善、玄應所引基本相合,但脱"水"字。

止部

【正】

【130】𠚄理,上之聖反,正當不偏也,定也,是也,《説文》從一、止。(卷11,《因明入正理論音義》)

按,"𠚄"是"正"字異寫。《説文·正部》:"正,是也。从止,一以止。"(33)與可洪所言相合。

目部

【矑】

【131】矑[臓],音武,土地腴美臓臓然也。一曰周原臓臓,字從月。字從目者,説文:微視皃也。非用也,悮。(卷26,《大唐西域記音義》卷12)

---

① (南朝梁)蕭統編、(唐)李善注:《文選》,上海古籍出版社1986年版。

按，詞目字"瞴瞴"乃是"膴膴"的訛誤字，今《大唐西域記》卷12正作"膴膴"，《玉篇·肉部》："膴，土地腴美膴膴然也。"（145）《廣韻·虞韻》亦曰："膴，土地腴美膴膴然也。"（262）《詩·大雅·緜》："周原膴膴，菫荼如飴。"毛傳："膴膴，美也。"（510）

又考《説文·目部》："瞴，瞴婁，微視也。从目，無聲。"（66）與可洪所引表述不同。《廣韻·虞韻》："瞴，微視之皃。"（262）與可洪所引"説文"云云比較接近，據此，疑可洪所引直接出處爲韻書釋文，非《説文》也。

田部

【番】

【132】番殖，上布卧反，布也，揚也，種也，今作播，説文作番也，《經音義》作譒、敽、䉒也。下市力反，生也，多也。（卷5，《等集衆德三昧經音義》卷中）

按，《説文·釆部》："番，獸足謂之番。从釆；田，象其掌。"（22）"番"無播種義。又《説文·手部》："播，種也。一曰布也。从手，番聲。敽，古文播。"（256）可見《説文》播種字正作"播"，則可洪所言"説文"當不指"《説文解字》"。又考《玄應音義》卷7《等集衆德三昧經音義》卷中："播殖，又作譒、敽、䉒三形，同，補佐反。播，種也。經文作番，非也。"（012b）據此，可洪所說的"説文作番"乃是"經文作番"的意思。今大正藏翻刻麗藏本《等集衆德三昧經》卷2作"播殖"，不作"番"。

皿部

【㿻】【盌】

鋺盞，上烏管反，盛食器也，正作椀，説文作㿻、盌、盌、鋺四形也。（卷17，《删補羯磨音義》）

按，參見"㿻"字條。

【盛】

【133】盛識，上市政反，貯受也，説文云：種子器也。又市征反，受也。（卷11，《决定藏論音義》卷上）

按，可洪引"説文"釋"盛"爲"種子器也"，查遍《説文》全書，未見此語，現存其他字典辭書中，亦未見此義項。"盛識"一詞出自《決定藏論》卷1，其原文如下："阿羅耶識普爲種本，云何知有？此是如來藏説，故解節經偈云：盛識普種本，深細流如溢，不爲凡人説，恐生我見故。"據此，可洪所言"説文云"蓋指經意云云。

【盡】

【134】盡四，上慈忍反，竭也，終也，傳云：盡四事之礼。四事者，謂飲食、衣服、卧具、毉藥是也。《川音》作盡，音艳，説文：舊作盡，見上音處，遂改作盡。彼謬改也。（卷27，《高僧傳音義》卷3）

按，《説文·皿部》："盡，器中空也。从皿，𦘒聲。"（99）又《血部》："盡，傷痛也。从血、𦘒，丽聲。《周書》曰：民冈（罔）不盡傷心。"（100）遍查全書，未見可洪所引内容，疑可洪所言出自《川音》釋文。

用部

【用】

【135】用赤，上余誦反，使也，《字樣》作用，《説文》從上從中，《切韻》作用。（卷29，《廣弘明集音義》卷2）

按，《五經文字·用部》"用"下注曰："從卜，從中，可施行。"（77）《説文·用部》："用，可施行也。从卜，从中。"（64）據此，可洪釋文"從上"乃"從卜"之誤，如此，則與《説文》字形分析相合。

禾部

【稟】

【136】之稟，兵錦反，供穀也，賜粟也，與也。按稟亦承受也，《説文》從禾，㐭聲。（卷26，《集沙門不應拜俗等事音義》卷3）

按，"稟"，"禀"字俗體。《説文·㐭部》："稟，賜穀也。从㐭，从禾。"（106）今本《説文》不作"㐭聲"，與可洪所引不同。然考《慧琳音義》卷6《大般若波羅蜜多經音義》卷491："所稟，彼錦反……《説文》：從禾、㐭聲也。……從示作禀，非也。"（57/502a）又卷8《大般若波羅蜜多經音義》卷570："稟性，彼錦反……《説文》：賜穀也。從禾、㐭聲也。……經從示作禀，誤也。"（57/538b）據此可知，可洪所引《説文》當另有所本，與今本不同。

第一章 《可洪音義》引字書研究　　　　57

【稴】

【137】覆福，上芳救反，蓋也。又（下）普逼反，正作福（稴）也。説文云：稷稴，禾密滿也。又《玉篇》音逼，滿也。福誤也。（卷21，《道地經音義》）

按，"福"乃"稴"字訛誤。《説文》無"稴"字。考《廣韻·職韻》："稴，稴稷，禾密滿也。"（528）裴本《刊謬補缺切韻》、蔣斧本《唐韻》與《廣韻》注音釋義基本相同，據此知可洪所言"説文"乃指韻書釋文。①

【稱】

【138】如秤，尺剩反，平斤兩者也，《廣雅》曰：秤謂之銓。銓謂之衡，衡謂之平。《説文》作稱，從禾，爯聲也。春分而禾生，夏至晷景可度，即禾有秒，秒音眇，秒，禾芒也。秋分而定之。律數：十二粟而當一分，十分爲寸。其爲秤，以重十二粟爲一分，十二分爲銖。今以春分禾生，秋分禾成，故以此時而平度量權衡，因以禾平爲秤也。又尺陵反，知輕重也。（卷8，《十住斷結經音義》卷1）

按，正如可洪所言，《説文》有"稱"無"秤"。《干祿字書·去聲》："秤、稱：上俗，下正。"（57）② 《慧琳音義》卷34《慈氏菩薩所説大乘緣生稻䕺喻經音義》："如稱，蚩證反，《廣雅》云：秤，度也。《考聲》正作稱。經作秤，俗字也。《説文》從禾、爯。"（58/81b）考《説文·禾部》："稱，銓也。从禾，爯聲。春分而禾生，日夏至，晷景可度。禾有秒，秋分而秒定。律數：十二秒而當一分，十分而寸。其以爲重：十二粟爲一分，十二分爲一銖。故諸程品皆从禾。"（142）可洪所引與《説文》字形分析吻合，但其他内容表述有差異。

【稽】

【139】𥡴首，同上，稽首，低其首也。説文：首至地也。正作稽、䭫二音（形）。（卷6，《佛説文殊師利現寶藏經音義》卷下）

按，《説文·稽部》："稽，留止也。从禾、从尤，旨聲。"（124）與可洪所言"説文"不合。又考《玉篇·䭫部》："䭫，苦禮切，《周禮》：

---

① 《龍龕·禾部》："稴，普逼反，稴稷。"（147）又："稷、稷：音側，稴稷，禾密滿也。"（147）

② （唐）顏元孫：《干祿字書》，紫禁城出版社1990年影印明拓本。下同。

太祝辨九拜，一曰䭤首。玄曰：首至地。今作稽。"（79）《龍龕·首部》："**䭤**（䭤），古文，苦礼反，今作稽，低也；首至地也。"（341）《廣韻·薺韻》："䭤，首至地也。稽，上同。"（269）據此，竊以爲可洪所引"説文"乃是字韻書釋文。

疒部

【㾏】

【140】㾏病，上戶鈎反，瘦也。又《經音義》作呼溝反，説文云未詳何證。又云律文多作癰，於恭反。（卷16，《四分律音義》卷35）

按，參見《〈可洪音義〉引"説文"考》例18。

【癩】

【141】癩病，上《説文》作癘，同，音賴。（卷1，《大般若經音義》帙43）

【142】惡癩，音賴，惡疾也，与癘同，《説文》作癘。（卷2，《大寶積經音義》卷42）

【143】白癩，音賴，瘡也，《説文》作癘。（卷5，《方廣大莊嚴經音義》卷2）

【144】癘疾，上音賴，疾也，今作癩，《説文》作癘也。（卷26，《集今古佛道論衡音義》卷1）

【145】癩疾，上郎太反，与癘字同也，見《説文》也。音例，非。（卷27，《續高僧傳音義》卷17）

按，《説文·疒部》："癘，惡疾也。"（152）徐鉉注音"洛帶切"，段注："按古義謂惡病，包内外言之，今義別製癩字訓爲惡瘡，訓癘爲癘疫。"（350）可洪所言與《説文》字詞對應關係相合。《慧琳音義》卷64《四分羯磨音義》："白癩，盧大反，《文字集略》云：癘，風病也。《字統》：惡病也。《説文》從萬作癘……經從賴，亦通。"（58/755a）亦與可洪所言相合。

現存唐五代抄本韻書《泰韻》大都把"癩"列爲字頭，在釋文中以異體字的方式注出"癘"字，并在《祭韻》中收有"癘"字，以爲"疫癘"之正字。如伯2011《刊謬補缺切韻·泰韻》："癩，疾，或作癘。"（2810）宋跋本《刊謬補缺切韻·泰韻》落蓋反："癩，病，或作癘。"

（494）裴本《刊謬補缺切韻》、蔣斧本《唐韻》基本同上。《切韻箋注（五）·祭韻》力制切："癘，疫。"（2477）伯2011《刊謬補缺切韻》《王仁昫刊謬補缺切韻》、裴本《刊謬補缺切韻》、蔣斧本《唐韻》皆同。《廣韻》上承前代，《泰韻》落蓋切："癩，疾也。《説文》作癘，惡疾也。今爲疫癘字。"（382）又《祭韻》力制切："癘，疫癘。"（378）可見當時皆以"癩"爲"惡疾"義之通用字；"癘"爲"惡疾"義之或體字，又爲"疫癘"之正字，用字情況與段玉裁所言相合。

【146】感癘，音賴，《新韻》作癩，《舊韻》<u>説文作癘</u>。（卷27，《高僧傳音義》卷10）

按：伯2011《刊謬補缺切韻·泰韻》："癩，疾，或作癘。"（2810）宋跋本《刊謬補缺切韻·泰韻》："癩，病，或作癘。"（494）裴本《刊謬補缺切韻》、蔣斧本《唐韻》基本同上。《廣韻·泰韻》："癩，疾也。《説文》作癘，惡疾也。今爲疫癘字。"（382）又《祭韻》："癘，疫癘。"（378）據此可知，現存唐五代韻書及《廣韻》之《泰韻》雖然都没有把"癘"列爲字頭，但在釋文中以異體字的方式對"癩""癘"予以繫聯，這與可洪所説的"《舊韻》説文作癘"情況完全相合，即"癩"字《舊韻》釋文曰"或作癘"。

穴部

【窓】

窓牖，音酉，正作牖也。《説文》云：在室曰窓，在牆曰牖。（卷3，《大方廣佛花嚴經音義》卷16）

按，"窓"，《説文》作"囱"，參見"牖"字條。

六劃

老（耂）部

【者】

【147】二𦥯，之野反，正作者（𦥑）。今作者，訛。《説文》從白也。又羊沼反，非。（卷17，《删補羯磨音義》）

按，"䎱"，"者"字訛誤。《説文·白部》："者（䎱），别事詞也。从白，朩聲。朩，古文旅字"。（69）與可洪所言相合。

耳部

【耿】

【148】介然，上或作夼，同，音界，耿也。耿，尢也，又耿耿不安也。《説文》：耳耿耿著頰也。（卷26，《集沙門不應拜俗等事音義》卷2）

按，《説文·耳部》："耿，耳著頰也。从耳，烓省聲。杜林説：耿，光也。从光，聖省。凡字皆左形右聲。杜林非也。"（250）可洪所引與今本《説文》不合。又考《慧琳音義》卷82《西域記音義》卷3："悲耿，耕幸反，《文字集略》：耿，憂也，志不安也，從耳。《説文》：耳耿耿然。從耳，從炯省聲。"（59/34b）《切韻箋注（五）·耿韻》："耿，《説文》：耳……耿，光也。从火，聖省。"（2468）綜上，頗疑可洪轉引自其他字典辭書釋文中所引的《説文》。

【聝】

【149】俘聝，上芳無反，下古麥反，俘囚也，虜也。聝，截賊耳也，獲也，或作馘、聝二形。《説文》作聝，軍戰斷耳也。《春秋傳》：以爲俘聝也。（卷26，《大慈恩寺法師傳音義》卷6）

按，《説文·耳部》："聝，軍戰斷耳也。《春秋傳》曰：以爲俘聝。从耳，或聲。"（251）與可洪所引正合。

虫部

【蠨】

【150】蠨蛸，上桑彫反，下相焦反，虫名也，一名長蜛，音祇，説文：長脚蜘蛛也。上又音宿，~蛸虫，俗呼爲喜子，謂曰蠨蛸在戶。（卷19，《阿毗達磨順正理論音義》卷23）

按，《説文·虫部》："蠨，蠨蛸，長股者。从虫，肅聲。"（282）《説文》無"蜛"字。裴本《刊謬補缺切韻·支韻》："蜛，案長蜛，蜘蛛長脚者。"（546）《廣韻·支韻》："蜛，長脚蟁蟁。"（45）據此，可洪所

第一章 《可洪音義》引字書研究

言"說文"指韻書釋文。①

【蝦】

【151】蝦蟹，上呼加反，《玉篇》作蚜，《切韻》唯蛇字說文中作蝦，言水母以蝦爲目也。（卷23，《經律異相音義》卷50）

按，《說文·虫部》："蝦，蝦蟆也。"（283）與可洪所引"說文中作蝦，言水母以蝦爲目也"不合。又考蔣斧本《唐韻·禡韻》："蛇，水母也，一名蟥，形如羊胃，無目，以蝦爲目。除駕反。"（671）《廣韻》同。據此，可洪所言"說文"當指《切韻》釋文。②

【螉蠮】

【152】翁蠃，上烏公反，下洛禾反，正作螉蠃也。說文，螉蠮，細腰蜂也。蠃蜂，水虫也。（卷22，《法句經音義》卷上）

按，今本《說文》中未見"螉蠮，細腰蜂也""蠃蜂，水虫也"之語。考《龍龕·虫部》："蠮：烏結反，蠮螉，細腰蜂也。"（225）又《蠃部》："蠃，落戈反，水虫，蚌屬也。"（190）據此，頗疑可洪釋文與《龍龕》同出一源，皆本自晚唐五代時期的字韻書。

【蠣】

【153】螺螺，上音果，《說文》作蠣，《爾雅》作蝸，古火反。（卷28，《弘明集音義》卷3）

按，《說文·虫部》："蠣，蠣蠃，蒲盧，細要土蠭也。天地之性，細要，純雄，無子。《詩》曰：螟蛉有子，蠣蠃負之。从虫，萬聲。"（281）與可洪所言吻合。

虍部

【虎】

【154】虒鴝，上火古反，正作虎，《切韻》作虖，說文：從虍、几，

---

① 《玄應音義》卷25《阿毗達磨順正理論音義》卷23："蟰蛸，音肅蕭，《爾雅》：蟰蛸，一名長蹄。蹄音居蟻反。郭璞曰：小蜘蛛長脚者，俗呼爲喜子。《詩》云：蟰蛸在户。是也。"（333c）《龍龕·虫部》："蛸：音梢，嘯子，喜子也。又音消，螵蛸虫，即蟷蠰也，又長脚蜘蛛。"（220）

② 附《慧琳音義》卷42《大佛頂經音義》卷7："以蝦，嚇加反，顧野王云：蝦，大頭之蟲也，《說文》作鰕，云蚧也，從魚、叚聲。水母如人肺，出海中，無目，假鰕爲其目，若有鰕跳於上即行，非蝦蟇也。"（58/245a）今本《說文·魚部》："鰕，魵也。从魚，叚聲。"（245）慧琳所引"蚧也"當是"魵也"之誤。

緣廟諱故，省右脚。（卷 28，《弘明集音義》卷 2）

按，參見《〈可洪音義〉引"說文"考》例 22。

缶部

【甖】

【155】瓨㼚甖，上二同，古郎反，從火者非也。下烏莖反，說文：瓨甄、瓨、瓨（㼚），甖也。謂瓨即甖也。（卷 25，《一切經音義音義》卷 4）

按，今本《說文》無"瓨甄、瓨、瓨（㼚），甖也"之語。考麗藏本《玄應音義》卷 4《大集賢護菩薩經音義》卷 4："甖水，於耕反、於成二反，《方言》：瓨甄，甖也。"（62b）磧砂藏本作"《方言》：瓨甄，甖也"，可洪所釋詞目"瓨㼚甖"蓋出自此條，然現存《玄應音義》釋文皆有刪節，考《方言》卷五："瓨、㼚、𦉥、䍃、甄、甆、甄、瓮、瓨甄、㼚，甖也。"（181）① 又《慧琳音義》卷 9 轉引玄應《放光般若經音義》卷 30："寶甖，於耕、於成二反。《方言》：瓨甄、瓨，甖也。"（57/564a）可相比勘。據此，可洪釋文"㼚"字乃"㼚"之異寫；"瓨瓨"乃"瓨㼚"之訛，可洪所言"說文"指玄應釋文，所謂"說文"云云其實出自玄應所引的《方言》釋文。

竹部

【筴】

【156】抱筴，楚責反，書~也，古作冊、策、晉、册四形，今作笧也。筴者，筮籌也，說文作策也。又古洽反，鍼箭具也。（卷 27，《高僧傳音義》卷 14）

按，《說文》無"筴"字，《竹部》："策，馬箠也。从竹、朿聲。"（93）與可洪所言釋義不合。考《干祿字書·入聲》："筴、笧、策（策）：上俗，中下正。"（63）"策"乃"策"字異寫。蔣斧本《唐韻·麥韻》："筴，筮籌，亦作策。"（713）據此，疑可洪所言本自韻書釋文。

【筑】

【157】揮箏筑，上徒丹反，中側耕反，下徒的反，《經音義》以篴、

---

① （清）錢繹：《方言箋疏》，中華書局 1991 年版。下同。

笛二字替之也。今詳經意，宜作篠、筱，二同，蘇了反，竹也。竹者，經意轉取筑字爲義也。筑，知六反。說文云：筑似箏，十三絃也。笛是口吹之樂器，箏筑是手搊彈之樂名也，是故宜取篠字。（卷17，《沙彌離戒文音義》）

按，《說文·竹部》："筑，以竹曲五弦之樂也。从竹，从巩。巩，持之也。竹亦聲。"（93）與可洪所引不同。又考《龍龕·竹部》："筑，正：音竹，似箏，十三絃。又音逐，水名。"（394）《廣韻·屋韻》："筑，筑似箏，十三絃。高漸離善擊筑。《說文》曰：以竹爲五絃之樂也。又《爾雅》曰：筑，拾也。又音逐，水名。"（457）據此，疑可洪所引乃據韻書釋文而來。

【筥】

【158】竹筥，音舉，正作筥也，筥［也］，籨也。說文云：籍，飯器，受五升，秦謂之籍也。误也。（卷15，《摩訶僧祇律音義》卷3）

按，"筥"是"筥"字訛誤。《說文·竹部》："筥，䈰也。从竹，呂聲。"（91）又："䈰，陳留謂飯帚曰䈰。从竹，捎聲。一曰：飯器，容五升。一曰：宋魏謂箸筩爲䈰。"（91）又："籍，飯筥也。受五升。从竹，稍聲。秦謂筥曰籍。"（91）綜上所引可知，可洪所引與今本《說文》不甚相合。又考《慧琳音義》卷58《僧祇律音義》卷3："竹筥，又作籨，同，力與、紀與二反，《字林》：筥，籍，藉也，飯器，受五升，秦謂之筥（籍）。《方言》：南楚謂之筥，趙魏謂之籨。郭璞曰：盛飯筥也。《聲類》：筥，籍也，亦盛杯器籠曰筥。"（58/603a）據此，頗疑可洪所引"說文"乃是《字林》釋文，"籍"當作"藉也"。

【簡】

【159】澄蕳，古眼反，《舊韻》作蕳（簡），說文：蕳（簡），擇也。（卷28，《續高僧傳音義》卷24）

按，"蕳"，"簡"字異寫，大正藏《續高僧傳》卷24校勘記曰：宋、元、明本皆作"澄簡"。可洪引"說文"曰"簡，擇也"，考《說文·竹部》："簡，牒也。从竹，閒聲。"（90）與可洪所引釋義不符，故疑可洪所言"說文"蓋指《舊韻》釋文。古籍中"簡"字常用作"簡擇"義，如《詩·邶風·簡兮》"簡兮簡兮"鄭箋："簡，擇。"（308）《左傳·襄公二十六年》"簡兵蒐乘"杜預注："簡，擇。"（1991）①《文選·左思〈魏都賦〉》"控絃簡發"李善注引《爾雅》："簡，擇也。"（281）② 又《慧琳音義》卷41《大乘理趣六波羅蜜多經音義》卷1："不揀，姦眼反，《文字集略》：揀，擇也，從手，柬聲也。《説文》作柬，分別簡之也，從八，從束，八象八方。經文作簡，非本字也。"（58/210b）慧琳認爲"簡擇"義本字當作"揀"，《説文》作柬，《説文·束部》："柬，分別簡之也。从束、从八。八，分別也。"（124）

衣部

【補】

【160】𧞤衹浮，同上，《川音》作𧞤，説文云今作補。（卷23，《陀羅尼雜集音義》卷5）

按，《説文》無"𧞤"字，可洪所言"説文"蓋指《川音》釋文。

【褋】【襟】

【161】襟華，上徒叶反，單也，正作褋。説文作褋、襟三（二）③形也。《上方經》作襆，扶玉反，帊也。（卷12，《中阿含經音義》卷39）

按，《説文·衣部》："褋，南楚謂襌衣曰褋。从衣，枼聲。"（168）"褋"，《説文》小篆作"襟"，而釋文曰"从衣，枼聲"，段注："各本作枼，而篆體乃作葉，是改篆而未改説解也。枼者、薄也。襌衣故从枼。《方言》《廣雅》《玉篇》《廣韻》皆作褋，至《集韵》乃云襟省作褋，正誤於已改之《説文》耳。今正。"（391）據此，則《説文》原本作"褋"，僅一個字形，而可洪所引"説文"卻列了兩個字形，頗疑可洪之意是"經文有的版本作褋、有的版本作襟"的意思。今大正藏翻刻麗藏本《中阿含經》卷39作"襆華"，與可洪所見《上方經》相同，大正藏校勘記曰萬本作"褋華"，與可洪所見經本相同。

---

① 《春秋左傳正義》，（清）阮元校刻《十三經注疏》本，中華書局1980年版。下同。
② 《文選》，上海古籍出版社1986年版。
③ "三"蓋"二"字之誤，也可能是傳抄中漏掉了一個字形。《玉篇·衣部》："褋，徒頰切，襌衣也。襟，同上。"（502）也只收了兩個字形。

【襏】

【162】胯衣，上苦化反，律云著女人~衣也，腰~也。又《經音義》及《西川經音》並作襏，音钵，説文：三尺衣謂之襏也。胯，又苦故反，亦作袴、絝二形也，脛衣也。（卷 15，《摩訶僧祇律音義》卷 40）

按，参見《〈可洪音義〉引“説文”考》例 17。

米部

【粵】

【163】粵自，上于月反，辝也。《説文》：于也，審慎之者詞，從于也。（卷 26，《集沙門不應拜俗等事序音義》）

【164】粵余，上于月反，辝也。《説文》：于也。（卷 26，《大慈恩寺法師傳音義》卷 10）

按，《説文・亏部》：“粵，亏也。審慎之詞者。从亏，从寀。《周書》曰：粵三日丁亥。”（96）“亏”字徐鉉注曰：“今變隸作于。”（96）可洪所引“者詞”疑爲“詞者”之誤倒，餘則與今本《説文》基本相合。《廣韻・月韻》：“粵，辭也；于也。”（478）

【粹】

【165】粹典，上相遂反，精也，《説文》：不雜也。（卷 29，《弘明集音義》卷 10）

按，《説文・米部》：“粹，不雜也。从米，卒聲。”（144）與可洪所引合。

羊部

【美】

【166】盛美，眉鄙反，好也，《説文》从羊、犬（卷 11，《瑜伽師地論音義》卷 92）。

按，《説文・羊部》：“美，甘也。从羊、从大。”徐鉉等曰：“羊大則美。”（73）又考《慧琳音義》卷 10《理趣般若經音義》：“美適，上美字，《説文》从羊、从大。”（57/598a）又卷 14《大寶積經音義》卷 62：“恬美，下眉鄙反，《説文》味甘也，从羊、从大，在音（旨）之中，羊者，給厨膳之大甘也，故從羊从大，會意字耳。”（57/669a）據此，可洪所言“從羊、犬”之“犬”字乃“大”字之訛，如此則字形分析與《説文》吻合。

聿部

【肄】

【167】異肄，力計反，僕也。又羊利反，習也，說文：嫩條斬而更生者曰肄。(卷4,《等目菩薩所問經音義》卷下)

按,《說文·聿部》："肆，習也。从聿，希聲。肄，篆文肆。"(59)與可洪所引"說文"不同。《玉篇·聿部》："肄，余至切，習也；勞也；而復漸生也。"(513) 裴本《刊謬補缺切韻·至韻》："肄，羊志反。習也。或肄，俗肄，亦斬而更生也。"(586)《廣韻·至韻》："肄，習也；嫩條也。"(355)《增修互註禮部韻略·寘韻》："肄，羊至切，習也；勞也；又嫩條也斬而復生曰肄。"(486)① 據此，可洪所引"說文"蓋是字韻書釋文。

艸部

【苽】

【168】種苽，古花反，正作瓜，說文作苽也。又郎果反，非也。(卷12,《雜阿含經音義》卷50)

【169】若苽，古花反，出說文。(卷15,《十誦律音義》卷43)

【170】菓苽，郎果反，正作蓏也。又古花反，說文作苽。(卷23,《經律異相音義》卷46)

按，上揭詞目字"苽""苽"，都是瓜果之"瓜"的俗字,《說文·瓜部》："瓜，㼌也。象形。"(146)《說文》中也有"苽"字，但義為"雕苽",《說文·艸部》："苽，雕苽。一名蔣。从艸，瓜聲。"(15) 此字與瓜果之"瓜"的俗字"苽"同形，但音義迥別。可洪說瓜果字"說文作苽"，可見不指《說文解字》，頗疑是"經文作苽"之意，"出說文"即"出自經文"。今大正藏翻刻麗藏本《雜阿含經》卷50作"種瓜"，校勘記稱聖本作"芥"，"芥"乃"苽"字之誤。

---

① (宋)毛晃增注、(宋)毛居正重增：《增修互註禮部韻略》,《四庫全書》本，第237冊。下同。

第一章　《可洪音義》引字書研究　　　　　　　　　　　67

【莞】

【171】皃尒，上户綰反，笑皃也，鄭玄曰：舒張面目之皃也。亦作睍（睆），説文作莞。（卷29，《弘明集音義》卷7）

按，"莞"、"莞"字異寫，《龍龕·艸部》："莐、莞，二或作；莞，今：官、桓二音，草名，似藺而圓，可以爲席。又姓。"（253）考《説文·艸部》："莞，艸也。可以作席。从艸，完聲。"（11）無"笑皃也"之義項，且《説文》未收"莞"字，這與可洪所言不符。考《論語·陽貨》："夫子莞爾而笑"何晏集解："莞爾，小笑貌。"（2524）①《廣雅·釋詁一》："莞，笑也。"（39）《後漢書·蔡邕傳》"邕莞然而笑"李賢注："莞，笑皃也。"（2005）②"莞"字"笑皃也"之義當出自古注。大正藏翻刻麗藏本《弘明集》卷7作"莞爾"："夫有識聞之，莫不莞爾而笑。"故又疑可洪所言乃是"經文有作'莞（莞）'者"之意。

【葆】

【172】羽寶，《經音義》作葆、䋿，二同，音保，説文云：合聚五色羽名葆也。（卷21，《出曜經音義》卷1）

按，《説文·艸部》："葆，艸盛皃。从艸，保聲。"（20）與可洪所引不同。《説文》無"䋿"字，《玉篇·羽部》："䋿，五采羽。"（477）《廣韻·皓韻》："䋿，彩羽。"（303）亦與可洪所引不合。今考《玄應音義》卷17《出曜論音義》卷1："羽寶，宜作葆，又作䋿，同，補道反，謂合聚五色羽名爲葆。"（234b）據此，可洪所引"説文"是在轉述《玄應音義》釋文的内容。

【蒜】

【173】食蒜，桑乱反，葷菜也，《説文》作蒜。（卷3，《大集須彌藏經音義》卷下）

按，《玉篇·艸部》："蒜，葷菜也。俗作蒜。"（252）《説文·艸部》："蒜，葷菜。从艸，祘聲。"（19）與可洪所言相合。

【蓍】

【174】蓍爲，上音尸，蒿属，筮者爲筴。《説文》曰：蓍生千歲，三

---

① 《論語注疏》，（清）阮元校刻《十三經注疏》本，中華書局1980年版。下同。
② （南朝宋）范曄撰、（唐）李賢注：《後漢書》，中華書局1965年版。下同。

百莖，《易》以爲數。(卷25，《一切經音義音義》卷17)

按，《說文·艸部》："蓍，蒿屬。生千歲，三百莖。《易》以爲數：天子蓍九尺，諸侯七尺，大夫五尺，士三尺。从艸，耆聲。"（14）此與可洪所引《說文》主旨基本相合。然又考《廣韻·脂韻》式脂切："蓍，蒿屬，筮者以爲策。《說文》云：蓍生千歲，三百莖，《易》以爲數。"（54）據此，竊以爲可洪所引《說文》乃轉自韻書釋文。

【蓏】

【175】菓蓏，郎果反，《說文》云：木上曰果，地上曰蓏。應劭云：木實曰果，草實曰蓏。張晏云：有核曰果，無核曰蓏也。(卷2，《道行般若經音義》卷7)

【176】菓蓏，郎果反，《說文》云：木上曰菓，地上曰蓏。應劭云：木實曰菓，草實曰蓏。張晏云：有核曰果，無核曰蓏。(卷4，《大般涅槃經音義》卷3)

【177】菓苽，郎果反，正作蓏也。《說文》云：木上曰菓，地上曰蓏。應劭云：木實曰菓，草實曰蓏。張晏云：有核曰菓，無核曰蓏也。又古花反。(卷8，《福田經音義》)

【178】菓蓏，郎果反，《說文》云：木上曰菓，地上曰蓏。應劭云：木實曰草，菓實曰蓏。張宴（晏）云：有核曰果，無核曰蓏也。(卷13，《梵志阿颰經音義》)

按，《說文·艸部》："蓏，在木曰果，在地曰蓏。从艸，从胍。"（9）《玉篇·艸部》："蓏，力果切，草實。《說文》云：在木曰果，在地曰蓏。"（247）可見，可洪所引與《說文》的表述不甚相合。又考《廣韻·果韻》："蓏，果蓏。《說文》曰：木上曰果，地上曰蓏。應劭云：木實曰果，草實曰蓏。張晏云：有核曰果，無核曰蓏。"（306）據此可知，可洪所引《說文》乃是轉自韻書。

【蕈】

【179】毒椹，正作蕈，音審，菌也，《字樣》作式甚反。應和尚《經音義》作蕈，音審，說文云似蓋。蕈，《玉篇》《切韻》並作慈荏反。(卷27，《續高僧傳音義》卷19)

按，《玄應音義》卷15《僧祇律音義》卷14："朝菌，奇殞反，《爾雅》：中馗菌。郭璞曰：地蕈也，似蓋，今江東呼爲土菌。蕈音審。"（206b）據此，可洪所言"說文"指玄應釋文。又考《說文·艸部》：

第一章 《可洪音義》引字書研究 69

"罿，桑蒸。从艸，覃聲。"（15）無"似蓋"之語。

【䕡】

【180】茄䕡，上古牙反，下洛胡反。~，葦未秀者也，正作葭蘆也。《經音義》作䕡，以結縷替之，力主反，説文云：俗名句屨草也。屨。力遇反。又云一本作茄蘆，是也。（卷16，《四分律音義》卷24）

按，今本《説文》無"䕡"字，各字頭下亦無"俗名句屨草也"之釋義。考《玄應音義》卷14《四分律音義》卷25："結縷，《爾雅》：傅，横目。孫炎云：三輔曰結縷，今關西饒之，俗名句屨草也。律文作茄䕡……䕡字未詳所出。一本作茄蘆。"（191b）可洪所引正出自此。

【蒀】

【181】蒀蔓，上於云反，蒀蒀，盛兒也，正作蒀也。下音万，蔓莚不斷也，經意謂喻生死不斷也。《經音義》以蘊字替之，同，於文反，説文謂聚草束之以燃火也，此釋非符經意。（卷12，《中阿含經音義》卷24）

按，《説文》無"蒀""蘊"字。考《玄應音義》卷11《中阿含經音義》卷24："如蘊，紆文反，謂聚草束之以然火也。《漢書》：束蘊乞火。是也。經文作蒀，非。蒀蒀，盛兒也，非今所用。"（146b）據此，可洪所引"説文"指《玄應音義》釋文。

糸部

【絜】

【182】白緤，音牒，毛布也，正作㲲也。又《經音義》中作絜、窫，二同，古纈反。説文：絜，束也。非此呼也。（卷18，《善現律毗婆沙音義》卷1）

按，《説文·糸部》："絜，麻一耑也。"（278）與可洪所引不同。又考《玄應音義》卷16《善見律音義》卷1："絜裹，古文作窫，同，古纈反。絜，束也；繫也。《字林》：一耑也。"（213c）據此，可洪所言"説文"指《玄應音義》釋文。

【綈】

【183】綈衣，上音提，厚繒，色渌而深，説文云：綈，赤黃色也。

（卷28，《破邪論音義》卷下）

按，《說文·糸部》："綈，厚繒也。从糸，弟聲。"（274）與可洪所引不同。又考《龍龕·糸部》："綈：音提。綈，赤黃色。《切韻》：厚繒，色綠而染也。"（399）據此，疑《可洪音義》《龍龕》所本當同出一源，"渌"當作"綠"；"染"乃"深"字訛誤。《釋名·釋綵帛》："綈，似蝀蟲之色，綠而澤也。"①"深""澤"義近。

【纕】

【184】蔭纕，上於今反，下奴郎反，正作陰囊也，如《鬼問目連經》中廣說也。又息羊反，説文云：馬腹帶也。又《川音》作縒，音崔。非此二呼也，筆受者謬用矣。（卷18，《善現律毗婆沙音義》卷12）

按，"纕"，音"息羊反"，《說文·糸部》："纕，援臂也。从糸，襄聲。"（276）無"馬腹帶"之類釋語。又考《龍龕·糸部》："纕，音相，馬腹帶也。"（396）裴本《刊謬補缺切韻·陽韻》息良反："纕，馬腹帶。"（542）宋跋本《刊謬補缺切韻》同上。《廣韻·陽韻》："纕，馬腹帶。"（175）綜此可知，可洪所言"說文"指自字韻書釋文。

七劃

走部

【趍】

【185】趍走，上直知反，説文云：駈馳也；趍趄（趙），人（夂）也。（卷14，《法受塵經音義》）

按，《說文·走部》："趍，趍趙，久也。从走，多聲。"（31）段注："夂也。夂，行遲曳夂夂也。楚危切。各本皆譌'久'。《玉篇》《廣韻》不誤。"（65）《玉篇·走部》："趍，直離切。《說文》曰：趍趙，夂也。"（191）《廣韻·支韻》："趍，《說文》曰：趍，趍趙，夂也。"（49）由此可知，可洪引作"人也"，亦誤。"趍趙"，可洪訛作"趍趄"。但是，今本《說文》及他書所轉引之《說文》皆未見"駈馳也"之釋語，不知可洪所本。

---

① （清）王先謙：《釋名疏證補》，上海古籍出版社1984年版。下同。

酉部

【酢】

【186】醶酢，上音咸。下倉故反，正作醋，孫愐《韻》云：《説文》作酢也。(卷3，《大方等大集經音義》卷25)

按，蔣斧本《唐韻·暮韻》："醋，醬醋，《説文》作酢。"(647)《廣韻》同。考《説文·酉部》："酢，醶也。从酉，乍聲。"(314)與可洪所言符合。徐鍇《説文繫傳》曰："今人以此爲酬醋字，反以醋爲酒酢，時俗相承之變也。"(284)

豆部

【䜺】

【187】哶䜺，力可反，此呪中十二个唻字，兩个作唻，兩个作䜺，八个作𧮫，仍經中兩處有切，自作力可反，說文云餘並同。是也。又《江西音》作竹皆反，非也。(卷23，《陀羅尼雜集音義》卷10)

按，《説文》無"唻""䜺""𧮫"等字，今考《陀羅尼雜集》卷7《勝敵安退并治毒囓及腫陀羅尼》"多擲哆，伊梨，富持利，富倫提，呵，唻呼（上力可反，下並同）摩勒浮，婆唻浮，至唻呼，比至唻呼，思坻呼，比思坻呼，摩比提呼，烏思羅娑坻呼，莎呵。"據此，可洪所言之"説文"指《陀羅尼雜集》經文中的夾注。

車部

【軌】

【188】軌則，上居洧反，法也，《説文》《字樣》从九。又音犯，悮。(卷10，《十地經論音義》卷3)

按，"軌"乃"軌"字俗體。《説文·車部》："軌，車徹也。從車，九聲。"(304)與可洪所言"從九"相合。《五經文字·車部》："軌，九水反，從八九之九，作軌非。"(64)與可洪所述《字樣》情況相合。《龍龕·車部》："軌：居水反，法也，車跡也。《説文》《字樣》皆從九。"(82)與可洪所述相同。《慧琳音義》卷72《阿毗達磨顯宗論音義》卷37："軌生，上歸委反，《穀梁傳》云：軌，法則也。《説文》：車轍

也，從車、九聲。古文作边，又作衕。論文作軌，俗字。"（58/910a）

【輂】

【189】京輂，……輂，步挽車也。説文云：一輪車也。（卷11，《般若燈論序音義》）

按，參見《〈可洪音義〉引"説文"考》例31。

貝部

【贙】

【190】贙兕，上玄犬［反］，獸名，似犬，多力，出西海。一云對爭兕也，正作贙也。《新韻》作贙，又胡絹反，《説文》：久引也。又説文云倒一虎者非也。（卷28，《甄正論音義》卷上）

按，《説文·䖒部》："贙，分別也，从䖒對爭貝，讀若迴。"（99）《慧琳音義》卷87《甄正論音義》卷上："贙兕，上玄犬反，郭注《爾雅》云：出西海，大秦國有養者，似犬，多力。《説文》：分別，從䖒對爭貝也。"（57/124b）慧琳所引《説文》與今本相同，可洪所引"久引"疑爲"分別"之訛。

可洪又引"説文云倒一虎者非也"，今《説文》無此句，考《廣韻·銑韻》："贙，獸名，似犬，多力，出西海。一曰對爭也。到一虎者非也。"（289）疑可洪所引轉自韻書釋文，蓋《新韻》釋文。所謂"倒一虎者"指"贙"字，"贙"之俗體。《龍龕·虎部》："贙，或作；贙，今：胡犬反，獸名，似犬多力。一曰對爭，出西海。"（322）又《貝部》："贙，或作；贙，今：音縣，獸名，似犬，多力，出西海。一曰對爭。又胡犬反。"（352）

辶部

【遏】

【191】遏自，他歷反，遠也，与逖同也，見《説文》。《新韻》闕此字。又音宕①，過也。（卷26，《集沙門不應拜俗等事音義》卷2）

【192】逖聽，上他歷反，遠也，《説文》作遏。（卷27，《續高僧傳

---

① 按，"又音宕"指"遏"字，《玉篇·辶部》："遏，過也。"（198）"遏""遏"形近相混，故可洪用又音區別之。

第一章 《可洪音義》引字書研究　　　　　　　　　　　　　73

序文音義》)

【193】迹聞,上他歷反,遠也,《説文》作遏。(卷27,《續高僧傳音義》卷19)

按,《説文·辵部》:"迹,遠也。从辵,狄聲。遏,古文迹。"(36)可見,《説文》字頭作"迹",重文作"遏","遏"乃"迹"之古文,此與可洪之意似不甚相合。又考裴本《刊謬補缺切韻·錫韻》:"迹,他歷反。遠也。古遏。"(615)又蔣斧本《唐韻·錫韻》:"迹,遠也。古作遏。"(709)以可洪引書慣例例之,頗疑可洪所言本自韻書,"説文作遏"乃"釋文作遏"之意。

【選耎】

【194】逡䎞,上七旬反,下如究反。又《經音義》作選耎,説文:須臾也,推託也。(卷6,《太子慕魄經音義》)

按,《玄應音義》卷5《太子墓魄經音義》:"選耎,而究反。案,選耎,猶須臾也。呂氏云:少選,俗謂之選耎,言推託不肯爲也。經文或作選䎞,或作潠溰,非也。"(73a)據此,可洪所引"説文"乃是《玄應音義》釋文。

【遯】

【195】遯邁,上徒困反,避也,去也,正作遁、遯二形,説文作遯,《出三藏記》作遁也。(卷2,《法鏡經音義》)

按,《説文·辵部》:"遁,遷也。一曰逃也。从辵,盾聲。"(34)又:"遯,逃也。从辵,从豚。"(35)未見"遯"字,不知可洪所本。"遯"當是"遯"的換聲旁異構字,從辵、脪聲,"脪"同"豚"。"遯"蓋出自當時其他字韻書釋文,現存字韻書則未見收錄。今麗藏本《法鏡經》和《出三藏記集》皆作"遁邁"。

身部

【躳】

【196】躳於,上居雄反,身也,親也,正作躬,《説文》作躳。(卷28,《續高僧傳音義》卷24)

按，《説文·吕部》："躳，身也。从身，从吕。躬，躳或从弓。"（149）可洪所言與今本《説文》相合。

【躶】

【197】躶者，上胡瓦反，正作裸、倮二形。又郎果反，説文：赤躰。躶，裸也，風俗以爲惡口也。（卷3，《虛空孕菩薩經音義》卷上）

【198】躶形，上户瓦反，浄也，無衣也，正作裸。又郎果反，説文云：赤躰。躶，裸也，南方謂惡口也。非此呼。（卷9，《蘇婆呼童子經音義》卷上）

【199】躶形，上户瓦反，全身無衣也，浄~~也，正作裸也。又郎果反，説文：赤躰。裸躶①。非此呼。（卷12，《雜阿含經音義》卷21）

【200】躶其，上户瓦［反］，浄~無衣也，正作裸也。又郎果反，説文：赤躰。躶，裸也。非此呼。（卷12，《雜阿含經音義》卷30）

【201】躶形，上户瓦反，無衣也，正作裸也。又郎果反，撿説文：赤體。躶俗謂惡口也，非呼。（卷13，《別譯阿含經音義》卷5）

【202】如躶，户瓦反，無衣也，正作裸也。又郎果反，説文：赤躰。躶也，方言以爲惡口也，非此呼也。（卷13，《佛説罪業報應教化地獄經音義》）

【203】胆脺，上徒旱反，下胡瓦反，正作袒裸也。下又或作倮，諸師並音躶，非所用也。躶，郎果反，説文云：赤躰。躶，裸也，風俗皆謂躶爲惡口也，故非經用。（卷21，《道地經音義》）

【204】躶形，上郎果反，俗謂陰囊爲躶也，古文作胞，像形字也。説文：赤體。躶，裸也。又肥（胞）是身之少分，亦不合偏露其躶也。今宜作裸，音踝，裸即全體无衣也。（卷25，《新華嚴經音義音義》卷下）

按，《説文·衣部》："臝，袒也。从衣，羸聲。裸，臝或从果。"（170）《説文》無"躶""倮"二字，亦無"赤體"之釋語。又考《玉篇·人部》："倮，力果切。赤體也。"（56）又《身部》："躶，力果切。赤體也。亦作裸。"（63）《龍龕·衣部》"裸：郎果反。赤體也。又胡瓦反。"（104）又《身部》："躶：郎果反。赤躰也。又俗胡瓦反。"（161）又《臝部》："臝，俗；臝，正：郎果反。赤體也。二。"（190）伯2011

---

① 根据其他條目，"裸躶"似當作"躶，裸也"。

《刊謬補缺切韻·哿韻》："躶，郎果反。赤體。亦作臝、倮、蠃、裸。"（2791）宋跋本《刊謬補缺切韻·哿韻》基本相同。《廣韻·果韻》："裸，赤體。《説文》曰：袒也。郎果切。躶、臝、蠃，並上同。"（306）綜此可知，可洪所引"説文"乃出自字韻書釋文内容。

言部

【誄】

【205】賦誄，上芳務反，頌也，布也，布其義謂之賦。下力水反，銘誄也，壘也，壘述前人之切德也。《説文》曰：誄，諡也。（卷21，《修行道地經音義》卷4）

按：《説文·言部》："誄，諡也。"（52）與可洪所引相合。不過，又考《廣韻·旨韻》："誄，銘誄。誄，壘也，壘述前人之功德。《周禮》曰：小史掌卿大夫之喪，讀誄也。《説文》曰：誄，諡也。"（249）竊以爲可洪所引《説文》乃是轉自韻書。

【諫】

【206】譏諫，上（下）七賜反，數也，正作諫（諫）也。《切韻》譏字説文亦作諫，並久悮也。（卷25，《一切經音義音義》卷17）

按，參見《〈可洪音義〉引"説文"考》例11。

【誳】

【207】詰誳，丘勿反，辞塞也，今作詘，《説文》作誳。（卷4，《漸備一切智德經音義》卷3）

按，《説文·言部》："詘，詰詘也。……从言，出聲。誳，詘或从屈。"（51）《龍龕·言部》："誳，或作；詘，正：去勿、居勿二反，辞閉也。二。"（51）由此可知，"誳"爲《説文》或體，正體作"詘"，可洪之意似與今本《説文》不合。又考麗藏本《漸備一切智德經》卷3作"詰誳"，據此，疑可洪所言"説文"亦或指經文原文。

【誶】

【208】誶通，上雖醉反，言也，《詩》云：歌以誶止。《説文》云：讓也。《國語》曰：吴王誶申胥。又蘇内、自律二反，告也（卷26，《集沙門不應拜俗等事序音義》）。

按，《説文·言部》："誶，讓也。从言，卒聲。《國語》曰：誶申胥。"（51）與可洪所引釋義相合，但例證詳略有别，疑可洪轉引自他書。

《廣韻・至韻》雖遂切："誶，言也。《詩》曰：歌以誶止。"（351）又《隊韻》蘇内切，《術韻》慈卹切。

【譚】

【209】譚婆，《經音義》云今借爲徒紺反，説文云西國食狗肉人。（卷6，《楞伽阿跋多羅寶經音義》卷4）

按，參見《〈可洪音義〉引"説文"考》例16。

【譟】

【210】雪呼，上巨云反，正作群、宭（宭）二形也。按譟字，説文云群呼也。（卷25，《一切經音義音義》卷22）

按，《玄應音義》卷22《瑜伽師地論音義》卷4："鼓譟，公户反，下先到反。鼓，動也。譟，讙鳴也。雷呼曰譟。《家語》云：莱人鼓譟，刼定公。是也。"（291a）據此，可洪所釋詞目"雪呼"，當即《玄應音義》釋文中的"雷呼"，可洪認爲是"群呼"之訛，"群呼曰譟"也。《玉篇・言部》："譟，桑到切。群呼煩擾也。"（167）《龍龕・言部》："譟，蘇到反。群呼也。"（48）《廣韻・号韻》："譟，群呼。"（418）皆可爲證。綜此，可洪所言"説文"乃指玄應釋文。又考《説文・言部》："譟，擾也。"（50）與可洪所引不同。

八劃

雨部

【霰】

【211】飛霰，先見反，雨雪雜也。《説文》：積雪也。或作霝、霓二形，同。（卷30，《廣弘明集音義》卷23）

按，參見《〈可洪音義〉引"説文"考》例9。

長部

【髷】

【212】悉髷，音剃，《舊韻》説文作髷，《攝大乘論》作髷，天棄反。（卷27，《續高僧傳音義》卷2）

第一章　《可洪音義》引字書研究　　　　　　　　　　77

按：《説文》無"頴"字。《可洪音義》卷3《大集月藏經音義》卷10："悉𩒹，他計反，孫緬《韻》作頴，俗以爲替之替也。"考蔣斧本《唐韻·霽韻》："替，廢也，代也，俗以相代作頴字，古無。"（649）可洪曰"孫緬《韻》作頴"，當即"《舊韻》説文作頴"，亦即"《舊韻》釋文作頴"之意。

隹部

【雅】

【213】雅爲，上五馬反，楚烏，鳥名也，《説文》云：一曰鸒，一曰卑居，秦謂之雅。又清也，閑也。此中傳意是疋，音雅，正也，待也。（卷27，《續高僧傳音義》卷2）

按，《説文·隹部》："雅，楚烏也，一名鸒，一名卑居，秦謂之雅。从隹，牙聲。"（70）《廣韻·馬韻》："雅，正也，嫻雅也。《説文》曰：楚烏也，一名鸒，一名卑居，秦謂之雅。"（308）可洪所引與《説文》相合。

阜部

【阾】

【214】近阾，力丁反，説文。（卷7，《千眼千臂觀世音菩薩陀羅尼神咒經音義》）

按，今本《説文》無"阾"字。詞目字"近阾"，大正藏翻刻麗藏本《千眼千臂觀世音菩薩陀羅尼神咒經》作"近冷"："折（殖列反）吒（上）麽矩吒（長上）楞（近冷音）訖栗（二合）多（四十四）。""冷"，《廣韻》音郎丁切；"阾"，《集韻》亦音郎丁切，二字音同，作爲直音字可以通用。據此知"近阾"出自經文夾注，可洪所言之"説文"指經文夾注。

金部

【鈇鑕】

【215】莝斫，上倉卧反，鈇鑕説文也。（卷25，《一切經音義音義》卷5）

按，考《玄應音義》卷5《菩薩訶色欲經》音義："鈇鑕，方扶反，書中鈇或音斧，橫斧也，古者煞人用斧。下正體作櫍，之逸反。《說文》：鈇，莝斫也。《埤蒼》：櫍，椹也。《公羊傳》曰：不忍加其鈇質。何休曰：斬要之罪也。"（74c）據此，可洪所言"鈇質説文也"，是指詞目字"莝斫"出自《玄應音義》對"鈇質"的釋文。今本《説文·金部》："鈇，莝斫刀也。从金，夫聲。"（299）比玄應所引《説文》多一"刀"字。

【鉗】

【216】爲甞，巨廉反，正作鉗、箝二形，《説文》：鉗，劫也，以鐵爲之，有所劫束也。《晉律》曰：鉗，重二斤，翹長一尺五寸，以鎖加人頸也。又音常，非也。《貞元經》作鉗。（卷9，《大佛頂如來密因脩證了義諸菩薩萬行首楞嚴經音義》卷8）

按，《説文·金部》："鉗，以鐵，有所劫束也。从金，甘聲。"（297）《廣韻·鹽韻》："鉗，上同（箝）。《説文》曰：以鐵，有所劫束也。"（228）可洪所引與今本《説文》表述不同，蓋轉引自其他字韻書。

【鋓】

【217】鈙鋓，上音釜，与上釜字同也。下音餅也，説文：餅金謂之扳金也。今謂釜帶是也，前本作釜緣是也。（卷17，《沙彌威儀戒音義》）

按，根據可洪注音釋義，"鋓"即"鉼"字俗訛。今本《説文》無"鉼""鋓"字。考《爾雅·釋器》："鉼金謂之鈑。"（2600）《玉篇·金部》："鈑，布綰切。鉼金也。"（327）又"鉼，畢領切。《爾雅》曰：鉼金謂之鈑。"（329）《龍龕·金部》："鉼：必井反。鉼金謂之板也。"（15）《廣韻·静韻》："鉼，鉼金謂之鈑。《周禮》：祭五帝則供鉼金。"（318）綜上所引，疑可洪所言"説文"指某部字韻書的釋文。

【鋺】

鋺盞，上烏管反，盛食器也，正作椀，説文作䀀、盌、㿻、鋺四形也。（卷17，《删補羯磨音義》）

按，參見"䀀"字條。

九劃

革部

【鞭】

【218】紫鞭，五更反，堅牢也。按《舊韻》只一呼，説文：亦作硬也。（卷28，《續高僧傳音義》卷28）

按，參見《〈可洪音義〉引"説文"考》例12。

頁部

【頵】

【219】三睡，宜作頧，都回反。頧頧，面醜也。又直偽反，非也。《經音義》以頵字替之，直追反，《説文》：額出也。亦非。（卷1，《佛説太子須大拏經音義》）

按，參見《〈可洪音義〉引"説文"考》例7。

【頫】

【220】俛仰，上音免，低頭也，俯也，《説文》作頫也，見《舊韻》。（卷23，《經律異相音義》卷32）

【221】俗頫，音免，俛字，《説文》作頫也。又方武、他吊二反。（卷25，《一切經音義音義》卷8）

按，《説文·頁部》："頫，低頭也。从頁，逃省。太史卜書頫仰字如此。楊雄曰：人面頫。俛，頫或从人、免。"（180）與可洪所言相合。又考《切韻箋注（五）·獮韻》亡辨切："俛，俯。《説文》作頫。"（2464）又宋跋本《刊謬補缺切韻·獮韻》亡辨切："俛，俯。亦作頫。"（481）據此，頗疑可洪所引《説文》實乃轉自《舊韻》釋文。

骨部

【骨】

【222】骨䫿，上古忽反，《説文》云：骨者，肉之核也。身也。

（卷10，《菩薩地持經音義》卷9）

按，"骨"，"骨"字異寫。《說文·骨部》："骨，肉之覈也。从冎，有肉。"（80）與可洪所引基本相同，但行文用字稍別。《太平御覽》卷375引《說文》："骨，體之質也，肉之核也。"①

十劃

鬲部

【䰝】

【223】如甑，子孕反，炊飯瓦器也，《說文》作䰝，籀文作𩱳。（卷10，《大智度論音義》卷19）

按，《說文·瓦部》："甑，甗也。从瓦，曾聲。𩱳，籀文甑，从弼。"（269）又《鬲部》："䰝，𩰾屬。从鬲，曾聲。"（57）段注："按此篆淺人妄增也。……䰝者，甑之或體耳。《爾雅音義》云：䰝本或作甑。《篇》《韵》皆云甑、䰝同字。"（111）可洪所引與今本《說文》實況基本吻合。又考蔣斧本《唐韻·證韻》："甑，《說文》作䰝。"（682）《廣韻·證韻》："甑，《古史考》曰：黃帝始作甑。子孕切。䰝，上同。𩱳，籀文。"（433）據此，又疑可洪所引乃轉自韻書釋文中的《說文》。

馬部

【驩】

【224】驩喜，上呼官反，喜也，正作歡、懽二形也，說文今爲歡喜字，悮，亦如必辞用以髾辝之例。（卷24，《大周刊定衆經目録音義》卷9）

按，《說文·馬部》："驩，馬名。从馬，藋聲。"（199）這與可洪所說的"說文今爲歡喜字"不合。歡喜字今《說文》作"歡""懽"，《說

---

① （宋）李昉等：《太平御覽》，文淵閣四庫全書影印本，台灣商務印書館1986年版，第896冊，第426頁。

文·欠部》："歡，喜樂也。从欠，藋聲。"（176）又《心部》："懽，喜
欵（欵）也。从心，藋聲。"（219）可見可洪所言之"説文"不是《説
文解字》。《慧琳音義》卷77《大周刊定衆經目録音義》卷9："懽喜，上
唤官反，鄭注《禮記》云：懽，悦也。《説文》：喜亦懽也，從心，藋聲。
《目録》中從馬作驩，非也。"（58/1030b）據此可知，可洪和慧琳所見的
《大周刊定衆經目録》卷9原文皆作"驩喜"，可洪所説的"説文"當指
經文原文。

髟部

【髩髴】
【225】髩髴，上芳罔反；下芳勿反，婦人首飾也，說文：額前飾也，
亦作髴。（卷21，《賢愚經音義》卷17）

按，《説文》無"髩"字，《髟部》："髴，髴①若似也。从髟，弗
聲。"（183）與可洪所引不合。又考《龍龕·髟部》："髴：芳未反，髩
髴也。又音弗，婦人首飾也。"（89）《廣韻·物韻》："髴，婦人首飾。"
（475）又敷勿切："髴，額前飾也。"（476）《古今韻會舉要》卷26《勿
韻》："髴，婦人首飾，一曰額前飾，《集韻》或作髩。"（428）據此可知
可洪所引"説文"出自字韻書釋文。

【鬀】
【226】鬀除，上他計反，除髮也，与剃字同也，《字樣》及孫愐
《韻》、《説文》並作鬀也。《新韻》音弟，非。（卷3，《大方等大集菩薩
念佛三昧經音義》卷9）

【227】剪鬀，他帝反，除髮也，正作剃。《説文》及《字樣》並作
鬀，音剃。《新韻》在弟字例中，悮。（卷28，《破邪論音義》卷上）

按，今大正藏本《大方等大集經菩薩念佛三昧分》卷9、《破邪論》
卷上皆作"剃"。《玉篇·刀部》："剃，除髮也。"（320）《集韻·霽韻》：
"鬀，《説文》：鬀，鬀髮也。……或作剃。"（504）《説文·髟部》："鬀，
鬀髮也。从髟，弟聲。大人曰髡，小人曰鬀，盡及身毛曰鬍。"（183）可
洪所言與《説文》相合。然考伯2011《刊謬補缺切韻·霽韻》："剃，
除，或作鬀。"（2811）裴本《刊謬補缺切韻·霽韻》："剃，除也，剃髮

---

① 段玉裁認爲此"髴"字是未刪之復舉字。

也。亦鬀（髯），髯也。大人曰髡，小人曰剃。"（589）據此，又疑可洪所言"説文作髯"乃孫愐《韻》釋文作"髯"之意。

【髯】

【228】替脊，上他帝反，代也，又襯~字，正作屜①也。又説文云：俗以相代作鬢，古無也。（卷16，《根本毗奈耶雜事音義》卷22）

按，今本《説文》無"俗以相代作鬢"之語。考蔣斧本《唐韻·霽韻》："替，廢也，代也，俗以相代作頍字，古無。"（649）與可洪所引基本相合，故疑可洪所引出自韻書釋文，"鬢"是"頍"字異寫。

鬥部

【鬥】

【229】訢諍，上都豆反，競也，争也，正作鬭、鬥二形也。説文云：字從兩刃相向也。（卷10，《菩薩地持經音義》卷5）

按，參見《〈可洪音義〉引"説文"考》例30。

十一劃

鹵部

【鹼】

【230】穢稻，上古斬反，飼馬禾也，稗子也，苗似稻，子如黍粒也，水生曰稗，陸曰穢也，出蕆筠和尚《韻》也。又第十六卷作鹼稻，《中阿含經》作稗子，並是也。稗，步介反。鹼，古斬反，出説文。下音道，稉穀也。上又應和尚以穢字替之，非也。又郭氏音咸，亦非也。（卷12，《長阿含經音義》卷8）

【231】鹼稻，上古斬反，飼馬禾也，正作穢，亦作䴚，説文作醎、鹼、醶，通，上五形。穢，稗子也，水田中生者名稗，陸地生者名穢，但是一物有此二名也，如《中阿含經》直作稗子，是也。《經音義》作穢、醎二形，應和尚以穢字替之，非也。（卷12，《長阿含經音義》卷

---

① 屜，蓋"屢"字俗體，亦作"屧""屉"。

16)

按,《説文·鹵部》:"鹹,銜也,北方味也。从鹵,咸聲。"(247)又《酉部》:"醶,酢漿也。从酉,僉聲。"(314)《説文》"醶""鹹"二字音義與可洪所言不同,且《説文》無"醶"字,《玉篇·酉部》:"醶,音咸。俗鹹字。"(533)故可洪所言"説文"不指許慎《説文》,當指不同版本的《長阿含經》經文。可洪《長阿含經音義》卷8曰:"第十六卷作鹹稻……鹹,古斬反,出説文。"即出自"經文"。又《玄應音義》卷12《長阿含經音義》卷8:"穢稻,於廢反,謂不潔清也,亦穢惡也。經文有從禾或從酉作秫、醶二形,非也。"(154c)由此可知玄應所見經本中有作"秫""醶"者,可洪所用底本亦作"秫稻",今麗藏本《長阿含經》卷16作"秫稻"。"秫"是"稴"的俗字,《龍龕·禾部》:"秫,俗;稴,正:嫌、咸二音,不作稻也;又禾不黏。二。"(143)經本中蓋亦有作"醶"字者,惜未傳世。

鬼部

【魄】

【232】苦槖,音託,無底囊也,經意宜作魄,音託,説文云:落~,貧無家業也,取貧字義也。(卷13,《佛説義足經音義》卷下)

按,《説文·鬼部》:"魄,陰神也。从鬼,白聲。"(186)與可洪所引不合。又考《廣韻·鐸韻》:"魄,落魄,貧無家業。出《史記》。本音拍。"(506)由此可知,可洪所引"説文云"當出自韻書釋文。

鹿部

【麠】

【233】青麖,音京,獸名,似麋,《説文》又作麠。(卷28,《續高僧傳音義》卷27)

按,《説文·鹿部》:"麠,大鹿也。牛尾,一角。从鹿,畺聲。麖,或從京。"(202)與可洪所言字況相合。又《廣韻·庚韻》:"麠,獸名,一角,似麋,牛尾。麖,上同。"(186)

十二劃

黑部

【剭】

剭劓，上巨京反，剭，墨刑在面，《玉篇》云鑿額沮墨謂之剭刑也，《新韻》作黥，《舊韻》說文作剭也。下魚至反，割鼻也，《舊韻》說文作劓也。（卷29，《廣弘明集音義》卷13）

按，裴本《刊謬補缺切韻·庚韻》："黥，墨刑。亦剭。"（552）《廣韻·庚韻》："黥，墨刑在面。剭、剠，並上同。"（187）此與可洪所言"《舊韻》說文作剭也"相合，"說文"指釋文。

裴本《刊謬補缺切韻·至韻》："劓，魚器反。割鼻也。亦劓。"（586）伯2011《刊謬補缺切韻·至韻》："劓，魚器反。割鼻。亦作劓。"（2805）此與可洪所言"《舊韻》說文作劓也"相合，"說文"亦指釋文。

"剭""劓"二字亦見於《說文》，《說文·黑部》："黥，墨刑在面也。從黑，京聲。剭，黥或從刀。"（210）又《刀部》："劓，刑鼻也。從刀，臬聲。《易》曰：天且劓。劓，劓或從鼻。"（87）然可洪所引乃出自韻書釋文，而非直接本自《說文》。

黹部

【黼黻】

【234】粰糠，上音府，下音弗，天子衣也，說文：白黑文也，畫斧文者也，正作黼黻也。字從黹，猪几反。（卷21《佛本行讚音義》卷1）

按，"粰糠"，"黼黻"之誤。《說文·黹部》："黼，白與黑相次文。從黹，甫聲。"（158）又："黻，黑與青相次文。從黹，犮聲。"（158）與可洪所引不甚相合。今考《切韻箋注（二）·麌韻》："黼，白黑文，如斧。"（2204）《刊謬補缺切韻》（伯2011）同，裴本《刊謬補缺切韻·麌韻》："黼，白與黑文，形如斧。"（574）這些殘卷《物韻》"黻"字下皆曰："黼黻。"又《廣韻·麌韻》："黼，白黑文也。《爾雅》曰：斧謂之黼，謂畫斧形，因名云。"（261）又《物韻》："黻，黼黻。"（475）據此知可洪所言"說文"乃指韻書釋文，而非引自《說文解字》。

十三劃

黽部

【鼊】

【235】螺鼊，上洛禾反，下正作鼊，補覓反，説文：竃鼊，似龜而漫胡無指爪，其甲有黑殊（珠），文如瑇瑁，可飾物也。（卷12，《中阿含經音義》卷8）

按，《説文》無"鼊"字。《玉篇·黽部》："鼊，音壁，竃鼊，似龜而大，文如瑇瑁，可飾物。"（472）蔣斧本《唐韻·錫韻》："鼊，竃鼊，似龜而大，漫胡無指爪，其甲有黑朱，文如瑇瑁，可以飾物。"（710）《廣韻·錫韻》："鼊，竃鼊，似龜而漫胡無指爪，其甲有黑珠，文如瑇瑁，可飾物。"（523）《龍龕·黽部》："鼊：音辟，竃鼊，似龜而無指爪，其甲有黑珠，文如玳瑁，可飾物也。"（340）《龍龕》釋文多本自韻書，故疑可洪所引"説文"亦出自韻書釋文。

十四劃

齊部

【齊】【齋】

【236】貝㐀，上博蓋反，下自西反，今作齊，《説文》作 ![字] 也。按齋字《説文》作齋。凡從齊者，無兩邊及上二畫，齊字亦無兩邊，古作㐀也，亦作 ![字] 也，篆文作 ![字] 字是也。（卷25，《一切經音義音義》卷6）

按，"齊"，《説文》小篆作" ![字] "，隸變作齊，隸古定作"㐀"或" ![字] "，《龍龕·二部》："㐀，古文，音齊。"（366）"齋"，《説文》小篆作" ![字] "，隸古定作"齋"。可洪説解與《説文》字況基本相合。

十五劃

齒部

【齘】

【237】听齒，……《經音義》以齘字替之，下界反，説文：切齒怒也。非用。（卷15，《十誦律音義》卷11）

按，《説文·齒部》："齘，齒相切也。从齒，介聲。"（38）與可洪所引不同。又考《玄應音義》卷15《十誦律音義》卷11："齘齒，下界反，《説文》：齒相切也。《三蒼》：鳴齒也。律文作听，非也。"（200a）《慧琳音義》卷58轉引《玄應音義》相同。據此知可洪所引亦不見於玄應釋文，然根據其引書通例，此處所引應該出自《玄應音義》，頗疑今傳各本《玄應音義》有刪節。

又考《玉篇·齒部》："齘，何介切。囓齘，切齒怒也。"（108）《龍龕·口部》："听：俗，胡戒反，正作齘，切齒怒也。"（275）伯2011《刊謬補缺切韻·怪韻》胡界反："齘，齾齘，切齒怒。齾字于禁反。"（2815）裴本《刊謬補缺切韻·界韻》與之基本相同。蔣斧本《唐韻·怪韻》胡介反："齘，齾齘，切齒怒。齾字于禁反。"（655）《廣韻》與之基本相同。由此推測，可洪所引"説文"也有可能本自當時的字韻書。

【齤】

【238】壹齤，竹戒反，准説文。（卷7，《十一面神呪心經音義》）

按，參見《〈可洪音義〉引"説文"考》例27。

第二節　《可洪音義》引《玉篇》研究

一　引言

《玉篇》，南朝梁大同九年（543）黃門侍郎兼太學博士顧野王（519—581）所撰。但是可洪認爲本當作"顧野玉"，《可洪音義》卷25《新華嚴經音義音義》卷下："顧野王，上音故，人姓也。下合作玉，牛錄反，人名也。姓顧，名野玉。撰《玉篇》三十卷，即名《玉篇》也。"

"王""玉"二字小篆隸書本來就形近相濫，所以後來"玉"字才加點以示區別。以此推測，可洪所言有一定道理，可惜沒有更多證據，姑且存疑待考。

《玉篇》成書後，梁簡文帝（550—551年在位）嫌其詳略未當，不久就讓蕭愷刪削之。雖經刪削，仍然卷帙浩繁，不便使用。唐高宗上元年間（674—676），南國處士富春孫强對顧氏《玉篇》又進行了修訂，減少注文，增加字頭，世稱"上元本"或"孫氏增字本"。《佛祖統紀》卷45："是知孫强之增《玉篇》（梁顧野王撰《玉篇》，唐孫强增字，多取俗書），孫愐之增《廣韻》①（唐孫愐撰《廣韻》，多收俗字），與夫本朝丁度之撰《集韻》，皆泛引俗書，雜揉正體，俾經史古意黯然不明，此字書之大阨，而有待於志士以矯正之乎。"據此可知，孫强增字本《玉篇》比原本多了很多俗字異體。

到了北宋，宋真宗於大中祥符六年（1013）敕令陳彭年、吳銳、丘雍等對《玉篇》再次重修，名爲《大廣益會玉篇》。廣益本在上元本的基礎上進一步增字減注，據唐代封演《聞見記》所載，原本《玉篇》收字16917個②，現存宋廣益本收字22561個，比封演所記的數目多出5644字。

清末黎庶昌、羅振玉先後於日本發現卷子本《玉篇》殘卷③，引證豐富，釋義完備，又有野王按語，被認爲是未經增益重修的唐抄原本。原本《玉篇》16917字，殘卷保存2100餘字，雖然只是原書的八分之一左右，

---

① 按，《慧琳音義》卷64《沙彌十戒並威儀音義》："抖擻，上都苟反，下蘇走反。……擻見《廣韻》。"（58/749a）又《續一切經音義》卷3《新花嚴經音義》卷40："燈炷，下朱遇反，近代字也。案陸氏《釋文》、《切韻》，許慎《説文》、《玉篇》、《字林》、《古今正字》並無，唯孫緬《廣韻》收在注字内。"（上海古籍出版社1986年影印日本獅谷白蓮社刻本，第3825頁）據此可知唐代就有《廣韻》，蓋增廣《切韻》之書，蓋孫愐《唐韻》又稱《廣韻》，俟再考。

② （唐）封演：《封氏聞見記》，《景印文淵閣四庫全書》第862册，臺北：商務印書館1983年版，第423頁。

③ 黎氏、羅氏將發現的原本《玉篇》殘卷相繼刊行，其後，日本東方文化學院又於昭和八年（1932）將殘卷以卷子原裝形式影印刊行，其中卷八《心部》僅六字，爲黎刊、羅刊所無。這次刊行，全部用原裝以珂羅版精印，卷子形制，墨色深淺悉如原卷，可謂最善之本。續修四庫全書本《玉篇》即據日本昭和八年京都東方文化學院編東方文化叢書本影印。1985年，中華書局將黎本、羅本彙集影印，另外又獲日本東方文化學院影印之卷八《心部》列於卷首一併付印，題名爲《原本玉篇殘卷》，這是中國目前流行的印本。

卻彌足珍貴。以之與現存本相比較，大致可以了解《玉篇》的原貌。

《篆隸萬象名義》①（以下簡稱《名義》）一書，也與《玉篇》有著很深的淵源關係。此書是日本弘法大師空海據顧氏《玉篇》撰成，可以看作顧氏《玉篇》的節本，成書當在空海任東大寺沙門大僧都的823—835年間。《名義》與原本《玉篇》收字及字數有一定出入，劉尚慈先生《〈篆隸萬象名義〉考辨》云："空海之《名義》應該是以原本《玉篇》爲基礎，補入了《象文玉篇》之篆書，又借鑒了孫强《玉篇》及趙利正《玉篇解疑》而編纂的。"②

《玉篇》自成書之後到宋代重修之前，一直都處在增補删訂之中，應該版本衆多，可惜今多不傳。各個時代的具體增訂情況如何，由於缺乏足夠的有说服力的資料證據，至今仍不明朗。

《可洪音義》成書於940年，書中參引了很多《玉篇》的内容，從中可以略窺晚唐五代所流傳《玉篇》的大致面貌。釐清《可洪音義》所引《玉篇》的情況，並將它與《玉篇》的其他版本進行比勘，可以確知其在收字、注音、釋義等方面的差異，這對於研究《玉篇》的修訂傳承流布史有重要意義。

岡井慎吾《玉篇の研究》之《前篇·〈玉篇〉考續篇》"今の宋本以前のもの"中，統計《可洪音義》在95個字的釋文中提到了《玉篇》③，指出可洪所引《玉篇》多用直音，與原本《玉篇》多用反切不同，蓋來源不一樣。岡井氏還把可洪所引《玉篇》與《原本玉篇殘卷》和宋本《玉篇》都舉例性地進行了比較，結論是可洪所引與原本、宋本皆不同。岡井氏還在《佚文外篇》中，對《可洪音義》引《玉篇》有比較全面的搜集，但缺少個案的分析考辨，而且所統計字數亦有一些偏差和

---

① 日本山城國高山寺藏有一部古抄本《名義》，抄寫年代爲鳥羽二年（1114），是日本唯一的《名義》傳本，現存日本京都國立博物館。1927年日本崇文院影印此書，並收入《崇文叢書》第一輯。1995年10月，中華書局據《崇文叢書》本縮印出版《名義》，並附有劉尚慈先生所作《校字記》。除非特别標注，本書所用《篆隸萬象名義》主要是這個本子。

② 劉尚慈：《〈篆隸萬象名義〉考辨》，《中國語言學報》（*Journal of Chinese Linguistics*）1997年8月号。

③ [日] 岡井慎吾《玉篇の研究》，東京：東洋文庫1933年版，第223頁。

遺漏①，個別字頭、引文有錯誤，所以有再整理研究的必要。

可洪參考《玉篇》時，對此書有兩種稱呼：一般稱"玉篇"；有時也單稱"篇"，這種時候總是"《篇》《韻》"對舉。所以統計可洪參考引用《玉篇》次數時也要把後一種情況考慮進去。

據筆者統計，《可洪音義》中有 167 個詞條提到了《玉篇》，涉及 126 個字詞。其中有 3 條（涉及 3 個字）旨在說明《玉篇》無此音。

波簁，道遮［反］，論文自切也。《切韻》《玉篇》無此音。（卷 11，《十住婆沙論音義》卷 1）②

立泬，音雖，尿也，《篇》《韻》無此呼。又奴吊反，正作尿也。又音類，非也。（卷 21，《賢愚經音義》卷 15）

依俙，音希，《玉篇》《切韻》並無此呼。（卷 24，《出三藏記音義》卷 14）③

正如可洪所言，不光可洪所見《玉篇》"簁""俙"二字沒有上述讀音，現存各版本《玉篇》皆無，而"泬"字更是現存《玉篇》各版本皆無此字，故此類情況不在本文討論之列。

另有 7 條（涉及 6 個字）旨在說明《玉篇》無此字。

伽𢮦，上巨迦反。下宜作梓，音子，佐死反。下方經作諀佐，是也。《玉篇》、《切韻》、南嶽、郭逡諸家經音並無此字，今但以梵

---

① 例如岡井氏多統計了一個"燻"字："作煎，又音箭。"（160）該字出自《可洪音義》卷 15《十誦律音義》卷 26："燻，子仙反，熯也，正作煎，又音箭。"原文未引《玉篇》。

② 《原本玉篇殘卷·竹部》今亦不存，《篆隸萬象名義》"簁"音力木反，宋本《玉篇》、元刊本《玉篇》與《名義》讀音相同，皆無"道遮反"一音。"波簁"，今大正藏翻刻麗藏本《十住毗婆沙論》卷 1 作"波蔗"，校勘記曰宋、元、宮本作"波蔗（道遮切）"，明本作"波蔗（道遮切）"。"蔗"，《廣韻》之夜切，與經文自切音近，原文當以作"蔗"爲是，"簁"乃譌字。可洪失校。但是《名義·艸部》"蔗"音諸夜反，宋本、元刊本音之夜切，亦皆無"道遮反"一音。

③ 《名義·人部》："俙，呼皆反，解也。"（18）宋本、元刊本《玉篇》注音相同，皆無"希"音。《慧琳音義》卷 80《開元釋教錄音義》卷 5："依睎，下喜機反。《廣雅》云：睎，猶視也。《說文》云：望也。從目，希聲。案，依睎謂髣髴之稱也。錄作俙俙，非也。"（58/1083b）據慧琳，依俙彷彿之義正字當作"睎"，"俙"乃後出俗字，與解訟義之"俙"同形。《廣韻》"俙"有二音，《微韻》香衣切："俙，依俙。"（65）又《尾韻》虛豈切："俙，僾俙。"（255）《微韻》之音切當是後增。

言和會。(卷9,《文殊師利寶藏陀羅尼經音義》)

榮瑛,音喚,明也,出郭氏音,《篇》《韻》無此字。(卷21,《賢愚經音義》卷17)

帝瑛,音喚,出郭氏音,《玉篇》《切韻》無此字。(卷24,《開皇三寶錄音義》卷3)

持䇾,上直之反,下宜作碕,丘倚反,石也。經云持~作枕,聚土中卧是也。此字《篇》《韻》中並無此體。(卷21,《道地經音義》)

䱐臚,上以垂反,《楚辞》云:露雞䱐臚。魚名也。《篇》《韻》无此字。(卷25,《一切經音義音義》卷15)

鸏名,上巨魚反,見藏作車渠,是也。《玉篇》《切韻》並无鸏字。(卷25,《新華嚴經音義音義》卷上)

詔令,上之曜反,上命也,告也,教也,《川音》作曌,《玉篇》《切韻》並無此曌字,未詳何出。(卷26,《大慈恩寺法師傳序音義》)

上揭"㩱""瑛""䇾""䱐""鸏""曌"六字,現存各版本《玉篇》亦未收,其中"㩱""䱐""鸏"三字更不見於現存各種字韻書,"曌"字僅《龍龕》《集韻》有收錄①,"瑛""䇾"二字僅《龍龕》中有類似形體②。此類情況亦與《玉篇》無關,也不在本文討論之列。

在"梵""脛"二字頭下,可洪也説《玉篇》未收,但現存宋本中赫然在錄。

梵世,上扶泛反,此土《玉篇》《説文》《字林》統先無梵字,後葛洪佛經中錄入《字苑》,陸法言撰入《切韻》矣。(卷19,《阿

---

① 《集韻·笑韻》:"照,《説文》:明也。唐武后作曌。"(580)《龍龕》中亦有類似形體,如《目部》:"曌:古文,音照。"(422) 又《日部》:"曌:古文,音照。"(428) 皆一字之變。河南省博物館《武曌金簡》寫作"曌",從二日,參見施安昌《從院藏拓本探討武則天造字》,《故宮博物院院刊》1983年12月版,第34頁。

② 《龍龕·玉部》:"瑛:呼貫反,文彩也;明也。"(438) "瑛"即"瑛"字異寫。又《竹部》:"䇾,俗;䈏䇾,二正:古旱反,箭~也。"(392) 但與可洪所論音義不同。

毗達摩大毗婆沙論音義》卷 168）

作軅，丘狂反，曲也，戾也，正作軭、駆、倕三形。應和尚以胚字替之，區放反，《篇》《韻》亦無胚字耳。（卷 25，《一切經音義音義》卷 14）

這種情況在本書考察之列。根據可洪所言，我們可以推斷出"梵""胚"二字補入《玉篇》的時間。蓋顧野王《玉篇》本無"梵"字，但後人很早即已補入，故《名義》中有此字，宋本、元刊本《玉篇》[①] 皆存。至於"胚"字，《玄應音義》卷 14《四分律音義》卷 20："胚肘，區放反，橫舉肘也，未詳字出，此應俗語。《禮》云：並坐不橫肱。是也。律文或作軅、倕二形，並未詳。"（191a）"軅""倕""胚"皆"匡"的增旁俗字，現存唐五代韻書及《廣韻》中皆未收"胚"字。《原本玉篇殘卷·肉部》今不存，《名義》無"胚"字，而宋本《玉篇·肉部》有此字："胚，去王切，胚腔也。"（145）元刊本同，此蓋宋代重修《玉篇》時後增，五代可洪所見《玉篇》中尚無此字。

其餘的 155 條（涉及 115 個字詞）大體是引用《玉篇》的字形、注音或釋義，與現存《玉篇》各版本相比，有的相同，還有很大一部分不同，很多甚至是現存《玉篇》各版本所無。不僅如此，某些字形、注音或釋義，傳世其他字韻書中也未收錄，因而現代通行的大型字典辭書如《漢語大字典》《故訓匯纂》等也無從編入，這更凸顯了可洪所引《玉篇》無論在文獻學還是在語言文字學方面，都有彌足珍貴的價值。

二 可洪所引《玉篇》的文獻學價值

（一）有助於深入研究《玉篇》的修訂傳承史

本節逐一將可洪所引與現存有代表性的《玉篇》版本，如《原本玉篇殘卷》《篆隸萬象名義》、宋本《玉篇》、元刊本《玉篇》等進行比較，通過具體數據，分析其差異，從而探討可洪所引《玉篇》的版本性質，以及其在《玉篇》的修訂傳承史中的版本意義。

1. 可洪所引《玉篇》與《原本玉篇殘卷》之比較：《可洪音義》所參引《玉篇》的 117 個字中，有 108 個字因《原本玉篇殘卷》該部缺失

---

① （宋）陳彭年等重修：《玉篇》，《四部叢刊》第 16 冊影印元刻本。下同。

或殘損不全，其字不存，無法進行比較。剩下的可以比較的 9 個字例中，有 1 個字（趺）可洪所引內容與原本《玉篇》不同；另有 6 個字（說誾䣐輇𦉢䍃）原本《玉篇》未收，亦可視爲不同；還有 1 個字（䂶）與原本《玉篇》部分相同；僅 1 個字（磋）完全相同。

2. 可洪所引《玉篇》與《篆隸萬象名義》之比較：《可洪音義》所參引《玉篇》的 117 個字詞中，有 71 個字《名義》未收，可視爲與《名義》不同；有 20 個字可洪所引內容與《名義》不同；有 6 個字部分相同；20 個字完全相同，吻合度爲 19.7%①。

3. 可洪所引《玉篇》與宋本、元刊本之比較：《可洪音義》所參引《玉篇》的 117 個字詞中，有 16 個字宋本、元刊本未收，可視爲不同；31 個字可洪所引與宋本、元刊本內容不同；7 個字部分相同；63 個字完全相同，吻合度爲 56.8%②。

根據上面的資料統計，可洪所引《玉篇》與現存《玉篇》各版本的相似度都不高。與宋本、元刊本相似度最高，但也只有 56.8%；與原本相似度最低，與《名義》的相似度也很低（19.7%）。整體而言，這麼低的相似度，雖然可能跟今本《可洪音義》的傳抄訛誤有關，但更有可能跟可洪所引《玉篇》版本的獨具特色有關。

孫強增字在唐高宗時，比《名義》早，如果象劉尚慈先生《〈篆隸萬象名義〉考辨》所云，"空海之《名義》應該是以原本《玉篇》爲基礎，補入了《象文玉篇》之篆書，又借鑒了孫強《玉篇》及趙利正《玉篇解疑》而編纂的"，那麼，可洪所見《玉篇》中那些連《名義》都沒有的字及音義，當不是孫強所增，而是另有其人。不過，劉先生對《名義》收字情況的考辨亦屬猜測，也有可能《名義》參考的不是孫本而是其他的某個增字本，而可洪所參考的是孫本也未可知。畢竟，孫本《玉篇》早已失傳，詳情不得而知。

可洪所見《玉篇》收錄了大量的俗字異體或音義，皆爲原來《玉篇》所無。然而可洪之後宋代重修的《玉篇》中，這些異體俗字或音義又未見，是何原因？有可能宋代重修《玉篇》時，更多參照了比可洪所用《玉篇》更早、更保守的版本，或者是綜合剪裁了多種《玉篇》版本，採

---

① （20+6÷2）÷117≈0.197。

② （63+7÷2）÷117≈0.568。

用了一個比較折中的方案。

4.《可洪音義》與《龍龕手鏡》所引《玉篇》之比較：《龍龕手鏡》是遼代僧人釋行均，採集當時手寫佛經及各種佛經音義、隨函錄中的字料，編寫而成的一部字典，成書於997年，與《可洪音義》成書年代相近。《龍龕》中也參引了很多《玉篇》的內容，可與可洪所引進行比較。

《可洪音義》所參引《玉篇》的117個字詞中，有39個字《龍龕》未收，無法進行比較。其餘《龍龕》收錄的78個字中，有21個字《可洪音義》《龍龕》都參考了《玉篇》①，其中17個字二書所引內容基本一致；而且"哂尤鏒㳠岢稚"6個字，現存《玉篇》各版本或者注釋與此不同，或者未收其字，只有《龍龕》與《可洪音義》一致，足見二書所引《玉篇》版本的相似度很高。其餘4個有差異的字中，"盧"字可洪引《玉篇》注音，《龍龕》引《玉篇》釋義，無可比性；"吱"字皆引注音，但二書不一致，不知是何原因。"嬋""狄"二字雖皆引《玉篇》注音，但可洪引了兩個，而《龍龕》只錄一個，現存《玉篇》各版本亦僅此一音，與可洪所引只是部分相合②。

另外《龍龕》所收錄的57個字中，有27個字雖然《龍龕》沒有標明參引了《玉篇》，但亦與可洪所引《玉篇》內容相合，而且"氍傊僊頑喭慫悄笄鏺斁蛐"等11個字，現存《玉篇》各版本或者與可洪所引完全不同，或者部分不同，或者未收其字，只有《龍龕》與《可洪音義》一致。另有9個字也是如此，雖然《龍龕》也沒有標明參引了《玉篇》，但與可洪所引《玉篇》內容部分相合，而且"傳嫡齾諛樞"5個字只有《龍龕》與《可洪音義》部分一致，這些都表明《可洪音義》與《龍龕》所參引字書的相似度極高。

也許有人會問，行均所引《玉篇》是不是轉引自《可洪音義》呢？畢竟《龍龕》比《可洪音義》晚出五六十年呢。筆者認為這不太可能。首先，經過比對，我們發現，行均所引《玉篇》與可洪所引雖然內容一致，但行文並不完全相同；其次，除了上述字例外，《龍龕》中還有很多字頭參考了《玉篇》，並且和現行《玉篇》內容皆不合，但《可洪音義》卻沒有收錄這些字，或者即使收錄了，亦未言本自《玉篇》，注釋也與

---

① 岡井慎吾《玉篇の研究》中列舉了9個字。
② 頗疑可洪所引的兩個讀音與同形字有關，並非"嬋""狄"二字本有二音。

《龍龕》所引不同。例如：

(1) 詶：丑利反，《玉篇》：笑皃。(《龍龕·言部》，第 49 頁)

按，《原本玉篇殘卷·言部》："詶，丑利反，《蒼頡篇》：陰知也。"(295)①《名義·言部》："詶，丑利反，陰知字(也)。"(86) 宋本《玉篇·言部》："詶，丑利切，陰知也。"(171) 元刊本同宋本，皆與行均所引《玉篇》釋義不同，而此字《可洪音義》未收。

(2) 諴：音咸，和也，戲也。《玉篇》又音邑，亦弄人也。(《龍龕·言部》，第 43 頁)

按，《名義·言部》："諴，魚咸反，和也，調也，戲也。"(81) 宋本《玉篇·言部》："諴，胡讒切，和也。"(172) 元刊本同宋本。行均所引《玉篇》注音同《名義》，釋義行文與現行本皆不同。《原本玉篇殘卷·言部》無"諴"字，蓋唐代後增。此字《可洪音義》未收。

(3) 鍤：《玉篇》所諫反，鐵鋌也。又應法師音山卓反，釫鍤也。(《龍龕·金部》，第 19 頁)

按，宋本《玉篇·金部》："鍤，所諫切，鐵器也。"(330) 元刊本："鍤，所諫切，精金。"宋元本與行均所引《玉篇》音同，但釋義不同。《原本玉篇殘卷·金部》今不存，《名義·金部》無此字，據此推測原本亦無此字，蓋後增。《玄應音義》卷 2《大般涅槃經音義》卷 1："矛矟，矟，山卓反，《埤蒼》：矟，長[一]丈八尺也。經文有作梢，所交反，木名也。或作槊，北人俗字也。或作鍤，江南俗字也。"(17c) 又卷 4《大雲經音義》卷 1："錐鍤，此江南俗字也，字體作矟，山卓反，《埤蒼》：矟，長一丈八尺也。"(60a)《可洪音義》卷 8《觀佛三昧海經音義》卷 2："鍤鉤，上山卓反，戟鍤也，俗。"玄應、可洪釋義皆不同於宋元本《玉篇》，亦不同於《龍龕》所引《玉篇》。

上述引例可充分證明《龍龕》所引《玉篇》不是轉引自《可洪音義》。

有意思的是，《可洪音義》《龍龕手鏡》參引《玉篇》時，一般直接稱"玉篇"，無一例提到"顧野王"或"野王"，這跟《慧琳音義》(810 年成書)、《希麟音義》(987 年成書) 中通篇"顧野王云""顧野王曰"

---

① (梁) 顧野王：《玉篇 (殘卷)》，《續修四庫全書》據日本昭和八年京都東方文化學院編東方文化叢書本影印本，第 228 冊。

"顧野王案"大相徑庭。究其原因，應該是慧琳、希麟所參考的《玉篇》，是跟原本更接近的、顧野王按語尚未被大肆刪削的早期版本；而可洪、行均所用的《玉篇》則是顧野王按語已經被刪削殆盡、俗字異體則大量增補之後的後期版本，所以稱引各具特色。

岡井慎吾《玉篇の研究》中，也把《龍龕》所引《玉篇》與原本殘卷和宋本進行了比較，指出其差異性。而臺灣學者陳飛龍《〈龍龕手鑑〉研究》中則認爲行均引書頗疏於檢覈，尤其是所引直音，大半出於肊造①。

筆者認爲陳氏之研究缺乏廣泛考證，結論武斷，觀念狹隘。從《可洪音義》所引《玉篇》與行均所引多有暗合，而又皆不見於現存各種《玉篇》來看，二書所引皆有來歷，絕非肊造。在原本《玉篇》之後、宋本之前的中晚唐時期，還存在其他版本的《玉篇》，與現存各本多有不同。可洪、行均所引，可讓今人略窺其梗概特色。

需要特別説明的是，在可洪提到《玉篇》的126個字頭中，有83個字頭都在説《玉篇》音義非用，或者《玉篇》無此字、無此音。這是不是在暗示《玉篇》對於解釋佛經中的字詞基本不適用呢？筆者這樣認爲，絕大多數佛經音義，例如《慧琳音義》《龍龕手鏡》《希麟音義》等，最主要的參考書都是"《篇》《韻》"，《可洪音義》也不例外。《玉篇》也好，《切韻》也好，在解釋佛經中絕大部分的普通字詞時是適用的，只是這種情況下，可洪在釋文中沒有特別指明來自"《篇》《韻》"而已。而對於佛經中少量特殊的俗字異體和語詞，"《篇》《韻》"也有鞭長莫及之處，這就需要特別處理，可洪著重點明"《篇》《韻》"不適用，這或許正是需要編纂撰述佛經音義的目的。

（二）有助於《玉篇》佚文的輯佚與研究

上文已經説過，可洪所引《玉篇》與現存各版本《玉篇》都有很大不同，它比原本《玉篇》晚出，新增了很多字頭，可洪所引中就有71個字是《名義》所未收，而且大部分新增字是俗字異體。此外還增加、修訂了很多注音釋義，可洪所引中就有26個字的注釋與《名義》不同或不完全相同。但是，宋代重修《玉篇》時，前人所做的修改增訂並沒有被完全繼承，至少可洪所引《玉篇》中就有16個字是宋本、元刊本所未

---

① 陳飛龍：《〈龍龕手鑑〉研究》，臺北文史哲出版社1974年版，第892頁。

收，此外還有 38 個字注音釋義與宋元本《玉篇》不同或不完全相同，這些都是珍貴的語言文字資料，很有輯佚的必要。例如：

【哊】

哊耳，上与呦同，古木反，鳥鳴也。……《經音義》云相承音角，耳邊語也。《玉篇》作角、觜一（二）音，郭氏亦音角，又呼角反。此後三家所出並非也。(卷 15，《摩訶僧祇律音義》卷 7)

按，今存《玉篇》各版本皆無"哊"字。《玄應音義》卷 15《僧祇律音義》卷 7："哊耳，相承音古學反，耳邊語也，未詳何出。"（205b）《續一切經音義》卷 9《根本破僧事音義》卷 4："鐵觜，下又作觜，《字林》云：鳥喙也，律文作哊，非。"（4003）① 據此，"哊"音角，耳邊語也；音觜，同"觜（觜）"，鳥喙也。又《龍龕·口部》："哊：俗，觜、角二音。"（271）正與可洪所見《玉篇》相合。《漢語大字典》僅據《廣韻》《集韻》收"哊"字，注曰同"呦"，未收《玉篇》所列的音義項。

【雅】

作雅，見藏作雞鷔，同，音木。依字，《玉篇》音隹。(卷 25，《一切經音義音義》卷 7)②

按，現存各本《玉篇》皆無"雅"字。《龍龕·隹部》："雅：音木，與鷔同，鳧屬。《玉篇》又音隹，同雉，鳥名。"（142）所論與可洪所見《玉篇》正同。《漢語大字典》"雅"字下無此音義項，應據《玉篇》補錄。

【悑】

怠悑，徒果反，正作惰也。又《玉篇》音矣，非也。(卷 23，《諸經要集音義》卷 7)

按，《名義》無"悑"字，宋本《玉篇·心部》："悑，於六切，心動也。"（158）元刊本同，皆無"矣"音。《龍龕·心部》："悑：於六反，心動也。又音矣，念也。又俗音墮。"（64）"又音矣，念也"當出自《玉篇》。《漢語大字典》僅據宋本《玉篇》收錄一個義項，應再據可洪

---

① （遼）釋希麟：《續一切經音義》，上海古籍出版社 1986 年影印日本獅谷白蓮社刻本。下同。

② 岡井慎吾《玉篇の研究·佚文外篇》詞頭"雅"誤作"雅"字，第 161 頁。

第一章　《可洪音義》引字書研究

所引《玉篇》及《龍龕》收錄其他音義。

此類甚多，詳見附錄，限於篇幅，此處不再枚舉。

（三）有助於校勘《可洪音義》

《可洪音義》在傳抄翻刻過程中出現了很多字形錯誤，根據它所引用的字典辭書的注音釋義，可以部分地予以糾正，例如可以根據它所引用《玉篇》的音義糾正其字頭的字形錯誤。

【銀】

金銀，魚巾反，正作銀也。《玉篇》作五艮反，非此呼。（卷15，《摩訶僧祇律音義》卷32）

按，此條字頭和正字字形相同，蓋傳刻有誤。根據可洪所引《玉篇》讀音，竊以爲字頭當作"䬯"，"䬯"字之訛。宋本《玉篇·食部》："䬯，五艮切，餕也。"（184）元刊本同，正與可洪所論相合。俗書"銀"字常訛作"䬯"，又如《可洪音義》卷26《大唐西域記音義》卷5："金銀，音銀。"是其比。

【睛】

睛来，上補胡反，日晚也，正作晡也。《玉篇》作布古反，非此用也。（卷16，《根本毗奈耶雜事音義》卷23）

按，可洪曰"睛"《玉篇》音布古反，則字頭本當寫作"睛"，傳刻致誤。宋本《玉篇·目部》："睛，卜古切。"（88）元刊本："睛，卜古切，視也。"正與可洪所引《玉篇》音同。俗書"晡""睛""脯"形近相濫，又如《四分律行事鈔批》卷14："菩薩晝三夜三等者，此舉聖以勸凡。晝三謂晨朝後晡時，夜三謂初夜中夜後夜也。"其中"睛"即"晡"字之誤。

【帗】

帗意，上苦邁反，正作快也。《玉篇》音夫，非也。（卷23，《諸經要集音義》卷13）

古帗，音快，猶字韻也。《玉篇》音夫，非也。（卷25，《一切經音義音義》卷17）

按，字頭"帗""快"字都是"快"字之訛，可洪又曰"《玉篇》音夫"，則字頭本當寫作"帗"，傳抄失誤。《名義·巾部》："帗，方俱切，袚也。"（279）宋本《玉篇·巾部》："帗，方于切，衣帗，亦作袚。"（500）俗書"忄""巾"旁相亂，"夬""失""夫"形似，故"快"字可以訛作"怢","怢"字亦可以訛作"怾"、作"怢"。

諸如此類問題，通過反向檢核《玉篇》原文，即可發現，並予以糾正，此處不再一一列舉。

三　可洪所引《玉篇》的語言文字學價值

《可洪音義》所引《玉篇》的字形、注音或釋義，與現存《玉篇》各版本相比有很大差異，很多是現存《玉篇》各版本所無。不僅如此，某些字形、注音或釋義，甚至是現存其他字韻書所未收、目前通行的大型字典中也没有編入的，《可洪音義》所引爲今後的字典辭書編纂和語言文字研究提供了珍貴資料。

（一）文字方面

如前所述，據封演《聞見記》所載，原本《玉篇》收字16917個，現存宋本收字22561個，比封演所記多出5644個字。這些字是不是宋代一次性增補的呢？當然不是。《玉篇》自成書之後到宋代重修之前，一直都處在增補刪訂之中。有明確記載的最早一次大規模增字是唐高宗上元年間孫强增字，多收俗字異體。稍後日僧空海編修《篆隸萬象名義》，與現存《原本玉篇殘卷》相較，字數出入不小，有可能是據孫本增字，抑或是參考其他字韻書補入。其後各時代的具體增訂情況如何，由於缺乏足夠的、有説服力的證據，至今仍不明朗。可洪所引《玉篇》也是原本之後宋本之前的某個增字本（或即孫强增字本也未可知），通過這個版本，亦可考察某些字的補入年代。例如：

【懅】

恐懅，其據反，怖也，《玉篇》音渠，非。（卷1，《放光般若經音義》卷17）

按，宋本《玉篇·心部》："懅，巨魚切，心急也。"（157）與可洪所見《玉篇》注音相同。《名義》未收"懅"字，則原本《玉篇》應無。《玄應音義》卷2《大般涅槃經音義》卷9："怖遽，渠庶反，《廣雅》：遽，畏懼也，疾急也。經文有作懅，書史所無，唯郭璞注《爾雅·釋言》中'淩懅也'作此字，二形通用。"（23c）《慧琳音義》卷45《菩薩内戒經音義》："怖遽，渠據反，杜注《左傳》云：遽，畏懼也。《説文》從辵、虡聲。經從心作懅，非也，字書無此字也。"（58/313b）據此，玄應、慧琳時《玉篇》中仍無"懅"字，稍後的《名義》中亦無此字，但日僧昌住的《新撰字鏡·忄部》部末已有"懅"字①，是否出自《玉篇》尚不能明斷，而可洪、行均所見《玉篇》已經明確收錄。《龍龕手鏡·心部》："㥘，俗；懅，正：其庶反，畏也，怖也。《玉篇》又其居反，心急也。"（59）由此知"懅"字五代以前即已增入。

可洪所引《玉篇》點明了一些字際關係，是其他字典辭書所沒有論及的，例如：

【軯】

作軯，普耕反。又《玉篇》与輣同，步盲反。（卷25，《一切經音義音義》卷13）

按，《原本玉篇殘卷·車部》無"軯""輣"字，《名義·車部》："輣，扶萌反，戰車。"（181）無"軯"字。宋本《玉篇·車部》："輣，扶萌切，兵車也。"（336）又："軯，必萌切，車聲。"（339）元刊本同宋本，皆未言"軯"同"輣"。《龍龕·車部》："䡶，或作；輣，正：薄萌反，兵車，又樓車也。二。"（80）又："軯，薄萌反，車聲也。"（80）亦未言"軯"同"輣"。《玄應音義》卷11《中阿含經音義》卷39："抨乳，普耕反，抨，彈也。經文作軯，音瓶，車名，非此用也。"（146c）又卷13《修行本起經音義》卷下："砰大，普萌反，《字書》：砰，大聲也。經文作軯，車名也。軯非此義。"（176a）玄應"軯"字釋義爲"車名"，與"輣"義近，則可洪所引《玉篇》説"軯"同"輣"是有根據的。《漢語大字典》及《故訓匯纂》"軯"字下未收此義項，更未系連"軯""輣"二字的關係。

可洪所引《玉篇》還保存了一些現存其他字典辭書所沒有收錄的俗字異體，例如：

【惷】

惷然，上女板反，慙而面赤也，悚懼也，正作赧（赧）、戁二形。又《玉篇》音吏，憂也，非用。（卷22，《付法藏因緣經音義》卷5）

按，《名義》無"惷"字，宋本《玉篇·心部》："惷，女版切，俗赧字。"（159）元刊本同，皆未列可洪所說音義。考《龍龕·心部》："惷：奴板反，慙而面赤也。與赧同。又力至反。"（66）"惷"即"惷"

---

① ［日］昌住：《新撰字鏡：天治本》，京都大學文學部國語學國文學研究室編，京都臨川書店1967年版，第579頁。

字小變，《龍龕》所收又音與可洪所見《玉篇》相同。竊以爲音"吏"或"力至反"的"憖（憖）"字是"憖"的變體俗字，與"赧"字俗體"憖"形近相亂。《説文·心部》："憖，楚潁之間謂憂曰憖。從心，莍聲。"（222）《原本玉篇殘卷·心部》殘缺，《名義·心部》："憖，力志反，傷也，憖（愁）也，憂也。"（76）宋本《玉篇·心部》："憖，力之切，愁憂皃。又力置切，《説文》云：楚潁閒謂憂曰憖。"（162）元刊本："憖，力之、力置二切，愁也，憂也。""憖"乃"憖"字異寫，此音義與可洪所見《玉篇》正合。《集韻·至韻》："憖，《説文》：楚潁之間謂憂曰憖。"（477）與《龍龕》注音吻合。《漢語大字典》"憖""憖"字下應該補列同"憖"的音義項。

此外，可洪所引《玉篇》提供的多個注音對於研究同形字很有幫助，例如：

【硑】

硑精，上五堅反，正作研也。《玉篇》作砰、迸二音，非。（卷8，《超日月三昧經音義》卷下）

按，《原本玉篇殘卷·石部》："砰，披前（萌）反。《甘泉賦》：聲砰隱以陸①。《廣雅》：砰，石聲也。《字書》大聲。硑，《字書》亦砰字。"（482）②《名義·石部》："砰，披前（萌）反，石聲。硑，同上。"（224）宋本《玉篇·石部》："砰，披萌切，大聲。硑，同上。"（414）元刊本同，皆曰"硑"同"砰"，只一音與可洪所見《玉篇》相同。《龍龕·石部》："硑，俗；硑，或作；砰，正：普耕反，砰磕如雷聲也。三。"（440）所注與現存《玉篇》各本基本相同，未提及"迸"音。考《玄應音義》卷14《四分律音義》卷4："迸石，古文硑，或作趰，同，斑孟反，迸謂散走也。"（186a）又卷20《六度集音義》卷2："砰然，又作硑，同，披萌反，《字書》：砰，大聲也。"（267b）據此，"迸"的古文與"砰"的異體字同形，皆作"硑"，故有二音，可洪所引《玉篇》作了全面輯錄。《漢語大字典》"硑"字下没有收列同"迸"的音義項，應據補。

---

① 按，今四部叢刊本《文選·甘泉賦》作"聲駢（普萌）隱以陸離兮"。
② （南朝梁）顧野王編撰：《原本玉篇殘卷》，中華書局1985年版。下文除特別標注，一般使用此版本。

（二）讀音方面

可洪所引《玉篇》注音與現存《玉篇》各版本多有不同，有些更切合時音，體現了語音的發展演變規律，有些則反映了方音的不同。例如：

【骼】

髓骼，始羊反，損也，正作傷也。《玉篇》及郭氏音並音愓，～，他的反。《玉篇》又徒厄反，並非經意也。（卷21，《道地經音義》）

按，《原本玉篇殘卷·骨部》今不存，《名義·骨部》："骼，丑歷反，骨間黃汁也。"（64）宋本《玉篇·骨部》："骼，丑歷切，骨間黃汁也。"（137）元刊本同，與可洪所引注音皆不同。《名義》"丑歷反"是類隔切，宋元本《玉篇》承襲之，而可洪所用《玉篇》則根據語音演變把反切用字換爲"他的反"，更切合時音。又考裴本《刊謬補缺切韻·隔韻》："骼，徒革反。骨間骼汁。"（615）《大唐刊謬補缺切韻·麥韻》："骼，徒厄反。骨間汁■。"（3371）① 與可洪所引《玉篇》又音相同。

【䴹】

乾䴹，鈔～，乾飯也，正作䊗，平秘反。《玉篇》及郭氏並音夫，非也。（卷15，《十誦律音義》卷12）

按，《原本玉篇殘卷·麥部》今不存，《名義·麥部》："䴸，妨娛反，麥䴸，小麥皮屑。䴹，䴸字。"（147）宋本《玉篇·麥部》："䴸，妨娛切，麥皮也。䴹，同上。"（285）元刊本亦作"妨娛切"。《玄應音義》卷12《興起行經音義》卷上："曰䴿，正體作䴸，古文作䴹，同，妨虞反。"（165b）《慧琳音義》卷54《佛說鞞摩肅經音義》："著䴸，下撫無反，《蒼頡篇》：䴸，麥皮也。"（58/511b）玄應、慧琳皆與《名義》和宋元本《玉篇》相同。《廣韻》《集韻》"䴸"也只有"芳無切"一音，與可洪所見《玉篇》注音稍異。研究表明，唐宋時期正是輕唇音從重唇音中分化出來的階段，尤其中晚唐西北方音裏，有材料顯示不僅輕唇從重唇分化出來了，甚至非敷兩聲母有開始合流的跡象。"䴸"音"夫"是非母虞韻；音"妨娛反"是敷母虞韻，可洪所引《玉篇》注音正好反映了方音里非、敷合流的趨勢。

---

① 《大唐刊謬補缺切韻》由敦煌殘卷伯2016（頁一）（底一）、伯2014（第八頁除外）（底二）、伯2014（第八頁）（底三）、伯4747（底四）、伯2015（底五）、伯5531（底六）綴合而成，引自張涌泉主編《敦煌經部文獻合集》第7冊。

【蝂】

木蝂，所櫛反，食木虫，似蟻而白也，南方呼爲白蟻也，正作蠹、虸二形。《玉篇》音風，非也。（卷16，《彌沙塞部和醯五分律音義》卷19）

按，《原本玉篇殘卷·虫部》今不存，《名義·虫部》無"蝂"字。宋本《玉篇·虫部》："蝂，房中切，蟲窟也。"（468）元刊本同，與可洪所見《玉篇》注音稍異。宋元本《玉篇》的反切上字"房"屬奉母，是全濁聲母，可洪所引《玉篇》直音字"風"屬非母，是全清聲母，可洪所引《玉篇》注音反映了全濁聲母清化的傾向。《龍龕·虫部》："蝂：音風，《玉篇》：虫窟也。"（222）與可洪所見《玉篇》注音相同。

【踔】

銀踔，古狎反，蹄~也，正作甲、踔二形。又郭氏及《玉篇》作卑尔、步米二反，非。（卷21，《菩薩本緣經音義》卷上）①

按，《名義·足部》："踔，補爾切，髀，股外也。"（63）宋本《玉篇·足部》："踔，補爾切，古髀字，股外也。"（134）元刊本同宋本，皆僅一音，而可洪所引《玉篇》有二音。《玄應音義》卷2《大般涅槃經音義》卷12："柱髀，古文踔，同，蒲米反，北人行此音。又必尔反，江南行此音。"（25c）據此，可洪所見《玉篇》南音、北音皆收，今本《玉篇》只保留了南音。

此外，可洪所引《玉篇》還保留了一些現存其他字韻書都沒有的注音，其來歷待考，例如：

【羽】

羽報，上音習，後作習。《玉篇》作魚例反，非也。（卷23，《諸經要集音義》卷14）

按，今大正藏翻刻麗藏本《諸經要集》卷14作"習報"。現存《玉篇》"羽"字下無"魚例反"一音，俟再考。

【导】

导其，上徒老反，《玉篇》音謝，非也。（卷8，《佛説孛經音義》）

人导，音道，説也。《玉篇》音謝，非。（卷14，《佛本行集經音義》卷44）

按，《名義》、宋本《玉篇》、元本《玉篇》皆無此字，《慧琳音義》

---

① 岡井慎吾《玉篇の研究·佚文外篇》詞頭"踔"誤作"𨀝"字，第161頁。

卷37《陀羅尼集音義》卷2："口道，陶老反，鄭注《禮記》云：道，説也，亦言也。《説文》：所行道也，從辵，首聲。古文從首從寸作尌。經從口作噵，非也，撿諸字書，並無此噵字。"（58/138b）《龍龕·口部》："噵：俗，音道。"（271）《集韻·晧韻》杜晧切："噵，説也。通作道。"（402）綜上，"噵"乃後出俗字。上揭字辭書皆不音"謝"，不知可洪所本。

【俱】

指俱，苦穎反，正作頃。《玉篇》音思，非也。（卷8，《大法炬陀羅尼經音義》卷1）

至俱，苦穎反，正作頃。《玉篇》音思，非也。（卷21，《百喻經音義》卷4）

按，《名義》無"俱"字，宋本《玉篇·人部》："俱，思主切，姓也。"（59）元刊本同宋本。《龍龕·人部》："俱，俗，音須。又思主反。"（26）《正字通·人部》："俱，偦字之譌。舊註音諝，姓也。考《姓譜》無俱姓。"（52）總之，可洪所引《玉篇》注音現存字韻書皆未見，不知表何義。

（三）釋義方面

可洪所引《玉篇》還保留了一些傳統字韻書都沒有的釋義，現在通行的大型字典辭書如《漢語大字典》及《故訓匯纂》也沒有收錄，價值可觀，值得注意。例如：

【鐍】

局鐍，上其玉反，下与觿同，古穴反，環有舌也。《玉篇》云：鐍，馬肚帶玦也。（卷24，《出三藏記音義》卷7）

按，《說文·角部》："觿，環之有舌者。鐍，觿或从金、矞。"（89）《原本玉篇殘卷·金部》今不存，《名義·金部》："鐍，古穴反，觿字。"（177）又《角部》："觿，古穴反，環有舌，鐍字。"（266）宋本《玉篇·金部》："鐍，古穴切，環有舌，與觿同。"（328）又《角部》："觿，古穴切，環之有舌者，或作鐍。觿，同上。"（481）元刊本同，皆與可洪所引《玉篇》釋義不合。《龍龕·角部》："觿，正；觿，今：古穴反，環有舌也。二。"（512）釋同《說文》及宋本，其他字韻書亦未見"馬肚帶玦也"之類釋語，《漢語大字典》《故訓匯纂》亦無此義項，當據可洪所引補入。

【銃】

銃涉，上或作抗，同，尺仲反，《玉篇》云：銃，鑿石也。（卷26，《東夏三寶感通録音義》卷下）

按，《名義·金部》："銃，充仲反，鋬也。"（177）宋本《玉篇·金部》："銃，尺仲切，鋬也。"（327）元刊本同，皆與可洪所見《玉篇》釋義不同。其他字韻書亦未見"鑿石也"之類釋語，《漢語大字典》《故訓匯纂》無此義項，當據可洪所引增補。

【儓】

儓僕，上音臺，輿儓也。《玉篇》云：侍也。（卷28，《續高僧傳音義》卷29）

按，《名義·人部》："儓，徒垓反，敵也，當也，遲鈍。"（19）宋本《玉篇·人部》："儓，達該切，輿儓也，《左氏傳》云：僕臣儓。"（55）元刊本同，皆無"侍也"之義項。《龍龕·人部》："儓，正：他愛反，儓儗也。又音臺，待也。"（36）"待"當爲"侍"字之訛。《漢語大字典》《故訓匯纂》"儓"字下未收此義項。

綜上所述，《可洪音義》所引《玉篇》無論對於古代字書文獻的整理研究還是傳統語言文字學研究都具有很大的參考價值，應該受到研究者的關注。

附1：可洪所引《玉篇》資料疏證

一劃

一部

【兩】

【01】銖兩，上市朱反，《經音義》云：六銖爲錘，二錘爲錙，二錙爲兩也，計是二十四銖爲一兩也。又案《玉篇》云：二十四銖爲一兩。《切韻》云八銖爲錘。若以八銖爲錘，二錘爲錙，二錙爲兩，即三十二銖爲兩也，八字應悮。（卷21，《修行道地經音義》卷5）

按，《原本玉篇殘卷·㒳部》今不存，《説文·㒳部》："㒳，二十四銖爲一兩。"（154）《名義·㒳部》："㒳，力掌反，兩字。"（156）

宋本《玉篇·㒳部》："㒳，力掌切，再也，今作兩。兩，同上。《易》曰：兼三才而兩之。又匹耦也；又二十四銖爲兩也。"（297）元刊本："兩，同上。又匹偶也；又二十四銖爲兩也。"與可洪所見《玉篇》相符。

乙部

【㕀】

【02】之幻，《辯正論序》中作㕀，胡了反，《修續譜》云：相誑也，《玉篇》音患。（卷28，《續高僧傳音義》卷24）

【03】之㕀，户了反，《修續譜》云：相誑也。又《玉篇》音幻，《字樣》：幻，～惑也。（卷28，《辯正論序文音義》）

按，《原本玉篇殘卷·予部》今不存，《名義·予部》："幻，■■反，相詐惑亂人目。"（23）① 宋本《玉篇·予部》："㕀，胡慢切，相詐惑也，从倒予，今作幻。"（62）元刊本同，與可洪所見《玉篇》字形讀音皆合。《龍龕·幺部》："幻：乎辦反，詐也，惑也，詐相欺眩以亂人目也。"（201）未收"㕀"字。《重修廣韻·篠韻》胡了切："㕀，《修續譜》云：相誑也。《玉篇》云：今作幻。"② 又《宋本廣韻·篠韻》胡了切："㕀，《修續譜》：云：相誑也。《玉篇》音患。"（296）③ 亦合。

二劃

人部

【伕】

【04】還伕，房無反，持也，正作扶。又《玉篇》作方鳩反，郭氏音伏，並非也。（卷11，《大莊嚴論經音義》卷2）

---

① 吕浩《〈篆隸萬象名義〉校釋》校作"嬉援反"，學林出版社2007年版，第40頁。
② （宋）陳彭年、邱雍等撰：《重修廣韻》，景印文淵閣四庫全書本，第236册，第333頁。
③ （宋）陳彭年、邱雍等重修：《宋本廣韻》（簡稱《廣韻》），余迺永校注，上海辭書出版社2000年版。除非特別標注，本書一般徵引此本。

按，現存各版本《玉篇》皆無"伕"字，與可洪所見《玉篇》不同。《龍龕》《廣韻》等亦無此字。《改併四聲篇海·人部》引《川篇》："伕，方鳩切。女夫婿也。"（513）① 《韻學集成·尤韻》方九切："伕，《五音篇》云：女夫婿也。"（554）②《中州全韻·鳩由韻·陰平聲》"伕，方鳩切。女夫婿也。"（205）③ 也有可能是可洪把《川篇》誤作了《玉篇》。

【伾】

【05】伾帛，上知六反，正作竹也，簡也，秦已前未有紙，皆載文字於竹簡也。……上郭迻音④丕，非也。又《玉篇》作方鳩反，亦非也。（卷5，《正法華經音義》卷7）

按，《名義·人部》："伾，普悲反，衆也，有力也。"（16）此乃"伾"字異寫，即"郭迻音丕"之"伾"，《集韻·脂韻》貧悲切："伾，或作伓。"（49）宋本、元刊本《玉篇》皆作"伾"，未收"伓"字。宋本《玉篇·人部》："伾，匹眉切，有力也，《廣雅》云：伾，衆也。"（47）元刊本："伾，匹眉切，有力；又衆也。"《龍龕·人部》："伾：音丕，有力也。"（27）此與可洪所引《玉篇》音"方鳩反"之"伾"不同字。

頗疑音"方鳩反"之"伾"同"不"。宋本《玉篇·不部》："不，甫負、府牛二切，鳥飛上翔不下來也。又弗也，詞也。𠬸，古文。"（478）《名義·不部》："𠬸，甫負反，否也，弗也。"（264）然而沒有直接證據，俟再考。

【俙】

【06】依俙，音希，《玉篇》《切韻》並無此呼。（卷24，《出三藏記音義》卷14）

按，《名義·人部》："俙，呼皆反，解也。"（18）宋本《玉篇·人部》："俙，呼皆切，解也，訟也。"（53）元刊本同，皆無"希"音，與

---

① （金）韓孝彥、韓道昭：《改併五音類聚四聲篇海》，《續修四庫全書》影印本，第229冊。

② （明）章黼撰：《重刊併音連聲韻學集成》，《四庫全書存目叢書》據明萬曆六年維揚資政左室刻本影印本，經部第208冊。

③ （明）范善溱：《中州全韻》，《續修四庫全書》影印本，第1747冊。

④ 此處衍一"者"字，據文意刪。

可洪所言吻合。《龍龕·人部》："俙：虛豈反，優（傻）俙。又火皆反，訟也。"（31）亦無此音。

《慧琳音義》卷80《開元釋教録音義》卷5："依睎，下喜機反。《廣雅》云：睎，猶視也。《説文》云：望也。從目，希聲。案，依睎謂髣髴之稱也。録作俙俙，非也。"（58/1083b）據慧琳，依俙彷彿之義正字當作"睎"，"俙"乃後出俗字，與"解訟"義之"俙"同形。《廣韻》"俙"有二音，《微韻》香衣切："俙，依俙。"（65）又《尾韻》虛豈切："俙，傻俙。"（255）《微韻》之音切當是後增。

【俱】

【07】指俱，苦穎反，正作頃。《玉篇》音思，非也。（卷8，《大法炬陀羅尼經音義》卷1）

【08】至俱，苦穎反，正作頃。《玉篇》音思，非也。（卷21，《百喻經音義》卷4）

【09】臂俱，苦穎反，少時也，《玉篇》音思，非也。（卷23，《經律異相音義》卷35）

按，參見《〈可洪音義〉所引〈玉篇〉的文獻學、語言學價值》。

【偂】

【10】迦偂，昨先反，《陁隣尼鉢經》作迦前，郭氏亦音前。《玉篇》音煎，非也。應和尚未詳，蓋俗字耳。（卷25，《一切經音義音義》卷4）

按，《名義》無"偂"字，宋本《玉篇·人部》："偂，則前切，又音翦。"（47）元刊本同，與可洪所見《玉篇》注音相合（先仙同用）。《龍龕·人部》："偂：《玉篇》煎、剪二音。又俗音前。"（27）《紹興重雕大藏音》卷1《人部》："偂，煎、剪二音。"（129）[①]皆同今本《玉篇》。《正字通·人部》："偂，同壽。通作前，俗加人。"（49）麗藏本《玄應音義》卷4《大灌頂經音義》卷1："迦偂，此應偹字。"（50c）認爲"偂"是"偹"字之誤，與可洪所見不同。

【値】

【11】遭値，真志反，當也，遇也，正作値也。《玉篇》与郭氏並音顛，非也。（卷22，《釋迦譜音義》卷10）

【12】値群，上直利反，正作値。又《玉篇》及郭氏並音巔，非也。

[①] （宋）釋處觀：《紹興重雕大藏音》，永樂北藏本，第175册。下同。

（卷23，《諸經要集音義》卷8）

按，《原本玉篇殘卷·人部》今不存，《名義·人部》收"傎"，但無"傊"字。宋本《玉篇·人部》："傎，都田切，殞也，仆也，倒也。傊，同上。"（56）元刊本同，皆與可洪所言《玉篇》吻合。《龍龕手鏡·人部》："傊，正；傎（傎），今：丁年反，傎倒也，隕也。二。"（23）同《玉篇》。

"傎""傊"同"顛"。《慧琳音義》卷2《大般若波羅蜜多經音義》卷168："傎倒，上丁堅反，孔注《尚書》云：傎覆，言反倒也。《廣雅》：傎，倒也。馬融注《論語》：僵仆也。《說文》從足作蹎，又從走作趛，或作傊，竝通。經文通作顛，俗用，非本字也。"（57/435b）今本《廣雅·釋言》："傎、倒也。"王念孫疏證："傎，通作顛。"（152）①

【僙】

【13】至那僙，步木反，正作僕也，《西域記》作至那僕底國，唐言漢村（封）②。又《玉篇》及莨筠和尚《韻》並音漢。（卷27，《續高僧傳音義》卷4）③

按，《名義·人部》無"僙"字，宋本《玉篇·人部》："僙，呼旰切，姓也。"（59）元刊本同，與可洪所言相合。

【偽】

【14】偽馬，上似兩反。又《玉篇》音鳥，非也。（卷3，《大方等大集經音義》卷28）

【15】香偽，祥兩反，正作象。《玉篇》音鳥，非也。（同上）

【16】白偽，音像，獸名也，正作象也。……《玉篇》云鳥，非也。（卷8，《觀普賢菩薩行法經音義》）

---

① （清）王念孫：《廣雅疏證》，中華書局1983年版。
② 按，今大正藏本《續高僧傳》卷4作"至那僕"。《大唐西域記》卷4："昔迦膩色迦王之御宇也，聲振隣國，威被殊俗，河西蕃維，畏威送質。迦膩色迦王既得質子，賞遇隆厚，三時易館，四兵警衛，此國則冬所居也，故曰至那僕底（唐言漢封）。質子所居，因爲國號。此境已往，泊諸印度，土無梨、桃，質子所植，因謂桃曰至那爾（唐言漢持來），梨曰至那羅闍弗呾邏（唐言漢王子）。"《翻譯名義集》卷3："至那僕底（Cīnapati），《西域記》云：唐言漢封。河西蕃維質子所居，因爲國號。"據此，"村"字乃"封"字訛誤。
③ 岡井慎吾《玉篇の研究·佚文外篇》詞頭"僙"字誤作"僕"，"音漢"誤作"音漢"，第162頁。

【17】偠見，上音象，《玉篇》［音］鳥，非也。（卷19，《阿毗達摩大毗婆沙論音義》卷83）

【18】偠馬，上音象。又《玉篇》音鳥，非也。（卷23，《經律異相音義》卷29）

按，上揭佛經中"偠"乃大象之"象"的俗體。宋本、元本《玉篇》及《名義》皆無"偠"字，唯《龍龕·人部》："偠：音鳥，偠佻，輕兒也"（32）與可洪所列注音相合。《正字通·人部》："偠，俗裛字。"（56）"裛"同"裊"。

【儬】

【19】借儬，上子昔反，下他得反，從人求物也，正作貣也。郭氏及《玉篇》作女利反，非。（卷14，《四願經音義》）

按，今存各版本《玉篇》皆無"儬"字，與可洪所言不合。

《可洪音義》中"膩"字俗書作"儬"，音女利反，與可洪所言《玉篇》正合。如《可洪音義》卷1《放光般若經音義》卷1："儬吒，上女利反，正作膩。"又卷4《兜沙經音義》："儬吒，上女利反，正作膩也。"又卷5《普曜經音義》卷2："儬吒，上女利反，下陟嫁反。"《龍龕·人部》："儬、儬，二俗，女利反，正作膩。"（34）

《集韻·至韻》而至切："貳、儬，《說文》：副益也。一曰：疑也。或从人。"（473）《正字通·人部》："儬，同貳，俗加人，非。"（58）二書所論與《可洪音義》《龍龕手鏡》不同。《漢語大字典》《中華字海》據《集韻》收"儬"字，注曰同"貳"，未列同"膩"之音義項。

【儒】

【20】六儒，而朱反，碩學之人也，出《玉篇》。（卷29，《弘明集音義》卷10）

按，"儒"同"儒"。《龍龕·人部》："儒：同儒，人朱反。"（26）

《名義·人部》："儒，如俱反，柔也。"（15）宋本《玉篇·人部》："儒，如俱切，《說文》云：柔也。"（48）元刊本同，與可洪所注音同，但釋義、字形皆不同。

【儓】

【21】儓僕，上音臺，與儓也，《玉篇》云：侍也。（卷28，《續高僧傳音義》卷29）

按，參見《〈可洪音義〉所引〈玉篇〉的文獻學、語言學價值》。

冖部

【冘】

【22】冘雜，上而勇反，散也，正作宂也。孫愐《韻》音淫，非。《川音》云義是冘，亦非。《玉篇》作氏任反，亦非也。（卷30，《廣弘明集音義》卷22）

按，《原本玉篇殘卷·冘部》《冂部》今不存，《名義·冘部》："冘，餘斟反，從人出門（冂）也。"（99）又《冂部》無此字。宋本《玉篇·冘部》："冘，余針切。冘冘，行皃。"（189）又《冂部》："冘，余針切，《說文》云：淫淫，行皃。从人，出冂。"（37）元刊本同，皆未見可洪所說"氏任反"一音。又考《龍龕·雜部》："冘，余針反。《玉篇》：行貌。又氏任反，亦行也。"（545）與可洪所見《玉篇》吻合。

刀部

【剠】

【23】剠剽，上巨京反，黑形（墨刑）也，在面上，《玉篇》云：鑿額汨墨謂之剠形（刑）也。亦作黥、剽［二］形。（卷28，《辯正論音義》卷6）

【24】剠剽，上巨京反，剠，墨刑在面，《玉篇》云：鑿額汨墨謂之剠刑也。（卷29，《廣弘明集音義》卷13）

按，《原本玉篇殘卷·刀部》《黑部》今皆不存，《名義·刀部》："剠，力向反，奪也，掠也。"（171）又《黑部》："黥，渠京反，黑形（墨刑）在面。剽，同上。"（213）宋本《玉篇·刀部》："剠，力向切，奪也，亦作掠。"（320）又《黑部》："黥，巨京切，墨刑也。剽，同上。"（396）元刊本同，皆未言"剠"同"黥（剽）"，亦無"鑿額汨墨謂之剠刑"之釋語，與可洪所見《玉篇》不同。

《慧琳音義》卷86《辯正論音義》卷6："黥剽，上競迎反，《周禮》

云：黥，墨刑也，如今之印面也。《史記》云：黥而後王。蓋黥者刑在面也。《說文》從黑，京聲，亦從刀作剠。《論》從京作剠，俗字也。"（59/111b）又卷98《廣弘明集音義》卷13："黥剠，上極迎反，《周禮》云：黥謂墨刑者也。《考聲》：如今之印面也。《說文》：墨刑在面也，從黑，京聲也。《考聲》或作剠。集從刀作剠，音亮，亮（剠）猶奪也，非刑義。"（59/295b）據此，"剠"是"黥"的後起俗字，與"掠"的異體字"剠"同形。又《龍龕·刀部》："剠，正：音亮，取也，治也，笞也，奮也。亦作掠。"（98）又《黑部》："剠、黥：音擎，黑（墨）刑在面也。二。"（531）亦未系聯"剠""黥"二字。至《廣韻·庚韻》渠京切："黥，黑（墨）刑在面。剠剠，並同上。"（187）可見宋代才將"剠"當作"黥"的異體字正式收入字韻書。

三劃

土部

【坭】

【25】坭聚，上於求反，聚也，正作丘，古作 ![字形] 、![字形] 二形。又《玉篇》、郭氏並音遲，非也。（卷5，《普曜經音義》卷5）

按，"坭"音遲，即"坻"字變體。《篆隸萬象名義·土部》："坭，坭字也。"（1_031b11）① 《集韻·脂韻》："坻，或作坭。"（43）可知"坭"同"坻"。宋跋本《刊謬補缺切韻·脂韻》直尼反："坻，小渚曰~。亦作坭。"（440）又《薺韻》都礼反："坻，隴坂。亦作坭。"（476）裴務齊正字本《刊謬補缺切韻·脂韻》直尼反："![字形]坭，小渚。《說文》：秦謂陵阜曰渚坭。"（548）皆可爲證。宋本《玉篇·土部》："坻，直飢切，水中可居曰坻。《方言》云：坻，場也。梁宋之閒蚍蜉犁鼠之場謂之坻。又音底，《埤蒼》云坂也。俗作坭。"（25）元刊本② 基本

---

① ［日］空海：《篆隸萬象名義》，高山寺典籍文書綜合調查團編高山寺資料叢書第6冊《高山寺古辭書資料》本，東京：東京大学出版會1977年版。

② （宋）陳彭年等重修：《玉篇》，《四部叢刊》第16册影印元刻本。下同。

相同，未收此異體。《龍龕·土部》："坁，通；坵，《玉篇》云：小渚也；垀，正：直尼反，《切韻》亦小渚也。又都礼反。"（246）字形注音與可洪所見《玉篇》正合。《漢語大字典》《中華字海》"坵"字下只言同"丘"，未列同"坻"之音義項。

口部

【吱】

【26】吱多，按《興起行經》作九支反，又《經音義》音支，《玉篇》音支，郭氏作巨支反，洪意或是吱，去智反。（卷14，《正法念處經音義》卷56）

按，《名義·口部》無"吱"字，宋本《玉篇·口部》："吱，指移切，吱吱也。"（104）元刊本同，與可洪所見《玉篇》合。《龍龕·口部》"吱：音支，《玉篇》音哇也，又巨支反。"（267）又："吱：去智反，行喘息皃也。應法師又竹支反。"（274）行均所引《玉篇》不同宋本，可洪亦未提及行均所引內容。

【呧】

【27】從呧，徒兮反，作啼、虎、唬、詆（詆）四形。……《玉篇》音柢，丁礼反。（卷12，《中阿含經音義》卷44）

【28】薩呧，丁礼反，出《玉篇》。（卷23，《陀羅尼雜集音義》卷4）

按，"從呧"，今大正藏翻刻麗藏本《中阿含經》作"從呧"。《原本玉篇殘卷·言部》："詆，都礼反。《說文》：詆，訶也。野王案：《呂氏春秋》無詆無啎，《漢書》除誹謗詆欺法，是也。《蒼頡篇》：欺也。《廣雅》：詆，毀也。《聲類》：呰也。或爲呧字，在《口部》。"（230）《名義·口部》："呧，都礼反。苛也，欺也，呧也。"（43）又："呧，都礼反。訶也，呰也。"（46）宋本《玉篇·口部》："呧，多禮切。呵呧也。正作詆。"（105）元刊本同，皆與可洪所見《玉篇》音同，且《名義》收有"呧"字字形。又《龍龕·口部》："呧、呧、呧，三，或作；呧，正：丁礼反，口也。又音帝，呵也。又平聲，出《玉篇》。"（271）與可洪所見《玉篇》字形注音皆合。

【呧】

【29】令呧，音是，正作舓、䑙、舐三形。又《玉篇》作子營反。郭氏作丁兮反，並非也。（卷21，《撰集百緣經音義》卷10）

按，"呧"即"呧"字手書加綴點，現存各本《玉篇》無"呧"字。經文中"呧"乃"䑙"字俗體，《玄應音義》卷11《正法念經音義》卷10："䑙手，古文䑙、舓二形，今作狧，又作舐，同，食尔反，以舌取食也。經文作呧、䑙二形，未見所出。"（141b）《慧琳音義》卷16《佛說胞胎經音義》："舌舐，下食尔反，俗字也，《說文》云：舐者，以舌取物也，從舌、氏聲，正作䑙。經從口作呧，非也。"（57/718b）《漢語大字典》《中華字海》皆未收此字形。

【呟】

【30】秀呟，去迦反，正作呿，第十卷作秀呿婆舍，是也。……《玉篇》音荀，非也。（卷23，《陀羅尼雜集音義》卷6）

按，現存各版本《玉篇》皆未收"呟"字，與可洪所見《玉篇》不同。《龍龕·口部》："呟：俗，胡犬、胡絹二反。"（271）亦不同於可洪所見《玉篇》。

【哊】

【31】哊耳，上與峪同，古木反，鳥鳴也。……《經音義》云相承音角，耳邊語也。《玉篇》作角、觡一（二）音。（卷15，《摩訶僧祇律音義》卷7）

按，參見《〈可洪音義〉所引〈玉篇〉的文獻學、語言學價值》。

【喡】

【32】喡喡，宜作于靴反，小兒讀書聲也。……又《玉篇》音韋，說文，失聲也。（卷15，《摩訶僧祇律音義》卷13）

【33】喂喂，烏悔反，謂黑處立，口中作～～之聲而恐怖小兒也。……《上方經》作喡喡，應和尚作于罪反，《玉篇》音韋。（卷15，《摩訶僧祇律音義》卷19）

按，《名義》無"喡"字，宋本《玉篇·口部》："喡，于歸切，失聲。"（105）元刊本同，與可洪所見《玉篇》音合。

【噡】

【34】阿噡，音豈。又《玉篇》作户哀反，郭氏作都內反，應和尚未

詳。(卷8,《尊勝菩薩所問一切諸法入無量門陀羅尼經音義》)

【35】阿噫,音豈。《玉篇》音孩,郭氏音對,應和尚未詳。(卷25,《一切經音義音義》卷8)

按,《原本玉篇殘卷·口部》今不存,《名義》無"噫"字,宋本《玉篇·口部》:"噫,胡垓切,笑也。"(104) 元刊本同,皆與可洪所見《玉篇》音同。又考《龍龕·口部》:"㗎,通;噫,正:戶來反,笑噫也。出《川韻》。又俗都内反。二。"(267)"戶來反"與《玉篇》音同,"都内反"蓋來自郭迻音。

【䓵】

【36】䓵其,上徒老反,《玉篇》音謝,非也。(卷8,《佛説字經音義》)

【37】人䓵,音道,説也。《玉篇》音謝,非。(卷14,《佛本行集經音義》卷44)

【38】具䓵,音道,説也。《玉篇》音謝,非。(卷21,《賢愚經音義》卷18)

【39】釐䓵,上力支[反],下徒到反。下又《玉篇》音謝,非也。(卷28,《辯正論音義》卷7)

按,參見《〈可洪音義〉所引〈玉篇〉的文獻學、語言學價值》。

【噌吰】

【40】錚鏴,上楚耕反,金聲也,《舊韻》作錚,《新韻》作鎗,仕耕反。下戶萌反。噌吰,鐘聲也,出《玉篇》。噌音錚。(卷27,《續高僧傳音義》卷19)

按,《名義》無"噌""吰"二字,宋本《玉篇·口部》:"噌,楚耕切,噌吰,市人聲。"(104) 又:"吰,胡觥切,噌吰。"(104) 元刊本同。據此,正如可洪所言,宋元本《玉篇》確有"噌吰"一詞,但釋義與可洪所錄不同。又考《廣韻·耕韻》楚耕切:"噌,噌吰,鐘音。"(189) 又戶萌切:"吰,噌吰,鐘音。"(188)《廣韻》釋義與可洪所言相合。

巾部

【帙】

【41】帙意,上苦邁反,正作快也。《玉篇》音夫,非也。(卷23,

第一章 《可洪音義》引字書研究　　　　115

《諸經要集音義》卷 13）

【42】古忕，音快，獪字韻也。《玉篇》音夫，非也。（卷 25，《一切經音義音義》卷 17）

按，參見《〈可洪音義〉所引〈玉篇〉的文獻學、語言學價值》。

【希】

【43】希崇，上許依反。《玉篇》音星，非也。（卷 27，《續高僧傳音義》卷 13）

按，現存各版本《玉篇》皆未見"希"字。《龍龕·巾部》："帗、希：二俗，音希。"（138）乃"希"字異寫，與可洪所見《玉篇》不同字。

山部

【屶】

【44】意屶，力悦反，弱也，鄙也，少也，正作劣。上方藏作意劣。《玉篇》音會，非也。（卷 10，《大智度論音義》卷 93）

【45】長屶，伊謬反，少也，正作幼也。《玉篇》音會，非也。上方藏作幼。（卷 21，《佛所行讚音義》卷 5）

按，《原本玉篇殘卷·會部》今不存，《名義·會部》："會，胡外反。計也，合也，集也，與也。乙、帣、屶，古文。"[①] 宋本《玉篇·會部》："會，胡外切，歲計會也，對也，合也。又古外切。㑹、屶，並古文。"（296）元刊本同，皆與可洪所言《玉篇》相合。《龍龕·山部》："屶、嶜：二，或作，音會。"（76）亦同。

【巄】

【46】巄崶，上拳、灌二音，出《玉篇》。下毛、務二音，正作㟷也，山名也。（卷 27，《續高僧傳音義》卷 2）

按，今大正藏翻刻麗藏本《續高僧傳》卷 2 作"巄㟷"，《慧琳音義》卷 91 作"巄崶"，（59/186a）據此，"巄"乃"巄"字俗體。

《原本玉篇殘卷·山部》《名義·山部》皆未收"巄"字，宋本《玉

[①] 據吕浩：《〈篆隸萬象名義〉校釋》迻錄，學林出版社 2007 年版，第 251 頁。

篇·山部》："巏，古亂切，山。"（405）元刊本同，只存一音，與可洪所見《玉篇》不盡相同。《龍龕·山部》："巏，音貫，山名也。"（76）亦只一音。《集韻·僊韻》逵員切："巏，巏嵍，山名，在柏人城東北。"（173）又《換韻》"古玩切"（555），二音皆存，與可洪所見《玉篇》相合。

广部

【廘】

【47】廘天，上烏盍反，正作廘也，《四阿含暮抄》云波栗阿波，此言少光①，第二禪中第二天也。《玉篇》音盍，非也。（卷1，《摩訶般若抄經音義》卷2）

按，現存《玉篇》各版本皆無"廘"字，《原本玉篇殘卷》及《名義》亦無"廘"字，宋本《玉篇·广部》："廘，安盍切，山旁穴。"（409）元刊本同。宋本《廣韻》"廘"亦安盍切，皆與可洪所見《玉篇》注音不同。《慧琳音義》卷9《道行般若經音義》卷2："廘天，烏合反，晉言有光壽天，是第二禪中初天也，亦名少光天，以光少故也。"（57/574b）亦與宋本《玉篇》注音不同。《龍龕·广部》："廘，正：烏合反。廘，山傍穴也。《玉篇》云舍例也。"（301）《龍龕》所據《玉篇》連釋義都與宋本不同。又考《集韻·盍韻》轄臘切："廘，藏也。《太玄》：廘其缺。"（773）與可洪所見《玉篇》注音相同。

尸部

【屏】

【48】㾕屏，上烏內反，下毗政反，隱僻處也，正作隈併也。上又《玉篇》作烏罪反，下又音餅，並非此呼。（卷14，《盧至長者因緣經音義》）

按，《原本玉篇殘卷·尸部》今不存，《名義·尸部》："屏，俾領反。"（107）宋本《玉篇·尸部》："屏，蒲冥、必郢二切，屏，蔽也，放去也。又卑營切，《廣雅》云：屏營，忹忪也。《國語》云：屏營猶彷徨也。"（215）元刊本："屏，蒲冥切，障也。必郢切，屏蔽也。《爾

---

① 按，今大正藏本《四阿鋡暮抄解》卷2作"波栗阿婆（少光）。"

雅》：屏營，猶彷徨。又卑營切。"宋本、元刊本"必郢切"與可洪所見《玉篇》"音餅"音值相合。

【屙】

【49】屙頭，上宜作屙，烏何、烏賀二反，遺糞也，《毗奈耶》云遺糞於頭是也。……《玉篇》作屙，音阿。（卷22，《雜寶藏經音義》卷7）

按，《名義》無"屙"字，宋本《玉篇·尸部》："屙，烏何切，上廁也。屙，同上。"（215）元刊本同，與可洪所言《玉篇》相符。

女部

【妢】

【50】建妢，丑雅反，又《玉篇》及郭氏音並作陟家（嫁）反。（卷9，《大佛頂如来密因脩證了義諸菩薩萬行首楞嚴經音義》卷7）

按，"家"，"嫁"字訛。《原本玉篇殘卷·女部》今不存，《名義·女部》："妢，貞嫁反，少女也。"（23）宋本《玉篇·女部》："妢，耻下、竹亞二切，美女也。又音妞。妢，同上。又河上妢女，水銀也。"（70）元刊本同。《龍龕·女部》："妢，或作；妢，今：當故、陟嫁二反，美女也。隨經更有多釋。二。"（283）二書皆有一音與可洪所言《玉篇》相合。

【㛪】

【51】奈㛪，音婦，郭氏作許韋反，《玉篇》作光昆反，《川音》音魂，此後三呼並非也。蓋是傳寫久悮，遂使各呼不同也。又《切韻》作㛪，户昆、牛昆二反，而《玉篇》作光昆反，悮中重悮也。今定作婦字也。（卷24，《出三藏記音義》卷4）

【52】奈㛪，音婦，傳寫久悮也。又此經有名無本，未詳是何緣起。諸家《經音》並音魂，非也。又《玉篇》作五魂反，亦非也。（卷24，《開元釋教録音義》卷5）

按，《名義》無"㛪"字，宋本《玉篇·女部》："㛪，牛昆切。女㛪也。"（69）元刊本同，與可洪所言"五魂反"音同，"光昆反"一音則未見。《龍龕·女部》："㛪，《玉篇》牛昆反，女字也。"（280）亦同宋本《玉篇》。又《集韻·微韻》吁韋切："㛪，女字。"（61）亦無可洪所言"光昆反"一音。

【嫡】

【53】立嫡，音的，正也，君也。《玉篇》云：長也，主也，謂長子

也。(卷28,《弘明集音義》卷1)

按,《名義·女部》:"嫡,知劇反,孎也,静謁也。"(25)宋本《玉篇·女部》:"嫡,丁歷切,屬也,又正也。"(65)元刊本:"嫡,丁歷切,女謹,又正也。"皆與可洪所引《玉篇》不同。考《玄應音義》卷19《佛本行集經音義》卷15:"嫡胄,丁狄反,主嫡也,《字書》:嫡,正也。《廣雅》:嫡,君也。《公羊傳》云:立嫡以長者何?謂嫡夫人之子尊,無與敵也。"(256b)又《龍龕·女部》:"嫡(嫡):音的,君也,長也,正也。"(283)二書部分義項與可洪所引《玉篇》相合。

四劃

木部

【梵】

【54】梵世,上扶泛反,此土《玉篇》《説文》《字林》統先無梵字,後葛洪佛經中録入《字苑》,陸法言撰入《切韻》矣。(卷19,《阿毗達摩大毗婆沙論音義》卷168)

按,《原本玉篇殘卷·林部》今不存,據可洪所言,顧野王原本《玉篇》本無"梵"字,但後人很早即已補入,故《名義·林部》有此字:"梵,妖流反①、扶劍反,清潔。"(126)後世各版本《玉篇》大都收有此字,如宋本《玉篇·林部》:"梵,扶風、扶泛二切,木得風皃。"(246)元刊本同。不過,可洪所見《玉篇》無此字,由此推測,空海、可洪所據是不同系列的增字本《玉篇》,故收字互有差異。

【樞】

【55】馬樞,音歷,《玉篇》云:馬槽也。(卷11,《般若燈論音義》卷3)

按,《原本玉篇殘卷·木部》今不存,《名義》未收"樞"字,但

---

① 妖流反,疑爲"扶流反"之誤,如此,則與宋本《玉篇》"扶風切"同音。

《說文·木部》有此字："櫪，櫪㯕①，柙（押）指也。"（121）可能今本《名義》傳抄有脫漏，抑或作者當初摘抄有脫漏。宋本《玉篇·木部》："櫪，力狄切，櫪㯕，柙（押）指也。"（239）元刊本："櫪，力狄切，櫪㯕，柙指也。"皆與可洪所據《玉篇》不同。

《切韻箋注（二）·錫韻》間激反："櫪，馬槽。"（2231）敦煌殘卷伯2011《刊謬補缺切韻》、宋跋本《刊謬補缺切韻》同《箋注（二）》，與可洪所引《玉篇》釋義相同。《慧琳音義》卷95《弘明集音義》卷1："服櫪，上正服字，下零的反，《考聲》云：櫪，槽也。古詩云：老馬思伏櫪。《說文》云：櫪㯕也。從木，歷聲。"（59/244a）《龍龕·木部》："櫪：音歷，馬~。"（386）《廣韻·錫韻》郎擊切："櫪，馬櫪。"（520）《考聲》《龍龕》《廣韻》與可洪所引《玉篇》釋義近似。

犬部

【狱】

【56】羊狱，苦泫反，狗也，狗有懸蹄者曰~也，正作犬也。《玉篇》音銀，非此用也。（卷6，《大灌頂經音義》卷10）

【57】狼狱，上音郎，下音貝，忙怖皃也。下又《玉篇》音銀；郭氏作迪、銀二音，並非也。（卷13，《瑠璃王經音義》）

【58】狗狱，音犬，狗也，狗有懸蹄者曰犬也。《玉篇》音銀；又胡犬反；郭氏音迪，又音銀，並非也。（卷13，《正法念處經音義》卷6）

【59】狱羅界，上音跋，下音南，正作拔羅男也。上句云狱（拔）羅男娑何耶，下句云飯那娑何利是也。上又扶癈反，正作狱也，此呼亦通用也。上又《玉篇》音銀；又胡犬反，非也。（卷23，《陀羅尼雜集音義》卷4）②

【60】玭狱，上音毗，下音跋，正作拔。下又《玉篇》音銀；郭氏音

---

① 《玄應音義》卷12《修行道地經音義》卷5："櫪㯕，力的反，下桑奚反，《通俗文》：考囚具謂之櫪㯕，《字林》：押其指也。"（163c）

② 按，大正藏翻刻麗藏本《陀羅尼雜集》卷4作"伏羅界娑何耶，飯那娑何利"，與可洪所言不同，未知孰是。

迪，非也。(卷23，《陀羅尼雜集音義》卷5)①

按，《原本玉篇殘卷·犬部》《狱部》不存，《名義》有《狱部》，但未收"狱"字。宋本《玉篇·狱部》："狱，牛斤切，兩犬相齧也。"(436) 元刊本同，皆與可洪所見《玉篇》"音銀"一音相合，但未見"胡犬反"一音。《龍龕·犬部》："狺、狱：《玉篇》皆語斤反，犬爭也。又俗音狄。二。猎：同上。"(317) 亦只有一音與可洪所引相同。抑或可洪釋文中"胡犬反"一音與《玉篇》無關。

【獠】

【61】獠苔，上音亮，下音癡，正作掠笞也。上又《玉篇》音京，下音臺，二並非也。(卷14，《弟子死復生經音義》)②

按，《原本玉篇殘卷·犬部》今不存，《名義·犬部》無"獠"字，宋本《玉篇·犬部》："獠，九卿切。"(435) 元刊本："獠，九卿切。獸名。"皆與可洪所見《玉篇》音同。

"苔"，《原本玉篇殘卷·艸部》今不存，《名義·艸部》："落，達來反，綠色生水底，水青衣。"(130) 無"苔"字。宋本《玉篇·艸部》："落，徒來切，生水中綠色也。苔，同上。"(258) 元刊本："落，徒來切，艸生水中綠色也。苔，同上。"亦與可洪所見《玉篇》音同。《龍龕·艸部》："苔，徒來反，苔蘚，石木之衣也。"(257) 讀音雖與《玉篇》相同，但釋義不同。

《玄應音義》卷19《佛本行集經音義》卷43："苔衣，徒来反，謂水中魚衣，綠色生水底者也，亦可以爲紙。"(261a)《慧琳音義》卷31《新翻密嚴經音義》卷3："苔衣，上代來反，顧野王云：綠色生水底也。《説文》：水衣也。從艸，台聲。亦作落。"(58/16a)

殳部

【殴】

【62】從殳，音殊，兵器也，長一丈三尺。今謂殴從殳也，按《切韻》從支作殴，又《玉篇》亦作殴也。攴，普木反，擊也。(卷25，《一

---

① 按，大正藏《陀羅尼雜集》卷5作"仳狄"，《大正藏》校勘記曰："狄"，宋、元、明本作"拔"。

② 岡井慎吾《玉篇の研究·佚文外篇》"獠苔"誤作"獠笞"(160)。

切經音義音義》卷22）

按，《原本玉篇殘卷·殳部》《攴部》今皆不存，《名義·殳部》："毆，於口反，捶擊也。"（169）又《攴部》："敺，去娛反，古駈，奔也，逐也。"（179）二字音義不同。宋本《玉篇·殳部》："毆，於口切，捶擊也。"（317）又《攴部》："敺，丘俱切，擊也。"（333）元刊本《玉篇·殳部》："毆，於口切，毆擊，捶打也。"又《攴部》："敺，丘俱切，擊也。"宋元本《玉篇》"毆""敺"二字音義亦有別，與可洪所見不合。再考《龍龕·文部》："歐：俗，烏口反，正作毆。毆，擊也。"（120）又《匚部》："區：烏口反，～，擊也。與毆同。"（192）又《攴部》："敺：烏口反，擊也。"（529）《廣韻·厚韻》："毆，毆擊也，俗作敺。"（327）二書"毆""敺"二字音義關係與可洪所見《玉篇》符合。

日部

【旹】

【63】望旹，居謂反，高也，尊也，正作貴。貴者，歸也，人所歸仰也。又《玉篇》及《一玒瑚》並音春，非也。（卷30，《廣弘明集音義》卷29）

按，現存各本《玉篇》均無"旹"字。《龍龕·日部》："旹、旹：《玉篇》古文，上音春，下音時。"（425）此與可洪所見《玉篇》吻合。

【晅】

【64】泥晅，洹字悮也，胡官反，梵言泥洹，或云涅槃，此云圓寂，亦云無爲，亦云寂滅也。《玉篇》作古鄧反，非也。（卷26，《大慈恩寺法師傳音義》卷10）①

按，《原本玉篇殘卷·日部》今不存，《名義·日部》無"晅"字，宋本《玉篇·日部》："晅，許遠切，又古鄧切，明也。"（374）元刊本同，與可洪所言《玉篇》相合。

【曌】

【65】詔令，上之曜反，上命也，告也，教也，《川音》作曌，《玉篇》《切韻》並無此曌字，未詳何出。（卷26，《大慈恩寺法師傳序音

---

① 岡井慎吾《玉篇の研究》詞頭"晅"字誤作"晅"（161）。

按，現存各版本《玉篇》中皆未收"曌"字，與可洪所言情況相合。今大正藏翻刻麗藏本《大慈恩寺法師傳序》作"曌"，校勘記曰：宋、元、明、宮本作"詔"。"曌"同"瞾"。《集韻·笑韻》之笑切："照，《說文》：明也。唐武后作瞾。"（580）《龍龕·目部》："瞾、瞾、瞾、瞾：古文，音照。四。"（422）《龍龕·日部》："瞾、瞾、瞾、瞾、瞾：古文，音照。五。"（428）又："瞾、瞾、瞾：皆音照。三。"（429）諸體皆一字之變。河南省博物館《武瞾金簡》則寫作"瞾"①，從二日。

水部

【浧】

【66】浧渭，上音經，正作涇也。《玉篇》音質，非也。（卷29，《弘明集音義》卷6）

按，《名義·水部》無"浧"字，宋本《玉篇·水部》："浧，直失切，水。"（360）元刊本同，與可洪所見《玉篇》不同音。

【涙】

【67】立涙，音雖，尿也，《篇》《韻》無此呼。又奴吊反，正作尿也。又音類，非也。（卷21，《賢愚經音義》卷15）

按，現存各版本《玉篇》及唐宋韻書皆未收"涙"字，與可洪所言"《篇》《韻》無此呼"相合。

今大正藏《賢愚經》卷15作"立溺"："時一女人，於道陌上多人衆中，倮形立溺，人悉驚笑。""溺"同"尿"。"尿"俗書增旁作"涙"。《改併四聲篇海·水部》引《搜真玉鏡》："涙，音尿。"（452）《字彙補·水部》："涙，與尿同。"（109）②《說文·尾部》："尿，人小便也。"（173）徐灝箋："今俗語尿，息遺切，讀若綏。"（3/729）③《六書故》卷

---

① 施安昌：《從院藏拓本探討武則天造字》，《故宮博物院院刊》1983年12月，第34頁。
② （清）吳任臣：《字彙補》，上海辭書出版社1991年版。下同。
③ （清）徐灝：《說文段注箋》，《字典彙編》本，國際文化出版公司1993年版，第3—4冊。下同。

8："屎，息遺切，小溲也。"戴侗注："《説文》：⿸尸米，人小便也，從尾。孫氏奴弔切。按，奴弔切自有溺字。人小便不當從尾。"（175）[①] "息遺切"與"雖"音值相同。

【涊】

【68】涊泥，上蒲鑒反，深泥也。又《經音義》作排咸反。又《玉篇》作女監反。亦作埿，同涊字呼。（卷20，《立世阿毗曇論音義》卷10）

按，《名義·水部》無"涊"字，《名義·土部》："埿，蒲鑒反，塗也。"（9）宋本《玉篇·水部》："涊，蒲監切。"（359）又《土部》："埿：蒲鑒、奴兮二切，埿，塗也。"（31）元刊本："涊，蒲監切，水泛也。"又《土部》"埿"同宋本，皆與可洪所言《玉篇》不合。《龍龕·水部》："涊：蒲鑒反，深泥也。《玉篇》又女鑒、奴監二反，泥，涊也。"又："埿：蒲鑒反，深泥也。《玉篇》又女鑒、符鑒二反，亦泥，埿也。"（234）與可洪所見《玉篇》吻合。

【渶】

【69】出渶，音氣，又《玉篇》音餼，郭氏音深，並非也。（卷13，《雜阿含經音義》）

按，《原本玉篇殘卷·水部》殘缺，《名義》無"渶"字，宋本《玉篇·水部》："渶，許氣切，水。"（359）元刊本同，與可洪所見《玉篇》音同。《龍龕·水部》："渶，許氣反，水也，出《玉篇》。郭迻又音深。"（234）亦同可洪所言。

【漬】

【70】霑漬，疾賜反，浸潤也，又漚也。孫愐《韻》及《浙西韻》並作前智反，《西川》《玉篇》作疾賜［反］，應和尚《經音》作在賜反，郭迻《音》作才賜反，《鄺州篇》作似利反，並是也。（卷25，《新華嚴經音義音義》卷下）

按，《名義·水部》："漬，似刺反，浸也，漚也。"（193）宋本《玉篇·水部》："漬，疾賜切，浸也。"（353）元刊本同，與可洪所言《玉篇》讀音相合。

[①] （宋）戴侗撰：《六書故》，《中華書局古代字書輯刊》2012年版。

【溽】

【71】清溽，市倫反，清也，正作湻也。《玉篇》音村，非也。（卷20，《三法度音義》卷上）

按，《名義》無此字，宋本《玉篇·水部》："溽，七昆切，水名。"（357）元刊本同，皆與可洪所言《玉篇》注音相合。

手部

【㨂】

【72】伽㨂，上巨迦反。下宜作梓，音子，佐死反。下方經作誐佐，是也。《玉篇》《切韻》、南嶽、郭迻諸家《經音》並無此字，今但以梵言和會。（卷9，《文殊師利寶藏陀羅尼經音義》）

按，今各版本《玉篇》及唐五代《切韻》系韻書中均無此字，與可洪所言情況相合。大正藏翻刻麗藏本《文殊師利寶藏陀羅尼經》今作"伽㮼"。可洪據梵音，認爲宜作"梓"，則"㨂""㮼"皆其變體。《龍龕·手部》有"㨂"字，音"五割、蘇朗二反"（219），《漢語俗字叢考》認爲音"蘇郎切"的"㨂"是"搡"的俗字；音"五割切"的"㨂"疑是"栠"的訛俗字①。"㨂""㨂"形近。

【攦】

【73】攦散，上所綺反，分也，散也，正作灑也。又所宜反，下物也。又音礼，布也。《玉篇》音歷，劃也。宜取灑呼之，後三呼不稱義。（卷8，《華手經音義》卷3）

【74】攦散，上所買、所雅二反，正作灑、洒二形。或作釃，所綺反。《玉篇》音歷，非。（卷15，《十誦律音義》卷53）

【75】作攦，音灑，散物於地也。又《玉篇》音歷。（卷25，《一切經音義音義》卷15）

按，《原本玉篇殘卷·手部》今不存，《名義》無"攦"字，宋本《玉篇·手部》："攦，力的切，指劃。"（127）元刊本同，與可洪所見《玉篇》基本相合，此字蓋後增。《玄應音義》卷15《十誦律音義》卷

---

① 張涌泉：《漢語俗字叢考》，中華書局2000年版，第268頁。

52："灑散，所解反，如水之灑地也。律文作攊，非也。"（203c）"攊"當是"灑"的換旁俗字，偶與音歷之"攊"字同形。

毛部

【毲】

【76】氍毲，上其俱反，下山俱反，毛席也，織毛褥謂之~~也，正作毹也。下又《玉篇》音搜。（卷11,《大莊嚴論經音義》卷15）

【77】氍𣯩，上其俱反。下生俱反，毛席也，織毛褥也，正作毹也。下又《玉篇》作所愁、素侯二反。（卷12,《中阿含經音義》卷18）

按，"𣯩"即"毲"，同"毲"，又作"毿""毵"等形。《原本玉篇殘卷·毛部》今不存，《名義·毛部》無"毲"字及其變體，宋本《玉篇·毛部》："毵，音搜，氍毵，織毛。又素侯切。毿：同上。"（479）元刊本同，與可洪所見《玉篇》注音相合，此字乃後增。

月部

【肸/𦙞】

【78】䏏響，上許乞反，布也，《玉篇》云身振也，《江西篇》云動作不安也，《字樣》及《舊韻》並作肸、肸二形，《新韻》作胗。《玉篇》作肸、𦙞二形也。又詣、系二音，非也。（卷27,《續高僧傳音義》卷3）

按，"䏏""肸""肸""胗"皆"肸"字異寫，《說文》作"𦙞"，又作"肸"，俗作"胗"。《說文·肉部》："𦙞，振𦙞也。从肉，八聲。"（82）又《十部》："肸，響布也。从十，从𦙞。"（45）《五經文字·十部》："𦙞、肸：許乞反，上《說文》，下經典相承隷省，見《春秋傳》。"（37）《慧琳音義》卷81《集神州三寶感通錄音義》卷1："肸響，上忻乙反，俗字也，正作肸，《說文》作𦙞，血脉在肉中肸肸而動，故從肉、從八，八者，分別也。從十者，響遍十方。後人移八於十上作肸，又變爲兮，作胗。"（59/1b）《原本玉篇殘卷·肉部》今不存，《名義·肉部》："𦙞，呼乞反，響也。"（67）未收"肸"字。又《十部》："肸，虎姞反，響布。"（292）宋本《玉篇·肉部》："𦙞，呼乞切，振眸也。"（140）又："胗，許訖切，胗響。"（147）又："肸，許訖切，身振也。"（147）又《十部》：

"肟，許乞切，嚮布也。今爲肟。"（525）元刊本同。據此，宋本《玉篇》作"肎""肟""肐""肟""肟"等形體，可洪所列亦在其中。

【胜】

【79】作胜，丘狂反，曲也，戾也，正作軭、駈、尫三形。應和尚以胜字替之，區放反，《篇》《韻》亦無胜字耳。（卷25，《一切經音義音義》卷14）

按，《玄應音義》卷14《四分律音義》卷20："胜肘，區放反，橫舉肘也，未詳字出，此應俗語。《禮》云：並坐不橫肱，是也。律文或作胜、尫二形，並未詳。"（191a）可洪所釋詞目即出此條。"胜""尫""胜"皆"匡"的增旁俗字。現存唐五代韻書及《廣韻》中皆未收"胜""胜"二字。《原本玉篇殘卷·肉部》今不存，《名義》無"胜"字，宋本《玉篇·肉部》："胜，去王切，胜腔也。"（145）元刊本同，此蓋宋代重修《玉篇》時後增，可洪所見《玉篇》中尚無此字。"胜"字則現存各本《玉篇》皆未收。

火部

【炉】

【80】炉垂，上徐野、徒可二反，隶也，燭餘也，正作炧、炵二形。《川音》音宁，訓薰也，非義。《玉篇》作炉，音貯，煙火也，非義。（卷29，《弘明集音義》卷5）

按，《原本玉篇殘卷·火部》今不存，《名義·火部》無此字，宋本《玉篇·火部》："炉，中呂切，燻。"（393）元刊本："炉，中呂切，熏也。"與可洪所引《玉篇》音同，但釋義不同。疑"煙火"乃"燻"字上下誤分爲二。《集韻·語韻》展呂切："炉，熏也。"（331）"燻"同"熏"。

心部

【忄】

【81】卄音拱，上居勇反，与忄同，正作拜、艸（収）二形也。忄字《玉篇》音悄，並非。（卷25，《一切經音義音義》卷17）[1]

---

[1] 岡井慎吾《玉篇の研究·佚文外篇》"忄"字誤作"忡"（161）。

按，"卄"，《說文》作"𦥑"，或體作"艸"，隸變又作"収""𢪇"等形，"卄""帅"皆其異寫。

字書另有"忄"字，宋本《玉篇·心部》："悄，七小切，心無憀也，又憂也。忄，同上。"（155）元刊本同。"忄"字俗書亦作"帅"，《龍龕·心部》："帅，俗；忄、悄，二正：七小反，憂皃，又心無聊也。"（57）可證。可洪曰"帅字《玉篇》音悄"，即指此，行均所錄字形"帅"與可洪所見《玉篇》字形吻合。《名義·心部》："悄，青小反，賢人怨恨皃也。"（76）未收"忄"字，可見宋本《玉篇》"忄"字乃後增。

【惰】

【82】怠惰，徒果反，正作惰也。又《玉篇》音矣，非也。（卷23，《諸經要集意義》卷7）

按，參見《〈可洪音義〉所引〈玉篇〉的文獻學、語言學價值》。

【恄】

【83】恄悟，上古孝反，《玉篇》音晧，非也。（卷8，《不思議光童子經音義》）

【84】怨恄，苦沃反，～虐也，正作酷也。又《玉篇》音晧，郭氏《音》作苦角反，並非也。（卷13，《佛說罪業報應教化地獄經音義》）①

【85】心恄，古孝反，寤也，惺寤不睡也，正作覺、寤二形也。又《玉篇》音晧，非也。（卷20，《四諦論音義》卷4）②

按，《原本玉篇殘卷·心部》殘缺，《名義》無"恄"字。宋本《玉篇·心部》："恄，胡老切，心動也。"（157）元刊本同，與可洪所見《玉篇》合。

《玄應音義》卷2《大般涅槃經音義》卷15："覺寤，居効反，寤覺也。《蒼頡篇》：覺而有言曰寤。經文作恄，文字所無。又作悟，謂解悟之悟，非眠後覺寤也。"（27b）又卷3《摩訶般若波羅蜜經音義》卷27："覺已，居効反，覺寤也，謂眠後覺也。《蒼頡篇》：覺而有言曰寤。經文作悟、恄二形，俗字也。"（35c）《慧琳音義》卷45《菩薩羯磨文音義》：

---

① 按，今大正藏翻刻麗藏本《佛說罪業報應教化地獄經》經文作"怨苦"，校勘記曰："苦"，宋、元、明、宮本作"酷"。

② 按，今大正藏翻刻麗藏本《四諦論》卷4正作"心恄"，校勘記曰："恄"，宋、元、明、宮本作"覺"。

"覺悟，上江岳反，杜注《左傳》云：覺，明也。《廣雅》：覺，知也。《說文》：覺，亦悟也。從見，從學省聲也。經從心作悎，字書無此字，非也。"（58/312b）《龍龕·心部》："悎：俗，教、角二音。"（60）可見此字後出，後來補入《玉篇》。

【㤽】

【86】百㤽，薄亥反，正作倍也，郭氏未詳。《玉篇》作芳久反，非此作。（卷12，《增一阿含經音義》卷40）①

按，《名義》未收"㤽"字，宋本《玉篇·心部》："㤽，芳九切，怒也。"（157）元刊本同，與可洪所言《玉篇》音合。

【㯷】

【87】恐㯷，其據反，怖也，《玉篇》音渠，非。（卷1，《放光般若經音義》卷17）

【88】恐㯷，其去反，懼也，戰慄也。《玉篇》音渠，非也。（卷1，《摩訶般若波羅蜜經音義》卷26）

【89】怖㯷，其據反，正作勮也。《玉篇》音渠，非也。（卷10，《佛說菩薩內戒經音義》）

【90】㯷理，上居御反，依也，按也，正作據。又其據反。又《玉篇》音渠，並非也。（卷12，《大乘起信論音義》卷下）

【91】昇㯷②，音據，依也，按也。又其據反，悮。又《玉篇》音巨居反，非也。（卷21，《佛本行讚音義》卷4）

【92】不㯷，其據反，務也，懼也。《玉篇》作巨居[反]，非也。（卷23，《諸經要集音義》卷17）

【93】惶㯷，其去反，懼也，出應和尚《經音義》③。又《玉篇》音渠，怯也，非。（卷27，《高僧傳音義》卷3）

按，參見《〈可洪音義〉所引〈玉篇〉的文獻學、語言學價值》。

---

① 岡井慎吾《玉篇の研究·佚文外篇》"芳久反"誤作"方久反"（160）。
② 按，今大正藏翻刻麗藏本《佛本行經》卷4作"目連昇虛，奮洪聲令"，據經意，"虛"字爲是，"㯷"蓋訛字，可洪失校。
③ 麗藏本《玄應音義》卷2《大般涅槃經音義》卷9："怖遽，渠庶反，《廣雅》：遽，畏懼也，疾急也。經文有作㯷，書史所無，唯郭璞注《爾雅·釋言》中'淩，㯷也'作此字，二形通用。"（23c）又卷22《瑜伽師地論音義》卷84："遽務，又作㯷，同，渠庶反。遽，急也，亦畏懼也。"（302b）

【憻】

【94】作憻，見藏作怛①，他亶反。又郭氏及《玉篇》音但，非。（卷25，《一切經音義音義》卷7）

按，現存《玉篇》無"憻"字，與可洪所據底本不同。考《玄應音義》卷7《阿差末經音義》卷5："坦然，他袒反……經文作憻，非也。"（99c）詞目"作憻"即出自此條，今大正藏翻刻麗藏本《阿差末經》卷5作"坦然"。《龍龕·心部》："憻：俗，他但反，《音義》作坦。憻，安平也，寬也，明也。出《阿差末經》第五卷。"（57）

【愁】

【95】愁然，上女板反，慙而面赤也，悚懼也，正作赧（赧）、戁二形。又《玉篇》音吏，憂也，非用。（卷22，《付法藏因緣經音義》卷5）

按，參見《〈可洪音義〉所引〈玉篇〉的文獻學、語言學價值》。

五劃

玉部

【瑍】

【96】榮瑍，音喚，明也，出郭氏音，《篇》《韻》無此字。（卷21，《賢愚經音義》卷17）

【97】帝瑍，音喚，出郭氏音，《玉篇》《切韻》無此字。（卷24，《開皇三寶錄音義》卷3）

按，《說文》無"瑍"字，此字亦不見於現存各版本《玉篇》。今大正藏本《歷代三寶紀》第3卷作"元帝陳留王煥"，校勘記曰："煥"，宋、元、明、宮本作"瑍"。《龍龕·玉部》："瑍：呼貫反，文彩也；明也。"（438）"瑍"即"瑍"字異寫。《篇海類編·珍寶類·玉部》："瑍，文彩也；朗也。"（198）②《字彙·玉部》："瑍，呼玩切，音喚。玉

---

① "怛"，當爲"坦"字刻訛。

② （明）宋濂：《篇海類編》，《續修四庫全書》（229—230冊）影印本，上海古籍出版社1995—2002年版。下同。

有文采。"（288）《正字通·玉部》："瑛，通作焕。"（679）

石部

【硏】

【98】硏精，上五堅反，正作研也。《玉篇》作砰、迸二音，非。（卷8，《超日月三昧經音義》卷下）

按，參見《〈可洪音義〉所引〈玉篇〉的文獻學、語言學價值》。

【磏】

【99】磏發，上苦礼反，開也，發也，正作啓、启二形。又《玉篇》作子田反，非也。（卷5，《大悲分陁利經音義》卷6）

按，《原本玉篇殘卷·石部》："磏，子田、似田二反，《楚辭》：石瀨兮磏磏。王逸曰：疾流皃也。《倉頡篇》：磏，棚也。《廣雅》：磏，坡也。《字書》：蜀道也。野王案：《漢書》燒絶棧道，是也。音士板反也。"（480）《名義·石部》："磏，子田反，棚也，坡也。"（224）宋本《玉篇·石部》："磏，子田、似千二切，坂也；移（棚）也。"（413）元刊本基本相同。《龍龕·石部》："磏：子田反，出《玉篇》。"（439）皆有可洪所見《玉篇》之注音。

目部

【晡】

【100】脯来，上補胡反，日晚也，正作晡也。《玉篇》作布古反，非此用也。（卷16，《根本毗奈耶雜事音義》卷23）

按，參見《〈可洪音義〉所引〈玉篇〉的文獻學、語言學價值》。

禾部

【稫】

【101】覆福，上芳救反，蓋也。又（下）普逼反，正作福（稫）也，説文云穊稫，禾密滿也。又《玉篇》音逼，滿也。福誤也。（卷21，《道地經音義》）

按，"福"，"稫"字訛誤。《名義》無"稫"字，宋本《玉篇·禾部》："稫，丕力切，稫穊，滿皃。"（290）元刊本同，皆與可洪所見《玉篇》讀音小別。又《龍龕·禾部》："稫，普逼反，稫稜。"（147）亦同今本《玉篇》。

【穔】

【102】麁穔，古猛反，正作穬也。《玉篇》音黄，非此呼。郭氏音纊，是也。（卷14，《正法念處經音義》卷61）

按，《原本玉篇殘卷·禾部》今不存，《名義·禾部》無"穔"字，宋本《玉篇·禾部》："穔，胡光切，野穀也。"（289）元刊本同，與可洪所見《玉篇》合。裴本《刊謬補缺切韻·唐韻》胡光反："穔，野穀，味似瓜。"（544）亦同《玉篇》。《龍龕·禾部》："穔，俗；穬，正：古猛反，穀芒也；又稻不熟也。二。"（144）認爲"穔"爲"穬"之俗字，同可洪，不同宋元《玉篇》。

疒部

【瘨】

【103】瘨屏，上烏内反，下毗政反，隱僻處也，正作偎併也。上又《玉篇》作烏罪反，下又音餅，並非此呼。（卷14，《盧至長者因緣經音義》）

按，《名義·疒部》："瘨，呼回反，病也。"（110）宋本《玉篇·疒部》："瘨，呼回切，馬病。"（219）元刊本："瘨，呼回切，馬病不能行。"皆與可洪所據《玉篇》注音不同。

《玄應音義》卷15《十誦律音義》卷21："㿔㾛（㾛），烏對反，下他對反，謂癈風也。律文從疒作瘨瘨，非也。"（201a）《龍龕·疒部》："瘂、瘨、瘨，三俗，烏對反，正作㿔㾛也。"（476）今本《名義·尢部》"㿔"未立字頭，"㾛"下曰："㾛，他内反，㿔㾛。"（215）宋本《玉篇·尢部》："㿔，烏潰切，㿔㾛，病痱。"（399）元刊本同，皆與玄應音同，而與可洪所見《玉篇》小異。《集韻·賄韻》鄔賄切："瘨，瘨瘨，風病。"（347）此音則與可洪所見《玉篇》相符。

【瘤】

【104】瘤瘤，音習，小有風患皃也，如第十三卷云"名習習虫，一切動身分風煞"是也。又《玉篇》音心集反。（卷14，《正法念處經音義》卷64）

【105】瘤瘤，音習。又《玉篇》作思集反。（卷22，《釋迦譜音義》卷9）

按，《原本玉篇殘卷·疒部》今不存，《名義·疒部》無"瘖"字，宋本《玉篇·疒部》："瘖，私習切，小痛也。又詞什切。"（222）元刊本同，與可洪所見《玉篇》注音相符。

《玄應音義》卷2《大般涅槃經音義》卷11："習習，經文從疒作瘖，書无此字，近人加之耳。"（24b）《慧琳音義》卷77《釋迦譜音義》卷9："瘖瘖，尋立反，諸字書撿並無此字，瘖瘖者，俗語也，蓋謂風蟬皮膚間瘖瘖然也。"（58/1019b）《龍龕·疒部》："瘖：相承先入、祥入二反，痛瘖瘖也。《音義》作習。"（477）《音義》指《玄應音義》，據此可知"瘖"字乃後出俗字。

六劃

西部

【西】

【106】如**西**，烏嫁反，覆也，正作西。又《字樣》及《玉篇》並作許亞反。（卷23，《諸經要集音義》卷6）

按，《原本玉篇殘卷·西部》今不存，《名義·西部》："西，於計（訐）反，覆也。"（156）宋本《玉篇·西部》："西，於嫁切，覆也。又許下切。"（297）元刊本同，與可洪所言《玉篇》注音相符。

虫部

【蚜】

【107】蝦蟹，上呼加反，《玉篇》作蚜，《切韻》唯蛇字說文中作蝦，言水母以蝦爲目也。（卷23，《經律異相音義》卷50）

【108】紅蝦，呼加反，出萇筠和尚《韻》。《玉篇》作蚜也。（卷30，《廣弘明集音義》卷29）

按，考蔣斧本《唐韻·禡韻》除駕反："蛇，水母也，一名蟦，形如羊胃，無目，以蝦爲目。"（671）《慧琳音義》卷42《大佛頂經音義》卷7："以蝦，嚇加反，顧野王云：蝦，大頭之蟲也，《說文》作鰕，云蚨也，從魚、叚聲，水母如人肺，出海中，無目，假鰕爲其目，若有鰕跳於上即行，非蝦蟇。"（58/245a）《類篇·虫部》："蝦，何加切，蟲名．《説文》：蝦蟆也。一曰：蝦蟲與水母游。"（495）《篇海類編·鱗介類·虫部》："蝦，魚名。又蝦蟲，多鬚而善游，好躍。"（162）

據可洪注釋，《玉篇》"蝦蟲"義用"蚜"字。《名義》未收"蚜"字，宋本《玉篇·虫部》："蚜，火牙切，蟲。"（469）又《魚部》："鰕，何加切，長須蟲也。"（455）元刊本同。《正字通·虫部》："蚜，俗字，舊註音鰕，汎云蟲也。泥。"（984）據此，可洪所言《玉篇》與宋元本《玉篇》主旨似合。

【蛕】

【109】蚘虫，上户灰反，人腹中長虫也。《經音義》以蛕字替之，非也。蚘，郭氏音尤，亦非也。蛕音悔，《玉篇》音郁，并非也。（卷8，《觀佛三昧海經音義》卷2）

按，《名義·虫部》："蛕，胡灰反。"（253）宋本《玉篇·虫部》："蛕，胡恢切，人腹中長蟲也。蚘、蚘，並同上。"（461）元本："蛕，胡恢切，人腹長蛕。蚘、蚘，並同上。"皆與可洪所言《玉篇》注音不同。《龍龕·蟲部》："蛕：呼罪反，土蛕，毒蟲也。又俗音迴。"（223）亦不同。

【蚓】

【110】蟯![字形]，上而招反，下户灰反，人腹中長蟲也。下正作蚘、蛕二形。下又《玉篇》及郭氏並音因，非也。（卷9，《大佛頂如来密因脩證了義諸菩薩萬行首楞嚴經音義》卷9）①

按，"![字形]"，《玉篇》及郭氏並音因，蓋以其同"蚓"字。"因"字俗書作"囙"，《干禄字書·平聲》："囙、因：上俗，下正。"（22）故"蚓"字俗體寫作"![字形]"，與"蛕"之手書同形。現存各版本《玉篇》皆無"蚓"字。《龍龕·虫部》："蚓，音因。"（221）《重訂直音篇·虫部》："蚓，音因。"（274）② 蓋承襲前代字書。

---

① 岡井慎吾《玉篇の研究·佚文外篇》"蚓"誤作"姻"字（159）。
② （明）章黼撰、吳道長重訂：《重訂直音篇》，《續修四庫全書》影印本，第231册，下同。

【颭】

【111】木颭，所櫛反，食木虫，似蟻而白也，南方呼爲白蟻也，正作蠹、虱二形。《玉篇》音風，非也。（卷16，《彌沙塞部和醯五分律音義》卷19）

按，參見《〈可洪音義〉所引〈玉篇〉的文獻學、語言學價值》。

竹部

【筅】

【112】爲筅，户浪反，衣架也，正作筅也。又《玉篇》音元，郭氏音行，並非也。（卷16，《根本毗奈耶雜事音義》卷13）

按，《名義·竹部》無"筅"字，宋本《玉篇·竹部》："筅，語袁切，竹。"（276）元刊本同，與可洪所見《玉篇》相符，此字蓋後增。《正字通》"筅"字下引《齊民要術》曰："筅竹，黑皮，有文。"（791）

【笞】

【113】僅笞，赤占反，《音義》自切也。莨筥《韻》作倉甘反，竹篾也，又折竹笞也。又丁頰反。《玉篇》七甘、陟涉二反。訛。（卷25，《一切經音義音義》卷2）

按，《名義·竹部》："笞，充甘反，折竹篾也。"（141）宋本《玉篇·竹部》："笞，丁帖切，折竹篾也。"（273）元刊本同，與可洪所見《玉篇》注音皆不同。

考伯2011《刊謬補缺切韻·談韻》、宋跋本《刊謬補缺切韻·談韻》、裴本《刊謬補缺切韻·談韻》"笞"皆音倉甘反，此與可洪所見《玉篇》"七甘反"音同。又《切韻箋注（三）·怗韻》"笞"音斫牒反（2436）[①]，裴務齊《刊謬補缺切韻·怗韻》"笞"音竹牒反（618），皆與"陟涉反"音同。

《談韻》是一等韻，從中古聲韻拼合規律看，精組一般拼合一、三、四等韻，章組一般只拼合三等韻，所以"七甘反"符合規律，而"充甘反"不符合規律。王一、王二録爲倉甘反，王三訛爲食甘反，《廣韻》沒

[①] 《切韻箋注（三）》即敦煌殘卷伯3799，引自張涌泉主編，許建平、關長龍、張涌泉等撰《敦煌經部文獻合集》，中華書局2008年版，第5册，下同。周祖謨《唐五代韻書集存》中又稱《增訓本切韻殘葉二》。

有收録此音，《集韻》爲七甘反。另外一音"陟涉反"，王三、《廣韻》、包括宋本《玉篇》，收録的都是端母怗韻一音，跟可洪見《玉篇》不一樣，而"丁頰反"一音則反應了時音。

【笄】

【114】笄作，上古兮反，簪也，又釵也，《玉篇》云：男二十而冠，女十五而笄也。（卷18，《善現律毗婆沙音義》卷8）

按，《原本玉篇殘卷‧宀部》《竹部》今皆不存，《名義‧宀部》："冠，古亂反，首飾也，持髮也。"（155）又《竹部》："笄，居奚反，婦人首簪也。"（140）宋本《玉篇‧宀部》："冠，古完切。冠，冕也。又古亂切，《禮記》：二十曰弱冠。"（297）又《竹部》："笄，古奚切，婦人之笄，則今之簪也，女子許嫁而笄。"（271）元刊本《宀部》"冠"釋文同宋本，又《竹部》："笄，古奚切，簪也，婦人笄冠。"皆與可洪所見《玉篇》不同。

《龍龕‧宀部》未收"冠"字，又《竹部》："笄：古兮反，女年十五而笄也。"（390）《廣韻‧換韻》古玩切："冠，冠束，《白虎通》曰：男子幼娶必冠，女子幼嫁必笄。"（403）又《齊韻》古奚切："笄，女十有五而笄也。"（89）二書"冠"字釋文與可洪所見《玉篇》不同，而"笄"字釋文則近似。

【筴】

【115】竹筴，云鬼反，似蘆而麁長，堪作箄也，正作葦也。《玉篇》音來，非也。（卷15，《摩訶僧祇律音義》卷34）

按，《名義‧竹部》無"筴"字，宋本《玉篇‧竹部》："筴，魯台切，竹。"（277）元刊本同，與可洪所見《玉篇》合。《龍龕‧竹部》："筴，音來。"（390）亦合。

【䇥】

【116】持䇥，上直之反，下宜作䂖，丘倚反，石也。經云持～作枕、聚土中臥，是也。此字《篇》《韻》中並無此體。（卷21，《道地經音義》）

按，正如可洪所言，現存《玉篇》各版本中無"䇥"字。《龍龕‧竹部》："䇥，俗；筲簳，二正：古旱反，箭～也。"（392）今大正藏翻刻麗藏本《道地經》亦作"持䇥"："見騎馬人，牧駤有聲，持䇥作枕，聚土中臥。"校勘記："牧駤"，宋、元、明、宮本作"抆髦"。

【簏】

【117】波簏，道遮[反]，論文自切也。《切韻》《玉篇》無此音。論七四句偈名波簏，六句偈名祇夜。又依字[音]禄。（卷11，《十住婆沙論音義》卷1）

按，《原本玉篇殘卷·竹部》今亦不存，《名義·竹部》："簏，力木反。大簏筐也。"（141）宋本《玉篇·竹部》"簏，力木切，《説文》曰：竹高篋也。"（272）元本基本相同。《龍龕·竹部》："箓，古；簏，今：音鹿，箱篋也。二。"（394）亦皆無"道遮反"一音，與可洪所言字書情況相符。

"波簏"，今大正藏本《十住毗婆沙論》卷1作"波蔗"："偈有二種：一者四句偈名爲波蔗，二者六句偈名祇夜。"校勘記：宋、元、宫本作"波蔗（道遮反）"，明本作"波蔗（道遮切）"。"蔗"，《廣韻》之夜切，與經文自切音近，原文當以作"蔗"爲是，"簏"乃訛字[1]，可洪失校。

《原本玉篇殘卷·艸部》今不存，《名義·艸部》："蔗，諸夜反，藷[蔗]，甘蔗也。"（133）宋本《玉篇·艸部》："蔗，之夜切，甘蔗也。"（252）元刊本同。《龍龕·艸部》："蔗：之夜反，苷蔗也。"（261）綜上，各書亦皆無"道遮反"一音。

衣部

【襌】

【118】布裩，古魂反，正作襌，出《玉篇》。（卷28，《續高僧傳音義》卷25）

按，《原本玉篇殘卷·衣部》今不存，《名義·巾部》："幝，古魂反，幒也；襌也。"（278）又《衣部》："襌，古魂反，幝。"（283）又宋本《玉篇·巾部》："幝，古魂切，幒也，又作襌。"（498）又《衣部》："襌，古魂切，或作幝。"（504）元刊本同，與可洪所見《玉篇》相合。

---

[1] 按，手書中"蔗"常訛作"簏"，參見《〈可洪音義〉研究——以文字爲中心》下編《異體字表》"蔗"字條，第819頁。

羊部

【羭】

【119】羭臘，上正作羭，居謁反，下郎合反。上又《玉篇》音獨，非也。（卷25，《新華嚴經音義音義》卷上）

按，《原本玉篇殘卷·羊部》今不存，《名義》無"羭"字，宋本《玉篇·羊部》："羭，音獨，羊也。"（431）元刊本同，與可洪所言《玉篇》合。《集韻·屋韻》徒谷切："羭，羊六尺謂之羭。"（638）

羽部

【羽】

【120】羽報，上音習，後作習。《玉篇》作魚例反，非也。（卷23，《諸經要集音義》卷14）

按，參見《〈可洪音義〉所引〈玉篇〉的文獻學、語言學價值》。

艸部

【苔】

狼苔，上音亮，下音癡，正作掠笞也。上又《玉篇》音京，下音臺，二並非也。（卷14，《弟子死復生經音義》）

按，參見《犬部》"狼"字。

【蔙】

【121】蔙華，上音旋，正作蔙，出《玉篇》。（卷6，《大薩遮尼乾子所說經音義》卷6）

按，"蔙"乃"蔙"字異寫，今大正藏翻刻麗藏本《大薩遮尼乾子所說經》卷6作"蔙花"："五十者，沙門瞿曇手足赤白，如蔙花色。"《名義》及宋本、元本《玉篇》皆未收此字，與可洪所言《玉篇》不同。《集韻·綫韻》隨戀切："蔙，艸名。"（572）《正字通·艸部》："蔙，隨願切，旋去聲。本作旋，旋覆。"（952）又作"蔙覆"，即旋覆花。

【蕨】

【122】作蕨，見藏作羡，似箭反。《玉篇》音欸，蕨冬，花名。（卷

25，《一切經音義音義》卷7）

按，"蔌"是"菽"字異寫。《原本玉篇殘卷·艸部》今不存，《名義》無此字，宋本《玉篇·艸部》："蔌，苦管切，蔌苓。"（266）元刊本："蔌，苦管切，藥名，蔌苓也。"與可洪所見《玉篇》基本相符。

【蕈】

【123】有蕈，音審，地菌也，應和尚亦音審。又按《字樣》作式甚反，是也。漢上及蜀並呼菌爲審也。《玉篇》《切韻》並作慈荏反。（卷27，《續高僧傳音義》卷17）

【124】毒椹，正作蕈，音審，菌也，《字樣》作式甚反，應和尚《經音義》作蕈，音審，説文云似蓋。蕈，《玉篇》《切韻》並作慈荏反。（卷27，《續高僧傳音義》卷19）

按，《名義·艸部》："蕈，徒點反。"（130）宋本《玉篇·艸部》："蕈，慈荏切，地菌也。"（258）元刊本同，宋、元本《玉篇》與可洪所言相合。《龍龕·艸部》："蕈：慈荏反，菌生木上也。《玉篇》又商錦反。"（260）今宋本無此音，可洪亦未提及此音。

【藿】

【125】可藿，側角反，捕也，捕捉也，正作籗（籗）、捉二形也，又苦郭反。《麻谷藏》及《江西經音》及《川音》並作蔓，《江西經音》作乙麦反，《川音》作一號反，《玉篇》音穫，並非也。（卷21，《道地經音義》）

按，《名義·艸部》："藿，呼郭反，豆葉也。"（126）宋本《玉篇·艸部》："藿，呼郭切，豆葉，《説文》曰：尗之少也。藿，同上。"（247）元刊本同。馬渕和夫《玉篇佚文補正》引《香藥字抄·藥字抄》："藿，呼郭反。"（75）① 亦同宋本，皆與可洪所言《玉篇》不同②。又《廣韻·鐸韻》"藿"音虛郭切，《玄應音義》卷17《出曜論音義》卷15："葵藿，呼郭反，葵葉也，隨日者也，豆藿等皆是也。"（237b）又《龍龕·艸部》："藿：呼郭反，香草也，又豆葉也。"（263）以上三書皆同今本《玉篇》，與可洪所引不同。

---

① ［日］馬渕和夫：《玉篇佚文補正》，東京：東京教育大学·東京文理科大学国語国文学会1952年版。下同。

② 據張斌博士分析：這種情況反映了全濁聲母清化的傾向。

【蘤】

【126】天蘤，爲委反，花也。《玉篇》音葩。應和尚云：古文花字也。（卷30,《南海寄歸傳音義》卷4）

按，《名義·艸部》："蘤，爲詭反，華也，榮也。"（132）宋本《玉篇·艸部》："蘤，爲詭切，華榮也。"（261）元刊本同宋本，馬渕和夫《玉篇佚文補正》引《净土三部經音義集二》："蘤，爲詭反。"（76）亦同宋本，皆與可洪所見《玉篇》不同。

《慧琳音義》卷81《南海寄歸内法傳音義》卷4："天蘤，爲委反，《博雅》云：蘤，華也。《韻詮》《字林》並云花也。《古今正字》：榮也。從草，從白，爲聲。"（59/18b）《龍龕·艸部》："蘤，韋委反，花也，榮也。"（259）又《白部》："皣，爲委反，花皣，與蘤同。"（431）《紹興重雕大藏音》卷2《草部》："蘤，羽委切。"（156）上列諸書皆不音葩，與可洪所據《玉篇》不同。

糸部

【纈】

【127】係纈，上音計，下望發反，正作繴、襪二形也，或作襪也。又《玉篇》作莫結反，非義也。（卷30,《廣弘明集音義》卷24）

按，"纈"與"繴""襪"，皆"襪"字俗體，《慧琳音義》卷94《續高僧傳音義》卷17："係繴，下晚發反，《説文》：繴，足衣也，從韋，蔑聲。傳文從系作纈，非也。"（59/223b）《原本玉篇殘卷·糸部》《名義·糸部》無"纈"字，宋本《玉篇·糸部》："纈，亡結切，細纈也。"（496）元刊本同，與可洪所見《玉篇》注音相符。《龍龕·糸部》："纈：莫結反，細絲也。"（403）亦同。

七劃

車部

【軯】

【128】作軯，普耕反。又《玉篇》與輣同，步盲反。（卷25,《一切經音義音義》卷13）

按，參見《〈可洪音義〉所引〈玉篇〉的文獻學、語言學價值》。

【輎】

【129】迴輎，烏活反，轉也。……《玉篇》音飯，非也，傳寫悞也。（卷30，《廣弘明集音義》卷20）

按："輎"字今傳各本《玉篇》皆無，《新修累音玉篇·車部》引《川篇》："輎，扶遠切，又步本切。車橫木也。"（161b）① "扶遠切"與"飯"音值相同。又考《康熙字典·車部》："輎，同輂。"（1386）《原本玉篇殘卷·車部》無"輂"字，《名義·車部》："輂，菩遠反，車張。"（183）宋本《玉篇·車部》："輂，扶遠、步本二切，車輂。"（338）元刊本同宋本，皆有一音與可洪所引《玉篇》"輎"字音值相同。《龍龕·車部》："輂，今：音飯，車輂也。"（83）與可洪"輎"字音值相同。然《川篇》"輎"字與"輂"之異體"輎"音同義不同，可看作同形字。②

足部

【跘】

【130】跘繼，上補畔反，羈～也，正作絆、鞶二形也。《經音義》作平患反，《玉篇》音盤，並非此用。（卷6，《大灌頂經音義》卷8）

【131】跘跼，上音半，下居宜反，正作鞶羈，亦作絆鞿也。上又應和尚作平患反，郭氏作平滿反，《玉篇》音盤，後三呼並非。（卷22，《舊雜譬喻經音義》卷上）

按，《原本玉篇殘卷·足部》今不存，《名義》無"跘"字，宋本《玉篇·足部》："蹣，步般切，蹣跚，跛行皃。跘，同上。"（135）元本："蹣：步般切，蹣跚也。跘：步般切，足跘也。"皆與可洪所見《玉篇》注音同，然宋元本釋義有別。《龍龕·足部》："跘，俗；跘，正：基、應二師音平患反，江淮閒謂跘跼（跨）坐即開膝坐也。《玉篇》音盤，跘足也。二。"（463）《龍龕》所本《玉篇》與元刊本近。

---

① 〔金〕邢準《新修累音引證群籍玉篇》，《續修四庫全書》（229冊）影印本。

② 馮先思、辛睿龍對"輎"字皆有論及，參見馮先思《〈可洪音義〉所見五代〈玉篇〉傳本考》，《古籍研究》2016年第1期，第98頁；辛睿龍《可洪廣弘明集音義研究》，2018年河北大學博士論文，第203—205頁。

第一章 《可洪音義》引字書研究

【踔】

【132】銀踔，古狎反，蹄~也，正作甲、踔二形。又郭氏及《玉篇》作卑尔、步米二反，非。(卷21,《菩薩本緣經音義》卷上)

按，參見《〈可洪音義〉所引〈玉篇〉的文獻學、語言學價值》。

【踏】

【133】踏道，上徒盍反，踐也，皆隨人所止處也，正作蹋、踏二形。《玉篇》作他合反，非也。(卷16,《根本説一切有部毗奈耶苾蒭尼律音義》卷10)

按，"踏"，"踏"字變體。《名義·足部》："踏，他市反，著地也。"(62)宋本《玉篇·足部》："踏，他市切，足著地。"(133)元刊本同，與可洪所見《玉篇》吻合。

【踽】

【134】跛踽，於禹反，曲脊也，正作傴也。郭氏及《玉篇》並作羌俱反，非也。《玉篇》又音區，亦非。(卷22,《舊雜譬喻經音義》卷上)

按，《名義》無"踽"字，宋本《玉篇·足部》："踽，去俱切，跛行也。"(134)元刊本同，皆與可洪所見《玉篇》注音相合。《龍龕·足部》："踽：俗，音軀。"(458)亦合。"羌俱反"與直音"區"同音，不知可洪爲何反復注音。

身部

【軁】

【135】軁纆，上於主反，下力主反，《金色孔雀呪經》作烏樓，《孔雀王經》作烏嚧，《孔雀明王經》作汙嚧，並是也。又《玉篇》音樓，郭氏作力主反，並非也。(卷7,《佛説孔雀王呪經音義》卷上)

按，《原本玉篇殘卷·身部》今不存,《名義·身部》："軁，力句反，用力也。"(23)宋本《玉篇·身部》："軁，力句切，屈己也。"(62)元刊本同，皆與可洪所見《玉篇》注音相合。

角部

【觱】

【136】觱辝，上卑吉反，經意是必，必，審也，誠也，實也。又音

佛，佛，理也，並正作觱也。應和尚以勇字替之，余腫反，非也。又《玉篇》音捐，王勿反，非也。（卷13，《佛説義足經音義》卷上）

按，《原本玉篇殘卷·角部》今不存，《名義·角部》：" [觜]，有物反，渾字。"（266）《玉篇·角部》："觱，有勿切，角可以吹。又卑溢切，觱沸濫泉，或作滭。觜，同上。"（481）元刊本同，與可洪所見《玉篇》音合。《龍龕·角部》："觱，古；觜，今：音必，羌人吹角以驚馬也。今作篳。~篥，樂器也。下又音佛，~理也。"又："觜：王勿反，羌人吹角也。"（513）亦與宋元《玉篇》注音相符。

言部

【詄】

【137】證詄，自七反，速也，急也，正作疾、誺二形也。……《玉篇》作意、佚二音，非也。（卷2，《道行般若經音義》卷5）

按，《原本玉篇殘卷·言部》："詄，徒結反。"（219）《名義·言部》："詄，達結反。"（83）宋本《玉篇·言部》："詄，徒結切，忘也；天門開詄蕩也。"（168）元刊本同，皆只一音，且與可洪所列二音無一相合。《龍龕·言部》："詄，徒結反，忘念也。又弋質反。"（51）《集韻·質韻》弋質切："詄，忘也。"（668）據此，僅《龍龕》《集韻》中有一音與可洪所見《玉篇》相合。

【諕】

【138】諕示，上音官，正作觀也。《上方經》作觀。又《玉篇》音現①，非義也。（卷10，《菩薩瓔珞本業經音義》卷上）

按，《原本玉篇殘卷》《名義》皆無"諕"字，宋本《玉篇·言部》："諕，乎典切，静語也。"（172）元刊本同，與可洪所見《玉篇》音合。

八劃

門部

【開】

【139】有開，古還反，~涉也，連也，正作関、關二形。《玉篇》作

---

① 現，《廣韻·霰韻》胡甸切，又《集韻·銑韻》胡典切，此音與《玉篇》音合。

布萌反。(卷28,《續高僧傳音義》卷30)

按,《原本玉篇殘卷·門部》今不存,其他版本《玉篇》中未見"開"字。考《集韻·耕韻》披耕切:"開,闔扉聲。或从并。"(237)據此,可洪所説"布萌反"之"開"字當爲"開"之或體①。《名義·門部》:"開,普耕反,砰門聲。"(106)宋本《玉篇·門部》:"開,普耕切,門扉(扇)聲。"(214)元刊本同,皆未收此或體。《龍龕·門部》:"開:普耕反,門扇聲也。"(91)亦未收"開"字。

《四聲篇海·門部》六畫引《川篇》:"開,布萌反,門也。俗呼爲關閉字,非也。"(361)此與可洪所據《玉篇》正合,抑或可洪誤把《川篇》作《玉篇》。

隹部

【雅】

【140】作雅,見藏作雞鶩,同,音木。依字,《玉篇》音隹。(卷25,《一切經音義音義》卷7)

按,參見《〈可洪音義〉所引〈玉篇〉的文獻學、語言學價值》。

金部

【鈘】

【141】三鈘,是支反,正作匙、柢二形。律文並作鈘、柢二字也。《玉篇》音侈,《川音》作尸(尺)尔反,釜也,非用。侈,尺氏反。(卷22,《雜寶藏經音義》卷8)

按,《名義·金部》:"鈘,鉹字。"(5_053b23)② 又:"鉹,尺紙反。鸞鼎也。"(5_053a62)③ 宋本《玉篇·金部》:"鉹,尺爾切,《説文》曰曲鉹也;又曰鸞鼎也。鈘,同上。"(323)元刊本同,與可洪所見《玉篇》音同義近。《龍龕·金部》:"鈘,俗;鈘鉹:二正,《玉篇》昌氏反。釜也,又甑也。下又音移,《方言》云:甑也。"(14)與可洪所據

---

① 可洪注音反映了晚唐五代時期西北方音中幫、滂合流的趨勢。
② 《篆隸萬象名義》,高山寺典籍文書綜合調查團編高山寺資料叢書第6册《高山寺古辭書資料》本。
③ 同上。

《玉篇》音義完全吻合。

【銑】

【142】銑涉，上或作抗，同，尺仲反，《玉篇》云：銑，鑿石也。（卷26，《東夏三寶感通錄音義》卷下）

按，參見《〈可洪音義〉所引〈玉篇〉的文獻學、語言學價值》。

【鋁】

【143】鋁銷，上音昌，出《玉篇》；下音育，溫器也。（卷10，《樹提伽經音義》）

按，現存各版本《玉篇》無"鋁"字，與可洪所見不同。《龍龕手鏡》、玄應、慧琳、希麟等諸家音義中亦無此字。《新修累音引證群籍玉篇·金部》據《會玉川篇》："鋁，音昌，器也。"（156a）①《改併四聲篇海·金部》引《川篇》："鋁，器也。"（264）抑或可洪把《川篇》誤作了《玉篇》。《字彙·金部》"鋁"音齒良切（507）。《正字通·金部》："鋁，譌字。"（1205）

【鋺】

【144】頗梨鋺，上普波反，下烏管反，正作椀、盌二形也。又《玉篇》音苑；又郭氏作於元、叉交二反，並非也。（卷27，《續高僧傳音義》卷2）

按，《名義·金部》無"鋺"字，宋本《玉篇·金部》："鋺，於遠切，秤鋺也。"（330）元刊本同，與可洪所言相合。

【鍫】

【145】![字]鍬钁，上二同，七消反，鍤也，亦作鏃、斛（斛）二形。……上又《玉篇》音參，亦非也。（卷15，《十誦律音義》卷9）

按，"![字]"，律文中乃"鍬"字俗體。可洪言"《玉篇》音參"，指"鍫"字，其俗體亦作"![字]"，與"鍬"之俗字同形。《原本玉篇殘卷·金部》今不存，《名義·金部》無"鍫"字，宋本《玉篇·金部》："鍫，思感切，金鍫也。"（328）元刊本同。《龍龕·金部》："![字]：《玉篇》：七南、色咸二反。鍬![字]，馬口中鐵也。又思感反。"（8）

---

① （金）邢準：《新修累音引證群籍玉篇》，《續修四庫全書》（229冊）影印本。

可洪曰"《玉篇》音參",但"參"爲多音字,如音思感切,則與宋元本《玉篇》同音;如音七南切,則可證可洪所用《玉篇》版本與《龍龕》相同。鑒於在其他引例中《可洪音義》與《龍龕手鏡》多有相合,且皆不同於宋本,笔者認爲"參"應該音七南切,同《龍龕》。

【鏉/鏊】

【146】鐵鏉,徒内反,《玉篇》云:千斤鎚也。亦作鏊也。(卷27,《續高僧傳音義》卷18)

按,《名義·金部》:"鏉,徒對反,錞。"(174)又:"鏊,徒對反,千斤槌。"(175)宋本《玉篇·金部》:"鏉,大對切,錞也,矛戟下銅也。錞:同上。"(325)又:"鏊,徒對切,千斤椎。"(326)元刊本同,"鏉"字皆不釋爲"千斤鎚",亦不同"鏊",與可洪所言《玉篇》情況不同。

《説文》無"鏉"字,《金部》:"錞,矛戟柲下銅鐏也,從金,享聲。《詩》曰:叴矛沃錞。"又:"鏊,下垂也。一曰千斤椎。从金,敦聲。"此《玉篇》所承襲。

《龍龕·金部》:"鏊,俗;鏉,正:徒對反,矛下銅也。二。"(17)釋行均始系聯二字,然釋義與可洪所説《玉篇》不同。《集韻·隊韻》徒對切:"錞、鏉,《説文》:矛戟柲下銅鐏也,引《詩》:叴矛沃錞。或从敦。亦書作鏊。"(529)《集韻》同《龍龕》。

【鑐】

【147】局鑐,上其玉反,下与觿同,古穴反,環有舌也。《玉篇》云:鑐,馬肚帶玦也。(卷24,《出三藏記音義》卷7)

按,參見《〈可洪音義〉所引〈玉篇〉的文獻學、語言學價值》。

【鏺】

【148】鏺樹,上布末反,國名也,正作撥、襏、髮、鏺、鏺、鉢六形也。《菩薩本行經》作鉢樹,《中阿含經》作般闍是也。又《玉篇》作方吠、普末二反,並非此呼。(卷5,《普曜經音義》卷1)

【149】鏺樹,上蒲末反,國名也,正作撥、鉢、鏺、髮、襏、鏺、鏺七形也。……上又《玉篇》作方吠、普活二反,並非也。(卷22,《釋迦譜音義》卷1)

按,《名義·金部》:"鏺,普活反,兩刃,[刈]草木。"(173)宋本《玉篇·金部》:"鏺,浦末切,鎌也,兩刃,有木柄,可以刈草也。"(324)元刊本同,皆無"方吠反"一音。《龍龕·金部》:"鏺,或作;

鏺，正：普洽（活）反，兩刃，刈也。又《經音義》補末反，樹名、國名。上又音廢。二。"（22）與可洪所見《玉篇》兩音皆合。

九劃

革部

【鞄】

【150】鞄鞭，上户皆反，下蘇協反，正作鞋屧也。……《玉篇》作户皆反，是也，俗。（卷14，《正法念處經音義》卷28）

按，《原本玉篇殘卷·革部》今不存，《名義》無"鞄"此字，宋本《玉篇·革部》："鞄，户皆切，履也。"（486）元刊本同，皆與可洪所見《玉篇》音合。《龍龕·革部》："鞄鞾，二俗；鞋鞻，二正：户佳、户皆二反，屩履之屬也。四。"（446）亦同。

頁部

【頍】

【151】所頍，相朱反，待也，正作頙、須、竢三形也。又《玉篇》音撫，非也。（卷5，《大樹緊那羅王所問經音義》卷4）

【152】空頍，五還反，愚也，正作頑也。《春秋傳》曰：不測德義之經曰頑也。又《玉篇》音撫，非也。（卷13，《修行本起經音義》卷上）

按，"頍"字《名義》、宋本、元本《玉篇》皆未收，唯《龍龕·頁部》曰："頍：音撫。又《舊藏》作規，在《百緣經》。"（486）注音同可洪所引，然未言出自《玉篇》。《字彙補·頁部》："頍，妃武切，音撫。出《釋典》。又居危切，音規，出《百緣經》。"（248）今《撰集百緣經》皆作"規"，例如《撰集百緣經》卷2："送至殺處，規欲刑戮。"又卷8："又於一時，聞僧坊中有好銅瓨，規欲盜取。"又卷9："時有一人，貧窮飢餓，涉路而行，唯有少餅，規欲自食。"又卷10："時有金翅鳥王，入大海中，捉一小龍，還須彌頂，規欲食噉。"同卷："彼人惡心，常懷奸謀，規欲害我。"規欲，猶謀求，正打算做某事。《百緣經》某些版本中訛作"頍"，故《龍龕》著錄之，《字彙補》承襲《龍龕》之說。

第一章 《可洪音義》引字書研究

【頸】

【153】頸頭，上居郢反，樓藏作頚，《玉篇》昌旨反，非。（卷21，《道地經音義》）

按，《名義·頁部》無"頸"字，宋本《玉篇·頁部》："頸，昌旨切，面大也。"（78）元刊本同，與可洪所言同。《龍龕·頁部》："頸：昌旨反，《玉篇》云面大也。"（485）亦同。

【頪】

【154】何頪，力遂反，善也，法也，種也。此卷有八个頪字，七个作頪，並悞也。又《玉篇》作談、鹽二音，並非也。（卷8，《諸佛要集經音義》卷下）

【155】種頪，力遂反，輩也，正作頪也。《玉篇》作談、監二音，非用。（卷9，《月上女經音義》卷上）

【156】異頪，力遂反，正作頪也，種~也。《玉篇》作監、談二音，非也，皆悞。（卷14，《佛本行集經音義》卷3）

按，《原本玉篇殘卷·頁部》今不存，《名義》無"頪"字。宋本《玉篇·頁部》："頪，徒含切，又余占切，面長也。"（78）元刊本同，皆與可洪所見《玉篇》注音吻合。《龍龕·頁部》："頪、頪：二同，古迥反，光也，輝也。下又《玉篇》談、鹽二音，面長也。"（485）亦同可洪所見《玉篇》。

骨部

【骲】

【157】髓骲，始羊反，損也，正作傷也。《玉篇》及郭氏音並音愓，~，他的反。《玉篇》又徒厄反，並非經意也。（卷21，《道地經音義》）

按，參見《〈可洪音義〉所引〈玉篇〉的文獻學、語言學價值》。

食部

【銀】

【158】金銀，魚巾反，正作銀也。《玉篇》作五艮反，非此呼。（卷15，《摩訶僧祇律音義》卷32）

按，參見《〈可洪音義〉所引〈玉篇〉的文獻學、語言學價值》。

十劃

髟部

【髻】

【159】髻求，上祁閻反，髮美也；持也；辟支佛名也。今宜作鬙、髶二形，莫顏反。又郭氏作紺、鉗二音。又《玉篇》音紺。（卷8，《大佛名經音義》卷6）

按，《原本玉篇殘卷·髟部》今不存，《名義》無"髻"字，宋本《玉篇·髟部》："髻，古暗切，青髻。"（113）元刊本同，與可洪所見《玉篇》注音相合。《龍龕·髟部》："甜：俗，鉗、紺二音。"（87）"甜"同"髻"。

馬部

【駮】

【160】駮雜，上補角反，班也，正作駁也。《玉篇》音輟，非也。（卷26，《集沙門不應拜俗等事音義》卷3）

按，《名義·馬部》無"駮"字，宋本《玉篇·馬部》："駮，音輟，白額馬。"（426）元刊本同，與可洪所言相合。

【驖】

【161】騾驖，上洛禾反，下音樓，《玉篇》云：馬類也。（卷22，《雜寶藏經音義》卷3）

按，《原本玉篇殘卷·馬部》今不存，《名義》無"驖"字，宋本《玉篇·馬部》："驖，音婁，馬類。"（425）元刊本同，與可洪所言《玉篇》相合。又考《龍龕·馬部》："驖：落侯反，馬屬也。"（291）《集韻·侯韻》郎侯切："驖，馬類；一曰大騾。"（272）《可洪音義》卷25《一切經音義音義》卷12："騾驖，上郎禾反；下郎侯反，馬父驢母曰驖也，應和尚未詳。"（60/369a）

十一劃

麥部

【䴢】

【162】乾䴢，刅~，乾飯也，正作糒，平秘反。《玉篇》及郭氏並音夫，非也。(卷15,《十誦律音義》卷12)

按，參見《〈可洪音義〉所引〈玉篇〉的文獻學、語言學價值》。

鳥部

【鳹】

【163】鳹名，上巨魚反，見藏作車渠，是也。《玉篇》《切韻》並无鳹字。(卷25,《新華嚴經音義音義》卷上)

按："鳹名"，《慧琳音義》卷22所轉引的慧苑《新譯大方廣佛花嚴經音義》作"舊名"："硨𤦲，梵音正云牟婆羅揭婆，言牟婆羅者，此云勝也；揭婆，藏也，舊名爲硨𤦲者，所未詳也。"（57/840b）頗疑"鳹"乃是"舊"之俗體。現存各版本《玉篇》及現《切韻》系韻書中皆未見此字，與可洪所言相合。

魚部

【鱓】

【164】似鱓，音善，正作鱓。《玉篇》音畢，非。(卷28,《辯正論音義》卷7)

按,《原本玉篇殘卷·魚部》殘缺，《名義·魚部》無"鱓"字，宋本《玉篇·魚部》："鱓，布蜜切，魚。"(458) 元刊本同，與可洪所言相合。《龍龕·魚部》："鱓：音必，魚名。又《新藏》作鱓，音善，亦魚名也。"(171) 音亦同。《集韻·質韻》壁吉切："鮅，魚名。或从畢。"(655)

【鱴】

【165】䰾臟，上以垂反，《楚辭》云：露雞䰾臟。魚名也，《篇》

《韻》無此字。(卷25,《一切經音義音義》卷15)

按,《玄應音義》卷15《摩訶僧祇律音義》卷22:"羹臛,呼各反,《楚辭》:露鷄󲁀臛。王逸注:有菜曰羹,無菜曰臛也。󲁀,以規反。"(208a)"󲁁"即"󲁀"。今《楚辭·宋玉〈招魂〉》作"露雞臛蠵",王逸注:"露雞,露栖之雞也。有菜曰羹,無菜曰臛。蠵,大龜之屬也。"洪興祖補注:"《集韻》涪陵郡出大龜,一名靈蠵。音攜,又以規切。"(208)① "󲁁(󲁀)"蓋"蠵"之後起換旁俗字。《集韻·支韻》勻規切:"蠵,水蟲名,涪陵郡出大龜,甲可以卜,緣中文似瑇瑁,一名靈蠵。或从魚。"(36)又《齊韻》玄圭切:"蠵,《説文》:大龜也,以胃鳴。或作䱥。"(99)"䱥"即"󲁁(󲁀)"字。現存各版本《玉篇》及唐五代韻書皆未收此字,與可洪所言相合。

十五劃

齒部

【齭】

【166】齭齧,上竹皆反,齧挽曰齭也。《玉篇》作齭,《切韻》作齭也。(卷5,《妙法蓮華經音義》卷2)

【167】齭齧,上竹皆反,齧挽也,出《玉篇》。(卷5,《添品法華經音義》卷2)

按,《名義》無此字。宋本《玉篇·齒部》:"齭,卓皆切,噍齧聲也。"(109)又:"齭,妯詣切,齭齜,齧也。"(109)② 雖有此字,然音義與可洪所引不同。《名義》有"齭"無"齭",則原本《玉篇》中應未收"齭"字。《玄應音義》卷6《妙法蓮華經音義》卷2:"齭齧,相承在計反,謂没齒[齘]也。經文或作齭,竹皆反。《通俗文》:齒(齧)挽曰齭也。"(83a)《慧琳音義》卷76《龍樹菩薩爲

---

① (宋)洪興祖:《楚辭補注》,中華書局1983年版。下同。

② 元本:"齭,妯詣切,齒牛也。"

禪陀迦王説法要偈音義》:"齼齾，上齼字諸字書並無，此字譯經人隨意作之，相傳音在諸（詣）反，非也，正合作齾，音陟皆反，謂没齒齼也。《廣雅》云：齾，齼也。古人釋云斷筋骨也。又有音齼爲截，亦非也。下研結反，前《法花音義》云嚙齼也，少嚙爲齾，没齒爲齼，於義爲正。"（58/1004b）玄應所見"齼"出自《通俗文》，慧琳曰此字諸字書並無，則其所見《玉篇》尚未收。可洪所見《玉篇》有"齼"字，蓋爲後增。《龍龕·齒部》："齼：在詣反，齼齝也。又齼齾，没齒齼也。又俗，陟皆反。"（312）《龍龕》首音首義與宋本《玉篇》合，又"陟皆反"乃俗音，爲後出之義項新入字書，與可洪引《玉篇》音同義近。

附2：可洪所引《玉篇》與現存《玉篇》及相關字書異同對照表

（見書末所附圖表1）

第三節　《可洪音義》引《字樣》研究

除《說文》《玉篇》之外，《可洪音義》還參考了多種字樣書。據今所知，可洪之前唐代著名的字樣書有顏師古《顏氏字樣》（已佚）、杜延業《群書新定字樣》[①]、《時要字樣》[②]、《正名要録》[③]、唐玄宗《開元文字音義》（已佚）、歐陽融《經典分毫正字》（已佚）、顏元孫《干禄字書》、張參《五經文字》《開成石經》、唐玄度《新加九經字樣》等。《顏氏字樣》雖已失傳，但《群書新定字樣》是"依顏監《字樣》，甄録要用者，考定折衷，刊削紕繆"而成，故從現存敦煌寫卷斯388《群書新定字樣》中仍能窺見《顏氏字樣》之大略。

《可洪音義》在對"笑蕈淵冥華蒙本句市印竊總臘邦備博捭憛沈蒐麁酖笴卄軌害虎豪契戹玠柳滿毛明母目魘貑毆全濕蘇氅腕肦罔休丙用獐致總

---

① 原書已佚，今敦煌寫卷斯388尚存其書殘卷，可窺其大略。
② 又名《新商略古今字樣撮其時要並行正俗釋》，原書已佚，今敦煌寫卷斯6208、斯5731、斯6117尚存其書殘卷，可窺其大略。
③ 原書已佚，今敦煌寫卷斯388尚存其大略。

坐敖貫互乾忼肯聶朋前僮殷幻"等 66 個字的注釋中引用了《字樣》，涉及到詞目 111 條，其中僅 4 條詞目中提到《顏氏字樣》《五經字樣》和《九經字樣》，書名明確，作者可考，其餘的絕大多數條目僅稱"《字樣》"，而並未點明具體是哪種字樣書，令人迷惑。本節對其餘 107 條中所提到的《字樣》逐一進行了考察，目的是探明其具體所指，這對於研究後人對唐代字樣書的引用情況、探討唐代字樣書的歷史傳承關係有重要意義。

通過考察，我們發現，《可洪音義》中引用《字樣》有四種情況：一是與《五經文字》相合；二是與《九經字樣》相合；三是與《顏氏字樣》相合；四是與現存字樣書皆不同，出處待考，抑或本自已經失傳了的《顏氏字樣》。下面即就具體情況分類進行說明。

一　可洪所引《字樣》內容與《五經文字》相合

《可洪音義》在"竊總朦邦備博捭憭沈蕆麁酰笴卄軌害虎豪契叚玠柳滿毫明母目廲貐殿全濕蘇髳腕肦罔休兩用獐致總坐蕈"等 45 個字的注釋中，都提到了《字樣》，經考證，其所引《字樣》內容皆與今本《五經文字》相合。此外，還有兩條關於"笑"字、"蕈"字的注釋中明確提到出自《五經字樣》，經考證，實乃出自《五經文字》。

【卄】

【1】金卄，古猛反，見《字樣》、《說文》、孫愐《韻》。（卷 2，《大寶積經音義》卷 116）

【2】金卝，古猛反，金璞也。《字樣》作卄。（卷 4，《大般涅槃經音義》卷 8）

按，敦煌寫卷斯 388《群書新定字樣》無"卄"字，《干祿字書·上聲》："礦、鉌：上通，下正。"（43）亦未收"卄"。《九經字樣·雜辨部》："卄、卵：戀上。上《說文》，下隸變。"（52）認為"卄"是"卵"之古字。《五經文字·丱部》："卄，古患反，見《詩·風》，《字林》不見。又古猛反，見《周禮》。《說文》以為古卵字。"（29）與可洪所述《字樣》內容相合。

【目】

【3】如⟨圖⟩，音目，眼目也，《字樣》作𥃢也。（卷 17，《刪補羯磨

音義》）

按，注文曰"《字樣》作罒也"，考敦煌寫卷斯388《群書新定字樣》、《干禄字書》及《九經字樣》，皆無"目"字作"罒"者，《五經文字》卷上《目録》"廿三目部"下注曰："又作罒。"（1）可洪所言即本此。甲骨文"目"作"⌀"（甲二一五），金文作"⌀"（芇目父癸爵）①，"目"寫作"罒"即由甲金文隸定而來。

【用】

【4】用赤，上余誦反，使也，《字樣》作用，《説文》從上（卜）、從中，《切韻》作用。（卷29，《廣弘明集音義》卷2）

按，敦煌寫卷斯388《群書新定字樣》、《干禄字書》及《九經字樣》皆無"用"字，《五經文字・用部》注曰："從卜，從中，可施行。"（77）考《説文・用部》："用，可施行也。从卜，从中。"（64）綜此，可洪所説《字樣》當即《五經文字》。

【母】

【5】母邑，上莫口反，婦人總名曰母也，《字樣》作母，内兩點像乳也。（卷11，《瑜伽師地論音義》卷18）

按，敦煌寫卷斯388《群書新定字樣》、《干禄字書》及《九經字樣》皆無"母"字及其各種異體，《五經文字・女部》："母，從女，象乳形。"（65）與可洪所言《字樣》情況相合。《説文・女部》："母，牧也。从女，象裹子形。一曰象乳子也。"（260）《廣韻・厚韻》："母，……《蒼頡篇》云：其中有兩點，象人乳形。"（325）

【襾】

【6】如襾，烏嫁反，覆也，正作襾。又《字樣》及《玉篇》並作許亞反。（卷23，《諸經要集音義》卷6）

按，《干禄字書》和《九經字樣》無"襾"部或"覆"字，敦煌寫卷斯388《群書新定字樣》："覆。"僅一字。《五經文字・襾部》注曰："火下反，從冂上下相覆之形，凡從襾者皆放此。"（72）"覆"字從襾。宋本《玉篇・襾部》："襾，於嫁切，覆也。又許下切。"（297）二書皆

---

① "目"的甲骨文、金文字形參考自徐無聞《甲金篆隸大字典》，四川辭書出版社2008年版，第219頁。亦可參見《漢語大字典》"目"字條。

與可洪所言讀音相符。

【休】

【7】何伏，許牛反，人名也，正作休、休二形，《字樣》無點。（卷25，《新華嚴經音義音義》卷下）

按，敦煌寫卷斯 388《群書新定字樣》及《九經字樣》皆無"休"字及其異體，《五經文字·木部》："休，象人息木陰，加點者非。"（4）正與可洪所言相合。《干祿字書·平聲》："休、休：上通，下正。"（32）

【全】

【8】諧仝，上乎皆反，下自宣反，《字樣》作仝，今作全。（卷13，《別譯阿含經音義》卷2）

【9】仝少，上自宣反，完具也，《字樣》作仝，今作全。（卷27，《大唐西域求法高僧傳序文音義》）

按，注文皆曰"《字樣》作仝"，考敦煌寫卷斯 388《群書新定字樣》《干祿字書》及《九經字樣》，皆無"全"字及其各種異體，《五經文字·亼部》："仝、全：從入，下工，今經典相承用下字。或作仝，訛。"（62）可洪所引《字樣》內容當即本此。

【邦】

【10】名邽，博江反，國也，正作邦也。《字樣》云：從丰，從手者非也。（卷27，《高僧傳音義》卷6）

按，考敦煌寫卷斯 388《群書新定字樣》："邦，國；邽，音圭。"無可洪所引《字樣》內容，由此可知可洪所引不出自《顏氏字樣》。《九經字樣》無"邦"字及其各種異體。《五經文字·⻏部》："邦，從丰，丰音拜，從手者訛。"（44）正與可洪所引相合。從手者即"邦"字，《干祿字書·平聲》："邦、邦：上俗，下正。"（15）可證。

【坐】

【11】筵席，上自果、自臥二反，蹲也，正作坐、坐二形，《字樣》作坐也。（卷27，《高僧傳音義》卷3）

按，"坐"亦作"坐"。《九經字樣》未收"坐"字，敦煌寫卷斯 388《群書新定字樣》："坐、坐：二同。"斯 388《正名要錄》"右各依注脚"下曰："坐，從兩人。"皆與可洪所引《字樣》字形不同。《干祿字書·上聲》："坐、㘴、𡋲：上俗，中、下正。"（42）亦無此字形。《五經文字·土部》："𡎐、坐：上《説文》，下古文，今依古文。"（47）正與可洪所引相合。

【沈】

【12】沉水，上直林反，没也，《字樣》作沈。（卷10，《彌勒菩薩所問經論音義》卷5）

【13】實沉，直林、直禁二反，歲次實沉，《字樣》作沈，与人姓沈字躰同義異也。（卷24，《出三藏記音義》卷11）

【14】沈研，上直林反，《字樣》作沈。又音審，一體兩名也。從人出冖，冖音覓。今《切韻》作沉，音鈂。作沈，音審，於義無據也。（卷26，《大唐西域記音義》卷3）

【15】沈静，上直林反，《字樣》作沈，説文從人出［冖］。今以沈字又音審，別作沉，丈林反，於義無據，但一體二呼耳。（卷28，《續高僧傳音義》卷26）

按，上引注文皆曰"《字樣》作沈"，考敦煌寫卷斯388《群書新定字樣》《干禄字書》《九經字樣》，皆無"沈""沉"字，《五經文字·水部》："沈，丈林反，又音審，從人出冖。今人以此字音審，別作沉字，於義無據，亦行之久矣，但經典之文不可不正。"（58）與可洪所引《字樣》内容相符。"沈"字早見於《説文》，《説文·水部》："沈，陵上滈水也。从水，冘聲。"（233）

【玠】

【16】衛玠，音介，《字樣》作玠、玠二形也，大珪也，長一尺一寸。（卷27，《高僧傳音義》卷4）

按，注文曰"《字樣》作玠、玠二形也"，今考敦煌寫卷斯388《群書新定字樣》《干禄字書》《九經字樣》，皆無"玠"字及其各種異體，《五經文字·玉部》："玠、玠：二同，並音介，大圭也。"（48）正與可洪所引相合。"玠"出自《説文》。

【虎】

【17】虎魄，上火古反，或作虎、虎二形，《字樣》云：避國諱，故省一畫也。（卷11，《瑜伽師地論音義》卷76）

按，敦煌寫卷斯388《群書新定字樣》及《九經字樣》皆無"虎"字及其各種異體，考《五經文字・虍部》："虖，緣諱，故省一畫。凡從虎者皆放此。"（79）與可洪所引《字樣》内容基本相合。

注文曰"或作虎、虎二形"，二或體同形，且與字頭亦同形，當是傳抄有誤。考《干禄字書・上聲》："虝、虎：上通，下正。"（37）《慧琳音義》卷33《佛説太子沐魄經音義》："虎賁，上呼古反……經文從巾作虝，非也。"（58/60a）《續一切經音義》卷7《觀自在如意輪菩薩念誦法音義》："虎狼，上呼古反……從人、虍聲，虍音呼。虎爪似人，故從人。或作虍，廟諱不成字。又作虝，俗變非體。"（3947）則或體之一當作"虝""虎"等形，另一個當作"虖"，即《五經文字》所説的避諱省筆字。

【肸】

【18】肸嚮，上許乙反，布也，正作肸響也，《字樣》作肸也。（卷26，《東夏三寶感通録序音義》）

【19】肸響，上許乞反，布也，《玉篇》云身振也，《江西篇》云動作不安也，《字樣》及《舊韻》並作肸、肸二形。（卷27，《續高僧傳音義》卷3）

【20】肸響，上許乙反，~響，布也，《新韻》作肸，《舊韻》及《字樣》並作肸、肸二形也。（卷29，《廣弘明集音義》卷15）

按，考敦煌寫卷斯388《群書新定字樣》《干禄字書》及《九經字樣》皆無"肸"字及其異體，《五經文字・十部》："肸、肸：許乙反，上《説文》，下經典相承隷省，見《春秋傳》。"（37）正與可洪所言相合。

【罔】

【21】罒象，上方往反，無也，《新韻》作冈；《舊韻》作罔，説文作冈、网、罔；《字樣》作罒、冈、网，六形也。（卷29，《弘明集音義》卷13）

按，"罒""罔"皆"罔"字異寫；"冈""网"是"网"字異寫。敦煌寫卷斯388《群書新定字樣》、《干禄字書》及《九經字樣》皆無"网"字及其異體，《五經文字・罒部》注曰："亡往反，《説文》作网，今依石經作罒，凡從罒放此，非從四，四從口中八，與罒不同。"（18）

又："罔，作网同。"（18）正與可洪所言《字樣》相合。

【明】

【22】明之，上莫兵反，光也，照也，《字樣》作明、朙、眀三形，或作盟也，但從日月者正也，餘並無義耳。（卷26，《大慈恩寺法師傳序音義》）

按，注文曰"《字樣》作明、朙、眀三形"，考敦煌寫卷斯388《群書新定字樣》及《九經字樣》皆無"明"字及其各種異體，《五經文字·月部》："明、朙、眀：上古文，中《説文》，下《石經》，今並依上字。"（21）與可洪所引《字樣》內容吻合。敦煌斯388《正名要録》："朙，明。"歸入"正行者雖是正體，稍驚俗，脚注隨時消息用"類。《干禄字書·平聲》："明、朙：上通，下正。"（30）二書觀點相同。《説文·明部》："朙，照也。从月，从囧。明，古文朙，从日。"（138）邵瑛《群經正字》："今經典俱從古文。《五經文字》云：《石經》作明，蓋省朙爲明，非從目也。"（185）《正名要録》《干禄字書》皆以《説文》字頭爲正。

【契】

【23】稷契，下思列反，虫名也，又殷祖也，正作卨、偰。《字樣》云：借爲偰也。（卷26，《集今古佛道論衡音義》卷4）

按，敦煌寫卷斯388《群書新定字樣》："契，正；栔，相承用。"斯388《正名要録》"本音雖同，字義各別例"中"契"字寫作"栔"。《干禄字書》及《九經字樣》中皆無"契""偰""卨"字。又考《五經文字·人部》："偰，先結反，殷始祖，經典多借契字爲之，與卨同。"（11）與可洪所述《字樣》情況相符。

《説文·内部》："卨，蟲也。从厹，象形，讀與偰同。嵩，古文卨。"（309）王筠釋例："卨讀與偰同。《人部》偰下云：堯司徒，殷之先。《尚書》作契，偰之省借，《漢書》作卨，蓋正字也。"（272）又《説文·人部》："偰，高辛氏之子，堯司徒，殷之先。从人，契聲。"（159）段注："經傳多作契，古亦假卨爲之。"（367）《廣韻·薛韻》："卨，《字林》云：蟲名也。又殷祖也。或作偰，又作契。"（496）

【柳】

【24】扶拂，力酉反，《字樣》作桺，今作柳。（卷24，《大唐內典録音義》卷3）

按，注文曰"《字樣》作柳"，《干祿字書》《九經字樣》皆無"柳"字及其各種異體，敦煌寫卷斯388《群書新定字樣》："柳（栁）；抑（抑）。"與可洪所引不合。《五經文字·木部》："栁、柳：上《說文》，下經典相承隸省。"（3）正與可洪所引相合。

【軌】

【25】軓則，上居洧反，法也，《說文》《字樣》從九。（卷10，《十地經論音義》卷3）

按，"軓"乃"軌"字異寫，《慧琳音義》卷72《阿毗達磨顯宗論音義》卷37："軌生，上歸委反，《穀梁傳》云：軌，法則也。《說文》：車轍也，從車、九聲。古文作𨊻，又作𨋫。論文作軓，俗字。"（58/910a）《說文·車部》："軌，車徹也。從車，九聲。"（304）與可洪所言相合。又考敦煌寫卷斯388《群書新定字樣》及《九經字樣》，皆無"軌"字及其各種異體，《五經文字·車部》："軌，九水反，從八九之九，作軌非。"（64）與可洪所述《字樣》情況相合。《龍龕·車部》："軓，居水反，法也，車跡也，《說文》《字樣》皆從九。"（82）所述與可洪相同。《干祿字書·上聲》亦曰："軓、軌：上通，下正。"（36）綜此，"軌"字俗體有"軓""軌""軓"等幾種寫法。

【叚】

【26】而叚，古雅反，借也，且也，正作叚、假二形也，見《字樣》。（卷22，《提婆菩薩傳音義》）

按，《九經字樣》無"叚、假"字，敦煌寫卷斯388《群書新定字樣》："假，正；叚：下相承用。字從叚，叚音賈。"《干祿字書·上聲》："假、假：上俗，下正。"（42）《五經文字·人部》："假，從叚，叚音工下反，凡遐、煆之類皆從叚，從叚者訛。"（11）三書觀點接近，然以《可洪音義》引書大例來看，此處《字樣》當指《五經文字》。

【耄】

【27】老耄，莫報反，《字樣》作耄，七十以後皆名~。（卷1，《大般若經音義》帙57）

【28】瘦老，上所右反，下《經音義》作𦭮、耄二形，應和尚以毫、耄二字替之，同，莫報反，老也，八十九十曰耄也。耄，僻忘也，謬也，亦惛乱也。《字樣》從耂、從毛作耄也。（卷8，《成具光明定意經

音義》）

按，敦煌寫卷斯 388《群書新定字樣》及《九經字樣》皆無"耄"字及其各種異體，《五經文字·老部》："耄，從老省，從毛。"（70）與可洪所引《字樣》內容基本相合。《干禄字書·去聲》："耄、耄：上通，下正。"（54）與《五經文字》正字觀相同。

【致】

【29】高致，陟利反，至也，《字樣》從至、從夊作致（致）也。……夊，山危反，行遲也。（卷 29，《廣弘明集總序音義》）

【30】致疑，上陟利反，《字樣》作致。（卷 30，《南海寄歸傳音義》卷 4）

按，《干禄字書》和《九經字樣》無"致"字，敦煌寫卷斯 388《群書新定字樣》："致，正；致，從文（夊）聲，文（夊）音張履［反］，此相承用。"與可洪所言不合。《五經文字·夊部》注曰："山危反，行遲也，象人兩脛有所躔之形。"（67）此部下收"致"字，文字觀及字形正與可洪所言《字樣》相合。《說文·夊部》："夊，行遲曳夊夊，象人兩脛有所躔也。凡夊之屬皆从夊。"（107）又："致，送詣也。从夊，从至。"（107）邵瑛《群經正字》："今經典從夊作致。"（149）

【笑】

【31】笑而，上私妙反，《九經字樣》作笑，亦無點，《字統》云：從竹、從夭，竹爲樂器，君子樂然後笑也。《五經字樣》作笑也。夭音妖，舒悦也。（卷 13，《梵志阿颰經音義》）

按，注文明確指出引證出自《五經字樣》和《九經字樣》，考《五經文字·竹部》："笑，喜也，從竹，下犬。"（31）與可洪所言正合。又《九經字樣·竹部》："笑、笑：喜也。上案《字統》注云：從竹、從夭。竹爲樂器，君子樂然後笑。下經典相承，字義本非從犬。笑、賓、莫、蓋、羋、麝、鼎、隷等八字，舊《字樣》已出，注解不同，此乃重見。"（15）亦與可洪所言《九經字樣》內容相合。

"笑"，唐以前正體作"笑"。《玄應音義》卷 24《阿毗達磨俱舍論音義》卷 11："笑視，私妙反。《字林》：笑，喜也。字從竹，從犬聲。竹爲樂器，君子樂然笑。又作咲，俗字也。"（325c）《慧琳音義》卷 21 轉引慧苑《新譯大方廣佛花嚴經音義》卷 13："戲笑，……笑字從竹，犬聲。有作咲者，俗也。"（57/825b）又卷 26 删補雲公《大般涅盤經音義》卷

38:"蚩笑，……笑，私妙反，《字林》：笑，喜也，字從竹、犬聲，竹爲樂器，君子樂而後笑也。"（57/954a）段玉裁《說文解字注》"笑"字下注曰："徐鼎臣說：孫愐《唐韻》引《說文》云：笑，喜也。从竹、从犬。而不述其義。攷孫愐《唐韻序》云：仍篆隷石經勒存正體，幸不譏煩。蓋《唐韻》每字皆勒《說文》篆體。此字之从竹犬，孫親見其然，是以唐人無不从犬作者。《干祿字書》云：咲，通；笑，正。《五經文字》力尊《說文》者也，亦作'笑，喜也。从竹、下犬。'《玉篇·竹部》亦作笑，《廣韻》因《唐韻》之舊亦作笑，此本無可疑者。自唐玄度《九經字樣》始先笑後笑，引楊承慶《字統》異說云：从竹从夭，竹爲樂器，君子樂然後笑。《字統》每與《說文》乖異，見玄應書。蓋楊氏求从犬之故不得，是用改夭形聲，唐氏從之，李陽冰遂云竹得風，其體夭屈如人之笑。自後徐楚金缺此篆，鼎臣竟改《說文》笑作笑，而《集韻》《類篇》乃有笑無笑，宋以後經籍無笑字矣。"（198）

【冥】

【32】虧冖，下古營反，又按《字樣》音覓。按古經冥字皆作冥也，從冖、從臭，臭音側，日斜也。《字樣》及應和尚並云從日、從六，日數十，十六日而月始虧也，余謂無理矣。（卷25，《一切經音義音義》卷8）

【33】冂聲，上古螢反。又按《字樣》音覓，謂冥字從冖、從日、從六作冥也，謂日數十，十六日月始虧而冥也。（卷25，《一切經音義音義》卷17）

【34】從冂，古營反。《字樣》從冖，音覓。按古經作冥，字從冖、從臭，臭音側，日斜也，從日、矢聲，日斜則漸夜而暗也。《顏氏字樣》作冥，字從字（臭）。（卷25，《一切經音義音義》卷24）

按，《玄應音義》卷17《俱舍論音義》卷1："諸冥，莫庭、莫定二反，《說文》：冥，幽也……字從日、從六，日數[十]，十六日而月始虧，冥也，冂聲，冂音古螢反。"（231a）又卷24《阿毗達磨俱舍論音義》卷1："諸冥，覓經、迷定二反……《說文》：冥，幽也，亦夜也，字從冂，冂音古熒反，從日、從六，日數十，十六日而月始虧，冥字意也。"（319b）可洪引《字樣》曰"冥"在冖部，字從冖，音覓，與玄應認爲"冥"字從冂，音"古螢反/古熒反"不同。而且可洪對"冥"字的字形分析也與《字樣》、玄應不同。

查敦煌寫卷斯388《群書新定字樣》《干祿字書》及《九經字樣》皆

無"冥"字。《五經文字·冖部（彌狄反）》："冥，從冖，從日，從六。"（16）正與可洪所引《字樣》內容相合。可洪又曰"《顏氏字樣》作冥"，與上文所言之《字樣》正好形成對比，則上文《字樣》當指《五經文字》。

今大徐本《說文·冥部》："冥，幽也。從日，從六，冖聲。日數十，十六日而月始虧，幽也。"段注改爲"从日、六，从冖，冖亦聲。"《五經文字》所論與今本《說文》基本相合。《慧琳音義》卷12《大寶積經音義》卷29："諸冥，覓瓶、迷並二反……《說文》：幽也。從冖，音覓，冖，覆也；從日，日數十；從六，每十六日月初虧，漸向幽暗也，會意字也。今經文多從宀（音綿）、從具作寘，非也，失之甚矣。"（57/631a）《續一切經音義》卷6《八大菩薩曼荼羅經音義》："三界冥，下莫經反……《說文》云：月從十六日始冥，故字從六、日，冖（音覓）聲也，亦覆蓋之形也。……又有從宀、具作寘，非本字。宀音莫仙反。"（3928）慧琳、希麟所論"冥"字字形結構與《說文》及《五經文字》相同。

然可洪並不同意關於"冥"字"從冖、從日、從六"的字形分析，他根據古經及《顏氏字樣》中"冥"字字形，認爲當是"從冖、從日、從矢"，或曰"從冖、從臭"，正作"冥"。《龍龕·冖部》："冥，正：莫瓶、莫定二反，幽暗冥昧也。"（536）與可洪所論相合，蓋來源相同。

【害】

【35】怨㖣，乎蓋反，《字樣》作㖣（害），見別本作周。（卷12，《長阿含經音義》卷13）

【36】傷[周]，胡蓋反，《切韻》作㖣，《字樣》作害，並同。（《可洪音義》卷17，《沙彌威儀戒音義》）

按，《九經字樣》無"害"字及其各種異體，考敦煌寫卷斯388《群書新定字樣》："㖣，字合[從]丯，丯音戒，《石經》隸書已從土。"《五經文字·宀部》："害，從丯，丯音介，《石經》省從士（土）、從工者訛。"（15）《五經文字》與《可洪音義》卷17《沙彌威儀戒音義》所言《字樣》字形吻合。《可洪音義》卷12《長阿含經音義》曰"《字樣》作㖣"，"㖣"乃"害"字之訛，傳抄致誤。

《干祿字書·去聲》："㖣、害：上俗，下正。"（48）《慧琳音義》卷1《大般若波羅蜜多經音義》卷46："矯害，下孩蓋反，《說文》：傷也。

從宀，音綿；從口，丯聲也，丯音介。"（57/418b）又卷41《大乘理趣六波羅蜜多經音義》卷1："侵害，下何大反……經作害，俗字也。"（58/207b）《續一切經音義》卷9《根本破僧事音義》卷9："躓害，下户艾反，《説文》云傷也，從宀，宀，家也；口，言也；丯聲。害從家中起也。律文作害，俗字。丯音介。"（4008）《龍龕·宀部》："害：《新藏》作害。"又："害，古，害，正：音害。二。"（157）又《雜部》："![周]：音害。"（551）"害""害""害""![周]""周"亦皆"害"字俗訛異體。上揭字典辭書皆可與《群書新定字樣》《五經文字》及《可洪音義》互相印證。

【菆】

【37】菆樹，上才紅反，出《字樣》。（卷2，《大明度經音義》卷2）

【38】竹筬，自紅反，古文作菆，今作藂、叢，《字樣》作菆，並是也。（卷20，《尊婆須蜜菩薩所集論音義》卷6）

【39】菆樹，上自紅反，出《字樣》，与藂字同也。（卷22，《五門禪經音義》）

【40】菆萃，上在官反，合集也，聚也，義与攢同也。又音藂，見《字樣》也。（卷24，《出三藏記音義》卷10）

【41】深菆，才紅反，出《字樣》。（卷30，《廣弘明集音義》卷29）

按，上引注文皆曰"菆"字出《字樣》，同"叢（藂）"，查敦煌寫卷斯388《群書新定字樣》《九經字樣》，皆無"菆""叢（藂）"字，斯388《正名要録》："叢、藂。"二字歸入"字形雖別，音義是同，古而典者居上，今而要者居下"類。《干禄字書·平聲》："藂、叢：上通，下正。"（14）二書皆未收"菆"。考《五經文字·丵部》："叢，才東反，作藂者訛，經典或借菆字爲之。菆，叉叉反。"（29）又《艸部》："菆，側留反；又才工反，見《春秋傳》。"（27）與可洪所引《字樣》内容吻合。今《左傳·宣公十二年》："樂伯曰：吾聞致師者，左射以菆。"杜預注："菆，矢之善者。"陸德明釋文："菆，側留反。"（1881）

【捭】

【42】成擗，補厄反，分開也，正作擘，《字樣》作捭。（卷16，《彌沙塞部和醯五分律音義》卷5）

第一章 《可洪音義》引字書研究　　163

按，敦煌寫卷斯388《群書新定字樣》《干禄字書》《九經字樣》皆無"捭""擘"字，《五經文字·手部》："擘、捭：二同，並博厄反，下見《禮記》。"（8）與可洪所引《字樣》情況相合。考《禮記·禮運》："其燔黍捭豚。"陸德明釋文："捭，卜麥反，注作擗，又作擘，皆同。"（1415）[1]

【酖】

【43】酖毒，上直甚反。《字樣》云：借爲鴆鳥之鴆也。（卷1，《大般若經第十四會慇波羅蜜多分序音義》）

【44】酖餌，鳥名，有毒，以其毛歷飲食則煞人。《字樣》云：《春秋傳》借爲鴆鳥之鴆也。（卷17，《佛説大愛道比丘尼經音義》卷下）

【45】酖人，上直甚反，鳥名也，正作鴆也。《字樣》作酖，《春秋傳》借爲鴆鳥字也。（卷29，《弘明集音義》卷6）

按，細尋上揭注文引《字樣》之意，皆言《字樣》作"酖"，并云《春秋傳》借"酖"爲鴆鳥之"鴆"。考敦煌寫卷斯388《群書新定字樣》《干禄字書》及《九經字樣》，皆無"酖""鴆"字。《五經文字·酉部》："酖，丁含反，樂酒也，今《春秋傳》借爲鴆鳥之鴆。"（23）又《鳥部》："鴆，《春秋傳》以爲酖，此字見《酉部》。"（41）與可洪所引《字樣》内容吻合。

《左傳·莊公三十二年》："使鍼季酖之。"杜預注："酖，鳥名，其羽有毒，以畫酒，飲之則死。"（1784）又《閔公元年》："宴安酖毒，不可懷也。"杜預注："以宴安比之酖毒。"（1786）又《僖公三十年》："晉侯使醫衍酖衞侯。"陸德明釋文："酖音鴆。"（1830）又《宣公三年》："朝于楚，楚人酖之，及葉而死。"（1868）《左傳》中"酖"字使用情況與《五經文字》所言相合。《玄應音義》卷16《大愛道比丘尼經音義》卷下："鴆餌，今作酖，同，除禁反。大如雕，紫緑色長頸，赤喙，食虵者也，以羽畫酒飲之，殺人也。"（222b）

【笴】

【46】爲笴，古旱反。又《字樣》音槀（稾）也。（卷26，《大唐西域記音義》卷2）

【47】蓋笴，古旱反。又《字樣》音槀。（卷26，《大唐西域記音義》

---

[1] 《禮記正義》，（清）阮元校刻《十三經注疏》本，中華書局1980年版。下同。

卷10)

按，敦煌寫卷斯388《群書新定字樣》和《九經字樣》皆無"笴"字，《干禄字書·上聲》："簳、笴：上通，下正。"（40）未注音。考《五經文字·竹部》："笴，音藁，箭榦也，見《周禮》。"（30）與可洪所引《字樣》内容吻合。《周禮·冬官·考工記》"妢胡之笴"鄭玄注："笴，讀爲藁，謂箭藁。"陸德明釋文："笴，古老反，注作藁，同。"（906）又《矢人》："以其笴厚，爲之羽深。"鄭玄注："笴，讀爲藁，謂矢幹，古文假借字。"陸德明釋文："笴，古老反。"（924）古籍中"箭藁"之"藁"常訛作"稾"，如《周禮·夏官·序官》"稾人"鄭玄注引鄭司農云："稾讀爲芻藁之藁，箭幹謂之藁。"（832）阮元校勘記曰："枯槀之槀從木，讀爲芻藁之藁，則易其字矣。禾藁者，莖也。箭幹亦莖也，故箭榦之藁，即禾藁引伸之義也，作枯槀字則無義矣。"（834）

【博】

【48】𫝀識，二並同上也①。按，《字樣》博字從十，非從忄也。（卷26，《大慈恩寺法師傳音義》卷8）

按，敦煌寫卷斯388《群書新定字樣》和《九經字樣》皆無"博"字及其各種異體，《五經文字·十部》："博，從尃，尃音敷。"（37）與可洪所言《字樣》情況相合。《干禄字書·入聲》："愽、博：上通，下正。"（64）"博"字出自《説文》，《説文·十部》："博，大通也。从十，从尃。尃，布也。"（45）

【備】

【49】備受，上皮秘反，具也，《字樣》作俻也。（卷1，《大般若經第五會序音義》）

【50】俻足，上皮秘反，具也，皆也，《字樣》作俻、備二形。（卷1，《摩訶般若波羅蜜經音義》卷35）

【51】道俻，音俻，《字樣》作俻，具也，皆也，《説文》從亻、從用，⺈，居力反。（卷29，《廣弘明集音義》卷15）

按，敦煌寫卷斯388《群書新定字樣》和《九經字樣》皆無"備"

---

① 按，上一條爲"博識"。

字及其各種異體，《干祿字書·去聲》："俻、俻、備：上俗、中通、下正。"（46）未收可洪所引"俻"形。《五經文字·用部》："俻、備：上《說文》，從宀、從用，宀，已力反；下經典相承隸省。"（77）與可洪所引《字樣》相同。

【腕】

【52】兩脟，烏乱反，手節也，《字樣》作掔。（卷14，《佛本行集經音義》卷9）

按，"脟"乃"掔"字異寫。敦煌寫卷斯388《群書新定字樣》和《干祿字書》《九經字樣》皆無"掔"字，《五經文字·手部》："掔，烏亂反，見《禮經》。"（5）正與可洪所言相合。《儀禮·士喪禮》："設決，麗於掔，自飯持之。設握，乃連掔。"鄭玄注："掔，手後節中也。"（1134）①《說文·手部》："掔，手掔也。楊雄曰：掔，握也。从手，取聲。"（251）邵瑛《群經正字》："今經典或作捥……亦爲腕。"（303）

【麤】

【53】麤堅，上倉胡反，疎也，大也，物不精也，正作麁也。麤者，行路遠也，警防也，鹿之性，喜相背而食，慮人獸之害，故字從三鹿也。《字樣》云：相承以爲麁，及蟲字作虫，不可施行於經典也。（卷1，《光讚般若經音義》卷2）

【54】麤如，上倉胡反，大也，正作麁也。麤者，警防也，鹿之性，相背而食，慮大（人）獸之害也，故從三鹿也，今從麁者，悮也。《字樣》云：相承作麁字用，不可施行於經典。（卷30，《南海寄歸傳音義》卷1）

按，敦煌寫卷斯388《群書新定字樣》及《九經字樣》無"麤""麁"字及相關論述。《干祿字書·平聲》："麁、麁、麤：上中通，下正。此与精粗義同，今以粗音才古反，相承已久。"（19）與可洪所引《字樣》論述不同。考《五經文字·鹿部》："麤，千奴反，相承作麁，及蟲字作虫之類，不可施行於經典。"（40）正與可洪所引《字樣》內容吻合。

---

① 《儀禮註疏》，（清）阮元校刻《十三經注疏》本，中華書局1980年版。下同。

《慧琳音義》卷 11《大寶積經音義》卷 2："麁獷，上倉胡反，省略字也，久已傳用，《説文》正體作麤，從三鹿，《字書》云：物不精也。《廣雅》：麤，大也。鄭玄注《禮記》云：麤，疎也。"（57/607b）《續一切經音義》卷 3《新譯十地經音義》卷 2："麤獷，上倉孤反，《切韻》：疏也，大也。《字統》云：鹿之性相背而食，虞（慮）人獸害之，故從三鹿，俗省作麁，義同。"（3829）宋本《玉篇·鹿部》："麁，千胡切，疎也，本作麤。"（438）又："麤，七胡切，不精也，大也，疏也，或作麁。"（439）諸字書皆曰"麁"是"麤"的省略字、俗字，然其通行既久，在可洪當時儼然已是常用正字。

【豾】

【55】如豾，普悲反，狸也，《字樣》及《切韻》並作豾也。（卷 3，《拔陂菩薩經音義》）

按，注文曰"《字樣》作豾"，考敦煌寫卷斯 388《群書新定字樣》《干祿字書》及《九經字樣》皆無"豾"字，《五經文字·豸部》："豾，音丕。"（38）可洪所言即本此。《玄應音義》卷 8《拔陂經音義》："如狉，又作豾、豾二形，同，房悲反，郭璞注《爾雅》：狸，豾狸也。"（117a）

【獐】

【56】獐鹿，上音章，出《字樣》。（卷 2，《大方廣三戒經音義》卷上）

【57】麞鹿，上音章，《字樣》作獐。（卷 11，《十住婆沙論音義》卷 13）

按，敦煌寫卷斯 388《群書新定字樣》《干祿字書》及《九經字樣》皆無"獐""麞"字，《五經文字·犬部》："獐，齊人謂麋爲獐，見《考工記》。"（38）正與可洪所説《字樣》字形相合。《周禮·考工記·畫繢》："山以章，水以龍。"鄭玄注："章讀爲獐。獐，山物也。"（918）《説文·鹿部》："麞，麇屬。从鹿，章聲。"（201）《玉篇·鹿部》："麞，之羊切。鹿屬。亦作獐。"（438）

【豪】

【58】豪檜，《字樣》作豪，下苦外反。（卷 29，《弘明集音義》卷 6）

按，注文曰"《字樣》作豪"，敦煌寫卷斯 388《群書新定字樣》

《干禄字書》及《九經字樣》皆無"豪"字及其各種異體，考《五經文字·豕部》："豪、豪：上《説文》，下經典相承隸省。"（39）與可洪所述《字樣》内容相合。《五經文字》曰"豪"字出《説文》，《説文·希部》："𣪉，豕鬣如筆管者，出南郡。从希，高聲。豪，籀文从豕。"（195）

【滿】

【59】飽滿，上布卯反，下《字樣》作滿。（卷1，《大般若經第八會那伽室利分序音義》）

按，《干禄字書》《九經字樣》皆無"滿"字及其各種異體，敦煌寫卷斯388《群書新定字樣》："滿。"僅録一字形。《五經文字·水部》："滿，作滿，訛。"（57）縱觀《可洪音義》引書大例，此條《字樣》當指《五經文字》。

【蕈】

【60】椹蕈，上音審，菌生木上者也，亦云樹雞，亦云樹耳，如《寶林傳》作樹耳是也，正作蕈，山南土俗亦爲審。按《五經字樣》作蕈，式甚反，是也。（卷16，《彌沙塞部和醯五分律音義》卷20）

【61】有蕈，音審，地菌也，應和尚亦音審。又按《字樣》作式甚反，是也。（卷27，《續高僧傳音義》卷17）

【62】毒椹，正作蕈，音審，菌也，《字樣》作式甚反，應和尚《經音義》作蕈，音審，説文云似蓋。……宜依《字樣》音審也。（卷27，《續高僧傳音義》卷19）

按，注文明確指出引證出自《五經字樣》，考《五經文字·艹部》："蕈，式甚反，菌也，《詩·葛蕈》亦作蕈。"（26）與可洪所言情況相符。《玄應音義》卷15《僧祇律音義》卷14："朝菌，奇殞反，《爾雅》：中馗菌。郭璞曰：地蕈也，似蓋，今江東呼爲土菌。蕈音審。"（206b）

【毆】

【63】毆擊，上烏口反，字從攴，普木反。《字樣》從殳，音殊，非義也。（卷28，《續高僧傳音義》卷24）

按，"毆"，"毆"字異寫。《干禄字書》及《九經字樣》無"毆""毆"字，敦煌寫卷斯388《群書新定字樣》："毆，一口反。"《五經文字·殳部》亦曰："毆，一口反。"（68）然以《可洪音義》引書通例例之，此條《字樣》當指《五經文字》。"敺"字在《説文》中同"驅"，《説文·馬部》："敺，古文驅，从攴。"（200）而《殳部》則曰："毆，捶毄物也。从殳，區聲。"（60）與"敺"字義别，可洪則以二字爲異體字。

【總】

【64】若揔，則孔反，合也，普也，皆也，并結也，古文作惣，《字樣》作緫。（卷1，《大般若經音義》帙4）

按，敦煌寫卷斯388《群書新定字樣》《干禄字書》及《九經字樣》皆無"總"字及其各種異體，京大本《五經文字·糸部》："纖緫，從忽。"叢書集成本作"纖緫，從匆"（60），由此可知可洪所言《字樣》是《五經文字》。"緫"乃"總"字異寫，《字鑑》卷三《董韻》："總，俗作緫、揔。"（422）①

【螣】

【65】作蚕，經意是螣，徒登反，《字樣》云：神蚮也。（卷25，《一切經音義音義》卷20）

按，敦煌寫卷斯388《群書新定字樣》和《九經字樣》《干禄字書》皆無"螣"字，《五經文字·虫部》："螣，徒登反，神蚮。"（46）與可洪所引《字樣》釋義相同。《説文·虫部》："螣，神蛇也。从虫，朕聲。"（279）《五經文字》釋義本自《説文》。

【憴】

【66】易憴，上羊益反，下七到反，謂變志也，見《字樣》。（卷21，《賢愚經音義》卷3）

【67】改󰀀，七到反，志~也，《切韻》作操，《字樣》作憴。（卷21，《賢愚經音義》卷18）

按，上引注文皆曰《字樣》作"憴"，查敦煌寫卷斯388《群書新定字樣》和《干禄字書》《九經字樣》皆無"憴"字及其各種異體，《五經文字·心部》："憴，千到反，見《詩》。"（36）與可洪所引《字樣》情況相合。《詩·小雅·白華》："念子憴憴，視我邁邁。"陸德明釋文引

---

① （元）李文仲：《字鑑》，文淵閣四庫全書本，第228册。

第一章 《可洪音義》引字書研究　　　　　　　　　169

《説文》云："懆，愁不申也。"（783）① 今《説文·心部》："懆，愁不安也。從心，喿聲。《詩》曰：念子懆懆。"（221）

【髰】

【68】髰除，上他計反，除髮也，与剃字同也，《字樣》及孫愐《韻》《説文》並作髰也。（卷3，《大方等大集菩薩念佛三昧經音義》卷9）

【69】髰除，上他計反，除髮也，見《字樣》。（卷13，《起世因本經音義》卷4）

【70】髰髮，上他計反，除髮也，見《字樣》。（卷23，《諸經要集音義》卷2）

【71】剪髰，他帝反，除髮也，正作剃，《説文》及《字樣》並作髰，音剃。（卷28，《破邪論音義》卷上）

按，敦煌寫卷斯388《群書新定字樣》《干祿字書》及《九經字樣》皆無"髰"字，《五經文字·彡部》："髰：他計反。"（32）正與可洪所言《字樣》相合。

【濕】

【72】暑濕，失入反，正作溼、溼二形也。又他合反，兗州水名也，《字樣》云經典相承以爲燥溼之溼，則以濕爲溼，非也。（卷26，《大唐西域記音義》卷3）

按，敦煌寫卷斯388《群書新定字樣》《干祿字書》及《九經字樣》皆無"溼""濕""漯"等字，《五經文字·水部》："漯、濕：他帀反，上《説文》；下經典相承隸省，兗州水名，經典相承以爲燥濕之濕，別以漯爲此字，見《夏書》，與《釋文》同，與字義不同。"（57）又："溼、溼：式入反，上《説文》，下隸省，經典皆以濕爲溼，唯《爾雅》用之。"（57）可洪所引《字樣》内容當即本此。

《説文·水部》："溼，幽溼也。从水；一，所以覆也，覆而有土，故溼也；㬎省聲。"（234）段玉裁注："今字作濕。"（560）② 宋本《玉篇·水部》："溼，尸及切，水流就溼也。濕，同上，《説文》他合切。"（351）《夏書》"濕"作"漯"，《尚書·禹貢》："浮於濟、漯，達於

---

① （清）馬瑞辰：《毛詩傳箋通釋》，中華書局1989年版。
② 《説文·水部》："濕，水，出東郡東武陽，入海。從水，㬎聲。"（226）

河。"陸德明釋文："潝，天荅反，《篇》《韻》作他合反。"（147）

【蘇】

【73】蔍糖，上素胡反，正蘇，亦作蘓也。《字樣》云：以禾在左者非也。俁。（卷30，《南海寄歸傳音義》卷2）

按，《九經字樣》中無"蘇"字及其異體，敦煌寫卷斯388《群書新定字樣》："蘇。"僅一字形。斯388《正名要錄》："蘓，甦。"歸入"正行者正體，脚注訛俗"類。《干禄字書·平聲》："蘓、穌（蘇）：上俗，下正。"（19）《五經文字·艹部》："蘇，從穌，穌音蘇，以禾在左者訛。"（27）由此可知，可洪所引《字樣》內容出自《五經文字》。

【麛】

【74】麛鹿，上音迷，鹿兒也，出應和尚《音義》。又《字樣》及《切韻》並作五兮反。（卷2，《大寶積經音義》卷8）

【75】麛麤，上莫分反，又《切韻》及《字樣》並作五兮反。（卷20，《尊婆須蜜菩薩所集論音義》卷5）

【76】麛鹿，上音迷，出應和尚《經音》。又《切韻》及《字樣》並五兮反。（卷20，《尊婆須蜜菩薩所集論音義》卷9）

【77】孤麛，上古胡反，下音迷，鹿兒也。又《字樣》及《切韻》並作五兮反，麕子也。（卷21，《佛本行讚音義》卷1）

【78】麛卵，上音迷，鹿兒也，与麕字同也，出應和尚《經音義》。又《切韻》及《字樣》並依五兮反。麕麛，鹿子也。（卷29，《廣弘明集音義》卷10）

【79】弱麛，音迷，鹿兒也，應和尚云：与麕同也。又《切韻》及《字樣》並作五兮反，麕也。（卷30，《廣弘明集音義》卷26）

按，"麕"，"麛"字異寫。敦煌寫卷斯388《群書新定字樣》和《干禄字書》《九經字樣》皆無"麛"字，《五經文字·鹿部》："麕，牛兮反，狻麕，獸名。"（40）"牛兮反"音同"五兮反"，與可洪所言《字樣》讀音相符。

然而，《五經文字·鹿部》又曰："麛，莫兮反，鹿子。"（40）也就是说，《五經文字》認爲"麕""麛"二字音義不同，"麕"音五兮反，指"狻麕"；"麛"音莫兮反，指鹿子。這與玄應的觀點不同，《玄應音義》卷20《佛本行讚經音義》卷1："孤麛，又作麕，同，莫鷄反，《尔雅》：鹿，其子麛。"（269b）玄應認爲二字皆音迷，詞義相同。《慧琳音義》與《五經文字》觀點相同,《慧琳音義》卷 11《大寶積經音義》卷 8:"麋鹿,美悲反,《説文》:鹿屬也。……今經文作麑,非也,五奚反,狻麑,師子也,爲前文已有師子,不合更説狻麑,必知錯也,誤書麋爲麑字也。"(57/617b)"狻麑",亦作"狻猊",《爾雅·釋獸》:"狻麑如虦貓,食虎豹。"郭璞注:"即師子也,出西域。"(2651)[①]《龍龕》則混合了上述觀點,在"五兮反"的讀音下又增加了一個義項,《龍龕·鹿部》:"麑,五兮反,麚(麆)子也。"(520)

【竊】

【80】竊以,上千結反,私也,淺也。按《字樣》作竊也。(卷 1,《大般若經聖教序音義》)

按:"竊","竊"字異寫,唐代正體作"竊",《干祿字書·入聲》:"竊、竊:上通,下正。"(61)敦煌寫卷斯 388《群書新定字樣》和《九經字樣》皆無"竊"字及其各種異體,《五經文字·米部》:"竊,作竊者訛。"(10)與可洪所引《字樣》字形相同。

二 可洪所引《字樣》内容與《九經字樣》相合

《可洪音義》在對"敖貫互乾忼肯聶朋前僅殷幻淵"等 13 個字的注釋中也都引用了《字樣》,經考證,其所引内容皆與今本《九經字樣》相合。此外,還有一條對"淵"字的注釋中明確提到出自《五經字樣》,經考證,其實出自《九經字樣》。另外,在一條對"笑"字的注釋中明確提到出自《九經字樣》,經考證,確實與今本《九經字樣》相符。

【互】

【81】自𠄡,乎故反,差互也,《字樣》作𠄡(互)。(卷 11,《攝大乘論釋音義》卷 4)

【82】互相,上乎故反,遞也,差也,《字樣》作互,《切韻》作𠃛。(卷 11,《轉識論音義》)

【83】互不,上乎故反,更互不相順也,《字樣》作互,今作𠃛。(卷 13,《佛説受歲經音義》)

[①]《爾雅注疏》,(清)阮元校刻《十三經注疏》本,中華書局 1980 年版。下同。

【84】亙相，上乎悮反，《字樣》作互，《切韻》作㐅。（卷14，《正法念處經音義》卷56）

【85】雲互，音護，差也，《江西韻》作㐅，《字樣》作互。（卷30，《廣弘明集音義》卷18）

按，"叉""㐅""亙""㐅"，皆"互"字異寫。《五經文字》無"互"字，敦煌寫卷斯388《群書新定字樣》："互，正；㐅，相承用：音護。"（3815）《九經字樣·竹部》："筼、互：音護，可以收繩者，中象人手所推握也，俗作㐅者訛。上《説文》，下隸省。"（15）二書所論皆與可洪所引《字樣》相合。然以《可洪音義》引書通例例之，此處《字樣》當指《九經字樣》。《説文·竹部》："筼，可以收繩也。从竹，象形，中象人手所推握也。互，筼或省。"（92）與《九經字樣》所述相合。王筠《説文釋例》曰："互字象形，當是古文，而説曰'筼或省'，倒置矣。筼加竹，非互省竹也。"（259）

《慧琳音義》卷49《順中論音義》卷上："遞互，下胡故反。顧野王云：互謂更遞也，《説文》在竹部，《玉篇》在《牙部》①，或從竹作筼，可以收繩者也。今省竹作互，象形，中象人手所推握也。論文作㐅，俗用字也。"（58/409b）《龍龕·雜部》："㐅，俗；互，正：音護，更互也。二。"（549）皆與《九經字樣》觀點相同。

【幻】

【86】之厷，户了反，《修續譜》云：相詐也。又《玉篇》音幻，《字樣》：㓜，~惑也。（卷28，《辯正論序音義》）

按，敦煌寫卷斯388《群書新定字樣》《干祿字書》及《五經文字》皆無"厷""㓜""幻"等字，《九經字樣·雜辨部》："㓜、幻：還去，相詐惑也，從倒予。上《説文》，下隸省。"（50）正與可洪所引相合。《説文·予部》："厷，相詐惑也。从反予。"（78）《玉篇·予部》："厷，胡慢切，相詐惑也，從倒予，今作幻。"（62）又《宋本廣韻·篠韻》胡了切："厷，《修續譜》：云：相詐也。《玉篇》音患。"（296）

---

① 牙，疑爲"互"字俗訛。"互"俗書作"㐅"，與"牙"形似。

第一章 《可洪音義》引字書研究　　　　　　　　　173

【忼】

【87】慷慨，上《字樣》作忼，應和尚《經音》作忼，同，苦朗、苦浪二反，志大也，竭誠也，大息也。（卷29，《弘明集音義》卷7）

按，敦煌寫卷斯388《群書新定字樣》《干祿字書》及《五經文字》皆無"忼"字，《九經字樣·心部》："忼、亢：康去，《易》曰：忼龍有悔。上《說文》，下經典相承隸省。"（18）與可洪所引《字樣》內容吻合。《說文·心部》："忼，慨也。从心，亢聲。一曰，《易》：忼龍有悔。"徐鉉曰："今俗別作慷。"（217）《廣韻·蕩韻》："慷，慷慨，竭誠也。忼，上同。"（315）

【肎】

【88】不肎，音肯，《字樣》作肎。（卷12，《長阿含經音義》卷11）

按，敦煌寫卷斯388《群書新定字樣》《干祿字書》及《五經文字》皆無"肎""肯"字，斯388《正名要錄》"正行者楷，脚注稍訛"類："肎，肯。"與可洪所引《字樣》字形不合。《九經字樣·月（肉）部》："肎、肯：克上，骨間月（肉）肯著骨者，從月（肉）從冎省，冎音寡。上《說文》，下經典相承。"（11）與可洪所引《字樣》內容吻合。《說文·肉部》："肎，骨間肉肎肎箸也。從肉，从冎省。"（85）段玉裁注："隸作肯。"（177）宋本《玉篇·肉部》："肎，……《詩》曰：惠然肎來。肎，可也。今作肯。"（142）

【朋】

【89】𢀖友，上蒲弘反，黨也，正作朋。《舊韻》說文作孕（𢀖）。《字樣》作㒵、朋二形，說文云：本是古文鳳字，象形，鳳飛，群鳥從以萬數，故後爲朋黨字。隸變㒵爲朋也。（卷1，《放光般若經音義》卷1）

按，敦煌寫卷斯388《群書新定字樣》《干祿字書》及《五經文字》皆無"朋"字及其異體，《九經字樣·雜辨部》："㒵、朋，本是古文鳳字，象形，鳳飛，群鳥從以萬數，故後以爲朋黨字，上古文，下隸省，非從月。"（55）與可洪所引《字樣》內容吻合。《說文·鳥部》："鳳，神鳥也。……从鳥，凡聲。㒵，古文鳳，象形。鳳飛，群鳥從以萬數，故以爲朋黨字。"（73）

【前】

【90】迦偂，昨先反，正作前、騎二形，《字樣》作歬、㔟二形。（卷6，《大灌頂經音義》卷2）

按，敦煌寫卷斯388《群書新定字樣》《干禄字書》及《五經文字》皆無"歬"字及其各種異體，《九經字樣·舟部》："歬、劑、前：三同，上止於舟上，不行而進；中齊斷也；下經典相承隸省，以爲前後字。"（12）與可洪所引《字樣》内容吻合。"歬""劑"二形皆出自《説文》，《説文·止部》："歬，不行而進謂之歬。从止在舟上。"（32）又《刀部》："劑，齊斷也。从刀，歬聲。"（85）段玉裁於"歬"字下注曰："按，後人以齊斷之前爲歬後字，又以羽生之翦爲前齊字。"（68）《慧琳音義》卷1《大唐三藏聖教序音義》："前蹤，上俗前字也，《説文》先也，正體從止、從舟作歬，《説文》：不行而進謂之前，止在舟上也。蔡邕加刂（巜），刂（巜），水也，廣二尋深二仞曰刂（巜），刂（巜）音古外反，俗從刀者非也。"（57/404b）

【敖】

【91】敖慢，上五告反，矜慢在心曰~也。《字樣》作教，《説文》作敖，《禮記》曰：敖不可長。是也。（卷5，《集一切福德三昧經音義》卷下）

按，敦煌寫卷斯388《群書新定字樣》和《干禄字書》《五經文字》皆無"敖"字及其各種異體，《九經字樣·攵部》："敖、教：音翱，出遊也，上《説文》，下隸省。"（36）《九經字樣》隸省字形與可洪所引《字樣》字形相同。

《慧琳音義》卷3《大般若波羅蜜多經音義》卷333"傲慢"下亦曰："敖字《説文》從出從放，今俗從土作教，訛也。"（57/451a）①《龍龕·攵部》："教，通；敖，正：五勞反，敖，遊戲也。又姓。二。"（118）上揭字書所述，可以與《九經字樣》相印證。

【笑】

笑而，上私妙反，《九經字樣》作笑，亦無點，《字統》云：從竹、從夭，竹爲樂器，君子樂然後笑也。《五經字樣》作笑也。夭音妖，舒悦也。（卷13，《梵志阿颰經音義》）

按，參見上文"笑"字條。

【殷】

【92】殷勤，上於斤反，盛也，《字樣》作殷。（卷27，《高僧傳音

---

① （唐）釋慧琳：《一切經音義》，《中華大藏經》（第57、58、59册）影印高麗藏本。

義》卷11）

按，《五經文字》無"殷"字，敦煌寫卷斯388《群書新定字樣》："設；殷；殷。"僅收一字形。斯388《正名要錄》"正行者楷，脚注稍訛"類："殷，㲻。"《干禄字書·平聲》："殷、慇：上殷姓，下慇懃。"（22）三書皆未收"殷"這一字形。《九經字樣·亻部》："殷、殷：隱平，盛也，從反身。上《説文》，下隸省。"（5）《九經字樣》所録《説文》字形與可洪所引《字樣》字形相合。

【乾】

【93】不乹，音干，正作乾，字從軋從乙，又音虔。《字樣》云：干、虔二音，爲字一體，今俗分別作乹、音虔，作乾、音干，悮也。（卷20，《舍利弗阿毗曇論音義》卷21）

【94】乹麻，上音乾，《字樣》云干、虔二音，爲字一體，今俗分別作乹、乾二字，悮也。（卷28，《續高僧傳音義》卷27）

按，敦煌寫卷斯388《群書新定字樣》及《五經文字》皆無"乾"字及其各種異體，《九經字樣·雜辨部》："乾，音虔，又音干。上從軋，軋音幹；下從乙，乙音軋。乙謂草木萌甲抽乙而生，軋謂日出光軋軋也，故曰乾爲陽，陽能燥物。又音干。干、虔二音，爲字一體，今俗分別作乹，音虔；作乾，音干，誤也。"（52）與可洪所引《字樣》内容吻合。《干禄字書·平聲》："乹、乾、乾：上俗，中通，下正。下亦乾燥。"（24）與《九經字樣》所言俗書用字情況亦相合。

【貫】

【95】擐貫，下古患反，見《字樣》。（卷25，《一切經音義音義》卷22）

按，敦煌寫卷斯388《群書新定字樣》《干禄字書》及《五經文字》皆無"貫"字，斯388《正名要錄》"各依脚注"類："貫，不從母。"敦煌殘卷俄敦8914、8928和俄敦11346背所綴合而成的《時要字樣（三）》也録有"貫"字（3887）[①]。《九經字樣·手部》："擐、貫：關去。《傳》曰：擐瀆鬼神。上《説文》，下經典相承隸省。"（3）《九經字樣》隸省字形與可洪所述《字樣》字形相同。以《可洪音義》引書通例

[①] 張涌泉主編：《敦煌經部文獻合集》，第8冊。

例之，此條的《字樣》當指《九經字樣》。《九經文字》所引之"《傳》"指《左傳》，《說文·手部》："擩，習也。从手，貫聲。《春秋傳》曰：擩瀆鬼神。"（254）今本《左傳·昭公二十六年》作"貫瀆鬼神"，杜預注："貫，習也。"（2114）

【淵】

【96】渕府，上烏玄反，水深也，正作淵。《五經字樣》作洸，以廟諱故，省右畫也。（卷1，《大般若經第十會般若理趣分序音義》）

【97】水㴲，烏玄反，正作淵。《字樣》云：以諱故，省一畫。《字樣》作洸，作㴲者訛。（卷14，《佛本行集經音義》卷25）

按，"渕""㴲"皆"淵"字異寫。《說文》作"淵"，《說文·水部》："淵，回水也。從水，象形，左右，岸也，中象水兒。开，淵或省水。囦，古文從口、水。"（230）《龍龕》以"渕"爲正體，蓋當時"渕"最通行，《龍龕·水部》："渕：正，烏玄反，深也。"（230）

今考《五經文字》并未收"淵"字及其各種異體，敦煌寫卷斯388《群書新定字樣》及《干祿字書》亦無"淵"字。《九經字樣·水部》："洸，深水也，從开，开，古文洸，象水左水右岸中也。廟諱闕右畫，作洸訛。"（30）正與可洪所言相合。由此可知，當時《九經字樣》蓋附於《五經文字》之末相輔而行，故時人合稱爲《五經字樣》，或統稱爲《字樣》。

【僮】

【98】憧真，上徒東反，正作僮也。《字樣》云：古以僮爲童。（卷5，《持心梵天經音義》卷4）

【99】僮子，上徒東反，男未冠者也。《字樣》云：男有罪曰童。古作僮，今經典相丞（承）爲僮僕字也。（卷6，《月燈三昧經音義》）

按，敦煌寫卷斯388《群書新定字樣》及《五經文字》皆無"童""僮"字，斯388《正名要錄》"本音雖同，字義各別例"："童，小；僮，僕。"《九經字樣·亻部》："僮，音同，未冠也，從人、從童。男有罪曰童。古作僮子，今經典相承以爲僮僕字。"（5）《九經字樣》與可洪所引《字樣》內容更吻合。

《説文·辛部》："童，男有辠曰奴，奴曰童。女曰妾。"（53）宋本《玉篇·辛部》："童，徒東切。男有罪爲奴曰童。……今用僮。"（527）又《説文·人部》："僮，未冠也。"（159）朱駿聲通訓定聲："十九以下八歲以上也。"（32）《廣雅·釋言》："僮，稚也。"（135）《玄應音義》卷6《妙法蓮華經音義》卷2："僮僕，徒東反，……《説文》：男有罪爲奴曰童，《廣雅》：童、僕、役，使也。今皆作僮。"（81b）《干禄字書·平聲》："童、僮：上童幼，下僮僕。古則反是，今所不行。"（14）也就是說，古代作僮子，後代作童子；古代作童僕，後代作僮僕，"童""僮"二字的詞義古今發生了易位。

【聶】

【100】聶山，上尼輒反，山名也。又按《字樣》作嚞、聶，二同，染攝反。《春秋傳》曰次于嚞北，從三口相連之形也。今經典相承作聶比（北），行之已久，不可改正是也。（卷27，《續高僧傳音義》卷16）

按，敦煌寫卷斯388《群書新定字樣》及《干禄字書》皆無"聶"字，《五經文字·耳部》："聶，女涉反，兩耳就一耳，凡字從聶者皆放此，作嚞訛。"（51）《九經字樣·口部》亦曰："嚞、聶：上《説文》，音染入，多言也，《春秋傳》曰：次于嚞北。從三口相連之形。今經典相承作聶北，聶音黏入，行之已久，不可改正。"（41）可洪所引《字樣》與《九經字樣》更切合。《説文·山部》："嵒，山巖也。"（189）《廣韻·葉韻》而涉切："嵒，多言。"（540）今各本《左傳·僖公元年》皆作"次于聶北"，陸德明釋文："聶，女輒反。"（1790）

三　可洪所引《字樣》內容可能出自《顏氏字樣》

《可洪音義》在對"句、冥、華、蒙"4個字的注釋中所提到的《字樣》，可能是《顏氏字樣》，分析如下：

【句】

【101】味勾，俱遇反，正作句也，《字樣》云：無著厶者。（卷2，《仁王護國般若波羅蜜多經音義》卷上）

按：《五經文字》和《九經字樣》皆無"鉤""句"字及其各種異體。敦煌寫卷斯388《群書新定字樣》："句；鉤；局。"敦煌殘卷斯6208、斯5731和斯11423所綴合而成的《時要字樣（一）》："句，章；

絢，絲。"（3852）①《干祿字書·去聲》："勾、句：上俗，下正。"（47）三書雖都列有字形正體，但無"無著厶者"一句，與《可洪音義》所言《字樣》不符。《廣韻·侯韻》："鉤，曲也，又劍屬。《字樣》：句之頭並無著厶者。古侯切。"（214）此説當與可洪所引同出一源。又考蔣斧本《唐韻·遇韻》九遇反："句，章句。《字樣》：無著厶者。"（644）據今人考證，蔣藏本《唐韻》的成書年代是開元年間②，則這裏的《字樣》當指《顔氏字樣》。由此推測，可洪所引亦本自《顔氏字樣》。

【冥】

【102】蒙寞，《字樣》作蒙冥（冥），從宀、日、夨作寞（冥）也。《切韻》作寞，同，莫瓶反，暗也。宀音冪；夨，阻色反，非六字也。（卷1，《放光般若經音義》卷28）

按，《可洪音義》卷25《一切經音義音義》卷24："從冂，古營反。《字樣》從宀，音冪。按古經作寞，字從宀、從臭，臭音側，日斜也，從日、夨聲，日斜則漸夜而暗也。《顔氏字樣》作寞，字從字（臭）。"據此及本條注文所言《字樣》"冥（冥）"字"從宀、日、夨"，可知此處《字樣》當指《顔氏字樣》，本條注文中"冥"字皆訛作"冥"，蓋傳抄致誤。

【華】

【103】投華，上音頭，下音花，《字樣》作華、華二形。（卷1，《放光般若經音義》卷14）

【104】天華，音花，《字樣》作華、華。（卷8，《諸佛要集經音義》卷下）

【105】蒙華，上莫紅反，下音花，《字樣》作蒙華。（卷30，《廣弘明集音義》卷30）

按，《干祿字書》及《五經文字》皆無"華"字及其異體。敦煌寫卷斯388《正名要録》"正行者楷，脚注稍訛"類："萆（華），苹。"與

---

① 張涌泉主編：《敦煌經部文獻合集》，第8冊。
② 參見徐朝東《蔣藏本〈唐韻〉撰作年代考》，《古籍整理研究學刊》2001年11月第6期。

可洪所引《字樣》字形不盡相合。斯 388《群書新定字樣》："荂、華、蕐（華），三同。"①與可洪所引《字樣》字形基本吻合。本節開篇已經說過，《群書新定字樣》是"依顏監《字樣》，甄錄要用者，考定折衷，刊削紕繆"而成，則此條字形應該出自《顏氏字樣》。然又考《九經字樣·艹部》亦曰："蕐、華：榮也。上《說文》，下隸省。"（13）與可洪所引《字樣》字形亦相符，以《可洪音義》全書所引《字樣》多出自《五經文字》或《九經字樣》例之，此條字形也可能出自《九經字樣》。不過，我們在"蒙"字條中已經推測"蒙"字很可能出自《顏氏字樣》，可洪"蒙華"二字並引，當引自同一種字樣書，所以我們認爲"華"字及其異體更可能出自《顏氏字樣》，而《九經字樣》抑或祖述《顏氏字樣》。

【蒙】

蒙冥，《字樣》作蒙冥（冥）。（卷1，《放光般若經音義》卷28）

蒙華，上莫紅反，下音花，《字樣》作蒙華。（卷30，《廣弘明集音義》卷30）

按，《九經字樣》中無"蒙"字，《干祿字書·平聲》："蒙、蒙：上通，下正。"（14）《五經文字·艹部》："蒙，作蒙訛。"②二書觀點基本相同，但以《可洪音義》全書引書通例例之，"蒙"字字形更可能出自《五經文字》。不過，我們在"冥"字條已經證明"冥"字字形可能出自《顏氏字樣》，而可洪"蒙冥"並引，當引自同一種字樣書，所以我們推測"蒙"字字形亦出自《顏氏字樣》③，而《干祿字書》和《五經文字》皆祖述《顏氏字樣》。

四 可洪所引《字樣》内容出處不詳

《可洪音義》在"本、印、市"3個字的注釋中，也提到了《字樣》，

---

① 宋本：《玉篇·華部》："華，胡瓜切，榮也，三千五百里曰華夏也，今作華，又呼瓜切。"又："荂，《說文》華。"（280）今大徐本《說文》"華"作"荂"，"荂""華"乃隸變過程中產生的不同異寫字。

② （唐）張參：《五經文字》，京都大學人文科學研究所所藏石刻拓本資料。叢書集成初編本在第1064冊，第26頁。

③ 敦煌寫卷斯388《群書新定字樣》中"蒙"字今不存。

但來源不可考，具體分析如下：

【夲】

【106】離夲，上力義反，下布損反，今作夲，正作本也，《字樣》作本，説文云從木、十，《切韻》云從木、丅，《舊韻》云從木。丅，音下，無點。（卷2，《道行般若經音義》卷1）

【107】夲分，上布損反，正作本也，《字樣》云從木、丅，《切韻》作本也。（卷29，《弘明集音義》卷5）

按，敦煌寫卷斯388《群書新定字樣》和《九經字樣》皆無"本"字及其各種異體，《干禄字書·上聲》："夲、本：上通，下正。"（39）無字形分析。《五經文字·木部》："本、夲：上《説文》，從木，一在其[下]；下今經典相承隸省。"（2）今《説文·木部》："本，木下曰本。从木，一在其下。"（114）又《廣韻·混韻》："本，本末，又始也，下也，舊也。《説文》曰：木下曰本，从木，一在其下。俗作夲。"（282）各書皆與可洪所引《字樣》不同，不知可洪所本。

【印】

【108】手巾，音印，《字樣》作印。（卷17，《薩婆多部毗尼摩得勒伽音義》卷2）

按，"巾"是"印"字之訛，今大正藏《薩婆多部毗尼摩得勒伽》卷2正作"手印"。

考敦煌寫卷斯388《群書新定字樣》《干禄字書》及《九經字樣》皆無"印"字及其異體，《五經文字·匕部》："卬，從卩，迎、仰之類皆從卬。"（71）不知可洪所説是否指此，雖然《五經文字》未注音，然就注文"迎、仰之類皆從卬"來看，此字當是《説文·匕部》之"卬"字："卬，望欲有所庶及也。从匕，从卩。"（166）徐灝注箋："卬，古仰字。"（3/698）而"印"字在《説文·印部》："印，執政所持信也。从爪，从卩。"（184）《五經文字》未收"印"字及其異體，不過抄本古籍中"印"經常寫作"卬"形[1]，碑刻中也是如此，如《魏元譚墓誌》[2]、

---

[1] 參見韓小荆《〈可洪音義〉研究——以文字爲中心》"印"字條，巴蜀書社2009年版，第785頁。

[2] 北京圖書館金石組編：《北京圖書館藏歷代石刻拓本匯編》，中州古籍出版社1990年版，第5册，第91頁。

《魏元繼墓誌》①，故可洪所言當有所本，俟再考。

【市】

【109】徐市，時止反，秦始皇時人名也，《字樣》作匹蓋反，郭氏作沸、鉢二音，並非也。（卷29，《廣弘明集音義》卷13）

按，《九經字樣》中無"市""市"字，敦煌寫卷斯388《群書新定字樣》："市、市：二同。"未注音。《干祿字書·上聲》："市、市：上俗，下正。"（35）以其處於上聲"時""裏""耻""齒"等字中間推斷，當是音"時止反"，指市廛之"市"。《五經文字·㐺部》："㐱，從市，市，普末反，從東、或從巾者訛。"（79）然"普末反"與"匹蓋反"亦不同音。綜此，可洪所引《字樣》內容與上述典籍皆不合，不知所出。

考《史記·秦始皇本紀》："既已，齊人徐市等上書，言海中有三神山，名曰蓬萊、方丈、瀛洲，僊人居之。請得齋戒，與童男女求之。於是遣徐市發童男女數千人，入海求僊人。"（317）② 四庫本《史記集解》卷六後附張照考證曰："何孟春曰：徐市又作徐福，非有兩名，'市'乃古'黻'字，漢時未有翻切，但以聲相近字音注其下，後人讀'市'作'市廛'字，故疑'福'爲別名。"③ 日本人瀧川資言亦考證曰："市，即'芾'字，與'黻'同。各本作'市井'之'市'，譌。《淮南王傳》作'徐福'，福、市一聲之轉。"④ 據此，"徐市"當作"徐市"，"市"乃"黻"之古字，可洪注音"時止反"亦非。

五　結論

通過全面分析考證，我們得出如下結論：《可洪音義》中，除了個別條目參考了《顏氏字樣》外，絕大多數條目中所提到的"《字樣》"，指的就是《五經文字》和《九經字樣》。《九經字樣》本來就是爲補充《五經文字》之不足而撰寫的，據《九經字樣》卷首所載《牒》云："今所

---

① 北京圖書館金石組編：《北京圖書館藏歷代石刻拓本匯編》，中州古籍出版社1990年版，第5冊，第124頁。
② （漢）司馬遷：《史記》，中華書局2014年版。
③ （漢）司馬遷撰、（清）張照考證：《史記》，景印文淵閣四庫全書本，第243冊，第181頁。
④ （漢）司馬遷撰、[日]瀧川資言考證、楊海崢整理：《史記會注考證》，上海古籍出版社2015年版，第1冊，第347頁。

詳覆，多依司業張參《五經文字》爲准。諸經之中，別有疑闕，古今體異，隸變不同。如總據《說文》，則古體驚俗。若依近代文字，或傳寫乖訛。今與校勘官同商較是非，取其適中。纂錄《新加九經字樣》一卷，請附於《五經文字》之末。"《九經字樣》問世後即附於《五經文字》之末，刻於石壁《九經》之後，相輔而行，所以在後代文獻中，至少在晚唐五代及宋初的文獻中，二書統稱爲《字樣》或《五經字樣》，當時《五經文字》亦被稱爲《五經字樣》。我們還可以從《希麟音義》和《龍龕手鏡》二書稱引"《字樣》"的情況中得到旁證。

《希麟音義》中稱引《字樣》僅兩例，分析如下：

【乾】

乾燥，上古寒反。《字樣》云本音虔，今借爲乾溼字也。古文從水作漧。(卷7，《聖迦抳忿怒金剛童子成就儀軌經音義》卷上)①

按，敦煌寫卷斯388《群書新定字樣》及《五經文字》皆無"乾"字及其各種異體，《干祿字書·平聲》："乹、乾、乾：上俗，中通，下正。下亦乾燥。"(24)沒有注音，與希麟所引不合。考《九經字樣·雜辨部》："乾，音虔，又音干。上從倝，倝音幹；下從乙，乙音軋。乙謂草木萌甲抽乙而生，倝謂日出光倝倝也，故曰乾爲陽，陽能燥物。又音干。干、虔二音爲字一體，今俗分別作乹、音虔，作乾、音干，誤也。"(52)與希麟所述基本相合。

【擐】

擐甲，上胡串反，《字林》：貫也。《釋文》音訓並同。《五經字樣》音古患反。(卷7，《觀自在大悲成就蓮花部念誦法音義》)②

按，《五經文字·手部》："擐，古患反，《釋文》並音患。"(7)與希麟所述正合，可見《五經字樣》即《五經文字》。敦煌寫卷斯388《群書新定字樣》和《干祿字書》《九經字樣》皆無"擐"字。

綜上分析，《希麟音義》所引的《字樣》內容，一例出自《九經字樣》，一例出自《五經文字》，亦名《五經字樣》，與《可洪音義》中對《字樣》的稱引情況相同。

---

① （遼）釋希麟：《續一切經音義》，上海古籍出版社1986年影印日本獅谷白蓮社刻本，第3958頁。

② 同上書，第3964頁。

《龍龕手鏡》中稱引《字樣》亦僅兩例：

【軌】

《龍龕·車部》："軌，居水反，法也，車跡也，《説文》《字樣》皆從九。"（82）

按，《説文·車部》："軌，車徹也。從車，九聲。"（304）與行均所言"從九"相合。又考敦煌寫卷斯 388《群書新定字樣》和《九經字樣》，皆無"軌"字及其各種異體，《干禄字書·上聲》："軏、軌：上通，下正。"（36）《五經文字·車部》："軌，九水反，從八九之九，作軏非。"（64）《五經文字》與行均所述《字樣》情況更相切合。

【乾】

《龍龕·卓部》："乾，正：音干，乾濕也。《字樣》云本音虔，今借音耳。"（539）

按，上文分析《希麟音義》"乾"字稱引《字樣》情況時，已經證明是《九經字樣》，故此處不再重複。

這樣，我們經過分析發現，《龍龕手鏡》所稱引的《字樣》內容，一例出自《五經文字》，一例出自《九經字樣》，可見《五經文字》和《九經字樣》在五代宋初，統稱爲《字樣》，這與《可洪音義》和《希麟音義》中對《字樣》的稱引情況完全相同。

第二章 《可洪音義》引韻書研究

除字書之外，《可洪音義》還參引了很多韻書的內容，書中稱爲《韻》、《切韻》、舊《切韻》、孫愐《韻》、《唐韻》、《新唐韻》、《舊韻》、《新韻》等，那麼，這些稱謂之間到底是什麼關係？可洪所引韻書具體是哪幾種？版本情況如何？和現存的韻書是什麼關係？在分韻、收字、注音、釋義等方面有哪些特色？本章通過對可洪所引與現存唐宋《切韻》系韻書進行全面比較，發現其異同，梳理其關係，總結其特色。

第一節 《可洪音義》所引《切韻》研究

《可洪音義》有102處提到《切韻》，涉及82個字詞，其中84處69個字詞引用《切韻》的字形、注音或釋義；16處13個字頭說明《切韻》無此字或《切韻》無此音。

全面整理《可洪音義》所引《切韻》，並將它與現存《切韻》系韻書進行比勘，可以確知該版本《切韻》在收字、注音、釋義等方面的特色，這不僅有利於研究《切韻》的修訂傳承流布史，而且有利於研究該《切韻》在文獻語言學方面的價值。

一 可洪所引《切韻》與現存《切韻》系韻書之比較

自陸法言《切韻》問世之後，即有長孫訥言、郭知玄、關亮、薛峋、王仁煦、祝尚丘、孫愐、嚴寶文、裴務齊、陳道固等諸家針對其不足爲之加字、補訓、增注，歷代版本衆多。那麼，可洪所引的《切韻》是不是陸氏原本呢？如果不是，又是個什麼狀況的版本呢？下面我們把可洪所引《切韻》，與現存比較完整且有代表性的《切韻》系韻書一一進行比較，通過具體數據分析其差異，從而探討可洪所引《切韻》的版本特點，以及其在《切韻》的修訂傳承史中的版本意義。

（一）與《切韻箋注（二）》（切三）之比較

《可洪音義》引《切韻》102處，涉及82個字，其中23個字所屬的韻部因《切韻箋注（二）》缺失，無法進行判斷；3個字所屬韻部因該韻殘損不全，其字不存，亦無法進行判斷；1個字因《可洪音義》與《切韻箋注（二）》皆字形不清晰或可能傳抄失誤，亦無法下結論。剩下的可以做出明確判斷的引例中，有10個字所涉及內容與可洪所引《切韻》不合；2個字部分吻合，可視爲不合；24個字基本吻合。另有19個字所屬韻部今《切韻箋注（二）》雖完整，但無其字，亦視爲與可洪所引《切韻》不合。總計吻合度爲24/55（43.6％）。

（二）與伯2011《刊謬補缺切韻》（王一）之比較

《可洪音義》引《切韻》102處，涉及82個字，其中18個字所屬的韻部因伯2011缺失，無法進行判斷；15個字所屬韻部因該韻殘損不全，其字不存，亦無法進行判斷；1個字因《可洪音義》與伯2011皆字形不清晰或可能傳抄失誤，亦無法下結論。剩下的可以做出明確判斷的引例中，有12個字所涉及內容與可洪所引《切韻》不合；1個字部分吻合，可視爲不合；27個字基本吻合。另有8個字所屬韻部今伯2011雖完整，但無其字，亦視爲與可洪所引《切韻》不合。總計吻合度爲27/48（56.3％）。

（三）與宋跋本《刊謬補缺切韻》（王三）之比較

《可洪音義》引《切韻》102處，涉及82個字，有1個字所屬的韻部因宋跋本《刊謬補缺切韻》缺失，無法進行判斷；1個字所屬韻部因該韻殘損不全，其字不存，亦無法進行判斷；2個字因《可洪音義》與宋跋本《刊謬補缺切韻》皆字形不清晰或可能傳抄失誤，亦無法下結論。剩下的可以做出明確判斷的引例中，有17個字所涉及內容與可洪所引《切韻》不合；5個字部分吻合，可視爲不合；40個字基本吻合。另有16個字所屬韻部今宋跋本《刊謬補缺切韻》雖完整，但無其字，亦視爲與可洪所引《切韻》不合。總計吻合度爲40/78（51.3％）。

（四）與裴本《刊謬補缺切韻》（王二）之比較

《可洪音義》引《切韻》102處，涉及82個字，有23個字所屬的韻部因裴本缺失，無法進行判斷；2個字因《可洪音義》與裴本皆字形不清晰或可能傳抄失誤，亦無法下結論。剩下的可以做出明確判斷的引例中，有12個字所涉及內容與可洪所引《切韻》不合；4個字部分吻合，可視爲不合；24個字基本吻合。另有17個字所屬韻部今裴本雖完整，但無其字，亦視爲與可洪所引《切韻》不合。總計吻合度爲24/57（42.1%）。

（五）與伯2016、伯2014等綴合的《大唐刊謬補缺切韻》之比較

《可洪音義》所引《切韻》102處，涉及82個字，有65個字所屬的韻部因《大唐刊謬補缺切韻》缺失，無法進行判斷；6個字所屬韻部因該韻殘損不全，其字不存，亦無法進行判斷。剩下的可以做出明確判斷的引例中，有1個字所涉及內容與可洪所引《切韻》不合；6字基本吻合。另有4個字所屬韻部今《大唐刊謬補缺切韻》雖完整，但無其字，亦視爲與可洪所引《切韻》不合。總計吻合度爲6/11（54.5%）。

（六）與蔣斧本《唐韻》之比較

《可洪音義》所引《切韻》102處，涉及82個字，有49個字所屬的韻部因蔣本《唐韻》缺失，無法進行判斷；3個字所屬韻部因該韻殘損不全，其字不存，亦無法進行判斷。剩下的可以做出明確判斷的引例中，有3個字所涉及內容與可洪所引《切韻》不合；2個字部分吻合，可視爲不合；14個字基本吻合。另有11個字所屬韻部今蔣本《唐韻》雖完整，但無其字，亦視爲與可洪所引《切韻》不合。總計吻合度爲14/30（46.7%）。

（七）與《廣韻》之比較

《可洪音義》引《切韻》102處，涉及82個字詞，其中3個字因《可洪音義》字形不清晰或可能傳抄失誤，無法下結論。其餘有15個字所涉及內容與可洪所引《切韻》不合；3個字部分吻合，可視爲不合；58字基本吻合。另有3個字所屬韻部今《廣韻》雖完整，但無其字，亦視爲與可洪所引《切韻》不合。總計吻合度爲58/79（73.4%）。

上文資料統計顯示，可洪所引《切韻》與後出的《廣韻》最爲接近，相似度高達73.4%；其次是伯2011《刊謬補缺切韻》（56.3%）、《大唐刊謬補缺切韻》（54.5%）、宋跋本《刊謬補缺切韻》（51.3%），相似度都在50%以上；再次是蔣斧本《唐韻》（46.7%）、《切韻箋注（二）》（43.6%）和裴本《刊謬補缺切韻》（42.1%）。

《切韻箋注（二）》爲產生時代較早的版本，故與後來的增字增訓本差異較大；蔣斧本《唐韻》屬於《切韻》系韻書中的孫愐《韻》子系統，與《刊謬補缺切韻》子系統有一定差距。至於裴本《刊謬補缺切韻》，雖與伯2011同屬一個子系統，但與《可洪音義》所引《切韻》相比，相似度竟然相差14個百分點，原因俟考。

綜上可知，可洪所據《切韻》是一個唐末五代時期的版本，非陸法言舊版。此版本與早期《切韻》系韻書和孫愐《唐韻》系列差別較大，而與晚出的《廣韻》最爲接近。

二　可洪所引《切韻》與陸法言《切韻》的關係

上文我們通過將《可洪音義》所引《切韻》與現存《切韻》系韻書進行比較，得出了《可洪音義》所參引的《切韻》是一個唐末五代時期的版本、非陸法言舊版的結論，下面我們再通過一些具體的釋例來進一步證明一下這個結論。

例一：

羼提，上初諫反，《大品經》作羼提，《智度論》云秦言忍辱。《切韻》作羼，言（音）弗。（卷1，《放光般若經音義》卷1）

羼提，上初諫反。《切韻》作羴（羼），初眼反。（卷1，《摩訶般若波羅蜜經音義》卷1）

按，《切韻（四）》①、《切韻箋注（二）》、伯2011《刊謬補缺切韻》、宋跋本《刊謬補缺切韻》等韻書之《産韻》皆無"羼"字，唯《大唐刊謬補缺切韻·産韻》初産反："羼，見內典有。"（3365）②《廣韻·産韻》初限切有"羼"字，與可洪所言《切韻》音值相符。由此可知，"羼"系《産韻》後增字，可洪所參引之《切韻》乃晚唐五代時期的新編本，而非陸法言原版。《大唐刊謬補缺切韻》在收字釋義上自成系統，與他書不同，蓋《切韻》系韻書晚出之作。

例二：

龜茲，上居追反，下子慈反，《西域記》作屈支，屈，居勿反。又《切韻》上音丘，下音慈。《寶積經》於《金剛力士會》作丘慈，是也。（卷3，《大方等大集經音義》卷23）

龜茲，上居追反，下子慈反，《西域記》作屈支，《切韻》音丘慈，

---

① 《切韻（四）》由敦煌殘卷斯2683（底一）和伯4917（底二）綴合而成，引自張涌泉主編《敦煌經部文獻合集》第5冊。周祖謨《唐五代韻書集存》中又稱《切韻殘葉四》。

② 《大唐刊謬補缺切韻》由敦煌殘卷伯2016（頁一）（底一）、伯2014（第八頁除外）（底二）、伯2014（第八頁）（底三）、伯4747（底四）、伯2015（底五）、伯5531（底六）綴合而成，引自張涌泉主編《敦煌經部文獻合集》第7冊。

國名也。(卷22,《阿育王息壞目因緣經音義》)

按,現存《切韻》系韻書及殘卷如《切韻箋注(二)》、伯2011《刊謬補缺切韻》、宋跋本《刊謬補缺切韻》、裴本《刊謬補缺切韻》等《尤韻》皆無"龜"字,與可洪所言《切韻》不同。《廣韻》"龜"有二音:居追切、居求切,無音同"丘"者。唯《龍龕·龜部》:"龜,正:……又音丘,龜茲,國名也。"(190)與可洪所本相同。《集韻·尤韻》祛尤切:"龜,龜茲,西域國名。"(256)當承襲前代字韻書而來。

"茲",現存《切韻》系韻書如《切韻箋注(二)·之韻》"慈"小韻下無"茲"字,斯2055《切韻箋注(七)》、宋跋本《刊謬補缺切韻》皆同,裴本《刊謬補缺切韻·之韻》無"慈"小韻及"茲"字。唯《廣韻·之韻》"慈"小韻(疾之切)有"茲"字:"茲,龜茲,國名。龜音丘。"(63)與可洪所言《切韻》相合,此當《廣韻》後增,亦可說明可洪所引《切韻》是一個晚唐五代時期的新編本,而非陸法言原版。

例三:

麛鹿,上音迷,出應和尚《音義》,亦作麛也,《切韻》音倪。(卷14,《燈指因緣經音義》)

提䱾,上都兮反,下弥兮反,大魚也,或云伍弥,或云繫民,或云帝䱾,音麻,《切韻》作五雞反,非也。(卷15,《十誦律音義》卷33)

弱麛,音迷,鹿兒也,應和尚云:与麛同也。又《切韻》及《字樣》並作五兮反,麛(麛)也。(卷30,《廣弘明集音義》卷26)

按,"麛",可洪曰《切韻》作五兮反或五雞反,音倪,麛也,鹿兒也。考早期韻書《切韻箋注(二)·齊韻》無此字。宋跋本《刊謬補缺切韻·齊韻》五稽反:"麛,麛(麛)。或作猊。"(446)《大唐刊謬補缺切韻·齊韻》五兮反:"麛,鹿子。"(3345)此二書始收此音義,與可洪所言《切韻》相合。由此推知,"麛"字系《切韻》後增字。

例四:

蠰佉,上尸向反,下丘迦反,弥勒佛時王名也,上正作蠰。……《涅槃經》作儴佉,相承音穰,《切韻》遂載於穰字數,非也。(卷29,《弘明集音義》卷11)

儴佉,上而羊反,下丘迦反,此但相承作呼,《切韻》便取在穰字數中,致乖梵音字義耳。梵語正言蠰佉,上尸亮反,下丘迦反,唐言白螺。(卷29,《廣弘明集音義》卷3)

按，可洪説"儀佉"之"儀"相承音"穰"，《切韻》遂載於"穰"字韻中。考"穰"字《廣韻》有二音，《陽韻》汝陽切和《養韻》如兩切，"儀"即在《陽韻》"穰"小韻中，音汝陽切。《龍龕·人部》："儀，如羊反，儀伽，王名也。"（24）皆與可洪所言《切韻》情況相合。

然而現存的唐五代抄本韻書《陽韻》"穰"小韻中皆無"儀"字，《養韻》如兩反（音穰）下亦無"儀"字，如《切韻箋注（二）》、宋跋本《刊謬補缺切韻》、裴本《刊謬補缺切韻》皆如是，可見《廣韻·陽韻》"穰"小韻中的"儀"字系後增，可洪所説的《切韻》是一個晚唐五代時期新編本，而非陸法言原版。

例五：

薆薱，上徒登、都鄧二反，下莫鄧、莫登二反，《音義》云：失臥；極也。《切韻》云：新睡起也。下正作薆。（卷13，《別譯阿含經音義》卷20）

瞪憎，上都鄧反，下莫鄧反，前作瞪瞳，《川音》作薆憎，《切韻》正字作薆薱也。（卷20，《舍利弗阿毗曇論音義》卷15）

按，現存《切韻》系韻書及其殘卷《登韻》《嶝韻》皆無"薆薱"二字，唯《廣韻·嶝韻》都鄧切："薆，薆薱。"（433）又武亘切："薱，薆薱，新睡起。"（434）與可洪所言《切韻》相同。由此可知，"薆薱"系後增字。

上揭釋文引例皆可證明，可洪所引《切韻》是一個晚唐五代時期的新編本，書中增加了很多陸氏原書所無的字詞、訓釋，而非陸法言原版。

三 可洪所引《切韻》與《韻》的關係

本書在考察可洪引《韻》和引《切韻》的情況時，發現可洪經常《篇》《韻》並提，《玉篇》《切韻》並提，例如：

榮瑛，音唤，明也，出郭氏音，《篇》《韻》無此字。（卷21，《賢愚經音義》卷17）

帝瑛，音唤，出郭氏音，《玉篇》《切韻》無此字。（卷24，《開皇三寶錄音義》卷3）

立泜，音雖，尿也，《篇》《韻》無此呼。又奴吊反，正作尿也。又音類，非也。（卷21，《賢愚經音義》卷15）

作駈，丘狂反，曲也，戾也，正作軭、駈、𢹂三形。應和尚以脰字

替之，區放反，《篇》《韻》亦無脿字耳。(卷 25，《一切經音義音義》卷 14)

伽㨄，上巨迦反。下宜作梓，音子，佐死反。下方經作誎佐，是也。《玉篇》《切韻》、南嶽、郭逑諸家《經音》並無此字，今但以梵言和會。(卷 9，《文殊師利寶藏陀羅尼經音義》)

波篦，道遮［反］，論文自切也。《切韻》《玉篇》無此音。(卷 11，《十住婆沙論音義》卷 1)

依俙，音希，《玉篇》《切韻》並無此呼。(卷 24，《出三藏記音義》卷 14)

𩵋名，上巨魚反，見藏作車渠，是也。《玉篇》《切韻》並无𩵋字。(卷 25，《新華嚴經音義音義》卷上)

詔令，上之曜反，上命也，告也，教也，《川音》作曌，《玉篇》《切韻》並無此曌字，未詳何出。(卷 26，《大慈恩寺法師傳序音義》)

綜上可知，可洪所言《韻》大概就指《切韻》，《篇》《韻》即《玉篇》和《切韻》，其版本是可洪當時通行的版本，它既不同于原本《玉篇》《切韻》，又不同於宋本《玉篇》《廣韻》。

四　可洪所引《切韻》的文獻語言學價值

陸法言《切韻》問世後，增訂本甚多，現存最完整的增訂本有兩種，一爲唐寫本王仁昫《刊謬補缺切韻》，一爲北宋陳彭年等編的《大宋重修廣韻》。可洪所引《切韻》也是某種增訂本，其字形、注音或釋義，與現存《切韻》系韻書差別都較大，不僅如此，某些字形甚至是現存其他字韻書所未收，目前通行的大型字典亦未編入，爲今後的字典辭書編纂和語言文字研究提供了寶貴資料。

(一)　收字方面

1. 多收俗字異體。例如：

【鉚】【砙】【礦】【鑛】

金卝，古猛反，金璞也。《字樣》作卝，《切韻》作鉚、砙、礦、鑛四形。(卷 4，《大般涅槃經音義》卷 8)

按，《切韻箋注(二)·梗韻》："礦，金璞。古猛反。"(2216)《切韻箋注(五)·梗韻》："礦，金璞。古猛反。《說文》從黃。"(2468)

宋跋本《刊謬補缺切韻·梗韻》："礦，古猛反。金璞。亦作磺。"（484）《廣韻·梗韻》："礦，金璞也。古猛切。鑛，上同。䥐，古文。"（317）又："卝，呼①瞢切。金玉未成器也。"（317）綜上所引，現存《切韻》系韻書最多收三種字形，都不及可洪所見《切韻》所收俗字異體豐富。《集韻·梗韻》："礦，古猛切。《説文》：銅鐵樸石也。或作磺、鑛、䥐、䂛、卝。"（420）《集韻》綜合繼承前代韻書各種異體，收五種字形，最全。

【韄】【幰】

作韄，於容、於勇二反，又《切韻》作韄、幰（幰），二同，於用反。（卷25，《一切經音義音義》卷15）

按，"幰"當是"幰"字異寫，俗書"巾"旁、"巾"旁相濫。考現存唐五代各類韻書及《廣韻》之《鍾韻》《腫韻》《用韻》等韻，皆未見此二字，亦無"韄"字。《龍龕·革部》："韄：俗，於容反。"（448）可見"韄"爲後出俗字。《集韻·鍾韻》於容切："韄、䩨、韄：韏勒。或从邕，亦作䩨。"（21）亦未收"韄""幰"二字，可見二字亦後出俗體。《餘文》較早收錄"韄"字，《四聲篇海·韋部》引《餘文》曰："韄"，同"韄"（498）。"幰"字則大型字書如《漢語大字典》《中華字海》等皆未收。

【猘】【𤜼】

猘狗，上居例反，狂犬也。又《經音義》作昌制反。《切韻》作猘、𤜼二形。（卷12，《雜阿含經音義》卷30）

按，《切韻箋注（五）·祭韻》職例反："猘，狂犬。《春秋傳》曰：猘犬入華臣氏。"（2477）又伯2011《刊謬補缺切韻·祭韻》尺制反："狾（猘），狂［犬］。"（2813）宋跋本《刊謬補缺切韻·祭韻》尺制反："狾（猘），狂犬。"（495）裴本《刊謬補缺切韻·祭韻》職例反："猘，狂犬。"（590）蔣斧本《唐韻·祭韻》征例反："猘，狂犬。"（652）《廣韻·祭韻》征例切："猘，狂犬。"（377）上揭韻書皆只收"猘"字，未見"𤜼"字，唯《集韻·祭韻》尺制切："猘，狂犬。或作狾、𤜼。"（510）與可洪所言《切韻》相合。由此可見，可洪所據《切韻》較前代

---

① 余迺永校記曰：注文"呼"字北宋本、真福寺本、南宋祖本、巾箱本、黎本、景宋本並作"乎"。

韻書多有增字，所收俗字異體良多，而很多字形《廣韻》並未繼承。

【稴】

顯稴，市右反，与也。《切韻》作稴。（卷5，《寶雨經音義》卷1）

按，"稴"同"授"，《慧琳音義》卷30《寶雨經音義》卷1："顯授，下酬右反，經中作稴，非也，則天朝時僞造字也。"（57/1037a）《集韻·宥韻》："授，承呪切。付也。又姓。唐武后改作稴。"（614）《切韻箋注（五）》、伯2011《刊謬補缺切韻》、宋跋本《刊謬補缺切韻》、裴本《刊謬補缺切韻》、蔣斧本《唐韻》、《廣韻》皆作"授"，未見"稴"字，與可洪所見《切韻》不同，由此可知該版《切韻》增收了很多時俗異體。

【鈉】

鐵鈉，音輒，《音義》自出。按《切韻》女輒反。（卷25，《一切經音義音義》卷11）

按，現存唐五代韻書《葉韻》皆未收"鈉"字，《廣韻》中亦無此字，與可洪所言《切韻》情況不合。考《慧琳音義》卷14《大寶積經音義》卷56："鉆拔，上強廉反，《考聲》鐵鈉也，鈉音女輒反，以鐵鈉夾取物也。經文從甘作鉗，錯用也。"（57/661b）又卷41《六波羅蜜多經音義》卷3："鉆磔，儉淹反，《説文》云：鉆，鐵鈉也，從金、占聲。鐵音天結反，鈉音女輒反。經作鉗，鐵枷也，經非此義。"（58/222a）卷53《起世因本經音義》卷2："鐵鉆，下儉嚴反，《説文》：鉆，鈉也，從金、占聲，鈉音女輒反。經從甘作鉗，非體也，此今古之正形也。"（58/489b）據此，"鈉"又作"鈕"。《龍龕·金部》："鈉：輒、聶二音，鈉子也。"（19）宋本《玉篇·金部》："鈕，女輒切，拔髮也。"（324）這兩種字書正式收"鈉/鈕"字，注音與可洪所言《切韻》音值相合。又《集韻·葉韻》陟涉切："鈕，《説文》：鉆也。"（779）又昵輒切："箚：《説文》：箝也。亦作鈕。"（780）又《帖韻》諸叶切："鑷，《博雅》：正（止）也。亦作鈕。"（782）《集韻》收字實乃廣泛繼承了前代韻書的豐富成果。

不僅如此，從可洪的引述中我們還可以看出，該版《切韻》字頭多爲手寫變體，例如：

【乎】

互相，上乎故反，遞也，差也，《字樣》作互，《切韻》作乎。（卷

第二章　《可洪音義》引韻書研究　　193

11,《轉識論音義》）

互相,上乎悮反,《字樣》作互,《切韻》作𠂇。（卷14,《正法念處經音義》卷56）

按：伯2011《刊謬補缺切韻·暮韻》："■（𠂇）,差𠂇。亦作互。"（2810）宋跋本《刊謬補缺切韻》、蔣斧本《唐韻》皆作"𠂇",與可洪所言《切韻》字形相符。《廣韻》亦曰："互,俗作𠂇。"（368）裴本《刊謬補缺切韻·暮韻》："㐮,差㐮,俗𠂇。"（588）"𠂇""㐮"與"𠂇"形似,皆"互"字俗寫。敦煌寫卷斯388《群書新定字樣》（殘卷）："互,正；𠂇,相承用：音護。"（3815）《慧琳音義》卷49《順中論音義》卷上："遞互,下胡故反。……論文作𠂇,俗用字也。"（58/409b）《龍龕·雜部》："𠂇,俗；互,正：音護,更互也。"（549）綜上可見,可洪所據《切韻》字頭爲手寫變體。

【害】

傷害,胡蓋反,《切韻》作害,《字樣》作害,並同。（卷17,《沙彌威儀戒音義》）

按,現存唐五代韻書中,宋跋本《刊謬補缺切韻》作"害",胡蓋反（494）。裴本《刊謬補缺切韻·泰韻》："害,胡蓋反,從手（丯）,俗吉,通。"（591）皆與可洪所錄《切韻》字形有出入,不過,裴本言"害"字俗體從"吉",則與"害"字形近。考敦煌寫卷斯388《群書新定字樣》（殘卷）："害,字合［從］丯,丯音戒,《石經》隸書已從土。"（3816）又《五經文字·宀部》："害,從丯,丯音介,《石經》省從土（土）、從工者訛。"（15）又《干祿字書·去聲》："害、害：上俗,下正。"（48）《慧琳音義》卷41《大乘理趣六波羅蜜多經音義》卷1："侵害,下何大反……經作害,俗字也。"（58/207b）《龍龕·宀部》："害,古；害,正：音害。二。"（157）由此可見,可洪所據《切韻》字頭多用俗體,與正統字書字樣有別。

【𡨋】

蒙𡨋，……《切韻》作𡨋，同，莫瓶反，暗也。（卷1，《放光般若經音義》卷28）

按，"𡨋""𡨋"，今作"冥"。考《切韻箋注（二）·青韻》作"冥"（90）①，裴本《刊謬補缺切韻·冥韻》作"𡨋"（554），宋跋本《刊謬補缺切韻·青韻》："冥，莫經反。暗。冂，音扃。從日、從六。通俗作冥。"（465）裴本與可洪所錄《切韻》字形吻合，《切韻箋注（二）》及宋跋本字形微變。

2. 字際關係表述與現存字韻書不同。例如：

【搏】【專】

專之，上芳無反，布也，又芳武反。又《經音義》以㮹字替之，常絹反，圓畫也。《切韻》作㮹、𡞱，[二]同，時釧反。（卷23，《陀羅尼雜集音義》卷10）

㮹之，上市絹反，《切韻》作㮹、𡞱二形。（卷25，《一切經音義音義》卷20）

按，《通俗文》："畫圓曰規，規模曰㮹。"②"㮹"，可洪所見《切韻》作"㮹""𡞱"二形，即"搏""專"二字。今考伯2011《刊謬補缺切韻·線韻》殘缺無此字，宋跋本《刊謬補缺切韻·線韻》竪釧反："㮹，懸繩望之㮹㮹。"（502）裴本《刊謬補缺切韻·線韻》竪釧反："㮹，懸繩望。"（596）又："𡞱，亦小謹。"（596）蔣斧本《唐韻·線韻》時釧反："㮹，懸繩望。"（665）《廣韻·線韻》："搏，縣繩望。時釧切。"（411）又："甹，《説文》曰：專，小謹也。"（411）上揭韻書作"㮹""搏"，與可洪所言《切韻》作"㮹"字形基本相符，但是現存韻書"㮹/搏""𡞱"並不同義，此與可洪所見《切韻》不同。

---

① 引自《唐五代韻書集存》。
② （東漢）服虔撰、段書偉輯校：《通俗文輯校》，中州古籍出版社1993年版。

3. 可洪關於《切韻》著錄字形情況的描述有助於我們探討某些漢字的源流及其在字韻書中的收錄情況。例如：

【濾】

濾水，上力御反，瀝也，律文作漉水也。此字三藏所撰，《切韻》所無。（卷30，《護命放生軌儀法音義》）

按，"濾"，可洪言《切韻》所無，現存唐五代韻書及《廣韻》中確無此字，與可洪所言相符。《篆隸萬象名義》亦無此字，《慧琳音義》卷80《開元釋教錄音義》卷9："濾漉，上臚壽反，《韻筌》云：慮（濾）猶洗也。案濾者，蓋沙門護生以絹爲羅，疏理水中蟲穢，取其潔也。諸字書不載濾字。"（58/1089b）又斯617《俗務要名林·酒部》："濾，去酒滓。良預反。"（3626）①《龍龕·水部》："濾：音慮，濾漉也。"（234）由此可知，"濾"字至少唐代已經產生，乃俗用雜字，亦常見於佛經，但唐代的傳統字韻書不收此字，不過，宋代的字韻書已經增收，如宋本《玉篇·水部》："濾，力預切。濾水也。"（359）《集韻·御韻》良據切："濾，洗也，澄也。"（493）

【辞】

辞訣，上音詞，《切韻》無此體。（卷23，《經律異相音義》卷34）

按，"辞"，今作"辞"，乃"辭"之俗體，《正字通·辛部》："辞，俗辭字。誤。與亂作乱同。"（1143）西晉《三國志》寫本、《魏伏君妻眘雙仁墓誌》就有"辞"字②，但是直至唐代的傳統韻書皆不收此形體，如《切韻箋注（二）·之韻》似茲反："辭，又作辝。"（2164）《切韻箋注（七）·之韻》似茲反："辭，理訟。辝，讓而不受。"（2614）伯2011《刊謬補缺切韻·之韻》似茲反："辭，獄訟。亦作辝。辝，別。古作辤。"（360）③宋跋本《刊謬補缺切韻·之韻》似茲反："辭，獄訟，亦作辝。辝，訟辝。"（442）此與可洪所言《切韻》的收字情況相合。甚

---

① 參見《敦煌經部文獻合集》，第7冊。
② 北京圖書館金石組編：《北京圖書館藏歷代石刻拓本匯編》，鄭州中州古籍1990年版，第5冊，第29頁。
③ 引自《唐五代韻書集存》。

至宋代的傳統字韻書如《玉篇》《廣韻》都不收"辞/辞"這個俗體①，而《篆隸萬象名義》《龍龕》收此字，《名義·辛部》："辭，似次反，訟也。辞，上字。"（293）《龍龕·舌部》："辞，俗，音詞，正作辭。"（533）此蓋"辞"字之較早著錄者。

（二）音義方面

1. 可洪關於《切韻》注音的描述有助於我們推測某字之某音的產生時代及其在字韻書中的著錄情況。例如：

【蠢】

蠢直，上勑又反，傳文自切也。又《切韻》初六、勑六二反，直也。（卷30，《南海寄歸傳音義》卷2）

按，《切韻箋注（二）·屋韻》"蠢"音初六反（2221），伯2011《刊謬補缺切韻》、宋跋本《刊謬補缺切韻》、裴本《刊謬補缺切韻》皆同，僅有一切。《玉篇》亦"初六切"一音。《慧琳音義》卷43《觀佛三昧海經音義》卷2："蠢然，初六反，端直也，又草木茂盛也。"（58/267b）慧琳亦注一音，皆與可洪所言《切韻》不同，可見至少在唐代中期以前，"蠢"之"初六反"一音最正統。不過，"勑六反"一音業已產生並開始通行，如《玄應音義》卷4《觀佛三昧海經音義》卷2："蠢然，勑六反。端直也。又草木茂盛也。"（55）又卷18《辟支佛因緣論音義》卷下："蠢直，勑六反。謂端直也。"（251）又《文選·左思〈吳都賦〉》"櫺蠢森萃"李善注："蠢，丑六切。"又五臣注："蠢，蓄。"（86）②又《萬象名義·厶部》"蠢，勑陸反。草木茂盛。"（290）至蔣斧本《唐韻·屋韻》初六反："蠢，直皃。又勑□反。"（688）據上文，可以推測"勑□反"即"勑六反"。由此可知蔣斧本《唐韻》與可洪所見《切韻》版本時代比較接近，注音情況相符。《龍龕》"蠢"字亦音初六、丑六二反，蓋本自晚出之新《切韻》。《廣韻》亦丑六、初六二切皆收，承襲晚唐五代韻書。

---

① 《廣韻·之韻》似茲切："辭，辭訟。《說文》曰：辭，說也。辝，上同。《說文》曰：不受也。受辛宜辭之。辝，籀文。"（61）

② 李善注：《文選》，中華書局1977年版，據胡克家重刻宋淳熙本縮印。

【俙】

依俙，音希，《玉篇》《切韻》並無此呼。（卷 24，《出三藏記音義》卷 14）

依俙，音希，依俙，相似皃也。《切韻》無此呼。又虛豈反。（卷 26，《東夏三寶感通錄音義》卷中）

按，可洪曰《切韻》中"俙""希"不同音。考唐五代抄本韻書，《切韻箋注（二）·微韻》、《尾韻》皆無"俙"字，《切韻箋注（七）》、伯 2011《刊謬補缺切韻》、宋跋本《刊謬補缺切韻》等，其《微韻》"希"小韻中亦無"俙"字，這與可洪所見《切韻》相同。不過，唐五代韻書《尾韻》中一般有"俙"字，如伯 2011《刊謬補缺切韻·尾韻》希豈反："俙，儚俙。"（2777）宋跋本《刊謬補缺切韻》、裴本《刊謬補缺切韻》、《大唐刊謬補缺切韻》基本相同，由此可知唐代"俙"一般音"虛豈反/希豈反"，不過，"希"音亦已產生，斯 6204《字寶·平聲》"倚俙"注："俙，音希。"（3725）① 可證。五代時期二音皆通行，由可洪注音可知。至《廣韻》則二音皆收，《廣韻·微韻》香衣切："俙，依俙。"（65）又《尾韻》虛豈切："俙，儚俙。"（255）

2. 可洪關於《切韻》釋義的描述有助於我們推測某字之某義的產生時代及其在字韻書中的著錄情況。例如：

【操】

改慘，七到反，志操也。《切韻》作操，《字樣》作懆。（卷 21，《賢愚經音義》卷 18）

按，可洪曰"志操"義《切韻》作"操"，蔣斧本《唐韻》和《廣韻》"操"字形音義關係與可洪所言《切韻》相符，蔣斧本《唐韻·号韻》："操，持；又志操。七到反。又七刀反。"（668）《廣韻》同。不過，伯 2011《刊謬補缺切韻·号韻》曰："操，七到反，持。又七刀反。"（2826）宋跋本《刊謬補缺切韻·号韻》、裴本《刊謬補缺切韻·号韻》皆同，只有一個義項，無"志操"義，與可洪所見《切韻》不同。

據上引韻書可知，"操"字音七刀、七到二切，義爲"操持"，《說文·手部》："操，把持也。"（252）後來引申有志操、操行義，讀去聲，如《漢書·張湯傳》"有賢操"顏師古注："操謂所執持之志行也，音千

---

① 張涌泉主編：《敦煌經部文獻合集》，第 7 冊。

到反。"（2643）又《慧琳音義》卷 21《音新譯大方廣佛花嚴經音義》卷上："操行，操，倉到反，王逸注《楚辭》曰：操，志也。《玉篇》曰：持志貞固曰操也。"（57/828b）而"操持"義一般音平聲，如《玄應音義》卷 17《出曜論音義》卷 1："操杖，庱勞反。《說文》：操，把持也。操，執也。"（234）蓋《切韻》系早期韻書只釋"操"字本義，晚期韻書方才本義、引申義兼收，由此可知"操"字引申義大約在東漢就已產生，但收錄於傳統字韻書則在唐代。

【掏】

洮莆，案憚和尚《諸經要集》作泄，應和尚《經音義》作洮，《切韻》作掏，並同，徒刀反，掏擇，選物也。（卷 27，《續高僧傳音義》卷 11）

按，"洮""泄"皆"洮"字異寫，洮簡也，此音義《切韻》作"掏"。今考《切韻箋注（二）·豪韻》徒刀反："掏，掐出。"（2183）、伯 2011《刊謬補缺切韻》、宋跋本《刊謬補缺切韻》、裴本《刊謬補缺切韻》皆同，可見唐五代韻書字形、注音雖與可洪所言《切韻》相符，但釋義不同。又考《龍龕·手部》："掏，正：徒刀反，擇也；掐出也。"（208）宋本《玉篇·手部》："掏，徒刀切，掏擇。"（127）《廣韻·豪韻》徒刀切："掏，掏擇。"（157）三書與可洪所言《切韻》更相符，由此推測"掏"之"掏擇"義大概產生於唐代，晚唐五代時期方才收入字韻書。

附1：可洪所引《切韻》資料疏證

東韻

【熊】

【01】熊羆，上乎宮反，下彼皮反。上又《切韻》作羽弓反，此爲和會吳音也。唯應和尚《經音》直作胡弓反，是也。（卷 13，《太子本起瑞應經音義》卷上）

按，考唐五代韻書，《切韻箋注（七）·東韻》"熊"音羽隆反（2606），與可洪所言《切韻》讀音音值相合，宋跋本《刊謬補缺切韻》、裴本《刊謬補缺切韻》《大唐刊謬補缺切韻》皆同。《廣韻·東韻》音羽弓切，完全吻合。

鍾韻

【憃】

【02】憃愚，上丑降反，愚也，出應和尚《音義》。又《切韻》作丑用、丑龍、丑江三反。（卷 3，《大乘大集地藏十輪經音義》卷 5）

按，考《切韻（二）·江韻》："憃，愚。丑江反。又丑龍、丑用二反。"（2091）[①]《切韻箋注（七）·江韻》、宋跋本《刊謬補缺切韻·江韻》皆同。

裴本《刊謬補缺切韻·鍾韻》書容反："憃，愚也。又丑江反。又丑用反。"（539）又《江韻》："憃，愚。丑江反。又書容、丑用二反。"（541）《廣韻·江韻》："憃，愚也。丑江切。又丑龍切，又抽用切。"（40）又《用韻》丑用切："憃，愚也。又丑江切。"（345）綜上，現存《切韻》系韻書"憃"字注音與可洪所言《切韻》情況基本相合。

江韻

【憃】

憃愚，上丑降反，愚也，出應和尚《音義》。又《切韻》作丑用、丑龍、丑江三反。（卷 3，《大乘大集地藏十輪經音義》卷 5）

按，參見《鍾韻》"憃"字。

支韻

【錘】

【03】銖兩，上市朱反，《經音義》云：六銖爲錘，二錘爲錙，二錙爲兩也，計是二十四銖爲一兩也。又案《玉篇》云：二十四銖爲一兩。《切韻》云八銖爲錘。若以八銖爲錘，二錘爲錙，二錙爲兩，即三十二銖爲兩也，八字應悮。（卷 21，《修行道地經音義》卷 5）

按，《切韻（二）·支韻》直垂反："錘，八銖。"（2091）《切韻箋注（二）》《切韻箋注（七）》、宋跋本《刊謬補缺切韻》、裴本《刊謬

[①] 《切韻（二）》由敦煌殘卷伯 3696 碎十二（底一）、伯 3696B（底二）、伯 3695（底三）、伯 3696 碎十三（底四）綴合而成，引自張涌泉主編《敦煌經部文獻合集》第 5 冊。下同。

補缺切韻》《廣韻》皆同，正與可洪所言《切韻》情況相合。《説文·金部》："錘，八銖也。"（298）《淮南子·説山訓》："有千金之璧，而無錙錘之礛諸。"高誘注："六銖曰錙，八銖曰錘。"（1135）[①] 可見"八銖爲錘"之説淵源有自，可洪認爲"八"是誤字，未必是。

脂韻

【剚】

【04】劙爪，上《切韻》作剚（剓），力夷反，以刀直破也。合作劙也。（卷25，《一切經音義音義》卷22）

按，"剚"，"剓"字異寫，亦作"剠"。《切韻（二）·脂韻》力脂反："剚（剠），直破。"（2092）《切韻箋注（二）》同。《切韻箋注（七）·脂韻》力脂反："剓，剚同，直破。"（2612）宋跋本《刊謬補缺切韻·脂韻》力脂反："剠，直破。"（440）裴本《刊謬補缺切韻·脂韻》力脂反："剓，直破。"（548）《廣韻·脂韻》力脂切："剠，直破。"（55）綜上，現存《切韻》系韻書《脂韻》大體皆收"剚/剠"字，音值與可洪所見《切韻》相符，釋義表述不同但主旨相同。

之韻

【辞】

【05】辞訣，上音詞，《切韻》無此體。（卷23，《經律異相音義》卷34）

按，參見上文"《切韻》的文獻語言學價值"部分"辞"字例。

【兹】

【06】龜兹，上居追反，下子慈反，《西域記》作屈支，屈，居勿反。又《切韻》上音丘，下音慈。《寶積經》於《金剛力士會》作丘慈，是也。（卷3，《大方等大集經音義》卷23）

【07】龜兹，上居追反，下子慈反，《西域記》作屈支，《切韻》音丘慈，國名也。（卷22，《阿育王息壞目因緣經音義》）

按，參見上文"可洪所引《切韻》與陸法言《切韻》的關係"部分

[①] 何寧：《淮南子集釋》，中華書局1998年版。

例二。

微韻

【譏】

【08】譏諫，上（下）七賜反，數也，正作諫（諫）也。《切韻》譏字說文亦作諫，並久悮也。(卷 25，《一切經音義音義》卷 17)

按，《玄應音義》卷 17《出曜論音義》卷 8："譏蚩，居衣反，《廣雅》：譏，諫（諫）也。……諫（諫），音刺。"（236）可洪所釋詞目"譏諫"即玄應此條釋文中的"譏諫（諫）"二字，"諫"乃"諫"字訛誤。《說文·言部》："諫，數諫也。從言，束聲。"（51）《廣韻·寘韻》七賜切："諫，數諫也。"（347）

可洪曰"《切韻》譏字說文亦作諫，並久悮也"，考《切韻箋注（二）·微韻》居希反："譏，誹。"（2164）《切韻箋注（七）》、伯 2011《刊謬補缺切韻》、宋跋本《刊謬補缺切韻》皆同，"譏"字釋文中無"諫（諫）"字，與可洪所見《切韻》不同。又考宋本《廣韻·微韻》居依切："譏，諫也；誹也。"（65）《鉅宋廣韻·微韻》居依切："譏，諫也；誹也。"（32）① "諫""諫"皆"諫"字之誤②，可洪所言"《切韻》譏字說文亦作諫，並久悮也"，即指此。又《龍龕·言部》："譏：居依反，諫也。"（卷一·十四）③《字彙·言部》："譏，諫也。"（酉集·二十七）④ 其中"諫"字皆"諫"之訛誤。

【俙】

【09】依俙，音希，《玉篇》《切韻》並無此呼。(卷 24，《出三藏記音義》卷 14)

【10】依俙，音希，依俙，相似皃也。《切韻》無此呼。又虛豈反。(卷 26，《東夏三寶感通錄音義》卷中)

按，參見上文"《切韻》的文獻語言學價值"部分"俙"字例。

---

① （宋）陳彭年：《鉅宋廣韻》，上海古籍出版社 1983 年版。今余廼永《新校互注宋本廣韻》作"諫也"。
② 今余廼永：《新校互注宋本廣韻》未校正此字。
③ 四部叢刊續編本，第 12 冊。
④ 國學大師（http://www.guoxuedashi.com）掃描明萬曆四十三年梅士倩、梅士傑刻本。

魚韻

【𩹰】

【11】𩹰名，上巨魚反，見藏作車渠，是也。《玉篇》《切韻》並无𩹰字。（卷25，《新華嚴經音義音義》卷上）

按："𩹰名"，今《慧琳音義》卷22所轉引的慧苑《新譯大方廣佛花嚴經音義》作"舊名"："硨磲，梵音正云牟娑羅揭婆，言牟娑羅者，此云勝也；揭婆，藏也，舊名爲硨磲者，所未詳也。"（57/840b）頗疑"𩹰"乃是"舊"之俗體。現存各版本《玉篇》及《切韻》系韻書未見此字，與可洪所言相合。

虞韻

【莂】

【12】莂多，《經音義》作莂，《切韻》作莂，同，其俱反，花名也。或作樋，音猶。（卷5，《不必入定入印經音義》）

按，《玄應音義》卷5《不必定入印經音義》[①]："莂多，其俱反，依字，《爾雅》：莂，一名芋熒。芋音他頂反。"（75）《慧琳音義》卷30亦作"莂多"（57/1044b），可見"莂"乃"莂"之訛字，傳抄致誤。

《切韻箋注（二）·虞韻》其俱反下無此字，伯2011《刊謬補缺切韻·虞韻》殘缺不全，宋跋本《刊謬補缺切韻·虞韻》其俱反："莂，芋。"（444）《大唐刊謬補缺切韻·虞韻》其俱反："■（莂），芋（芋）莂。"（3344）《廣韻·虞韻》其俱切："莂，《爾雅》云：莂，芋熒。"（75）《集韻·虞韻》權俱切："莂，艸名。《爾雅》：莂，芋熒。或作莂、莂。"（76）據此，可洪曰"《切韻》作莂"，"莂"亦當"莂"之訛字，傳抄所致。

模韻

【頋】

【13】頋頋頋，上古合反，下二苦姑反，《切韻》在軲也。下一误。

[①] 按，此經名，大正藏作《不必入定入印經》，可洪作《不必入定入印經》，三者不同，未詳孰是。

（卷25，《一切經音義音義》卷17）

按，《切韻（二）·模韻》户吴反："頢，牛頸下垂。"（2094）因此卷殘缺，未見軴小韻。《切韻箋注（二）》"頢"亦音户吴反，苦胡反下無"軴""頢"二字。伯2011《刊謬補缺切韻》"頢"亦音户吴反，苦胡反下有"軴"無"頢"，宋跋本《刊謬補缺切韻》《廣韻》皆同伯2011，與可洪所言《切韻》不同，唯《集韻·模韻》空胡切："頢，頷車。"（90）音同"軴"。

齊韻

【麑】

【14】麑鹿，上音迷，鹿兒也，出應和尚《音義》，又《字樣》及《切韻》並作五兮反。（卷2，《大寶積經音義》卷8）

【15】麑鹿，上音迷，出應和尚《音義》，亦作麛也，《切韻》音倪。（卷14，《燈指因緣經音義》）

【16】提麑，上都兮反，下彌兮反，大魚也，或云低彌，或云繄民，或云帝麛，音麻，《切韻》作五雞反，非也。（卷15，《十誦律音義》卷33）

【17】麑鹿，上莫兮反，又《切韻》及《字樣》並作五兮反。（卷20，《尊婆須蜜菩薩所集論音義》卷5）

【18】麑鹿，上音迷，出應和尚《經音》，又《切韻》及《字樣》並五兮反。（卷20，《尊婆須蜜菩薩所集論音義》卷9）

【19】孤麑，上古胡反，下音迷，鹿兒也，又《字樣》及《切韻》並作五兮反，麛子也。（卷21，《佛本行讚音義》卷1）

【20】麑夘，上音迷，鹿兒也，与麛字同也，出應和尚《經音義》。又《切韻》及《字樣》並依五兮反。（卷29，《廣弘明集音義》卷10）

【21】弱麑，音迷，鹿兒也，應和尚云：与麛同也。又《切韻》及《字樣》並作五兮反，麜（麑）也。（卷30，《廣弘明集音義》卷26）

按，《切韻箋注（二）·齊韻》無此字。宋跋本《刊謬補缺切韻·齊韻》五稽反："麑，麜（麑）。或作猊。"（446）《廣韻·齊韻》五稽切："猊，狻猊，獅子屬，一走五百里。麑，上同。"（89）此二書"麑"字讀音與可洪所言《切韻》音值相符。由此推知，"麑"字系《切韻》後增字，可洪所說的《切韻》是一個晚唐五代時期新編本，非陸法言原版

《切韻》。《龍龕·鹿部》："麂，五兮反，麚（麂）子也。"（520）與可洪所見《切韻》注音吻合。

又《大唐刊謬補缺切韻·齊韻》五兮反："麂，鹿子。"（3345）又莫兮反："麛，鹿兒，亦作麂。"（3346）此書在"麂"字的解釋上自成系統，與他書不同，蓋亦《切韻》系韻書晚出之作。

【伈】

【22】伈䛏，上烏兮反，《經音義》作伈䛏。又《切韻》作伈，五兮反。（卷23，《陀羅尼雜集音義》卷4）

按，現存唐五代韻書如《切韻箋注（二）》、宋跋本《刊謬補缺切韻》《大唐刊謬補缺切韻》等皆未收"伈"字。《廣韻·齊韻》五稽切："伈，伈倖，佯不知皃。"（90）與可洪所言《切韻》字形、音值相符。《龍龕·人部》："伈，五兮反，伈倖，佯不知皃。"（25）宋本《玉篇·人部》："伈，五兮切，伈倖，佯不知皃。"（60）與可洪所言《切韻》字形、反切皆吻合。

皆韻

【齘】

【23】齗齘，上竹皆反，齧挽曰齗也。《玉篇》作齗，《切韻》作齘也。（卷5，《妙法蓮華經音義》卷2）

按，《切韻箋注（二）·皆韻》："齘，齧。卓皆反。"（2170）伯2011《刊謬補缺切韻》、宋跋本《刊謬補缺切韻》《廣韻》皆同，與可洪所言《切韻》情況相符。

咍韻

【姟】

【24】八姟，古哀反，《切韻》作十萬曰姟，《本行集經》云百千万京爲姟也。（卷20，《鞞婆沙論音義》卷1）

按，《切韻（二）·咍韻》"姟"字釋義殘缺；《切韻箋注（二）·咍韻》古哀反："姟，數。十萬曰姟。"（2171）伯2011《刊謬補缺切韻》、宋跋本《刊謬補缺切韻》、《廣韻》皆同，與可洪所言《切韻》相符。

真韻

【胂】【䏆】

【25】曰胂，上于月反。下引人反，按《切韻》音申，胂，脢，夾脊肉也。又按《切韻》作䏆，音寅，卜（夾）脊肉也。（卷25，《一切經音義音義》卷25）

按，《切韻（二）·真韻》殘，《切韻箋注（二）·真韻》余真反："䏆，臍䏆。"（2172）未收"胂"字。宋跋本《刊謬補缺切韻·真韻》書鄰反："胂，脢。"（449）又余真反："䏆，脊䏆。"（449）《廣韻·真韻》失人切："胂，脢也。"（103）又翼真切："䏆，脊䏆。"（104）綜上，現存《切韻》系韻書《真韻》大都收錄了"䏆""胂"二字，與可洪所見《切韻》基本相同。《說文·肉部》："胂，夾脊肉也。从肉，申聲。"（82）宋本《玉篇·肉部》："䏆，余真切，脊肉也。"（145）《集韻·諄韻》夷真切："䏆，夾脊肉也。"（125）

魂韻

【㚹】

【26】奈㚹，音婦……又《切韻》作㚹，戶昆、牛昆二反。（卷24，《出三藏記音義》卷4）

按，《切韻箋注（二）·魂韻》："㚹，女字。牛昆反。又戶昆反。"（2175）宋跋本《刊謬補缺切韻·魂韻》戶昆反："㚹，女字，又牛昆切。"（451）又："㚹，牛昆反。女字。又戶昆反。"（451）《廣韻·魂韻》戶昆切："㚹，女字，又五昆切。"（116）又："㚹，女字，又姓，出《纂文》。牛昆切。又戶昆切。"（119）綜此，現存唐五代韻書及《廣韻》"㚹"字讀音與可洪所見《切韻》吻合。

山韻

【殷】

【27】詁云蝈，上音古，下音迴，与蛔字同也。又詳經意，宜烠，音迴，火色也；又宜作㹛①，烏閑反，赤色也。……又按《切韻》作殷，烏

---

① 《廣韻·山韻》烏閑切："㹛，牛尾色也。"（130）

閑反，深朱色也，《左傳》曰輪朱殷，是也。（卷25，《一切經音義音義》卷11）

按，《切韻箋注（二）·山韻》"黫"小韻（烏閑反）下無"殷"字（2177），宋跋本《刊謬補缺切韻·山韻》黫小韻："殷，又於斤反。"（453）《廣韻·山韻》烏閑切："殷，赤黑色也。《左傳》云：左輪朱殷。"（130）《廣韻》與可洪所言《切韻》反切相符，釋義表述不同，但大旨相同。

仙韻

【躚】

【28】令動搖，……又應和尚《經音》作䑨䑨，上力丁反，下音動。又應和尚以僊字替之，音仙，《詩》云傳曰：僊僊，醉舞皃也。按《切韻》作躚，音仙，舞皃也。（卷5，《伅真陁羅所問經音義》卷上）

按，《切韻箋注（二）·仙韻》相然反："躚，舞皃。"（2179）伯2011《刊謬補缺切韻》、宋跋本《刊謬補缺切韻》、《廣韻》皆同，與可洪所引《切韻》音值、釋義皆合。

豪韻

【掏】

【29】泍蘭，案惲和尚《諸經要集》作泄，應和尚《經音義》作洮，《切韻》作掏，並同，徒刀反，掏擇，選物也。（卷27，《續高僧傳音義》卷11）

按，參見上文"《切韻》的文獻語言學價值"部分"掏"字例。

麻韻

【蔗】

【30】波籚，道遮反，論文自切也。《切韻》《玉篇》無此音。……又依字［音］禄。（卷11，《十住毗婆沙論音義》卷1）

按，可洪所釋詞今大正藏本《十住毗婆沙論》卷1作"波蔗"："偈有二種：一者四句偈名爲波蔗，二者六句偈名祇夜。"校勘記曰：宋、元、宮本作"波蔗（道遮反）"，明本作"波蔗（道遮切）"。"蔗"，

《廣韻·禡韻》之夜切，與經文自切音近，原文當以作"蔗"爲是，"篼"乃訛字，手書中"蔗"常訛作"篼"①，可洪失校。

"蔗"，伯 2011《刊謬補缺切韻》、宋跋本《刊謬補缺切韻》、裴本《刊謬補缺切韻》、蔣斧本《唐韻》、《廣韻》皆音之夜切，《玉篇》亦音之夜切，未見有音"道遮反"者。"篼"，宋跋本《刊謬補缺切韻》、裴本《刊謬補缺切韻》、蔣本《唐韻》、《廣韻》皆音盧谷切，宋本《玉篇》力木切，亦無"道遮反"之音切，與可洪所言字韻書情況相符。

陽韻

【儴】

【31】蟻佉，上尸向反，下丘迦反，彌勒佛時王名也，上正作蠰。……《涅槃經》作儴佉，相承音穰，《切韻》遂載於穰字數，非也。（卷 29，《弘明集音義》卷 11）

【32】儴佉，上而羊反，下丘迦反，此但相承作呼，《切韻》便取在穰字數中，致乖梵音字義耳。梵語正言蠰佉，上尸亮反，下丘迦反，唐言白螺。（卷 29，《廣弘明集音義》卷 3）

按，參見上文"可洪所引《切韻》與陸法言《切韻》的關係"部分例四。

唐韻

【橫】

【33】櫨㯷，《經音義》作橫，《廣濟藏》作橫，《開元樓藏》作㯷，《切韻》作橫，同，古黄反。字體或璜、獷，二同，音黄。（卷 6，《大灌頂經音義》卷 4）

按，"㯷""橫""㯷"皆是"橫"字異寫，《集韻·唐韻》姑黄切："橫，牀下橫木。"（225）②"橫"，《切韻箋注（二）·唐韻》未收，伯 2011《刊謬補缺切韻》、宋跋本《刊謬補缺切韻》皆音古皇反，《廣韻》音古黄切，三書與可洪所言《切韻》字形、注音相符。裴本《刊謬

---

① 參見《〈可洪音義〉研究——以文字爲中心》下編《異體字表》"蔗"字條，第 819 頁。
② 參見《〈可洪音義〉研究——以文字爲中心》中編《疑難字考釋》"㯷"字條，第 143 頁。

補缺切韻》音胡光反，與上揭韻書不同。《龍龕·人部》"㿂，音光。武也。又音黃。"（28）二音兼收。

庚韻

【㲉】

【34】棠治，上宅庚反，下音持，屬船也，止水也，正作㲉也。《周礼》云：唯角㲉之也。《切韻》作㲉。悮也。（卷2，《小品般若經音義》卷5）

按，今《周禮·考工記·弓人》作"維角㲉之"，鄭玄注引鄭司農云："㲉，讀如掌距之掌、車掌之掌。"陸德明釋文："㲉，直庚反，或之亮反，又詩尚反，注同。沈云或音堂，非。"（936）①"棠"乃"堂"字之訛，"堂"亦作"㲉"，《說文·止部》："㲉，距也。从止，尚聲。"（32）徐鍇繫傳作"距也"（32）。②

考宋跋本《刊謬補缺切韻·庚韻》、裴本《刊謬補缺切韻·庚韻》皆未收"㲉"字或其變體，與可洪所言《切韻》不同，其他現存的《切韻》系韻書《庚韻》殘片中亦無"㲉"字及其變體，唯《廣韻·庚韻》直庚切："㲉，距也，《周禮》曰：唯角㲉之。"（186）不過，宋跋本《刊謬補缺切韻》、裴本《刊謬補缺切韻》之《養韻》"敞"小韻中收有"㲉""㲉"二字，乃"㲉/㲉"字變體。《廣韻·養韻》昌兩切："㲉，踞③也，又主尚、直庚二切。"（311）

青韻

【冥】

【35】蒙冥，……《切韻》作冥，同，莫瓶反，暗也。（卷1，《放光般若經音義》卷28）

按，參見上文"《切韻》的文獻語言學價值"部分"冥"字例。

---

① 《周禮注疏》，（清）阮元校刻《十三經注疏》本，中華書局1980年版。
② （南唐）徐鍇：《說文解字繫傳》，中華書局1987年版。
③ 余廼永校曰："踞，當乃"距"或"岠"之訛字（813）。

登韻

【薹】【蘷】

【36】薹薴，上徒登、都鄧二反，下莫鄧、莫登二反，《音義》云：失卧；極也。《切韻》云：新睡起也。下正作蘷。（卷13，《別譯阿含經音義》卷20）

【37】噔憎，上都鄧反，下莫鄧反，前作瞪瞳，《川音》作薹懵，《切韻》正字作薹蘷也。（卷20，《舍利弗阿毗曇論音義》卷15）

按，參見上文"可洪所引《切韻》與陸法言《切韻》的關係"部分例五。

尤韻

【尤】

【38】冘士，上苦浪反，高也，正作亢也。《切韻》作冘（尤），音由。（卷29，《廣弘明集音義》卷4）

按，可洪曰"《切韻》作冘，音由"，據此可知"冘"乃"尤"字之誤，"尤"，《切韻》音由。考《切韻箋注（二）·尤韻》以周反："冘（尤），尤豫。"（2192）伯2011《刊謬補缺切韻·尤韻》以周反："尤，尤豫，不定。"（2762）宋跋本《刊謬補缺切韻》同上。裴本《刊謬補缺切韻·尤韻》以周反："尤，尤預，不定。"（560）《廣韻·尤韻》以周切："尤，尤豫，不定。"（204）現存韻書"尤"字音值與可洪所言《切韻》情況相符。

【龜】

龜茲，上居追反，下子慈反，《西域記》作屈支，屈，居勿反。又《切韻》上音丘，下音慈。《寶積經》於《金剛力士會》作丘慈，是也。（卷3，《大方等大集經音義》卷23）

龜茲，上居追反，下子慈反，《西域記》作屈支，《切韻》音丘慈，國名也。（卷22，《阿育王息壞目因緣經音義》）

按，參見《之韻》"茲"字。

侵韻

【沉】

【39】沈研，上直林反，《字樣》作沈。又音審，一體兩名也。從人

出冖，冖音覓。今《切韻》作沉，音鈊；作沈，音審，於義無據也。（卷26，《大唐西域記音義》卷3）

按，"沈"，《切韻箋注（二）·寑韻》"沈，■■（古作）邥，式稔反。"（2219）《切韻箋注（五）》同。伯2011《刊謬補缺切韻·寑韻》"沈，式稔反。古作邥。人姓。"（2797）宋跋本《刊謬補缺切韻》同。又"沉"，《切韻三·侵韻》《切韻箋注（二）·侵韻》音除深反；《切韻箋注（五）·沁韻》、伯2011《刊謬補缺切韻·沁韻》音直任反；宋跋本《刊謬補缺切韻·侵韻》"沉，除深反。没。又或捻枕反①，人姓。俗以出頭作姓。"（467）又《沁韻》直妊反："沉，没。"（507）裴務齊《刊謬補缺切韻·侵韻》："沉，除深反。没也。亦式稔反。姓也。"（558）又《沁韻》直任反。蔣斧本《唐韻·沁韻》直禁反："沉，又直壬反。"（680）綜上，可洪所言"沈""沉"二字在《切韻》中的著錄情況與現存唐五代韻書基本相符。

《廣韻·侵韻》："沈，没也；《說文》曰：陵上滴水也。又漢複姓。……直深切。又尸甚切。沉，俗。"（217）又《寑韻》："沈，國名，古作邥。亦姓。……式任（荏）切。又丈林切。"（329）又《沁韻》直禁切："沈，又直壬切。"（440）《廣韻》把"沉"作爲"沈"的俗字處理。《說文·水部》："沈，陵上滴水也。从水，冘聲。"（233）《五經文字·水部》："沈，丈林反，又音審，從人出冖。今人以此字音審，別作沉字，於義無據，亦行之久矣，但經典之文不可不正。"（58）

紙韻

【鉕】

【40】作鉕，音匙，律文俗字，應和尚作昌紙反。《切韻》无此字。（卷25，《一切經音義音義》卷15）

按，現存唐五代《切韻》系韻書無"鉕"字，與可洪所言相合。"鉕"出自《玄應音義》，《玄應音義》卷15《十誦律音義》卷13："匙匕，卑以反，一名柶，《通俗文》：匕，或謂之匙。《方言》作提，同，是移反。柶音四。又作鉕，昌紙反，非也"（200）

---

① 或捻枕反，當作"式稔反，沈"。

止韻

【搩】

【41】伽搩，上巨迦反。下宜作梓，音子，佐死反。下方經作誐佐，是也。《玉篇》、《切韻》、南嶽、郭迻諸家《經音》並無此字，今但以梵言和會。（卷9,《文殊師利寶藏陀羅尼經音義》）

按，今本《玉篇》及唐五代《切韻》系韻書中無此字，與可洪所言情況相合。大正藏本《文殊師利寶藏陀羅尼經》今作"伽樑"，可洪據梵音，認爲宜作"伽梓"，如是，則"搩""樑"皆"梓"之異寫。

麌韻

【㿗】

【42】㿗墮，上羊主反，勞也，勞苦多惰~也。《切韻》云：器空中也；亦病也。正作㿗。又況禹反，悮。（卷10,《大智度論音義》卷99）

按，"㿗"是"㿗"字俗訛。《說文·穴部》："㿗，污窬也。从穴、瓜聲。朔方有㿗渾縣。"（149）考現存唐五代韻書，如《切韻箋注（二）·麌韻》以主反："㿗，器病。"（2204）宋跋本《刊謬補缺切韻》、裴本《刊謬補缺切韻》皆同，與可洪所言《切韻》釋義不同。又《廣韻·麌韻》："㿗，器空中；亦病也。"（263）與可洪所言《切韻》釋義相合。《龍龕·瓜部》："㿗：羊主反，器空中；亦病也。"（195）又《穴部》："窳，或作；㿗，正：羊主反，器中空也；亦病也；又嬾也。二。"（508）《龍龕·瓜部》釋義與可洪所引《切韻》吻合。宋本《玉篇·穴部》："㿗，俞矩切，邪也；器空中也；《說文》曰：污窬也。"（226）《玉篇》"器空中也"與可洪所引《切韻》吻合。

姥韻

【虎】

【43】虎鵠，上火古反，正作虎，《切韻》作虝，說文：從虍几，緣廟諱，故省右脚。（卷28,《弘明集音義》卷2）

按，《切韻箋注（二）·姥韻》："虎，呼古反。案《[說]文》：山獸之君。足似人足。故足下安人，此几是即古人字，音人。"（2205）伯2011《刊謬補缺切韻・姥韻》殘缺，宋跋本《刊謬補缺切韻・姥韻》："虎，呼古反。"（476）裴本《刊謬補缺切韻》同宋跋本。《廣韻・姥韻》："虎，獸名。《說文》曰：虎，山獸之君。《淮南子》曰：虎嘯谷風至。又姓，《風俗通》曰：漢有合浦太守虎旗，其先八元伯虎之後。呼古切。"（266）皆與可洪所引《切韻》釋文不合，當是所據版本不同。考《五經文字・虍部》："虖，緣諱，故省一畫，凡從虎者皆放此。"（79）此與可洪所引《切韻》主旨相合，蓋爲唐代字韻書之共識。

【𧢢】【捔】【觟】

【44】作𧢢，音角。又應和尚云此是古文觕字。按《切韻》作𧢢、捔、觟，三同，音粗，角長也。（卷25，《一切經音義音義》卷22）

按，考宋跋本《刊謬補缺切韻・姥韻》徂古反："捔，長角。又助角反。亦■■。"（476）文殘，不能確考。裴本《刊謬補缺切韻・姥韻》似（徂）古反："捔，長角。又助角反。亦觟。"（575）與可洪所言《切韻》情況相近，然少一字。《廣韻・姥韻》徂古切："𧢢，牛角直下。"（266）未收"捔""觟"二字，釋義亦不同。

薺韻

【坁】【抵】

【45】坁抵，上音伍，下音祇。《江西經音》作坁、抵，音遲。《切韻》作坁、抵，二同，音底。（卷23，《陀羅尼雜集音義》卷5）

按，考《切韻箋注（二）・薺韻》都礼反下有"坁""抵"二字（2205），宋跋本《刊謬補缺切韻》《廣韻》皆同，與可洪所言《切韻》情況相合。裴本《刊謬補缺切韻・薺韻》都礼反下只有"坁"，未收"抵"字。

海韻

【婇】【誄】

【46】誄女，上倉在反，《切韻》無。（卷22，《釋迦譜音義》卷8）

【47】婇女：同上，《切韻》無此二體。（同上）

【48】婇女，上音采，《切韻》無此字。（卷23，《經律異相音義》卷20）

按，現存的唐五代韻書及《廣韻》皆無"婇""誄"二字，與可洪所言《切韻》情況相符。"婇"字初見《集韻·海韻》,"䍻"見於《直音篇》。

佛經中"婇""綵""采""採"等字互爲異文,如大正藏《道行般若經》卷9:"有六百八十萬夫人采女共相娛樂。"校勘記曰:"采",宋、元、明、宮本作"婇",聖本作"綵"。大正藏《經律異相》卷8:"一日之後大小貴人採女俱出城外採花。"校勘記:"採",宋、元、明、宮本作"婇"。大正藏《悲華經》卷6:"處在宮殿妻子綵女五欲之中。"校勘記:"綵",宋、元、明本作"婇"。大正藏《大般涅槃經》卷3:"與餘夫人及以婇女八萬四千人於靜室中坐禪思惟。"校勘記:"婇",宋、元、明本作"綵"。慧琳認爲"婇"正作"綵",《慧琳音義》卷33《謗佛經音義》:"綵女,猜宰反……從糸,采聲。經文從女作婇,非也。"(58/69b)可洪認爲"婇"正作"采""採""綵",《可洪音義》卷3《大方等大集經音義》卷6:"婇女,上倉海反,事也,事君之女也,正作采、採二形。又擇也,採擇衆女以填宮,因以名之,書無此字。"又同卷《大方等大集經音義》卷12:"婇女,上倉改反,正作綵。"又卷7《大方等修多羅王經音義》:"婇女,上倉改反,擇也,正作採,亦作綵也,所以採擇衆女填宮也,書無此婇。"

㨈韻

【夲】

【49】離夲,上力義反,下布損反,今作夲,正作夲也……《切韻》云從木、丅。《舊韻》云從木。丅,音下,無點。(卷2,《道行般若經音義》卷1)

【50】夲分,上布損反,正作夲也。《字樣》云從木、丅作夲,《切韻》作夲也。(卷29,《弘明集音義》卷5)

按,《切韻(四)·㨈韻》:"夲,布忖反。"(2132)[1]《切韻箋注(二)·㨈韻》:"本,布忖反。俗作夲。"(2208)伯2011《刊謬補缺切

---

[1]《切韻(四)》由敦煌殘卷斯2683(底一)和伯4917(底二)綴合而成,引自張涌泉主編《敦煌經部文獻合集·小學類韻書之屬》第5冊。周祖謨《唐五代韻書集存》中又稱《切韻殘葉四》。

韻・混韻》："夲，布忖反。根。"（2784）宋跋本《刊謬補缺切韻・混韻》："夲，布忖反。正作本。根。"（478）《廣韻・混韻》："本，本末，又始也，下也，舊也。《說文》曰：木下曰本，从木，一在其下。俗作夲。夲自音叨。布忖切。"（282）《切韻（四）》、伯2011、宋跋本字頭與可洪所引《切韻》字形相符，而《切韻箋注（二）》和《廣韻》注釋中所出俗字字形與可洪所引《切韻》字形相符，但現存唐五代韻書大都沒有字形分析，《廣韻》雖有，但與可洪所引《切韻》不同，由此可知可洪所用《切韻》與現存各本皆版本不同。

產韻

【羼】

【51】羼提，上初諫反，《大品經》作羼提，《智度論》云秦言忍辱。《切韻》作羼，言（音）弗。（卷1，《放光般若經音義》卷1）

【52】羼提，上初諫反。《切韻》作羴（羼），初眼反。（卷1，《摩訶般若波羅蜜經音義》卷1）

按，《切韻（四）》《切韻箋注（二）》、伯2011《刊謬補缺切韻》、宋跋本《刊謬補缺切韻》等韻書之《產韻》皆無"羼"字，唯《大唐刊謬補缺切韻・產韻》初產反："羼，見內典有。"（3365）《廣韻・產韻》初限切有"羼"字，與可洪所言《切韻》音值相符。由此可知，"羼"字系《產韻》後增字，可洪所參引之《切韻》乃晚唐五代時期的新編本，而非陸法言原版。《大唐刊謬補缺切韻》在收字釋義上自成系統，與他書不同，蓋《切韻》系韻書晚出之作。

又伯2011《刊謬補缺切韻・襇韻》："羼，初莧反，羊相間。又初鴈反。"（2822）宋跋本《刊謬補缺切韻・襇韻》、裴本《刊謬補缺切韻・襇韻》、蔣斧本《唐韻・襇韻》皆同，《廣韻・諫韻》初鴈切亦有"羼"字，此即可洪所音"初諫反"，而可洪未言此音出自《切韻》。《龍龕・尸部》："羼，初間反，梵語羼提，此云忍辱也。"（164）行均取此音。

獮韻

【鄯】

【53】鄯鄯，時戰反，西域國名也。《切韻》作鄯善，常演反。（卷

24,《出三藏記音義》卷 15）

【54】鄯鄯，時戰反，《切韻》作鄯善也。（卷 24,《開元釋教錄音義》卷 4）

按，"鄯鄯"，可洪曰《切韻》作"鄯善"，"鄯"音常演反。考《切韻箋注（二）·獼韻》"善"小韻（常演反）中無"鄯"字。宋跋本《刊謬補缺切韻·獼韻》同，但在《線韻》"繕"小韻（視戰反）下出"鄯"字："鄯，鄯善，西域國。"（501）裴本《刊謬補缺切韻》、蔣斧本《唐韻》"鄯"字亦皆歸入《線韻》，皆不同於可洪所說的《切韻》，故知現存的唐五代抄本韻書與可洪所言之《切韻》屬於不同的子系統。

《廣韻》則兩音皆收，《獼韻》常演切："鄯，州名。……又鄯善，西域國也，本名樓蘭。又音擅。"（292）又《線韻》時戰切："鄯，鄯善，西域國名。"（409）蓋綜合前代韻書而來。

晧韻

【慄】

【55】易慄，上羊益反，下七到反，謂變志也，見《字樣》。《切韻》音草，非。（卷 21,《賢愚經音義》卷 3）

按，《切韻箋注（二）·晧韻》七嫂反："慄，憂心。"（2212）又《切韻箋注（五）·晧韻》七掃反："慄，憂心。"（2466）伯 2011《刊謬補缺切韻》、宋跋本《刊謬補缺切韻》皆同，《廣韻·晧韻》采老切："慄，憂心。"（302）綜上所引，現存各種《切韻》系韻書及殘片皆與可洪所言《切韻》"慄"字注音音值相同。《龍龕·心部》："慄：音草，憂也。"（58）亦與可洪所言《切韻》音同。

梗韻

【礦】【鑛】【鉾】【砰】

【56】金丱，古猛反，金璞也。《字樣》作卝，《切韻》作鉾、砰、礦、鑛四形。又戶猛反，未成器也。（卷 4,《大般涅槃經音義》卷 8）

按，參見上文"《切韻》的文獻語言學價值"部分"鉾""砰"字例。

厚韻

【偶】

【57】耦對，上五口反，《切韻》作偶也。（卷25,《新華嚴經音義音義》卷下）

按，《切韻箋注（二）·厚韻》五口反："偶，合。"又："耦，耕耦。"（2218）伯2011《刊謬補缺切韻》、宋跋本《刊謬補缺切韻》、裴本《刊謬補缺切韻》同。《切韻箋注（五）》"偶"字音義同《切韻箋注（二）》，"耦"字殘缺。《廣韻·厚韻》五口切："偶，合也，匹也，二也，對也，諧也。"（326）又："耦，耦耕也。亦姓，《風俗通》云：宋卿華耦之後，漢有侍中耦嘉。"（326）綜上，現存《切韻》系韻書中"偶""耦"表義不同，偶合義用"偶"，與可洪所見《切韻》情況相符。

【毆】

【58】從殳，音殊，兵器也，長一丈三尺。今謂毆從殳也，按《切韻》從攴作毆，又《玉篇》亦作毆也。攴，普木反，擊也。（卷25,《一切經音義音義》卷22）

按，《切韻箋注（五）》、伯2011《刊謬補缺切韻》、宋跋本《刊謬補缺切韻》、裴本《刊謬補缺切韻》等皆作"毆"，不作"毆"，與可洪所見《切韻》不同。《廣韻·厚韻》："毆，毆擊也，俗作毆。"（327）

【謏】

【59】誅謏，上音恤；下先久反，《切韻》無此切之躰也，《切韻》唯作思走反，謏誅，誘也。又蘇了、蘇豆二反。（卷25,《一切經音義音義》卷7）

按，《切韻箋注（二）》"謏"在《厚韻》中，《有韻》無。《切韻箋注（五）·厚韻》蘇后反："謏，謏誅，誘辝。又蘇了反。"（2470）《有韻》亦無。伯2011《刊謬補缺切韻·厚韻》蘇后反："謏，謏誅，誘辞。"（2796）《有韻》無此字。宋跋本《刊謬補缺切韻》、裴本《刊謬補缺切韻》莫不如此，皆與可洪所言之《切韻》音值相符，皆無與"先久反"音值相同之注音。

《廣韻》"謏/誘"有四音：《篠韻》先鳥切："誘，誘爲善也；又小也。謏，上同。"（295）《厚韻》蘇后切："謥，謥詷，誘辝。"（326）①《候韻》蘇奏切："謏，誧謏，怒言也。"（439）《屋韻》所六切："謏，小也。又蘇了切。"（454）但是沒有與"先久反"音值相同的注音。

寢韻

【蕈】

【60】椹羹，上音審，菌生木上者也，亦云樹雞，亦云樹耳，如《寶林傳》作樹耳是也，正作蕈，山南土俗亦爲審。按《五經字樣》作蕈，式甚反，是也。《切韻》作慈荏反。（卷16，《彌沙塞部和醯五分律音義》卷20）

【61】有蕈，音審，地菌也，應和尚亦音審。又按《字樣》作式甚反，是也。漢上及蜀並呼菌爲審也。《玉篇》《切韻》並作慈荏反。（卷27，《續高僧傳音義》卷17）

【62】毒椹，正作蕈，音審，菌也，《字樣》作式甚反，應和尚《經音義》作蕈，音審，説文云似蓋。蕈，《玉篇》《切韻》並作慈荏反。（卷27，《續高僧傳音義》卷19）

【63】冬葚，音審，菌也，正作蕈也。又音甚，非也。蕈音審，又《切韻》作慈荏反，非也。（卷30，《廣弘明集音義》卷24）

按，《切韻箋注（二）·寢韻》："蕈，菌生木上。慈錦反。"（2219）伯2011《刊謬補缺切韻·寢韻》渠飲反："蕈，菌生木土（上）。又慈錦反。"（2797）又："蕈，■（慈）錦反。菌■（生）木上。"（2797）宋跋本《刊謬補缺切韻·寢韻》："蕈，慈錦反。菌生木上。又渠飲反。"（487）綜上，唐五代韻書"蕈"字注音與可洪所言《切韻》音值相符。又《廣韻·寢韻》："蕈，菌生木上。慈荏切。"（329）與可洪所言《切韻》反切相同。

【沈】

沈研，上直林反，《字樣》作沈。又音審，一體兩名也。從人出冖，冖音冪。今《切韻》作沉，音鈗；作沈，音審，於義無據也。（卷26，《大唐西域記音義》卷3）

按，參見《侵韻》"沉"字條。

---

① 按，據余迺永校記，"謥"字釋文後當增"謏，上同"。

感韻

【菡】【萏】

【64】林菡，胡感反，菡萏，花發兒也。《切韻》言荷花未舒，局言也。（卷28，《續高僧傳音義》卷26）

按，《切韻（四）·感韻》胡感反："菡，菡萏。"（2134）《切韻箋注（二）·感韻》徒感反："萏，菡萏，荷花。"（2214）又胡感反："菡，菡萏。"（2214）伯2011《刊謬補缺切韻》、宋跋本《刊謬補缺切韻》、裴本《刊謬補缺切韻》釋義基本同《切韻箋注（二）》，皆與可洪所言《切韻》不同。唯《廣韻·感韻》徒感切："萏，菡萏，荷花未舒。"（330）與可洪所見《切韻》相符。《龍龕·艸部》："菡，胡感反，菡萏，芙蓉半開貌也。"（259）又："萏，正：徒感反，菡萏，芙蓉未發者也。"（259）與《切韻》釋義義近。

用韻

【用】

【65】甪赤，上余誦反，使也，《字樣》作用，《説文》從上（卜）從中，《切韻》作用。（卷29，《廣弘明集音義》卷2）

按，《説文·用部》："用，可施行也。从卜，从中。"（64）《五經文字·用部》注："從卜，從中，可施行。"（77）考唐五代韻書，宋跋本《刊謬補缺切韻》作"用"（489），裴本《刊謬補缺切韻》作"用"（583）。《廣韻·用韻》："用，使也，貨也，通也，以也，庸也。又姓。"（344）唐五代韻書是抄本，故不能確定其字形是否存在訛變，麗藏本《可洪音義》幾經傳抄刊刻，字形亦非舊跡，所以，目前尚不能斷言麗藏本《可洪音義》所錄《切韻》字形與現存《切韻》系韻書是否相符。

【䩇】【𩊅】

【66】作䩇，於容、於勇二反，又《切韻》作䩇、𩊅（𩊅），二同，於用反。（卷25，《一切經音義》卷15）

按，參見上文"《切韻》的文獻語言學價值"部分"䩇""𩊅"字例。

【惷】

惷愚，上丑降反，愚也，出應和尚《音義》。又《切韻》作丑用、丑龍、丑江三反。(卷3,《大乘大集地藏十輪經音義》卷5)

按，參見《鍾韻》"惷"字。

眞韻

【瘖】

【67】瘖重，應和尚云：《字林》作瘖，与頿同，徒雷反。又按《切韻》直睡反，重~，病也，腫也。(卷25,《一切經音義音義》卷10)

按，"瘖"，唐宋韻書多以作"膇"爲正，"瘖"是或體。如《切韻箋注(五)·眞韻》馳僞反："膇，重膇，病。"（2475）又伯2011《刊謬補缺切韻·眞韻》："膇，重膇，病。亦作瘖。"（2803）宋跋本《刊謬補缺切韻》同。裴本《刊謬補缺切韻·眞韻》馳僞反："膇，重膇，病。"（585）《廣韻·眞韻》馳僞切："膇，重膇，病。或作瘖。"（348）《集韻·眞韻》馳僞切："膇、瘖：足腫也，《春秋傳》重膇之疾。或作瘖。"（469）與可洪所言《切韻》音義基本相符。

至韻

【歲】

【68】祟歲，上相遂反。下之絹反，《音義》自切也，又按《切韻》与祟字同音，又之芮反。(卷25,《一切經音義音義》卷1)

按，"歲"，可洪曰"《切韻》与祟字同音，又之芮反"，今《廣韻》"歲"字有雖遂切、之芮切二音，與可洪所說《切韻》情況相合。又考唐五代韻書伯2011《刊謬補缺切韻》、宋跋本《刊謬補缺切韻》和裴本《刊謬補缺切韻》，其《至韻》中皆無"歲"字。伯2011《刊謬補缺切韻》和宋跋本《刊謬補缺切韻》之《祭韻》之芮反有"歲"字，裴本《刊謬補缺切韻》和蔣斧本《唐韻》之《祭韻》中則未見收錄，現存唐五代韻書與可洪所言《切韻》情況不符。

御韻

【濾】

【69】濾水，上力御反，漉也，律文作漉水也。此字三藏所撰，《切

韻》所無。（卷30,《護命放生軌儀法音義》）

按，參見上文"《切韻》的文獻語言學價值"部分"濾"字例。

暮韻

【互】

【70】互相，上乎故反，遞也，差也，《字樣》作互，《切韻》作𠂇。又丁兮、竹尼二反，非此二呼。（卷11,《轉識論音義》）

【71】互相，上乎悞反，《字樣》作互，《切韻》作𠂇。（卷14,《正法念處經音義》卷56）

按，參見上文"《切韻》的文獻語言學價值"部分"𠂇"字例。

霽韻

【鬀】

【72】鬀除，上他計反，除髮也，見《字樣》。又《切韻》作特計反，非此呼。（卷13,《起世因本經音義》卷4）

【73】鬀髮，上音剃，正作鬀。又《切韻》作徒計反，非也。（卷17,《刪補羯磨音義》）

【74】鬀髮，上他計反，除髮也，見《字樣》。又《切韻》作徒帝反，非也。（卷23,《諸經要集音義》卷2）

按，伯2011《刊謬補缺切韻·霽韻》他計反："剃，除，或作鬀。"（2811）而"第（弟）"小韻下無"鬀"字。宋跋本《刊謬補缺切韻》同伯2011。裴本《刊謬補缺切韻·霽韻》他計反："剃，除也，剃髮也，亦鬄（鬀），髯也，大人曰髡，小人曰剃。"（589）"第（弟）"小韻下亦無"鬀"字。蔣斧本《唐韻》他計反："剃，除髮。"（649）"第（弟）"小韻下無"鬀"字。綜此，唐五代韻書皆與可洪所見《切韻》注音狀況不同。《廣韻》則兩音皆收，《廣韻·霽韻》他計切："鬀,《說文》曰：鬄髮也。大人曰髡，小兒曰鬀，盡及身毛曰鬄。剃，上同。"（371）又特計切："髢，髮也。鬀，上同。《說文》音剃。"（371）此蓋承襲可洪所見《切韻》系韻書而來。又考《玄應音義》卷16《大愛道比丘尼經音義》卷下："鬀朕，又作剃，同，他計反。"

（222）《慧琳音義》卷6《大般若經音義》卷491："髯除，梯帝反，《考聲》云：髯，削髮也。"（57/502a）皆同《字樣》注音。而《龍龕·髟部》："髴頭，二俗；髢，通；髯，正：音弟，髮也。髮音被。四。"（89）與可洪所說《切韻》注音相同。由此可以推知，"髯"的"特計反/徒計反/徒帝反"一音大約在晚唐五代時期方才收入韻書，此前字韻書只有"他計反"一音。

祭韻

【猘】【獩】

【75】猘狗，上居例反，狂犬也。又《經音義》作昌制反。《切韻》作猘、獩二形。（卷12，《雜阿含經音義》卷30）

按，參見上文"《切韻》的文獻語言學價值"部分"猘""獩"字例。

【世】

【76】世所，上尸制反，正作卋、世二形也。《切韻》作世，避太宗諱，故闕。（卷25，《新華嚴經音義音義》卷下）

按，《切韻箋注（五）·祭韻》殘缺，伯2011《刊謬補缺切韻·祭韻》："世，舒制反，三十年。大（太）宗諱。"（2814）宋跋本《刊謬補缺切韻》作"世"，裴本《刊謬補缺切韻·祭韻》："世，舒制反，又世。今國也。"（590）蔣斧本《唐韻·祭韻》："世，世代。又姓，《風俗通》云：戰國時有秦大夫世鈞。舒制反。"（653）裴本又體、蔣本字頭與可洪所見《切韻》字形正同。考《九經字樣·十部》："卋、世：音勢，卅年為一世，從卅而曳長之。今廟諱作世。"（20）宋本《玉篇·卅部》："世，尸制切。父子相繼也，又三十年曰世。"（525）由此可見，可洪所據《切韻》字頭多為手寫變體，與正統字書字樣不同。

【毳】

崇毳，上相遂反。下之絹反，《音義》自切也，又按《切韻》與崇字同音，又之芮反。（卷25，《一切經音義音義》卷1）

按，參見《至韻》"毳"字。

泰韻

【害】

【77】傷[周]，胡蓋反，《切韻》作[害]，《字樣》作害，並同。（卷17，《沙彌威儀戒音義》）

按，參見上文"《切韻》的文獻語言學價值"部分"[害]"字例。

換韻

【瑛】

【78】帝瑛，音喚，出郭氏《音》，《玉篇》《切韻》無此字。（卷24，《開皇三寶録音義》卷3）

按，《説文》無"瑛"字，此字亦不見於《玉篇》《切韻》等字韻書，今大正藏本《歷代三寶紀》卷3作"元帝陳留王焕"，校勘記曰："焕"，宋、元、明、宮本作"瑛"。"焕"字見於《玉篇》《篆隸萬象名義》及《廣韻》，"瑛"則是後出俗字，至少唐代文獻中已經出現，但當時正統字韻書皆不收，至《字彙》已載入，《康熙字典·玉部》："瑛，《字彙》呼玩切，音喚，玉有文采，通作焕。"（814）

線韻

【搏】【專】

【79】專之，上芳無反，布也，又芳武反。又《經音義》以桐字替之，常絹反，圓畫也。《切韻》作[搏]、[專]，［二］同，時釧反。（卷23，《陀羅尼雜集音義》卷10）

【80】桐之，上市絹反，《切韻》作[搏]、[專]二形。（卷25，《一切經音義音義》卷20）

按，參見上文"《切韻》的文獻語言學價值"部分"搏""專"字例。

笑韻

【嬰】

【81】詔令，上之曜反，上命也，告也，教也。《川音》作嬰，《玉

篇》《切韻》並無此曌字，未詳何出。（卷 26，《大慈恩寺法師傳序音義》）

按，考唐五代韻書如《切韻箋注（五）》、伯 2011《刊謬補缺切韻》、宋跋本《刊謬補缺切韻》、裴本《刊謬補缺切韻》、蔣斧本《唐韻》等，皆未收"曌"字，《廣韻》中亦無，與可洪所言相符。《集韻·笑韻》："照、炤、昭、曌：之笑切。《說文》：明也。或从火，亦省。唐武后作曌①。"（580）此乃後增。相傳"曌"字乃武后所造，但是唐代乃至五代的正統字韻書並不收錄，所以可洪未詳何出。

号韻

【操】

【82】改憯，七到反，志操也。《切韻》作操，《字樣》作懆。（卷 21，《賢愚經音義》卷 18）

按，參見上文"《切韻》的文獻語言學價值"部分"操"字例。

禡韻

【蛇】

【83】蝦蟹，上呼加反，《玉篇》作虷，《切韻》唯蛇字說文中作蝦，言水母以蝦爲目也。（卷 23，《經律異相音義》卷 50）

按，考蔣斧本《唐韻·禡韻》："蛇，水母也，一名蟦，形如羊胃，無目，以蝦爲目。除駕反。"（671）《廣韻》同，與可洪所言之《切韻》相合。

【鷓】

【84】鸕鴣，上之夜反，下古胡反，《善見律》作鸕鴣，《切韻》作鷓鴣。（卷 23，《諸經要集音義》卷 8）

按，伯 2011《刊謬補缺切韻·禡韻》之夜反："鷓，□□，□□。"②（2828）宋跋本《刊謬補缺切韻·禡韻》之夜反："鷓，鷓鴣。"（504）

---

① 河南省博物館藏：《武曌金簡》寫作"曌"，見施安昌《從院藏拓本探討武則天造字》，《故宮博物院院刊》1983 年 12 月版，第 34 頁。

② 據《敦煌經部文獻合集》之《刊謬補缺切韻》第 3222 條校勘記，疑所缺四字爲"鷓鴣，鳥名"，見第 6 冊，第 3187 頁。

裴本《刊謬補缺切韻·禡韻》之夜反："鷓，鷓鴣，鳥名。"（600）《廣韻·禡韻》之夜切："鷓，鷓鴣，鳥，似雉，南飛。"（423）現存唐宋韻書與可洪所言《切韻》情況相合。

宕韻

【頏】

【85】頏首，上胡郎、胡浪二反，引項兒也，正作頏也。《切韻》作苦浪反，悮也。又都感、都紺二反，並非。（卷29，《弘明集音義》卷10）

按，宋跋本《刊謬補缺切韻·宕韻》苦浪反下有"頏"字（505），《廣韻·宕韻》亦同，與可洪所言《切韻》相合。裴本《刊謬補缺切韻·宕韻》、蔣斧本《唐韻·宕韻》皆未收此字。

徑韻

【定】

【86】定瀲，上徒徑反，安也，不乱也，《隸賦》作𠱾，《切韻》作定也。下力撿反，水溢兒也。（卷1，《大般若經第十五會静慮波羅蜜多分序音義》）

按，伯2011《刊謬補缺切韻》、宋跋本《刊謬補缺切韻》、裴本《刊謬補缺切韻》、蔣斧本《唐韻》皆作"定"，與可洪所言《切韻》字形相合。唯裴本"定"下又注曰"從正"（599），蔣斧本注曰："定，安也。《説文》從正。正。"（676）據《説文·宀部》："定，安也。从宀，从正。"（147）。

宥韻

【稶】

【87】顯稶，市右反，与也。《切韻》作稶。（卷5，《寶雨經音義》卷1）

按，參見上文"《切韻》的文獻語言學價值"部分"稶"字例。

屋韻

【朒】

【88】榴朒，上所六反，下女六反。下《切韻》无此字。（卷25，

《一切經音義音義》卷15）

按，《玄應音義》卷15《僧祇律音義》卷4："皺抐，壯幼反，下女六反，《通俗文》：縮小曰瘷，物不申曰榐抐。律文作鼣縋，未見所出。"（205）可洪所釋詞即出自此，釋文中"抐"和"枘"是一字之變，現存唐五代《切韻》系韻書及《廣韻·屋韻》女六切下皆未收"枘"或"抐"字，與可洪所言"《切韻》無此字"相合，即《切韻·屋韻》無此字。又考《集韻·屋韻》女六切："抐，搐抐，不申。"（645）此字乃《集韻》後增，"枘""抐"當皆"抐"字之訛。"搐抐"即《說文》"縮朒"，段玉裁《說文解字注·月部》："朒，朔而月見東方謂之縮朒。从月，肉聲。"《玉篇·月部》："朒，縮朒，不寬伸之貌。"

【犢】

【89】犢車，上徒木反，犢轆，梱脚小車子。又郎木反，轆轤也，非此呼也。《切韻》無此字，但風俗通呼耳。（卷28，《辯正論音義》卷7）

按，"犢"當是"犢"的換形旁俗字，"犢車"因指車名，故"犢"字改從車旁作"犢"。又作"獨車"，今大正藏本《辯正論》卷7即作"獨車"。① 現存唐五代韻書《屋韻》"祿"小韻中一般有此字，即可洪所言"郎木反，轆轤也"，如《切韻箋注（二）·屋韻》[盧谷反]："犢，犢轤，圓轉木。"（2221）宋跋本《刊謬補缺切韻》、裴本《刊謬補缺切韻》皆同。蔣斧本《唐韻·屋韻》盧谷反："犢，犢轤，圓轉木。又作轆轤。"（685）《廣韻·屋韻》盧谷切："犢，犢轤，圓轉[木]也，或作樚。轆，上同。"（450）但是現存唐五代韻書及《廣韻·屋韻》"獨"小韻（徒木反）中皆無此字，此與可洪所言"《切韻》無此字"相合，即《切韻》"犢"字無此音義。《龍龕·車部》："轆、犢：音鹿，轆轤也。下又音獨。"（85）二音並存。《集韻·屋韻》徒谷切："犢，車名。"（638）此乃後來補入。

【矗】

【90】矗直，上勑又反，傳文自切也。又《切韻》初六、勑六二反，直也。（卷30，《南海寄歸傳音義》卷2）

按，參見上文"《切韻》的文獻語言學價值"部分"矗"字例。

---

① 參見鄧福祿等《字典考正》"犢"字條，第370頁。

末韻

【盋】

【91】盋幞，上音鉢，長房作鉢，《樓藏錄》作盋，《切韻》作盋也。（卷24，《大唐內典錄音義》卷4）

按，《切韻箋注（二）·末韻》博末反："鉢。"（2227）伯2011《刊謬補缺切韻》同。《切韻箋注（五）·末韻》博末反："鉢，盂。"（2491）宋跋本《刊謬補缺切韻·末韻》博末反："鉢，器屬。"（515）蔣斧本《唐韻·末韻》："鉢，鉢器。"（700）綜上，現存唐五代韻書皆作"鉢"，未收"盋"字，與可洪所言《切韻》不同。《廣韻》增"盋"字，《廣韻·末韻》北末切："鉢，鉢器也，亦作盋。顏師古注《漢書》：盋，食器也。盋，上同。"（485）

黠韻

【甂】【柬】

【92】作甂〻，見藏作甂，《切韻》作甂、柬，二同，普八反，車破聲也。應和尚以甂字替之，蹈瓦聲。（卷25，《一切經音義音義》卷11）

按，"甂"是"甂"字異寫；"柬"字未詳。現存唐五代韻書《黠韻》未見"甂""柬"二字，《廣韻·黠韻》普八切："甂，車破聲。"（489）《集韻》同，皆只收"甂"字一體，與可洪所見《切韻》不合。考《龍龕·瓦部》："甂，正；甂，今：普八反，車破聲。"（316）亦未見"柬"字。

屑韻

【诶】

【93】證诶，自七反，速也，急也，正作疾、誺二形也。《小品經》云：疾得涅槃；《明度經》云：已得證疾，並是也。《玉篇》作意、佚二音，非也。《切韻》作徒結反，亦非也。（卷2，《道行般若經音義》卷5）

按，伯2011《刊謬補缺切韻》、宋跋本《刊謬補缺切韻》及《廣韻》

中"詄"皆音徒結反，與可洪所言《切韻》情況相合。《切韻箋注（二）》、裴本《刊謬補缺切韻》、蔣斧本《唐韻》之《屑韻》皆未收此字。

麥韻

【撼】【捭】【屄】

【94】蠅䗪，上羊陵反，下所劃反，拂也。《切韻》作撼、捭、屄三形也。舊所革反，稍偕也。又許逆反，亦作䗪、虩。（卷25，《一切經音義音義》卷14）

按，"䗪"是"虩"字異寫。《正字通·手部》："撼，俗搣字。"（430）《說文新附·手部》："搣，捎也。"（258）考《切韻箋注（二）·麥韻》無此三字，《大唐刊謬補缺切韻·麥韻》心獲反："屄，□□。"（3371）《廣韻·麥韻》："撼，拂著；又捎撼也。出《通俗文》。砂獲切。"（516）《集韻·麥韻》："撼：率摑切。拂也。"（739）又《麥韻》各核切："捭，改治也。"（740）綜上，現存韻書《麥韻》三字全收者未見，更無一種韻書將三字都囊括在一個音義之下，總之，與可洪所見《切韻》不同。

錫韻

【髈】

【95】髓髈，始羊反，損也，正作傷也。《玉篇》及郭氏音並音惕，～，他的反。《玉篇》又徒厄反，並非經意也。《切韻》音擊，骱間黃汁也，亦非義。（卷21，《道地經音義》）

按，現存唐五代韻書《錫韻》未見"髈"字，唯裴本《刊謬補缺切韻·隔韻》："髈，徒革反。骨間髈汁。"（615）《大唐刊謬補缺切韻·麥韻》："髈，徒厄反。骨間汁■。"（3371）皆與可洪所引《切韻》不同。又《廣韻·錫韻》他歷切："髈，骨間黃汁。"（522）又思積切："髈，骱骨間也。"（516）亦與可洪所見《切韻》音義小別。《龍龕·骨部》："髈，古歷反，骱間汁也。又音昔。"（481）又《火部》："燭，《舊藏》作惕，古歷反，出《道地經》。"（244）此與可洪所言《切韻》音義基本吻合。

【䦑】

【96】恐䦑，《音義》作呼隔反，与嚇同。《切韻》許擊反，鬭也。（卷25，《一切經音義音義》卷11）

按，"䦑"，可洪曰《切韻》音許擊反，乃"䦑"字異寫。考《切韻箋注（二）·錫韻》許狄反："䦑（䦑），鬭。"（2232）伯2011《刊謬補缺切韻·錫韻》許狄反："䦑，鬭鬭（䦑）。"（2855）宋跋本《刊謬補缺切韻》同。裴本《刊謬補缺切韻·覓韻》許狄反："䦑（䦑），恒訟。從二丮。"（616）蔣斧本《唐韻·錫韻》許激反："䦑（䦑），鬭。《迩疋》云：相怨恨。"（710）《廣韻·錫韻》許激切："䦑（䦑），鬭也，很也，戾也，又相怨也。"（524）綜上，現存唐五代韻書及《廣韻》"䦑"字音義與可洪所見《切韻》基本相同。

合韻

【嘈】

【97】蟇㖨，上子合反，下所卓反，蚊虫~嗽人也。《經音義》作呭嗽，《切韻》作嘈嗽也。（卷21，《出曜經音義》卷1）

按："蟇"當乃"蠜"字異寫，"蠜"則是"唼/嘈/呭"的異構俗字，從虫，贊聲，義爲蚊蟲唼欶。"蟇㖨"出自《出曜經》卷1，大正藏本作"呭㖨"，校勘記曰："呭，宋、元、明本作"嘈"。《玉篇·口部》："嘈，錯感、子感、子合三切，《莊子》云：蠅䖟嘈膚。嘈，銜也。"（100）《龍龕·口部》："嘈，正；喈，今：子合反，蚤虫嗜人也。"（275）

考唐五代韻書，Ch3605（合韻）子荅反"呭，入口。"① 《切韻箋注（二）·合韻》子答反："呭，入口。"（2234）裴本《刊謬補缺切韻·沓韻》、蔣斧本《唐韻·合韻》《切韻箋注（二）》皆有"呭"無"嘈"。不過，裴本《禫韻》七感反有"嘈"字："嘈，銜。又子臘反。"（580）"子臘反"與"子荅反/子合反"音值相同。又考宋跋本《刊謬補缺切韻·感韻》七感反："嘈，銜。又子臘反。"（483）又《合韻》子答反："呭，入口。"（521）又"嘈，齧。又錯感反。"（521）《廣韻·感韻》七

---

① ［日］鈴木慎吾：《〈切韻殘卷諸本補正〉未收の切韻殘卷諸本——ベルリン本補遺》，《開篇》2009年第28期。

感切：" 嘈，銜也。又子盍切。"（331）又《合韻》子荅切："师，入口。"又："嘈，蚊蟲嘈人。"（535）綜此，宋跋本、《廣韻》與可洪所言《切韻》情況基本相符。

葉韻

【鍤】

【98】鐵鍤，音輒，《音義》自出。按《切韻》女輒反。（卷25，《一切經音義音義》卷11）

按，參見上文"《切韻》的文獻語言學價值"部分"鍤"字例。

怗韻

【屧】【屜】

【99】履屧，蘇叶反，屜也，履底木齒者名也。

著屜，同上。

芒屧，上音亡，下同上。《切韻》作屧、屜。（卷25，《一切經音義音義》卷14）

按，"屧"，"屜"字異寫。"屧"同"屧"，亦作"屜""屜"。《切韻箋注（二）·怗韻》"屧，屧屧。"（2237）《切韻箋注（三）·怗韻》蘇協反："屧，屧屧。"（2436）宋跋本《刊謬補缺切韻》、裴本《刊謬補缺切韻》、蔣斧本《唐韻》皆同，未見"屜"字。《廣韻·怗韻》蘇協切："屧，屜也，履中薦也。屜，上同。"（542）此與可洪所言《切韻》相合。

洽韻

【婼】【眏】

【100】呋唅，上仕洽反，下五洽反，戲謔也，經文自切。應和尚《音義》以騷鹹[1]替之，《切韻》作婼眏，並同。（卷14，《佛本行集經音

---

[1] 考麗藏本《玄應音義》卷19《佛本行集經音義》卷11："騷鹹，士洽反，下魚洽反，騷鹹謂俳戲人也。經文作呋唅，呋音古愍反，下唅音許及反，非此用也。"（255）《慧琳音義》卷56亦轉錄作"騷鹹"，據此，"鹹"蓋"鹹"字之誤。今大正藏本《佛本行集經》卷11作"騷（士洽反）鹹（魚洽反）"，校勘記曰：宋、元、明、聖本作"呋唅"。"鹹"亦"鹹"字之誤。

義》卷11）

按，《切韻箋注（二）》、伯2011《刊謬補缺切韻》、宋跋本《刊謬補缺切韻》、蔣斧本《唐韻》《大唐刊謬補缺切韻》等韻書，皆未見"媔映"。裴本《刊謬補缺切韻·洽韻》士洽反："媔，又株甲反、一狎反，女逸也。"（619）未見"映"字，亦無"媔映"一語。總之，唐五代韻書與可洪所見《切韻》不同。《龍龕·女部》："媔，士洽反，媔映，戲謔也。映，五洽反。"（284）又《目部》："映，通；映，正：五洽反，媔映，戲謔貌也。"（424）《集韻·洽韻》五洽切："映：媔映，戲謔皃。"（788）二書與可洪所言《切韻》相符，蓋同出一源。

附2：可洪所引《切韻》與現存《切韻》系韻書對照表

（見書末所附圖表2）

第二節　《可洪音義》所引《新韻》研究

《可洪音義》有52處提到《新韻》，涉及51個詞條、41個字頭，其中28個字頭是引用《新韻》的字形、注音或釋義；13個字頭是説《新韻》無此字。

全面整理《可洪音義》所引《新韻》，並將它與現存《切韻》系韻書進行比勘，可以確知該版本韻書在收字、注音、釋義等方面的特色，這不僅有利於研究《切韻》的修訂傳承流布史，而且有利於研究該版韻書在文獻語言學方面的價值。

一　《新韻》與現存《切韻》系韻書之比較

下面把《可洪音義》所引《新韻》與現存比較完整的、有代表性的《切韻》系韻書一一進行比較，以見其差異，並分析一下這個《新韻》的版本性質。

（一）與《切韻箋注（二）》（切三）之比較

《可洪音義》所引《新韻》的52處41個字頭中，有11個字頭所屬的大韻《箋注（二）》缺失，無法進行判斷；2個字所屬大韻因殘損不全，其字不存，亦無法進行判斷；4個字因《可洪音義》與《箋注

（二）》的釋文字形不清晰或可能傳抄失誤，亦無法下結論。其餘可以做出明確判斷的例子中，有13個字所涉及內容與可洪所引《新韻》不合；4個字基本吻合。另有7個字所屬大韻今《箋注（二）》雖完整，但無其字，亦視爲與可洪所引《新韻》不合。總計吻合度爲4/24（16.7%）。

（二）與《切韻箋注（五）》之比較

《可洪音義》所引《新韻》的52處41個字頭中，有29個字所屬大韻因《箋注（五）》缺失，無法進行判斷；4個字所屬大韻因殘損不全，其字不存，亦無法進行判斷。其餘可以做出明確判斷的例子中，有3個字所涉及內容與可洪所引《新韻》不合；1字部分吻合，可視爲不合；2個字基本吻合。另有2個字所屬大韻今《箋注（五）》雖完整，但無其字，亦視爲與《新韻》不合。總計吻合度爲2/8（25%）。

（三）與伯2011《刊謬補缺切韻》（王一）之比較

《可洪音義》所引《新韻》的52處41個字頭中，有9個字所屬的大韻因伯2011缺失，無法進行判斷；10個字所屬大韻殘損不全，其字不存，亦無法進行判斷；2個字因《可洪音義》和伯2011的釋文字形不清晰或可能傳抄失誤，亦無法下結論。剩下的可以做出明確判斷的引例中，有14個字所涉及內容與可洪所引《新韻》不合；1個字部分吻合，可視爲不合；2個字基本吻合。另有3個字所屬大韻今伯2011雖完整，但無其字，亦可視爲與可洪所引《新韻》不合。總計吻合度爲2/20（10%）。

（四）與宋跋本《刊謬補缺切韻》（王三）之比較

《可洪音義》所引《新韻》的52處41個字頭中，有5個字因《可洪音義》和《刊謬補缺切韻二》的釋文字形不清晰或可能傳抄失誤，無法下結論。其餘可以做出明確判斷的例子中，有23個字頭所涉及內容與可洪所引《新韻》不合；1個字部分吻合，可視爲不合；5個字基本吻合。另有7個字所屬大韻今《刊謬補缺切韻二》雖完整，但無其字，亦可視爲與《新韻》不合。總計吻合度爲5/36（13.9%）。

（五）與裴本《刊謬補缺切韻》（王二）之比較

《可洪音義》所引《新韻》的52處41個字頭中，有9個字所屬的大韻因裴本缺失，無法進行判斷；1個字所屬大韻殘損不全，其字不存，亦無法進行判斷；3個字因《可洪音義》和裴本的釋文字形不清晰或可能傳抄失誤，亦無法下結論。其餘可以做出明確判斷的例子中，有20個字所涉及內容與可洪所引《新韻》不合；2個字基本吻合。另有6個字所屬大韻今裴本雖完整，但無其字，亦可視爲與可洪所引《新韻》不合。總計吻合度爲 2/28（7.1%）。

（六）與蔣斧本《唐韻》之比較

《可洪音義》所引《新韻》的 52 處 41 個字頭中，有 24 個字所屬大韻因蔣本《唐韻》缺失，無法進行判斷；1 個字所屬大韻殘損不全，其字不存，亦無法進行判斷。剩下可以做出明確判斷的例子中，有 9 個字所涉及內容與可洪所引《新韻》不合；1 個字部分吻合，可視爲不合；4 個字基本吻合。另有 2 個字所屬大韻今蔣本雖完整，但無其字，故亦可視爲與《新韻》不合。總計吻合度爲 4/16（25%）。

（七）與《廣韻》之比較

《可洪音義》所引《新韻》的 52 處 41 個字頭中，有 4 個字因《可洪音義》釋文字形不清晰或可能傳抄失誤，無法下結論；有 22 個字所涉及內容與可洪所引《新韻》不合；5 個字部分吻合，可視爲不合；7 個字基本吻合。另有 3 個字所屬大韻今《廣韻》未收其字，亦可視爲與可洪所引《新韻》不合。總計吻合度爲 7/37（18.9%）。

根據上面的資料統計，可洪所引《新韻》與現存《切韻》系韻書各個子系列的相似度都極低，最高的不超過 25%（蔣斧本《唐韻》和《切韻箋注（五）》）；最低的竟然低至 7.1%（裴本《刊謬補缺切韻》）。《新韻》與蔣斧本《唐韻》相似度最高，似乎屬於孫愐《韻》這個子系統。但整體而言，這麼低的相似度，雖然跟麗藏本《可洪音義》的傳抄訛誤、現存韻書的抄寫有節略和脫漏有關，更有可能跟《新韻》的獨具特色有關。

二 《新韻》和《舊韻》的關係

可洪引《新韻》大都涉及跟《舊韻》的比較，主要是比較收字方面的差異，如"咕、遏、謔、袞、瘄、菜、勔、柣、憛、縢、濤、鰲、膿"等字都是《新韻》所未收，似乎《新韻》所收字頭比《舊韻》少。

其次是比較新舊韻所收字字形的不同，如"喈、朌、齷、㽻（㽻）、冏、卥、贇、夔、蓁、纁、泫、黩"等，同一個字種新舊韻收的是字形不同的異體；"揄、拓、鐺、驚、庰、癩、秤"等，同一個詞新舊韻使用不同的文字表示。

再次是比較新舊韻注音的不同，如"褶、鞕、瑱、鬐、炰、電"等字,《新韻》注音比較特別，與現存唐五代韻書及《廣韻》大都不同。而《龍龕手鏡》這些字頭下基本都有與《新韻》相同的注音，看來《龍龕》作者釋行均參考了跟釋可洪相同的韻書，並徵引了很多《新韻》的內容。

還有"銃""渭""懲"三個字新舊韻釋義不同，而《龍龕手鏡》"渭""懲"二字下新舊釋義兼收並蓄。

綜上，可洪所引《新韻》在收字、注音、釋義方面都別有特色，與現存韻書多有不同，應該是一個內容新穎價值獨特的《切韻》版本，可惜今已失傳。

三 《新韻》和可洪所引《切韻》的關係

我們通過把可洪所引《切韻》與現存《切韻》系韻書進行比較，已經證明可洪所參引的《切韻》是一個唐末五代時期的新編本，書中增加了很多陸氏原書所沒有的字詞、訓釋，已非陸法言原版。那麼，《新韻》是不是可洪對所引新《切韻》的另外一種稱呼呢？

根據資料統計，可洪所引《切韻》與後出的《廣韻》最爲接近，相似度高達73.4%；其次是伯2011《刊謬補缺切韻》（56.3%）、《大唐刊謬補缺切韻》（54.5%）和宋跋本《刊謬補缺切韻》（51.3%），相似度都在50%以上；再次是蔣斧本《唐韻》（46.7%）、《切韻箋注（二）》（43.6%）和裴本《刊謬補缺切韻》（42.1%）。而《新韻》與現存各種韻書的相似度都在25%及以下，與《廣韻》的相似度才16.2%，這和可洪所引《切韻》的情況明顯不同，所以應該是兩種不同的韻書，所指不同。

不過，下面資料中《新韻》與《切韻》交互出現，內容相同。

髯除，上他計反，除髮也，与剃字同也，《字樣》及孫愐《韻》説文並作髯也。《新韻》音弟，非。（卷3，《大方等大集菩薩念佛三昧經音義》卷9）

剪髯，他帝反，除髮也，正作剃。《説文》及《字樣》並作髯，音剃。《新韻》在弟字例中，悮。（卷28，《破邪論音義》卷上）

髯除，上他計反，除髮也，見《字樣》。又《切韻》作特計反，非此呼。（卷13，《起世因本經音義》卷4）

髯髮，上音剃，正作髯。又《切韻》作徒計反，非也。（卷17，《删補羯磨音義》）

髯髮，上他計反，除髮也，見《字樣》。又《切韻》作徒帝反，非

也。(卷23,《諸經要集音義》卷2)

"特計反/徒計反/徒帝反"與"弟"音值相同,這說明可洪所用的《切韻》和《新韻》在内容上似乎又有傳承關係。

四 《新韻》的文獻語言學價值

可洪所引的《新韻》應該也是陸氏《切韻》的某種增訂本,其收字、注音或釋義,與現存《切韻》系韻書差別都較大,值得研究。

(一) 文字方面

1. 許多傳統字韻書都收的常用字《新韻》不收。例如:

【膿】

膿爛,上奴冬反,《新韻》闕此字,《舊韻》有。(卷1,《大般若經音義》帙5)

按:《切韻(一)·冬韻》奴冬反:"膿,血。"(2079)①《切韻箋注(七)》、裴本《刊謬補缺切韻》②、《大唐刊謬補缺切韻》之《冬韻》皆有此字。《廣韻·冬韻》奴冬切:"䢇,《説文》曰:腫血也。膿,上同。"(33)據此,現存韻書皆收有"膿"字,與《新韻》不同。

【濤】

風濤,大刀反,大波也,《新韻》闕此字。(卷26,《東夏三寶感通錄音義》卷中)

按,《淮南子·人間訓》"經丹徒,起波濤"高誘注:"波者涌起,還者爲濤。"(1286)《論衡·書虛》:"濤之起也,隨月盛衰,小大滿損不齊同。"(86)③《文選·木華〈海賦〉》"飛沫起濤"李善注引《蒼頡篇》:"濤,大波也。"(545)④ 據此,則"濤"字漢代已產生。考唐五代韻書,《切韻箋注(二)·豪韻》徒刀反:"濤,大波。"(2183)伯2011《刊謬補缺切韻》、裴本《刊謬補缺切韻》皆同,唯宋跋本《刊謬補缺切韻·豪韻》無此字,疑爲傳抄脱漏。《廣韻·豪韻》徒刀切:"濤,波

---

① 《切韻(一)》即敦煌殘卷伯3798,引自張涌泉主編《敦煌經部文獻合集·小學類韻書之屬》第5冊,中華書局2008年版。周祖謨《唐五代韻書集存》中又稱《切韻殘葉一》。本書所引敦煌殘卷本切韻系韻書的擬名全部來自《敦煌經部文獻合集》。

② 周祖謨:《唐五代韻書集存》,中華書局1983年版。

③ (漢)王充:《論衡校注》,上海古籍出版社2013年版。

④ 《文選》,上海古籍出版社1986年版。

濤。"（157）《集韻·豪韻》徒刀切："濤，《説文》：大波也。"（194）上揭韻書皆不同於可洪所言之《新韻》。

【謔】

戲謔，許約反，調戲也，《新韻》闕此字。（卷1，《大般若經音義》帙55）

按，考現存唐五代韻書，《切韻箋注（三）·藥韻》："謔，戲。虛約反。"（2437）宋跋本《刊謬補缺切韻》、裴本《刊謬補缺切韻》、蔣斧本《唐韻》皆同。《廣韻·藥韻》："謔，戲謔。虛約切。"（504）綜此，現存韻書皆收有"謔"字，與《新韻》不同。《説文·言部》："謔，戲也。從言，虐聲。"（50）《玉篇·言部》："謔，喜樂也。"（168）可見"謔"字傳統字韻書皆收，而《新韻》不收，比較特別。

【塍】

塍含，上徒登反，國名也，因以爲姓，《説文》從舟，《通俗文》從月。又音悉，悮也。《新韻》闕此塍字也。（卷26，《東夏三寶感通錄音義》卷中）

按，"塍含"，今大正藏《東夏三寶感通錄》卷中作"塍含"，"塍"乃"滕"字之誤。《説文·水部》："滕，水超涌也。从水、朕聲。"（229）"朕"本從舟，隸屬《説文·舟部》，隸省從月作"朕"。

考現存唐宋韻書，《切韻箋注（二）·登韻》徒登反："滕，國名。"（2197）伯2011《刊謬補缺切韻·登韻》："䐈（塍），徒登反。國名。通俗作滕。"（2769）宋跋本《刊謬補缺切韻·登韻》徒登反："滕，國名。正作䐈。"（469）《廣韻·登韻》徒登切："滕，國名。亦姓。"（202）皆有"滕"字，與可洪所言《新韻》收字情況不同。

【葆】

葆吹，上音保，羽葆，鼓吹飾也；又草盛也。《新韻》闕此字。（卷27，《高僧傳音義》卷13）

按，《切韻箋注（二）·晧韻》博抱反："葆，草盛；又羽□（葆），鼓吹飾。"（2213）伯2011《刊謬補缺切韻》、宋跋本《刊謬補缺切韻》皆同。《廣韻·晧韻》博抱切："葆，草盛皃；又羽葆。"（303）總之，現存唐宋韻書皆收"葆"字，與《新韻》不同。《説文·艸部》："葆，艸盛皃。从艸，保聲。"（20）《玉篇·艸部》："葆，草茂盛皃。"（255）可見"葆"字產生很早，傳統字韻書皆收，而《新韻》不收，比較特別。

類似情況較多，不再一一列舉。這些字不收，有可能是遺漏，也可能是編纂者認爲它們不重要，或是已經收了這些字的其他異體，抑或是相同的詞義《新韻》用其他字來表示，具體情況，不得而知。總之，《新韻》的這種收字現象值得研究。

2. 所收多俗字異體。例如：

【渻】

渝渻，上力旬反，下相余反。渝，没了。渻，沉也。《舊韻》作渻，說文：沉也；《新韻》作渻，說文：露兒也。（卷27，《續高僧傳音義》卷23）

按，"渻"是"渻"字異寫。《五經文字·水部》："渻，先呂反，見《詩》作渻，俗。"（58）可見《新韻》字頭爲俗體。

【蓁】

彼蓁，同上，下正作榛也。《新韻》作蓁，《舊韻》：榛，蓁同。體不著艹。（卷27，《法顯傳音義》）

披蓁，助臻反，《舊韻》作榛，《新韻》作蓁也。（卷27，《續高僧傳音義》卷7）

按，現存的唐五代韻書，如《切韻箋注（二）·臻韻》士臻反："榛，木叢。"（2173）又宋跋本《刊謬補缺切韻·臻韻》仕臻反："榛，木叢。"（450）未見有作"蓁"字者，蓋皆是《舊韻》系統。又考《龍龕·艸部》："蓁，士臻反，木藂生也。"（258）又《木部》："榛，士臻反，木藂生曰~。與蓁、榛三同。"（377）此"蓁"字或出自《新韻》，由此可見《新韻》多收俗字異體。

【贙】

贙兇，上玄犬[反]，獸名，似犬，多力，出西海；一云對争兒也，正作贙也，《新韻》作贙。（卷28，《甄正論音義》卷上）

按，"贙"，"贙"字異寫。《說文·虤部》："贙，分別也。从虤對争貝。"（99）《五經文字·虎部》："贙，于犬反，從二虎從貝，俗以二虎顛倒，與《說文》《字林》不同。"① 《龍龕·虎部》："贙，或作；贙，今：胡犬反，獸名，似犬，多力。一曰對争，出西海。"（322）又《貝

---

① （唐）張參：《五經文字》，京都大學人文科學研究所所藏石刻拓本資料。叢書集成初編本虎旁皆缺末筆，見第1064册，第79頁。

第二章　《可洪音義》引韻書研究　　237

部》："贙，或作；贇，今：音縣，獸名，似犬，多力，出西海。一曰對爭。又胡犬反。"（352）"贙"字即"二虎顛倒"者，俗體也，《新韻》即作此形。

【䶢】

莫咥，知栗反，齧也，正作䶢也。《新韻》作䶢，非也。（卷29，《廣弘明集音義》卷15）

按，《說文·齒部》："䶢，齒堅也。从齒，至聲。"（39）《龍龕·齒部》："䶢：陟栗反，齧聲。"（313）《集韻·質韻》："䶢、䶢：《說文》：齒堅也。或從室。"（666）《正字通·齒部》："䶢，俗䶢字。"（1412）可見《新韻》所錄字形是俗字。

【浤】【䆻】

浤然，上烏宏反，深也。《舊韻》作浤，《新韻》作䆻也。（卷21，《出曜經音義》卷18）

姚浤，烏宏反，《新韻》作䆻，《舊韻》作浤，水深也。（卷27，《高僧傳音義》卷1）

曇浤，烏宏反，《舊韻》作浤，《新韻》作䆻。（卷27，《高僧傳音義》卷7）

按："䆻"疑是"浤"或"䆻"字之變，"浤""䆻"與"浤"音義相同。《說文·水部》："浤，水深皃。从水，弘聲。"（230）《廣韻·耕韻》："浤，水深也。烏宏切。"（189）現存《切韻》系韻書如《切韻箋注（二）·耕韻》、宋跋本《刊謬補缺切韻·耕韻》、裴本《刊謬補缺切韻·耕韻》基本相同，皆同《舊韻》，作"浤"，未見作"浤/䆻/䆻"者。又考《龍龕·水部》："浤、洐、泂：烏宏反，浤，水深皃也。三。"（226）"洐"即"浤"字，皆俗字異寫。

3. 反映了某些字文字職能的動態變化。例如：

【拓】【祏】

祏基，上他各反，開也，《舊韻》作祏，《新韻》作拓，悮也。（卷28，《續高僧傳音義》卷30）

按，可洪認爲"開拓"義當依《舊韻》作"祏"，《新韻》作"拓"誤也。考唐五代韻書，《切韻箋注（四）·鐸韻》他各反："祏，開衣領

(令)大。"(2446)① 未收"拓"字。宋跋本《刊謬補缺切韻·鐸韻》他各反:"祏,開衣令大。"(524)亦未收"拓"字,又《昔韻》之石反:"摭,拾。或作拓。"(519)裴本《刊謬補缺切韻》同宋跋本。可見上揭韻書"祏""拓"二字的著録情況皆與可洪所言《舊韻》相合。至蔣斧本《唐韻·鐸韻》他各反:"祏,開衣令大。"又:"拓,手承物,又虜複姓。"(724)又《昔韻》之石反:"摭,拾。又作拓。"(711)《廣韻·鐸韻》他各切:"祏,開衣領也。"(505)② 又:"拓,手承物,又虜複姓。"(505)蔣斧本和《廣韻》之《鐸韻》雖已收"拓"字,但釋義與《新韻》不同。又考《龍龕·手部》:"拓,正音託,手承物也;又姓。又之石反。"(217)音釋與《唐韻》《廣韻》接近。

《説文·衣部》:"祏,衣衿。从衣,石聲。"(168)《玉篇·衣部》:"祏,他各切,廣大也,衿也。"(502)《龍龕·衣部》:"祏,音託,開衣領令大也。"(109)段玉裁《説文解字注》:"《玉篇》:袾膝,裹衿也。按袾膝者,裹衩在正中者也。故謂之祏,言其開拓也。亦謂之衿,言其中分也。祏之引伸爲推廣之義。玄瑩曰:天地開闢,宇宙祏坦。《廣雅·釋詁》曰:祏,大也。今字作開拓,拓行而祏廢矣。"(392)由此可見開拓義本應作"祏",今作"拓"。《説文·手部》:"拓,拾也。陳、宋語。从手,石聲。摭,拓或从庶。"(255)邵瑛《群經正字》:"今經典從或體作摭。……拓字經典不見。子史多以拓爲開拓之拓;又拓落亦作此,蓋截分爲二字矣。"(308)《干禄字書·入聲》:"摭、拓,並正。下亦開拓字。"(62)"拓"本是"摭拾"義,中古以後多用爲"開拓"義,《新韻》反映了文字使用方面的這種變化。

【癩】【癘】

感癘,音賴,与癩同也,《新韻》缺此字。(卷26,《集沙門不應拜俗等事音義》卷3)

感癘,音賴,《新韻》作癩,《舊韻》説文作癘。(卷27,《高僧傳音義》卷10)

---

① 《切韻箋注(四)》由敦煌殘卷俄敦1372+3703(底一)和斯6013(底二)綴合而成,引自張涌泉主編《敦煌經部文獻合集》,第5册。

② 余迺永校記認爲,當依《唐韻》作"開衣令大"。

按：Ch79r/v（泰韻）："癩，病曰～。"① 此殘卷似與可洪所説的《新韻》的情況相合。除此之外，現存唐五代韻書多屬於《舊韻》系統。如伯2011《刊謬補缺切韻·泰韻》："癩，疾，或作癘。"（2810）宋跋本《刊謬補缺切韻·泰韻》落蓋反："癩，病，或作癘。"（494）裴本《刊謬補缺切韻》、蔣斧本《唐韻》基本同宋跋本，雖然都没有把"癘"列爲字頭，但在注文中以異體字的方式作了注明，這和可洪所説的"《舊韻》説文作癘"情況完全相合，而與可洪所説的"《新韻》缺此字"情況明顯不合。

現存唐五代抄本韻書大都又在《祭韻》中列有"癘"字，如《切韻箋注（五）·祭韻》力制反："癘，疫癘。"（2477）伯2011《刊謬補缺切韻》、宋跋本《刊謬補缺切韻》、裴本《刊謬補缺切韻》、蔣斧本《唐韻》皆同，可見當時韻書關於二字的使用觀念是："癘"爲"疫癘"正字，爲"惡疾"義或體字；"癩"爲"惡疾"義通用字。

《龍龕·疒部》："癘，音例，疫癘也。又俗力代反。"（474）又："癩，力代反，惡疾也。"（474）與上述文字使用觀一脈相承。

《廣韻·泰韻》落蓋切："癩，疾也。《説文》作癘，惡疾也，今爲疫癘字。"（382）又《祭韻》力制切："癘，疫癘。"（378）《廣韻》反映了《新韻》的文字使用觀："癩""癘"二字嚴格分工，"癩"表示惡疾，"癘"指"疫癘"，不再兼職表示惡疾。這才是中古文字的使用實態。

【驚】【警】

警覺，上音景，寤也，戒也，《舊韻》作警，《新韻》作驚，誤。（卷1，《大般若經音義》帙37）

驚覺：上居影反，寤也，戒也，見《舊韻》作警，《新韻》作驚，非也。（卷1，《大般若經音義》帙51）

按：《切韻箋注（二）·梗韻》几影反："警。"（2216）又《庚韻》九卿反："驚。"（2190）皆未釋義。《切韻箋注（五）·梗韻》几影反："警，《説文》：戒。"（2468）宋跋本《刊謬補缺切韻·梗韻》几影反："警，戒。"（485）又《庚韻》舉卿反："驚，恐。"（463）裴本《刊謬補缺切韻·庚韻》舉卿反："驚。"（552）未釋義。《廣韻·梗韻》："警，

---

① ［日］鈴木慎吾：《〈切韻殘卷諸本補正〉未收的切韻殘卷諸本——ベルリン本補遺》，《開篇》2009年第28期。

瘖也，戒也。居影切。"（316）又《庚韻》："驚，懼也。《說文》曰：馬駭也。舉卿切。"（186）綜上，現存韻書"警""驚"二字的音義處理都和《新韻》不同。

《說文·言部》："警，戒也。"（47）又《馬部》："驚，馬駭也。"（200）《龍龕·言部》："警：音景，戒慎也，瘖也。"（45）據此，則"警戒"義當以作"警"字爲正。不過，古籍中也常假借"驚"字表"警戒"義，如《詩·小雅·車攻》："徒御不驚，大庖不盈。"孔穎達疏："言以相警戒也。"（429）《墨子·號令》："卒有驚事，中軍疾擊鼓者三。"孫詒讓閒詁："驚，讀爲警。"（591）①《新韻》即以"驚"字表"警戒"義，這和傳統字韻書的文字使用觀不同，或許反映了當時的文字使用實態，不過這種文字使用方式並沒有被後代繼承，今天我們依然用"警"表示"警戒"、用"驚"表示"驚駭"。

（二）音義方面

1. 某些字的注音與傳統字韻書不同。例如：

【髰】

髰除，上他計反，除髮也，与剃字同也。《字樣》及孫愐《韻》說文並作髰也，《新韻》音弟，非。（卷3，《大方等大集菩薩念佛三昧經音義》卷9）

剪髰，他帝反，除髮也，正作剃。《說文》及《字樣》並作髰，音剃，《新韻》在弟字例中，悮。（卷28，《破邪論音義》卷上）

按：可洪說剃髮之"剃"字孫愐《韻》釋文中作"髰"（說文即指釋文），音剃，他計反，屬透母，次清音；而《新韻》"髰"音弟，屬定母，全濁音。

考 Ch79r/v（霽韻）他計反："剃，除～。"② 伯2011《刊謬補缺切韻·霽韻》他計反："剃，除，或作髰。"（2811）而"第（弟）"小韻下無"髰"字，宋跋本《刊謬補缺切韻》同伯2011。裴本《刊謬補缺切韻·霽韻》他計反："剃，除也，剃髮也，亦鬀（髰），髰也，大人曰髡，小人曰剃。"（589）"第（弟）"小韻下亦無"髰"字。蔣斧本《唐韻》

---

① （清）孫詒讓：《墨子閒詁》，中華書局2001年版。

② ［日］鈴木慎吾：《〈切韻殘卷諸本補正〉未收の切韻殘卷諸本——ベルリン本補遺》，《開篇》2009年第28期。

他計反："剃，除髮。"（649）"第（弟）"小韻下無"髯"字。綜上，現存的唐五代抄本韻書對"髯"字的注音都與可洪所說的《新韻》不同。

又《說文·彡部》："髯，鬎髮也。"徐鉉音"他計反"（183）。《五經文字·彡部》："髯，他計反。"（32）宋本《玉篇·彡部》："髯，他計反。《說文》云：鬎髮也。"（112）可見傳統字書注音亦與《新韻》不同。唯有《龍龕·長部》："髦、頍，二俗；髦，通；髯，正：音弟，髮也。髮音被。四。"（89）與《新韻》音同，蓋與可洪所本韻書同屬一個系列。

至《廣韻》則兩音皆收，《廣韻·霽韻》他計切："髯，《說文》曰：鬎髮也。大人曰髦，小兒曰髯，盡及身毛曰鬎。剃，上同。"（371）又特計切："髦，髮也。髯，上同。《說文》音剃"（371）

【鞕】

紫鞕，五更反，堅牢也。按《舊韻》只一呼，説文亦作硬也；《新韻》載於競字數內，非也。（卷28，《續高僧傳音義》卷28）

按，"鞕"，《舊韻》只"五更反"一呼，屬疑母，次濁音。《新韻》蓋有兩呼，除"五更反"外，又音競，屬渠母，全濁音。

現存唐五代韻書宋跋本《刊謬補缺切韻·敬韻》五■反："鞕，牢。亦作硬。"（506）又裴本《刊謬補缺切韻·敬韻》五孟反："鞕，牢也。俗硬。"（598）。蔣斧本《唐韻·敬韻》五孟反："鞕，堅牢也。亦作硬。"（675）。上揭韻書注音及釋文情況都與可洪所說的《舊韻》相合，與《新韻》不同。又考《左傳·昭公十二年》"執鞭以出"陸德明釋文："鞭，五孟反。"《玄應音義》卷25《阿毗達磨順正理論音義》卷31"殭鞕"注："鞕，魚更反。"（335）《慧琳音義》卷13《大寶積經音義》卷55"堅鞕"注："鞕，額更反。"（57/658b）宋本《玉篇·革部》："鞕，牛更反，堅也。亦作硬。"（485）可見古籍註疏及傳統字書皆與《舊韻》系統相合。唯有《龍龕·革部》："鞕：五更反，又渠敬反。堅牢也。與硬同。"（449）二音兼收，蓋承襲《新韻》系統。

【瑱】

慧瑱，他見反，又音田。《新韻》又載於殿字數中，《舊韻》無此一呼。（卷28，《續高僧傳音義》卷25）

按，"瑱"，《新韻》又音"殿"，屬定母，全濁音。考唐五代韻書，伯2011《刊謬補缺切韻·霰韻》："瑱，他見反。玉名。"（2823）"殿"

小韻中無此字。宋跋本《刊謬補缺切韻》、裴本《刊謬補缺切韻》、蔣斧本《唐韻》皆如此,《廣韻》亦同,都未收《新韻》這一又音。

又考《儀禮·既夕禮》"瑱塞耳"陸德明釋文:"瑱,他殿反。"(1158)《玄應音義》卷15《十誦律音義》卷60"捉瑱"注:"瑱,古文顚,同,他見反。"(204)《萬象名義·玉部》"瑱,他見反。塞耳玉也。"(4)①《説文·玉部》"瑱"大徐音"他甸切"(5)。宋本《玉篇·玉部》"瑱,他見切。以玉充耳也。"(17)可見古籍注疏及傳統字書皆與《舊韻》系統相合,通行"他見反"一音。唯《文選·郭璞〈江賦〉》"金精玉英瑱其裏"李善注:"瑱,徒見切。"(568)②"徒見切"音值同"殿",乃此音之早見者。後有《龍龕·玉部》:"瑱:堂見、他見二反,玉名也。"(437)又《集韻·霰韻》堂練切:"瑱,玉名。"(568)"堂見反""堂練切"音值亦同"殿",二書注音蓋與《新韻》有淵源。

【黽】

井黽,烏媧反,蝦蟇屬也,《新韻》与蛙字同呼也,《舊韻》唯一呼,作户媧反,蛙屬也。(卷29,《弘明集音義》卷10)

按:"黽",可洪曰《舊韻》只有"户媧反"一音,而《新韻》除此外還與"蛙"字同呼。考《切韻箋注(二)·佳韻》烏緺反:"哇(蛙),蝦蟇屬。"(2170)此音下無"黽"字,此韻中更別無"黽"字。宋跋本《刊謬補缺切韻·佳韻》情況相同。又《大唐刊謬補缺切韻·佳韻》烏緺反:"蛙,蝦蟇。"又户咼反:"黽,蛙屬。"(3347)可見上述三種韻書皆與可洪所說的《舊韻》情況相同。而裴本《刊謬補缺切韻·佳韻》烏媧切:"蛙,蝦蟇屬。正黽。"(556)《廣韻·佳韻》烏媧切:"蛙,蝦蟇。黽,上同。又户媧切。"(93)又户媧切:"黽,蛙屬。"(94)二書皆與可洪所說的《新韻》情況相同。又考《龍龕·黽部》:"黽:烏街、烏瓜二反,蝦蟇屬也。與蛙同。"(340)可見《龍龕》之音義多本《新韻》。"黽"音"蛙",意義用法亦同"蛙",反映了"黽"字文字職能的增加,《新韻》及時反映了這種變化。

---

① 釋空海:《篆隸萬象名義》,中華書局1995年版。
② 《文選》,上海古籍出版社1986年版。

2. 某些新的義項是許多傳統字韻書所無。例如：

【懲】

用懲，直陵反，戒也，《新韻》盛也，非。（卷26，《集今古佛道論衡音義》卷乙）

懲惡，上直陵反，戒也，《新韻》云盛也，悞。（卷28，《破邪論音義》卷下）

按：可洪曰"懲"字《新韻》釋爲"盛也"，考現存《切韻》系韻書及殘卷，未見有釋爲"盛也"者，如《切韻箋注（二）·蒸韻》直陵反："懲，戒。"（2196）宋跋本《刊謬補缺切韻》、裴本《刊謬補缺切韻》皆同，《廣韻·蒸韻》直陵切："懲，戒也；止也。"（198）傳統字書亦然，如《説文·心部》："懲，忢也。"（223）宋本《玉篇·心部》："懲，直陵切。戒也，止也，畏也。"（160）唯《龍龕·心部》："懲，直陵反，懲，盛也；又苦也，忢也。"（65）此蓋本自《新韻》。現行大型字典辭書如《漢語大字典》《漢語大詞典》《故訓匯纂》等皆無此義項，可據《新韻》增補。

附1：可洪所引《新韻》資料疏證

冬韻

【膿】

【01】膿爛，上奴冬反，《新韻》闕此字，《舊韻》有。（卷1，《大般若經音義》帙5）

按，參見上文"《新韻》的文獻語言學價值"部分"膿"字例。

脂韻

【黧】

【02】黧黑，上力夷反，《新韻》此例闕此字也，見《舊韻》也。又力兮反，黃而黑也。（卷1，《大般若經音義》帙46）

按，《切韻（二）·脂韻》力脂反未收此字，《切韻箋注（二）》《切韻箋注（七）》《廣韻》同，與可洪所言《新韻》情況相合。

宋跋本《刊謬補缺切韻·脂韻》力脂反："黧，黑。"（440）裴本《刊謬補缺切韻》同宋跋本，與可洪所言《舊韻》相合。

又《切韻（二）·齊韻》："黧，黑而黃。"（2094）《切韻箋注（二）》、伯2011《刊謬補缺切韻》、宋跋本《刊謬補缺切韻》、《廣韻》皆同。《玉篇·黑部》："黧，力兮切，黑也。亦作黎。"（396）《龍龕·黑部》："黧，正：力奚反，斑也，黑而復黃也。"（532）可見"黧"音"力兮反"是當時字韻書之共識。

【夔】

【03】聶龍，上巨追反，龍名也。又獸名，似牛，一足，無角，其聲音如雷，皮可以冒鼓。《舊韻》作夔，《新韻》作夔。（卷26，《集今古佛道論衡音義》卷4）

按，《切韻（二）·脂韻》渠追反："夔，□□。□作聶。"（2093）《切韻箋注（二）·脂韻》渠追反："夔，夔龍。俗作聶。"（2163）《切韻箋注（七）·脂韻》渠追反："夔，夔龍。俗作夔（聶）。按《説文》作此夔。"（2613）宋跋本《刊謬補缺切韻·脂韻》渠追反："夔，夔龍。俗作聶。"（441）裴本《刊謬補缺切韻·脂韻》渠追反："夔，夔龍。按《山海經·大荒》：東海中有流波，入海七千里，其中有獸如牛，蒼身，一足，出入水中，見必風雨，其光如日月，其音如雷電，其名曰夔。是也。"（549）《廣韻·脂韻》渠追切："夔，夔龍。亦州名。春秋時魚國，漢爲魚復縣，梁隋皆爲巴東郡，唐初改爲信州，又改爲夔州，取夔國名之。又獸名，似牛，一足，無角，其音如雷，皮可以冒鼓。聶，俗。"（56）綜上，因麗藏本《可洪音義》所録《新韻》、《舊韻》"夔"字字形模糊，且現存唐五代寫本韻書"夔"字也多不清晰，故不易判斷其異同。又考《龍龕·首部》："夔：渠追反，夔龍，又州名，亦獸名，似牛，一足，無角，聲如雷，皮可爲鼓也。"（341）所本韻書與可洪相同。

魚韻

【湑】

【04】淪湑，上力旬反，下相余反。淪，没了。湑，沉也。《舊韻》作湑，説文：沉也，《新韻》作湑，説文：露皃也。（卷27，《續高僧傳音義》卷23）

按，"湑"是"湑"字異寫。《五經文字·水部》："湑，先呂反，見

《詩》作湑，俗。"（58）可見《新韻》字頭爲俗體。

考唐五代韻書，《切韻箋注（二）·魚韻》息魚反："湑，沉。"（2165）《切韻箋注（七）》同上，與可洪所言《舊韻》之情況相符。不過，《切韻箋注（二）·語韻》私呂反亦收"湑"字："湑，露皃。"（2203）則與《新韻》的釋義相符。又考伯 2011《刊謬補缺切韻·魚韻》思魚反："湑，路（露）。"（2735）宋跋本《刊謬補缺切韻·魚韻》息魚反："湑，露々。"（443）與可洪所言《新韻》之釋義基本相符，但字形不同。又伯 2011《刊謬補缺切韻·語韻》私呂反："湑，露皃。"（2778）宋跋本《刊謬補缺切韻》、裴本《刊謬補缺切韻》之《語韻》私呂反下皆未收此字。《廣韻·魚韻》相居切："湑，露皃。又息呂切。"（68）《語韻》私呂切："湑，露皃。"（257）《廣韻》與可洪所言之《新韻》亦釋義相合但字形不同。《龍龕·水部》："湑、湑：相居反，落也；又露皃也。"（227）《龍龕》有一個音義項同《新韻》。

虞韻

【揄】

【05】諭謟，上以朱反，詭言也，《新韻》作揄，《舊韻》作諛也。又音喻，非。（卷1，《放光般若經音義》卷30）

按，傳統字書中"揄""諛"二字不同義，《説文·手部》："揄，引也。从手，俞聲。"（255）又《言部》："諛，謟也。從言，臾聲。"（48）宋本《玉篇·手部》："揄，與珠切。揄揚也；又抒臼也。又音由。"（117）又《言部》："諛，與珠切。謟也。"（167）但是，可洪説《新韻》之"揄"音義同《舊韻》之"諛"，可見《新韻》釋義增加了一些新質。

考唐五代韻書《切韻箋注（二）·虞韻》羊朱反："諛，謟諛。"（2166）又："揄，撤揄，舉手相弄。或作邪揄。"（2166）宋跋本《刊謬補缺切韻·虞韻》羊朱反："諛，謟。"（444）又："揄，撤揄，手相弄■。或作耶揄。"（444）是二書二字兼收，然"揄"字未有"詭言"之釋義，謟諛義用"諛"字，與可洪所言之《舊韻》相合。《廣韻·虞韻》羊朱切："諛，謟諛。"（76）又："揄，揄揚，詭言也；又動也。《説文》：引也。"（76）《廣韻》之音義蓋綜合新舊韻書而成。又考《龍龕·手部》："揄：音俞，揄揚，詭言也。又動也。又徒侯、徒口二反，引也。"（209）有一個音義項同《新韻》。

佳韻

【䵷】

【06】井䵷，烏媧反，蝦蟇属也，《新韻》与蛙字同呼也，《舊韻》唯一呼，作户媧反，蛙属也。（卷29，《弘明集音義》卷10）

按，參見上文"《新韻》的文獻語言學價值"部分"䵷"字例。

臻韻

【榛】

【07】彼榛，同上，下正作榛也。《新韻》作榛，《舊韻》：榛，樼同。體不著艹。（卷27，《法顯傳音義》）

【08】披榛，助臻反，《舊韻》作榛，《新韻》作樼也。（卷27，《續高僧傳音義》卷7）

按，參見上文"《新韻》的文獻語言學價值"部分"榛"字例。

宵韻

【縿】

【09】噍類，上宜作縿，子消反，生枲也，今但取生字爲訓也。《舊韻》作縿，《新韻》作縿。㥶也。（卷26，《大唐西域記音義》卷4）

按：《龍龕·糸部》："縿、縿：音焦，《玉篇》：生麻也。二同。"（398）考《切韻箋注（二）·宵韻》無"縿""縿"字，伯2011《刊謬補缺切韻》和《大唐刊謬補缺切韻》之《宵韻》皆殘，宋跋本《刊謬補缺切韻·宵韻》即遙反："縿，生枲。"（456）同可洪所見之《舊韻》。《廣韻·宵韻》即消切："縿，生枲也。"（148）同可洪所見之《新韻》。

豪韻

【濤】

【10】風濤，大刀反，大波也，《新韻》闕此字。（卷26，《東夏三寶感通錄音義》卷中）

按，參見上文"《新韻》的文獻語言學價值"部分"濤"字例。

庚韻

【黥】

【11】剠劓，上巨京反，剠，墨刑在面。《玉篇》云：鑿額沮墨謂之剠刑也。《新韻》作黥，《舊韻》說文作剠也。（卷29，《廣弘明集音義》卷13）

按，《切韻箋注（二）·庚韻》："黥，墨刑。"（2190）宋跋本《刊謬補缺切韻》同上。切韻殘卷 P.3696p7："黥，墨刑。《說文》又作此剠。"① 上揭韻書與可洪所言"《新韻》作黥"相合。

裴本《刊謬補缺切韻·庚韻》渠京反："黥，墨刑。亦剠。"（552）《廣韻·庚韻》渠京切："黥，墨刑在面。剠、刭，並上同。"（187）二本與可洪所言"《舊韻》說文作剠"相合。又《集韻·庚韻》："黥、剠、剄：《說文》：墨刑在面也。又姓。或作剠，古作剄。"（232）亦同《舊韻》。

耕韻

【浤】【浤】

【12】浤然，上烏宏反，深也。《舊韻》作浤，《新韻》作浤也。（卷21，《出曜經音義》卷18）

【13】姚浤，烏宏反，《新韻》作浤，《舊韻》作浤，水深也。（卷27，《高僧傳音義》卷1）

【14】曇浤，烏宏反，《舊韻》作浤，《新韻》作浤。（卷27，《高僧傳音義》卷7）

按，參見上文"《新韻》的文獻語言學價值"部分"浤""浤"字例。

【鏿】

【15】錚鏿，上楚耕反，金聲也，《舊韻》作錚，《新韻》作鏿，仕耕反。下户萌反。噌吰，鍾聲也，出《玉篇》。（卷27，《續高僧傳音義》卷19）

---

① ［日］鈴木慎吾：《〈切韻殘卷諸本補正〉未收の切韻殘卷諸本について》，《開篇》2004年第23期。

按，考唐五代韻書《切韻箋注（二）·耕韻》楚莖反："鎇，金聲。"（2190）未收無"鐕"字。宋跋本《刊謬補缺切韻》和裴本《刊謬補缺切韻》皆如此，與可洪所說的"《舊韻》作鎇"，音"楚耕反"相合，與《新韻》不同。又《廣韻·耕韻》楚耕切："鎇，金聲。"（189）又士耕切："鐕，鐕鎗，玉聲。"（189）《集韻·耕韻》初耕切："鎇、鐕：金聲，或从曾。"（235）宋代韻書二字皆收，蓋綜合新舊韻書而來。

蒸韻

【懲】

【16】用懲，直陵反，戒也，《新韻》盛也，非。（卷26，《集今古佛道論衡音義》卷乙）

【17】懲惡，上直陵反，戒也，《新韻》云盛也，悮。（卷28，《破邪論音義》卷下）

按，參見上文"《新韻》的文獻語言學價值"部分"懲"字例。

登韻

【縢】

【18】縢含，上徒登反，國名也，因以爲姓，《説文》從舟，《通俗文》從月。又音悉，悮也。《新韻》闕此縢字也。（卷26，《東夏三寶感通錄音義》卷中）

按，參見上文"《新韻》的文獻語言學價值"部分"縢"字例。

侵韻

【愖】

【19】湛意，上或作愖，同，直減反。湛，安也。愖，愖然齊皃也。湛、意是兩箇僧名之耳也。又都含、徒感、直林三反。《川音》作愖，氏任反，信也。《新韻》無愖字。（卷26，《東夏三寶感通錄音義》卷中）

按，《切韻（三）·侵韻》① 未收"愖"字，與可洪所説《新韻》收

---

① 《切韻（三）》即敦煌殘卷斯6187，引自張涌泉主編《敦煌經部文獻合集》第5册，周祖謨《唐五代韻書集存》中又稱《切韻殘葉三》。

字狀況相符。《切韻箋注（二）》、伯 2011《刊謬補缺切韻》之《侵韻》殘。宋跋本《刊謬補缺切韻·侵韻》："諶，氏林反。誠也。亦作訦、忱。"（467）裴本《刊謬補缺切韻》同宋跋本。《廣韻·侵韻》："諶，誠也。《爾雅》云：信也。氏任切。忱，上同。訦，上同。"（218）總之，宋跋本、裴本、《廣韻》都在重文中錄有"忱"字，與可洪所見《新韻》不同。

麌韻

【炰】

【20】炰炰，方久反，蒸~也，稠炰也，䰞也。又方武反，見《新韻》，並正作炰也。郭氏未詳。䰞，丑給（洽）反。（卷 13，《佛說罪業報應教化地獄經音義》）

按，《切韻箋注（二）·有韻》方久反："炰，蒸炰。俗作炰。"（2217）《切韻箋注（五）》、宋跋本《刊謬補缺切韻》之《有韻》方久反下皆有"炰"字，而《切韻箋注（二）》、伯 2011《刊謬補缺切韻》、宋跋本《刊謬補缺切韻》、裴本《刊謬補缺切韻》之《麌韻》皆未收"炰"字，與可洪所見《新韻》不同。《廣韻》與唐五代韻書情況相同。唯《龍龕·火部》："炰，俗；炰，正：方九反，蒸炰也，亦炰腩也。又芳武反。二。"（241）與《新韻》二音相符。"炰""炰""炰"皆"炰"字異寫。

混韻

【壼】

【21】壼奥，上苦本反，居也，廣也，宮中道也，《說文》合作㢧，《新韻》作㢧，從口也。（卷 26，《大慈恩寺法師傳音義》卷 8）

按，"壼"，今本《說文》作"壼"，《說文·口部》："壼，宮中道。从口，象宮垣道上之形。《詩》曰：室家之壼。"（125）此與可洪所言《說文》作"㢧"字形不合，但與《新韻》"㢧"字形近。

考《切韻（四）》《切韻箋注（二）》、伯 2011《刊謬補缺切韻》、宋跋本《刊謬補缺切韻》皆作"壼"，釋曰"宮中道"。又《廣韻·混韻》苦本切："壺，居也，廣也，又宮中道。奫，篆文。"（283）總之，現存韻書字形皆與《新韻》不同。又《龍龕·雜部》："奫、壺：苦本反，廣也，居也，又宮中道也。二同。"（549）"奫"與"𠫓"基本同形，蓋本自《新韻》。

銑韻

【贙/贙】

【22】贙兕，上玄犬［反］，獸名，似犬，多力，出西海；一云對爭皃也，正作贙也，《新韻》作贙。又胡絹反，說文：久引（分別）也，又說文云倒一虎者非也。（卷28，《甄正論音義》卷上）

按，"贙"，"贙"字異寫。今大正藏本《甄正論》卷1作"贙兕"。《說文·虤部》："贙，分別也。从虤對爭貝。"（99）《五經文字·虎部》："贙，于犬反，從二虎從貝，俗以二虎顛倒，與《說文》《字林》不同。"①《龍龕·虎部》："贙，或作；贙，今：胡犬反，獸名，似犬，多力。一曰對爭，出西海。"（322）又《貝部》："贙，或作；贙，今：音縣，獸名，似犬，多力，出西海。一曰對爭。又胡犬反。"（352）"贙"字即"二虎顛倒"者，俗體也，《新韻》即作此形。

考《切韻箋注（二）·銑韻》胡犬反："贙，獸名，似犬，多力；一曰對爭兒。"（2210）《切韻箋注（五）·銑韻》胡犬反："贙，獸名，似犬，多力；一曰對爭■■（兒）。《說文》：分引也。從虤對爭具（貝）。"（2463）伯2011《刊謬補缺切韻·銑韻》缺，《霰韻》黃練反："贙，獸，似犬。又胡犬反。"（2823）裴本《刊謬補缺切韻·銑韻》缺，《霰韻》玄絢反："贙，獸。又胡犬反。"（595）蔣斧本《唐韻·銑韻》缺，《霰韻》黃練反："贙，獸名。［又］音泫。"（662）上揭韻書字頭皆作"贙"，與可洪所說的《新韻》字形相符。

又考宋跋本《刊謬補缺切韻·銑韻》胡犬反："贙，獸名，似犬，多力，西國人家養之。一曰對爭貌。或作贙。"（480）又《霰韻》黃練反："贙，獸名，似犬，多力，西國人家養之。又胡犬反。亦作贙。"（501）宋

---

① （唐）張參：《五經文字》，京都大學人文科學研究所所藏石刻拓本資料。叢書集成初編本虎旁皆缺末筆，見第1064冊，第79頁。

跋本雖然字頭作"贙",但釋文所列異體作"贙",也可以説與"《新韻》作贙"相合。

不過,由於無法斷定"説文:久引(分别)也;又説文云倒一虎者非也"這段話是否也出自《新韻》,故不能最終確定現存唐五代韻書是否與《新韻》完全相符。

《廣韻·銑韻》胡畎切:"贙,獸名,似犬,多力,出西海。一曰對爭也。到一虎者非也。"(289)又《霰韻》黄練切:"贙,獸名,又音泫。"(407)《廣韻》字頭作"贙",與《新韻》不同。

獼韻

【勴】

【23】僧勴,彌兖反,自强也,勉也。……《舊韻》作勴,《新韻》闕此字也。(卷24,《開皇三寶録音義》卷11)

【24】僧勴,彌兖反,正作勴也。《舊韻》作勴,《新韻》闕此字。(卷27,《續高僧傳音義》卷23)

按:《切韻箋注(二)·獼韻》無兖反:"勴,自强。"(2210)《切韻箋注(五)》、宋跋本《刊謬補缺切韻》皆同。《廣韻·獼韻》彌兖切:"勴,勉也。"(293)據此,現存韻書皆收"勴"字,與《新韻》不同。

晧韻

【葆】

【25】葆吹,上音保,羽葆,鼓吹飾也;又草盛也。《新韻》闕此字。(卷27,《高僧傳音義》卷13)

按,參見上文"《新韻》的文獻語言學價值"部分"葆"字例。

養韻

【冈】

【26】冈象,上方往反,無也,《新韻》作冈;《舊韻》作罔,説文作冈、网、𦉪。(卷29,《弘明集音義》卷13)

按,《切韻箋注(二)·養韻》:"罔,無。文兩反。"(2215)伯

2011《刊謬補缺切韻‧養韻》：" ☐（罔），■（文）兩反。無。亦作■（䍹）、冈、冈、它。"（2794）宋跋本《刊謬補缺切韻‧養韻》："罔，文兩反。無。亦作冈、■、■、它。"（484）伯 2011 和宋跋本與可洪所言《舊韻》釋文接近。裴本《刊謬補缺切韻》作"冈，文兩反。無"（569），字頭與可洪所言《新韻》字形近似。但是，麗藏本《可洪音義》及抄本韻書字形都有可能傳抄失誤，故不能確切判斷異同。

梗韻

【驚】

【27】警覺，上音景，寤也，戒也，《舊韻》作警，《新韻》作驚，誤。（卷1，《大般若經音義》帙37）

【28】驚覺，上居影反，寤也，戒也，見《舊韻》作警，《新韻》作驚，非也。（卷1，《大般若經音義》帙51）

按，參見上文"《新韻》的文獻語言學價值"部分"警""驚"字例。

寢韻

【葚】【椹】

【29】食椹，音甚，桑子也，《新韻》作椹、葚二形，又作䕨也。陸氏作椹也，並在上聲也。（卷26，《集今古佛道論衡音義》卷2）

按：參見上文陸法言《切韻》中"椹"字條。

送韻

【銃】

【30】銃涉，上或作抗，同，尺仲反。《玉篇》云：銃，鑿石也。《舊韻》云銎也。《新韻》云銎也。《新韻》文䩵之兒也。抗，跳行兒也。銎，斤斧柄孔也。銎音凶。（卷26，《東夏三寶感通錄音義》卷下）

按，"銎""銎"皆"銎"字異寫。根據可洪釋文，《新韻》《舊韻》釋義的差別似乎只是字形小異。但是"《新韻》文䩵之兒也"一句令人費解，今宋跋本《刊謬補缺切韻‧送韻》："銃，充仲反。銎。"（489）裴本《刊謬補缺切韻》和《廣韻》之《送韻》皆同，都沒有這句話，似與可洪所見《新韻》不同。

霽韻

【鬀】

【31】鬀除，上他計反，除髮也，与剃字同也。《字樣》及孫愐《韻》説文並作鬀也，《新韻》音弟，非。(卷3，《大方等大集菩薩念佛三昧經音義》卷9)

【32】剪鬀，他帝反，除髮也，正作剃。《説文》及《字樣》並作鬀，音剃，《新韻》在弟字例中，悮。(卷28，《破邪論音義》卷上)

按，參見上文"《新韻》的文獻語言學價值"部分"鬀"字例。

泰韻

【癘】【癩】

【33】感癘，音賴，与癩同也，《新韻》缺此字。(卷26，《集沙門不應拜俗等事音義》卷3)

【34】感癘，音賴，《新韻》作癩，《舊韻》説文作癘。(卷27，《高僧傳音義》卷10)

按，參見上文"《新韻》的文獻語言學價值"部分"癘""癩"字例。

霰韻

【瑱】

【35】慧瑱，他見反，又音田。《新韻》又載於殿字數中，《舊韻》無此一呼。(卷28，《續高僧傳音義》卷25)

按，參見上文"《新韻》的文獻語言學價值"部分"瑱"字例。

敬/映韻

【鞕】

【36】紫鞕，五更反，堅牢也。按《舊韻》只一呼，説文亦作硬也；《新韻》載於競字數内，非也。(卷28，《續高僧傳音義》卷28)

按，參見上文"《新韻》的文獻語言學價值"部分"鞕"字例。

勁韻

【庌】

【37】屏簹，上蒲政反，廁也，正作偋。《舊韻》說文作屏，《新韻》作庌，悮也。（卷26，《東夏三寶感通錄音義》卷中）

按，《說文·人部》："偋，僻寠也。从人，屏聲。"（163）朱駿聲通訓定聲："經籍皆以屏、以庌爲之。"（867）《說文·尸部》："屏，蔽也。从尸，并聲。"（172）《玉篇·尸部》"屏，蒲冥、必郢二切，屏，蔽也。"（215）《說文·广部》："庌，蔽也。从广，并聲。"（190）段玉裁注："此與《尸部》之屏義同，而所謂各異，此字从广，謂屋之隱蔽者也。"（444）《龍龕·人部》："偋：房正、蒲徑二反，隱僻無人處也。又廁也。與屏同。"（34）綜上，古籍中"偋""屏""庌"三字皆可表示屏廁、隱蔽義，《新韻》取"庌"字。

考《切韻箋注（五）·勁韻》缺，伯2011《刊謬補缺切韻·勁韻》："偋，防政反，隱僻。"（2831）無"屏""庌"二字。宋跋本《刊謬補缺切韻》、裴本《刊謬補缺切韻》皆同伯2011。蔣斧本《唐韻·勁韻》："偋，隱避。又庌。《字統》云：廁也。防正反。又蒲（蒲）徑反。"（676）蔣斧本"偋"字釋文中曰又作"庌"，似與可洪所言《新韻》情況相合。《廣韻·勁韻》："偋，隱僻也，無人處，《字統》云：廁也。防正切。又蒲徑切。二。庌，上同。"（431）亦與《新韻》情況相合。

證韻

【秤】

【38】馮几，上皮證反，兩肱據物也。《新韻》以秤爲馮，悮也。（卷26，《東夏三寶感通錄音義》卷中）

按，據可洪所言，《新韻》用"秤"字表示"兩肱據物"義，考《切韻箋注（二）·蒸韻》："稱，知輕重。處陵反。⋯⋯又作■、爯、秤，同。"又："憑，憑託。扶冰反。"又"凭，依几。"（2196）"秤"同"稱"，不表憑據義。《切韻箋注（五）·證韻》："稱，蚩證反，又處陵反。"（2487）未收"秤"字。伯2011《刊謬補缺切韻·蒸韻》："憑，扶冰反。憑託。"又"凭，依几。"（2767）又："稱，處陵反，知輕重。"

（2768）又《證韻》："凭，皮孕反。凭。"又："稱，齒證反。銓衡。"（2836）亦未收"秤"字。宋跋本《刊謬補缺切韻·蒸韻》同伯 2011，又《證韻》："稱，尺證反。譽。"又"凭，火（皮）孕反。任几。"（508）

裴本《刊謬補缺切韻·蒸韻》："稱，處陵反，知輕重也。"又"憑，扶冰反。託。"又"凭，依几。"又"䫻，䫻陵。"（559）又《證韻》："稱，蚩證反，權也。以黏黍中者百黍之重爲銖，廿四銖爲兩，三兩爲大一兩，十六大兩爲一斤。又處陵反。亦秤、稱二字同也。"（601）"秤"亦同"稱"，不表憑據義。

蔣斧本《唐韻·證韻》："稱，愜意。昌孕反。又昌陵反。"又"秤（秤），平斤兩者，又昌陵反。""䫻，皮㱥反。又皮陵反。"（682）"秤"亦不表憑據義。

《廣韻·蒸韻》："稱，知輕重也。《說文》曰銓也。又姓，《漢功臣表》有新山侯稱忠。處陵切。又昌證切。"（200）又："凭，依几也。扶冰切。"（199）又《證韻》："稱，愜意，又是也，等也，銓也，度也。俗作秤，云正斤兩也。昌孕切，又昌陵切。二。秤，俗。"（433）又："凭，依几也。皮證切，又皮陵切。"（433）"秤"是"稱"的俗字，不表憑據義。

綜上，現存唐五代韻書及《廣韻》皆不以"秤"爲"䫻"，與可洪所見《新韻》不同。

屋韻

【枎】

【39】宏枎，上户盲反。下音伏，《新韻》闕此字也。（卷26，《東夏三寶感通録音義》卷下）

按，據可洪注音，"枎"當是"枎"字異寫。《廣韻·屋韻》房六切："枎，梁枎。"（453）《正字通·木部》："枎，房六切，音伏。《類篇》：梁也。今人以小木附大木上爲枎。"（501）

考《切韻箋注（二）·屋韻》房六反："枎，□楤。"（2221）裴本《刊謬補缺切韻·屋韻》房六反："枎，梁枎。"（604）上揭韻書及《廣韻》皆有"枎"字，不同於可洪所說的《新韻》。但是《切韻箋注

（五）》、伯 2011《刊謬補缺切韻》、宋跋本《刊謬補缺切韻》、蔣斧本《唐韻》等韻書中皆無此字，似與可洪所說的《新韻》情況相合，也有可能是這些抄本韻書有節略或脫漏。

質韻

【袠】

【40】袠軸，上直一反，《新韻》闕此。（卷 24，《大唐内典錄音義》卷 8）

按，《說文·巾部》："帙，書衣也。从巾，失聲。袠，帙或从衣。"（156）

考現存唐宋韻書，如《切韻箋注（二）·質韻》直質反："帙，或作衺（袠）。"（2224）又伯 2011《刊謬補缺切韻·質韻》直質反："帙，書衣。或作袠。亦作袟。"（2843）宋跋本《刊謬補缺切韻·質韻》直質反："帙，書衣。或作袠、袟。"（512）裴本《刊謬補缺切韻·質韻》直質反："帙，書帙。亦袟、袠。"（609）蔣斧本《唐韻·質韻》直質反："帙，書帙。又姓。出《說文》。亦作袠。"（693）《廣韻·質韻》直一切："帙，書帙，亦謂之書衣。又姓，出《纂文》。袠，上同。"（468）綜上，現存唐宋韻書皆收"袠"字，不同於可洪所說的《新韻》。

【䵣】

【41】莫咥，知栗反，齧也，正作䵢也。《新韻》作䵣，非也。（卷 29，《廣弘明集音義》卷 15）

按，《說文·齒部》："䵢，齒堅也。从齒，至聲。"（39）《龍龕·齒部》："䵣：陟栗反，齧聲。"（313）《集韻·質韻》："䵢、䵣：《說文》：齒堅也。或從室。"（666）《正字通·齒部》："䵣，俗䵢字。"（1412）可見《新韻》所錄字形是俗字。

考伯 2011《刊謬補缺切韻·質韻》陟栗反："䵢，齒堅聲。又大結反。"（2844）宋跋本《刊謬補缺切韻·質韻》陟栗反："䵢，齧。"（512）裴本《刊謬補缺切韻·質韻》陟栗反："䵢，齒堅。"（609）《廣韻·質韻》陟栗切："䵢，齒聲。"（470）現存韻書晚至《廣韻》皆無"䵣"字，與可洪所言《新韻》不合。

迄韻

【肦】

【42】肸響，上許乞反，布也，《新韻》作肸（肦），《舊韻》作肝（肦），《字樣》作肸、肝二形也。（卷26,《集沙門不應拜俗等事音義》卷5）

【43】肸響，上許乞反，布也，《玉篇》云身振也，《江西篇》云動作不安也，《字樣》及《舊韻》並作肝、肝二形,《新韻》作肦。（卷27,《續高僧傳音義》卷3）

【44】肸響，上許乙反，~響，布也，《新韻》作肸（肦），《舊韻》及《字樣》並作肝、肝二形也。（卷29,《廣弘明集音義》卷15）

按，"肦""肝""肝"，皆"肸"字異寫，俗作"肦"。"肸""肝"皆是訛字。《說文·十部》："肸響，布也。從十，從肯。"（45）《五經文字·十部》："肸、肦，許乙反，上《說文》，下經典相承隸省，見《春秋傳》。"（37）宋本《玉篇·十部》："肸，許乞切，嚮布也。今爲肦。"（525）

以可洪所引三條互證，可以推知《新韻》當作"肦"，"肸"乃訛體；《舊韻》當作"肝"，"肝"乃訛體。今考《切韻箋注（二）·迄韻》許訖反："肦，肦響，又許乙反。"（2226）《切韻箋注（五）》同。宋跋本《刊謬補缺切韻·質韻》："肸，羲乙反"（513），又《迄韻》許訖反："肦，~響，又許乙反。"（514）裴本《刊謬補缺切韻·質韻》："肸，許乙反。響也。又許訖反。"（609）蔣斧本《唐韻·迄韻》許訖反："肦，~響，又許乙反。"（697）《廣韻·質韻》："肸，肸蠁，俗作肦。羲乙切。"（473）又《迄韻》許訖切："肸，肸蠁。又許乙切。"（477）

由於《可洪音義》在傳刻中字形多有訛變，同是新韻字形，三個詞條中就有"肸""肦"兩種寫法；舊韻字形則至少有"肝""肝""肝""肝"等四種變體，而現存寫本韻書字形亦訛變嚴重，故無法進

鎋韻

【齛】

【45】作齛，瞎、鎋二音，齒聲也，正作齴。《新韻》作齛。（卷25，《一切經音義音義》卷14）

按，《玄應音義》卷14《四分律音義》卷32：" 齺齒，下介反，《説文》：齒相切也。《三蒼》：鳴齒也。律文作齛，未詳字出。"（192）可洪所釋詞目即出自此。由此可見"齛"是後出俗字①，《新韻》收"齛"字，音義同"齴"。

考唐五代韻書及《廣韻》之《鎋韻》，皆收"齴"字，而未收"齛"，如《切韻箋注（二）·鎋韻》胡瞎反："齴，齧聲。"（2229）伯2011《刊謬補缺切韻》、宋跋本《刊謬補缺切韻》、蔣斧本《唐韻》皆同。裴本《刊謬補缺切韻·鎋韻》胡瞎反："齴，齧骨聲。"（614）《廣韻·鎋韻》胡瞎切："齴，齒聲。"（490）又許鎋切："齴，齒堅聲。"（490）由此可見，現存韻書有關"齛"字的著錄情況皆與可洪所見《新韻》不同。

藥韻

【謔】

【46】戲謔，許約反，調戲也，《新韻》闕此字。（卷1，《大般若經音義》帙55）

按，參見上文"《新韻》的文獻語言學價值"部分"謔"字例。

鐸韻

【拓】

【47】祏基，上他各反，開也，《舊韻》作祏，《新韻》作拓，悮也。

---

① 宋本：《玉篇·口部》："齛，胡戛切，大開口。又胡蓋切。"（107）《類篇·口部》："齛，下蓋切，大開口，一曰聲也。又下瞎切。"（50）《字彙·口部》："齛，胡瞎切，音轄，大開口。又下瞎切，音害，義同。"（80）《正字通·口部》："齛，俗字。舊註音轄，大開口。又音害，義同。並非。"（162）

（卷 28，《續高僧傳音義》卷 30）

按，參見上文"《新韻》的文獻語言學價值"部分"祏""拓"字例。

錫韻

【逷】

【48】逷自，他歷反，遠也，与逖同也，見《説文》。《新韻》闕此字。（卷 26，《集沙門不應拜俗等事音義》卷 2）

按，《説文·辵部》："逖，遠也。从辵，狄聲。逷，古文逖。"（36）《新韻》不收"逷"字。考《切韻箋注（二）·錫韻》："逖，他歷反。"（2231）伯 2011《刊謬補缺切韻·錫韻》："逖，他歷反。遠。"（2854）宋跋本《刊謬補缺切韻》同上，皆未收"逷"字，與《新韻》相符。

但是，裴本《刊謬補缺切韻·覓韻》："逖，他歷反。遠也。古逷。"（615）又蔣斧本《唐韻·錫韻》："逖，遠也。古作逷。他歷反。"（709）《廣韻·錫韻》："逖，遠也。他歷切。逷，古文。"（522）三書都在釋文中著録了異體字"逷"，這與"《新韻》闕此字"情況不同。

緝韻

【褶】

【49】袴褶，上苦故反。下神汁反，袴也，《新韻》又載於習字數中。（卷 28，《續高僧傳音義》卷 25）

按，據可洪所言，《新韻》"褶"至少有二音：神汁反（緝韻船母），又音習（緝韻邪母）。考《切韻箋注（二）·緝韻》："褶，袴褶。神執反。"（2237）"十"小韻、"習"小韻下皆無此字，《怗韻》亦無。《切韻箋注（三）》、裴本《刊謬補缺切韻》皆同《箋注（二）》。宋跋本《刊謬補缺切韻·緝韻》神執反和《怗韻》徒協反皆有"褶"字，而《緝韻》的"十"小韻、"習"小韻下皆無此字。綜此，現存唐五代韻書"褶"字的注音情況和《新韻》不同。

《廣韻》"褶"字有三音：《緝韻》似入切："褶，袴褶。"（531）又是執切："褶，袴褶。"（531）又《怗韻》徒協切："褶，袷也。又似入切。"（541）"似入切"與"習"同音。又《龍龕·衣部》"褶：音習，袴褶。又音牒，袷也。袷音洽。"（109）可見，有關"褶"字注音，二書與《新韻》相似點更多。

葉韻

【呫】

【50】栗呫，上力一反。下尺涉反，國名也，《新韻》闕此字，《舊韻》有之。（卷1，《大般若經音義》帙51）

【51】羯呫，昌葉反，《新韻》闕此字。（卷26，《大慈恩寺法師傳音義》卷4）

按：可洪曰《新韻·葉韻》未收"呫"字，今考伯2011《刊謬補缺切韻·葉韻》叱涉反："詀，詀讘，細語，亦作呫。又他協反。"（2860）"他協反"屬《怗韻》，然《怗韻》未重出此字。又宋跋本《刊謬補缺切韻·怗韻》他協反："呫，嘗。又叱涉反。"（523）"叱涉反"屬《葉韻》，然《葉韻》未重出此字。裴本《刊謬補缺切韻·怗韻》他協反："呫，口嘗味。"（618）《葉韻》無此字。《大唐刊謬補缺切韻·葉韻》叱涉反："詀，詀讘，細語，亦作呫。"（3374）又《怗韻》他協反："呫，嘗。"（3375）《廣韻·怗韻》他協切："呫，嘗也。"（541）《葉韻》無此字。總之，上述韻書基本收有"呫"字，或在《葉韻》，或在《怗韻》，或二韻兼收，與可洪所言《新韻》不同。不過，《切韻箋注（二）》和蔣斧本《唐韻》之《葉韻》《怗韻》皆無"呫"字，似同《新韻》，也有可能是傳抄中有節略或脫漏。

附2：可洪所引《新韻》與現存《切韻》系韻書對照表

（見書末所附圖表3）

第三節　《可洪音義》所引《舊韻》研究

《可洪音義》有43處提到《舊韻》，涉及37個字頭，筆者將這些引文內容與現存《切韻》系韻書進行了全面比勘，借以推測它在《切韻》修訂傳承流布史中的歷史地位，以及它與可洪所引其他韻書的關係。

一　《舊韻》與現存《切韻》系韻書之比較

筆者把可洪所引《舊韻》與現存比較完整的、有代表性的《切韻》系韻書一一進行了比較，以見其差異，並探討《舊韻》的版本性質。

（一）與《切韻箋注（二）》（切三）之比較

《可洪音義》提到《舊韻》的 43 處 37 個字頭中，有 14 個字所屬的大韻《箋注（二）》缺失，無法進行判斷；1 個字所屬大韻因殘損不全，其字不存，亦無法進行判斷；2 個字因《可洪音義》與《箋注（二）》的釋文都字形不清晰或可能傳抄失誤，亦無法下結論。其餘可以做出明確判斷的例子中，有 5 個字所涉及內容與可洪所引《舊韻》不合；1 個字部分吻合，可視爲不合；10 個字基本吻合。另有 4 個字所屬大韻今雖完整，但無其字；或大韻雖不全，但小韻完整，亦無其字，故亦視爲與可洪所引《舊韻》不合。總計吻合度爲 10/20（50%）。

（二）與伯 2011《刊謬補缺切韻》（王一）之比較

《可洪音義》所引《舊韻》的 43 處 37 個字頭中，有 9 個字所屬的大韻因伯 2011 缺失，無法進行判斷；9 個字所屬大韻殘損不全，其字不存，亦無法進行判斷；3 個字因《可洪音義》和伯 2011 的釋文字形不清晰或可能傳抄失誤，亦無法下結論。剩下的可以做出明確判斷的引例中，有 8 個字所涉及內容與可洪所引《舊韻》不合；1 個字部分吻合，可視爲不合；7 個字基本吻合。總計吻合度爲 7/16（43.8%）。

（三）與宋跋本《刊謬補缺切韻》（王三）之比較

《可洪音義》所引《舊韻》的 43 處 37 個字頭中，有 1 個字所屬的大韻因《刊謬補缺切韻》缺失，無法進行判斷；有 5 個字因《可洪音義》和《刊謬補缺切韻》的釋文字形不清晰或可能傳抄失誤，無法下結論。其餘可以做出明確判斷的例子中，有 11 個字頭所涉及內容與可洪所引新韻不合；19 個字基本吻合。另有 1 個字所屬大韻今雖完整，但無其字，故亦視爲與可洪所引《舊韻》不合。總計吻合度爲 19/31（61.3%）。

（四）與裴本《刊謬補缺切韻》（王二）之比較

《可洪音義》所引《舊韻》的 43 處 37 個字頭中，有 14 個字所屬的大韻因裴本缺失，無法進行判斷；4 個字因《可洪音義》和裴本的釋文字形不清晰或可能傳抄失誤，亦無法下結論。其餘可以做出明確判斷的例子中，有 6 個字所涉及內容與可洪所引《舊韻》不合；11 個字基本吻合。

另有 2 個字所屬大韻今雖完整，但無其字；或大韻雖不全，但小韻完整，亦無其字，故亦視爲與可洪所引《舊韻》不合。總計吻合度爲 11/19（57.9%）。

（五）與伯 2016、伯 2014 等綴合的《大唐刊謬補缺切韻》之比較

《可洪音義》所引《舊韻》的 43 處 37 個字頭中，有 29 個字所屬的大韻因《大唐刊謬補缺切韻》缺失，無法進行判斷；4 個字所屬大韻殘損不全，其字不存，亦無法進行判斷。剩下的可以做出明確判斷的引例中，1 個字不合，1 個字部分吻合，可視爲不合；2 個字基本吻合。總計吻合度爲 2/4（50%）。

（六）與蔣斧本《唐韻》之比較

《可洪音義》所引《舊韻》的 43 處 37 個字頭中，有 25 個字所屬大韻因蔣本《唐韻》缺失，無法進行判斷；1 個字因《可洪音義》和蔣斧本《唐韻》的釋文字形不清晰或可能傳抄失誤，亦無法下結論。剩下可以做出明確判斷的例子中，有 5 個字所涉及內容與可洪所引《舊韻》不合；5 個字基本吻合。另有 1 個字所屬大韻今蔣本雖完整，但無其字，故亦可視爲與《舊韻》不合。總計吻合度爲 5/11（45.5%）。

（七）與《廣韻》之比較

《可洪音義》所引《舊韻》的 43 處 37 個字頭中，有 6 個字因《可洪音義》釋文字形不清晰或可能傳抄失誤，無法下結論；有 13 個字所涉及內容與可洪所引《舊韻》不合；2 個字部分吻合，可視爲不合；13 個字基本吻合。另有 3 個字所屬大韻今《廣韻》未收其字，故亦可視爲與可洪所引《舊韻》不合。總計吻合度爲 13/31（41.9%）。

根據上面的資料統計，可洪所引《舊韻》與宋跋本《刊謬補缺切韻》相似度最高（61.3%）；其次是裴本《刊謬補缺切韻》（57.9%）和《切韻箋注（二）》（50%），相似度都在 50% 及以上；再次是蔣斧本《唐韻》（45.5%）和伯 2011《刊謬補缺切韻》（43.8%），而與《廣韻》的相似度最低（41.9%），這與可洪所引《切韻》與《廣韻》相似度高達 73.4% 形成鮮明反差。《大唐刊謬補缺切韻》由於所缺韻部太多，可資比勘的字數太少，故不足以說明問題。總之，根據上述數據可以推測，《可洪音義》所引《舊韻》應該屬於《刊謬補缺切韻》子系列的韻書。

二　《舊韻》和可洪所引《切韻》的關係

根據上文資料統計可知，可洪所引《舊韻》與宋跋本《刊謬補缺切韻》相似度最高，而可洪所引《切韻》與《廣韻》最爲接近，因此可以判斷《舊韻》和可洪所據的《切韻》不是同一本韻書。下面這條釋文也可以證明二書不同。

離㭋，上力義反，下布損反，今作㭋，正作㭋也。《字樣》作㭋，説文云從木、十。《切韻》云從木、丁。《舊韻》云從木。丁，音下，无點。（卷2，《道行般若經音義》卷1）

上述釋文中《舊韻》與《切韻》對舉，可以説明可洪所引的《切韻》不是《舊韻》。

三　《舊韻》和陸法言《切韻》的關係

不言而喻，陸法言《切韻》當然屬於舊韻。那麼，可洪所引《舊韻》是不是陸氏《切韻》呢？我們認爲應該不是。根據《唐五代韻書集存》和《敦煌經部文獻合集》所收的陸氏《切韻》傳寫本，可以發現，陸氏《切韻》收字少，訓釋簡單，訓釋中只出示簡單説解、反切和又音，基本不出示異體字或者字形分析，這與可洪所引《舊韻》的情況大不相同，《舊韻》釋文中常常指出異體字，例如：

母屘，音居，當也，處也，安也，《舊韻》説文作凥字。（卷27，《高僧傳音義》卷4）

僥倖，上音澆，下音幸。《舊韻》作憿幸，説文作僥幸，亦作徼幸。（卷2，《道行般若經音義》卷9）

剠剌，上巨京反，剠，墨刑在面。《玉篇》云：鑿額泹墨謂之剠刑也。《新韻》作黥，《舊韻》説文作剠也。下魚至反，割鼻也，《舊韻》説文作劓也。（卷29，《廣弘明集音義》卷13）

𠦝友，上蒲弘反，黨也，正作朋。《舊韻》説文作𠦝。（卷1，《放光般若經音義》卷1）

攸宗，上余修反，所也。《舊韻》曰：逌与此修攸同也。逌，遠也。（卷26，《大唐西域記音義》卷5）

離㭋，上力義反，下布損反，今作㭋，正作㭋也，《字樣》作㭋，

説文云從木、十。《切韻》云從木、丁。《舊韻》云從木。丁，音下，无點。（卷2，《道行般若經音義》卷1）

罨象，上方往反，無也，《新韻》作㓁；《舊韻》作罔，説文作㓁、网、罔。（卷29，《弘明集音義》卷13）

悉䪭，音剃，《舊韻》説文作頙。（卷27，《續高僧傳音義》卷2）

感癞，音賴，《新韻》作癩，《舊韻》説文作癘。（卷27，《高僧傳音義》卷10）

陁論，胡快、胡外二反，《舊韻》云籀文話字也。（卷1，《摩訶般若抄經音義》卷1）

紫鞕，五更反，堅牢也。按《舊韻》只一呼，説文亦作硬也。（卷28，《續高僧傳音義》卷28）

屏簿，上蒲政反，廁也，正作併。《舊韻》説文作屏。（卷26《東夏三寶感通録音義》卷中）

通過上述例證可以看出，《舊韻》的情況跟王仁昫《刊謬補缺切韻》系統比較接近。據周祖謨分析，王書據陸書重修，增字加訓，而且詳載異體，在注釋中列出訓解、又音以及或體①，此描述與上引《舊韻》各例如出一轍。而且我們的統計數據也顯示《舊韻》與初唐後期的宋跋本《刊謬補缺切韻》② 相似度最高（61.3%），可見它應該是陸氏《切韻》的修訂本，而非陸氏原本。

至於《舊韻》與可洪所引舊《切韻》的關係，由於資料短缺，無法做出判斷。

附1：可洪所引《舊韻》資料疏證

冬韻

【膿】

【01】膿爛，上奴冬反，《新韻》闕此字，《舊韻》有。（卷1，《大般

---

① 參見《唐五代韻書集存·序》，第4頁。
② 周祖謨考定王仁昫《刊謬補缺切韻》成書年代爲706年，參見《唐五代韻書集存·總述》，第12頁。

若經音義》帙5）

按，參見上文"《新韻》的文獻語言學價值"部分"膿"字例。

支韻

【迻】【拖】

【02】拖代，上與支反，易也，謂以物換易也，正作移、柂二形，《舊韻》作迻、拖二形。（卷21，《賢愚經音義》卷1）

按，考唐五代韻書《切韻（二）·支韻》："移，弋支反。"（2091）宋跋本《刊謬補缺切韻》同。《切韻箋注（七）·支韻》："移，戈（弋）支反。按《說文》遷也，作此运（迻），從禾者禾名。"（2609）裴本《刊謬補缺切韻·支韻》弋支反："移，《說文》遷也，禾名也，又作迻。"（544）綜上，唐五代韻書字頭皆作"移"，即便某些版本注文中著錄"迻"字，但皆未收錄"拖"，故與可洪所言《舊韻》不合。

《廣韻·支韻》："移，遷也，遺也，延也，徙也，易也。《說文》曰：禾相倚移也。……弋支切。"（41）又"柂，上同。"（41）又："迻，《說文》：遷也。"（41）又《集韻·支韻》："移、柂：余支切。《說文》：禾相倚移也。一曰禾名。亦姓。或作柂。"（34）又："扡、施：改易也，或作扡。"（34）又："迻、扡、柂、敁：《說文》遷徙也。古作扡，或作柂、敁，通作移。"（34）《廣韻》《集韻》皆無"拖"字，抑或"拖""柂"皆"扡"字異寫，如此，則與《舊韻》相符。

脂韻

【黧】

【03】黧黑，上力夷反，《新韻》此例闕此字也，見《舊韻》也。又力兮反，黃而黑也。（卷1，《大般若經音義》帙46）

按，參見《新韻》之《脂韻》"黧"字。

【夔】

【04】夔龍，上巨追反，龍名也。又獸名，似牛，一足，無角，其聲音如雷，皮可以冒鼓。《舊韻》作夔，《新韻》作夔。（卷26，《集今古佛道論衡音義》卷4）

按，參見《新韻》之《脂韻》"夔"字。

魚韻

【凥】

【05】母屈，音居，當也，處也，安也，《舊韻》説文作凥字。（卷27，《高僧傳音義》卷4）

按，"屈"同"居"，《玉篇·尸部》："屈"，"居"的古文（214）。今《高僧傳》卷4傳文作"母居"："時獨與母居，孝事盡禮。""居處"義《説文》作"凥"，《説文·几部》："凥，處也。从尸得几而止。《孝經》曰：仲尼凥。凥，謂閒居如此。"（301）《舊韻》説文（即釋文）與今本《説文》説解相合。

考《切韻箋注（七）·魚韻》："居，舉魚反。按，《説文》從几作此凥。"（2616）又伯2011《刊謬補缺切韻·魚韻》："居，舉魚反。止。亦作凥。"（2735）宋跋本《刊謬補缺切韻》基本同伯2011，皆與可洪所見《舊韻》解説相合。

【渹】

【06】淪渹，上力旬反，下相余反。淪，没了。渹，沉也。《舊韻》作渹，説文沉也。《新韻》作渹，説文露皃也。（卷27，《續高僧傳音義》卷23）

按，參見《新韻》之《魚韻》"渹"字。

虞韻

【諛】

【07】諭諂，上以朱反，詭言也，《新韻》作揄，《舊韻》作諛也。又音喻，非。（卷1，《放光般若經音義》卷30）

按，參見《新韻》之《虞韻》"揄"字。

佳韻

【黽】

【08】井黽，烏媧反，蝦蟇属也，《新韻》与蛙字同呼也，《舊韻》唯一呼，作户媧反，蛙属也。（卷29，《弘明集音義》卷10）

按，參見上文"《新韻》的文獻語言學價值"部分"黽"字例。

臻韻

【榛】

【09】彼搱,同上,下正作榛也,《新韻》作蓁,《舊韻》榛、蓁同,體不著艹。又榛、搱二同,音臻非。(卷27,《法顯傳音義》)

【10】披搱,助臻反,《舊韻》作榛,《新韻》作蓁也。又音臻,非也。(卷27,《續高僧傳音義》卷7)

按,參見上文"《新韻》的文獻語言學價值"部分"蓁"字例。

桓韻

【紈】

【11】羅紈,户官反,素也,《舊韻》云生素絹也。或作䊆,音求,非此呼。(卷27,《高僧傳音義》卷4)

按,《説文·糸部》:"紈,素也。"(274)現存唐五代韻書《桓韻》多缺,"紈"字釋文不得而知。《廣韻·桓韻》胡官切:"紈,紈素。"(123)《集韻·桓韻》:"紈,《説文》:素也。"(146)皆與可洪所言《舊韻》釋文不同。

蕭韻

【憿】【僥】【徼】

【12】僥倖,上音澆,下音幸。《舊韻》作憿幸,説文作僥幸,亦作徼幸。説文:僥,偽也;徼,求也;幸,寵也,《説文》云吉而免凶曰幸也,字從夭、從屰。(卷2,《道行般若經音義》卷9)

按:可洪曰"《舊韻》作憿幸,説文作僥幸,亦作徼幸。説文:僥,偽也;徼,求也;幸,寵也。"注中"説文"與今本《説文解字》無一相合,指的當是《舊韻》的釋文。

考《切韻箋注(二)·蕭韻》古堯反:"憿,憿幸,又作獤(徼)倖。"(2180)又《耿韻》:"幸,寵。胡耿反。"(2216)又小韻:"倖,憿倖。"(2216)《切韻箋注(五)·耿韻》:"幸,寵。胡耿反。"(2468)又:"倖,憿倖。"(2468)伯2011《刊謬補缺切韻·蕭韻》古堯反:"憿,憿幸,或作徼倖,亦作僥。"(2749)又:"僥,偽。又五聊反。"(2749)宋跋本《刊謬補缺切韻·蕭韻》"憿""僥"釋文同,又《耿韻》："幸，胡耿反。竉。正作㚔。"（485）又："倖，儌倖。"（485）又《廣韻·篠韻》古堯切："憿，憿幸，或作儌，又作僥倖。"（145）又："徼，求也。"（145）又《耿韻》："幸，《說文》作㚯，吉而免凶也，从屰、从夭。夭，死之事，故死謂不㚯也。胡耿切。"（317）又："倖，儌倖。"（317）綜上，除個別文字有出入之外，可洪所引《舊韻》與現存《切韻》系韻書釋文基本相合。

至於《舊韻》作"徼"，現存韻書大都作"儌"，"徼"者，"求也"，竊以爲當以作"徼"爲正，"儌"是俗訛異寫，但通行已久。現存唐五代抄本韻書及殘卷的《蕭韻》《篠韻》中皆未見"儌""徼"字，而《廣韻·蕭韻》古堯切中亦未收"僥"字。至於對"幸"字的釋文，唐五代韻書與《廣韻》也差距較大。據此可見唐五代韻書與宋本《廣韻》在收字釋義方面還是有一定的差異。

宵韻

【藃】

【13】 譙類，上宜作藃，子消反，生枲也，今但取生字爲訓也。《舊韻》作藃，《新韻》作藃，㦛也。（卷26，《大唐西域記音義》卷4）

按，參見《新韻》之《宵韻》"藃"字。

庚韻

【剠】

【14】 剠劓，上巨京反，剠，墨刑在面。《玉篇》云：鑿額沮墨謂之剠刑也。《新韻》作黥，《舊韻》說文作剠也。下魚至反，割鼻也，《舊韻》說文作剄也。（卷29，《廣弘明集音義》卷13）

按，參見《新韻》之《庚韻》"黥"字。

耕韻

【泓】

【15】 泓然，上烏宏反，深也。《舊韻》作泓，《新韻》作浤也。（卷21，《出曜經音義》卷18）

【16】 姚泓，烏宏反，《新韻》作浤，《舊韻》作泓，水深也。（卷27，《高僧傳音義》卷1）

【17】曇泓，烏宏反，《舊韻》作泓，《新韻》作㴒。（卷 27，《高僧傳音義》卷 7）

按，參見上文"《新韻》的文獻語言學價值"部分"㴒""㴒"字例。

【鎁】

【18】鎁鑠，上楚耕反，金聲也，《舊韻》作鎁，《新韻》作鎁，仕耕反。（卷 27，《續高僧傳音義》卷 19）

按，參見《新韻》之《耕韻》"鎁"字。

登韻

【朋】

【19】朋友，上蒲弘反，黨也，正作朋。《舊韻》說文作𠀙；《字樣》作𦐇、朋二形，說文云：本是古文鳳字，象形，鳳飛群鳥從以萬數，故後爲朋黨字。隸變𦐇爲朋也。（卷 1，《放光般若經音義》卷 1）

按，現存韻書如《切韻箋注（二）》、伯 2011《刊謬補缺切韻》、宋跋本《刊謬補缺切韻》《廣韻》等皆作"朋"，不寫作"𠀙"。《唐路徹墓誌》及《可洪音義》中有作"朋"者①，與"𠀙"字形相近。

尤韻

【逌】

【20】攸宗，上余修反，所也。《舊韻》曰：逌与此修攸同也。逌，遠也。（卷 26，《大唐西域記音義》卷 5）

按，考《切韻箋注（二）·尤韻》以周反："攸，所。"（2192）又："逌，古字。与攸同。"（2192）裴本《刊謬補缺切韻·尤韻》以周反："攸，所。"（560）又："逌，氣行。古攸。"（560）與可洪所言《舊韻》情況基本相合。《集韻·尤韻》："逌，所也。通作攸。"（258）承襲前代韻書。

---

① 參見秦公、劉大新《廣碑別字》"朋"字，國際文化出版公司 1995 年版，第 106 頁；《〈可洪音義〉研究——以文字爲中心》之《異體字表》"朋"字，第 618 頁。

混韻

【本】

【21】離本，上力義反，下布損反，今作夲，正作本也，《字樣》作夲，說文云從木、十。《切韻》云從木、丁。《舊韻》云從木。丁，音下，无點。（卷2，《道行般若經音義》卷1）

按，參見《切韻》之《混韻》"本"字。

産韻

【蕳】

【22】澄蕳，古眼反，《舊韻》作蕳（簡），說文：蕳（簡），擇也。（卷28《續高僧傳音義》卷24）

按，"蕳"，"簡"字異寫。考《說文·竹部》："簡，牒也。从竹，閒聲。"（90）《說文》"簡"字無"擇也"義，此乃假借義，可洪所引釋義不出自《說文》，蓋出自《舊韻》釋文。

考《切韻（四）·産韻》："簡，札。古限反。"又："柬，分別。"又："揀，擇。"（2133）《切韻箋注（二）》、伯2011《刊謬補缺切韻》、宋跋本《刊謬補缺切韻》皆同。《大唐刊謬補缺切韻·産韻》："簡，簡札，大古以書寫記事者也；箣。佳限反。"又："柬，分別；柬明。"又："揀，揀擇。"（3365）《廣韻·産韻》："簡，札也，牒也，略也。……古限切。"又："柬，分別也。"又："揀，揀擇。"（287）"簡"同"簡"。綜上，唐五代韻書及《廣韻》"簡"字不訓"擇也"，與《舊韻》不同。

《集韻·産韻》："簡，賈限切。《說文》：牒也。一曰略也，閱也，誠也。亦姓。"又："柬、揀：《說文》：分別簡之也。從束八。八，分別也。或從手。通作簡。"（374）《集韻》曰"分別簡之"義通作"簡"，此說與《舊韻》一致。

獮韻

【勔】

【23】僧勔，彌兖反，自强也，勉也，《爾雅》云：亹亹、蠠沒、孟、敦、勖、釗、茂、劭、勔，勉也。注云：周鄭之間相勸爲勔也。《舊韻》

作動，《新韻》闕此字也。（卷24，《開皇三寶錄音義》卷11）

【24】僧勐，彌究反，正作勔也。《舊韻》作勔，《新韻》闕此字。（卷27，《續高僧傳音義》卷23）

按，參見《新韻》之《獮韻》"勔"字。

馬韻

【咼】

【25】剮扐，上古瓦反，剔肉置骨也。《舊韻》單作咼字也。（卷27，《續高僧傳音義》卷23）

按，"咼"是"冎"字俗體。《說文·冎部》："冎，剔人肉置其骨也。象形，頭隆骨也。"（80）段注："冎，俗作剮。"（164）

《切韻箋注（二）》和《切韻箋注（五）》之《馬韻》殘，伯2011《刊謬補缺切韻·馬韻》："冎，剔肉置骨。"（2792）宋跋本《刊謬補缺切韻》同。《廣韻·馬韻》古瓦切："冎，剔人肉置其骨，剮，俗。"（309）據此，現存唐五代韻書及《廣韻》與可洪所言《舊韻》情況相符。

養韻

【罔】

【26】罔象，上方往反，無也，《新韻》作罔；《舊韻》作罔，說文作冈、网、𦉪。（卷29，《弘明集音義》卷13）

按，參見《新韻》之《養韻》"罔"字。

梗韻

【警】

【27】警覺，上音景，寤也，戒也，《舊韻》作警，《新韻》作驚，誤。（卷1，《大般若經音義》帙37）

【28】驚覺：上居影反，寤也，戒也，見《舊韻》作警，《新韻》作驚，非也。（卷1，《大般若經音義》帙51）

按，參見上文"《新韻》的文獻語言學價值"部分"警""驚"字例。

耿韻

【幸】

僥倖，上音澆，下音幸。《舊韻》作憿幸，說文作僥幸，亦作徼幸。說文：僥，僞也；徼，求也；幸，寵也，《說文》云吉而免凶曰幸也，字從夭、從屰。(卷2,《道行般若經音義》卷9)

按，參見《蕭韻》"憿""僥""徼"字。

送韻

【銃】

【29】銃涉，上或作抗，同，尺仲反，《玉篇》云：銃，鑿石也。《舊韻》云：𥐝也。《新韻》云：𥐝也。《新韻》文鞏之兒也。(卷26,《東夏三寶感通錄音義》卷下)

按，參見《新韻》之《送韻》"銃"字。

至韻

【劓】

【30】剠劓，上巨京反，剠，墨刑在面。《玉篇》云：鑿額泹墨謂之剠刑也。《新韻》作黥，《舊韻》說文作剽也。下魚至反，割鼻也，《舊韻》說文作劓也。(卷29,《廣弘明集音義》卷13)

按，伯2011《刊謬補缺切韻·至韻》："劓，魚器反。割鼻。亦作劓（劓）。"(2805) 又《祭韻》："劓，牛例反。去鼻。"(2814) 宋跋本《刊謬補缺切韻·至韻》："劓，魚器反。割鼻刑。亦作劓字。"(491) 又《祭韻》："劓（劓），牛例反。去鼻。"(496) 裴本《刊謬補缺切韻·至韻》："劓，魚器反。割鼻也。亦劓。"(586) 又《祭韻》："劓，義例反。去鼻。"(591) 上揭韻書皆與可洪所言"《舊韻》說文作劓"相合。

《切韻箋注（五）·至韻》今不存，《祭韻》："劓，去鼻。義例反。"(2478) 蔣斧本《唐韻·至韻》今亦不存，《祭韻》："劓，去鼻。牛例反。"(653)

《廣韻·至韻》："劓，割鼻。魚器切。"(352) 又《祭韻》："劓，去鼻也。牛例切。"(379)《廣韻·至韻》"劓"字釋文中未著録異體字

"劓"，與《舊韻》不同。

《集韻·至韻》："劓、劓：魚器切。《說文》刖鼻也，引《易》天且劓。或从鼻。"（479）《集韻》宗《說文》，以"劓"爲正，"劓"爲或體。

未韻

【忍】

【31】暴忍，上步報反。下魚既反，怒也，《舊韻》作忞也。（卷26，《大唐西域記音義》卷4）

按，"忞"，"忍"字異寫。《說文·心部》："忍，怒也。从心，刀聲。"（221）現存唐宋韻書中，裴本《刊謬補缺切韻》和蔣斧本《唐韻》皆未收此字，伯2011《刊謬補缺切韻·未韻》魚既反："忍，怒。"（2807）宋跋本《刊謬補缺切韻》同伯2011。《廣韻·未韻》魚既切："忍，怒也。"（361）上述韻書皆與可洪所示《舊韻》字形小異，疑麗藏本《可洪音義》字形轉刻中有訛誤。《龍龕·心部》："忍：魚既反，怒名也。"（67）同傳統字韻書。

【毅】

【32】崔毅，都昆反，迫也，人名，又團、頓二音。又或作毅，魚既反，見《舊韻》作毅。（卷26，《大慈恩寺法師傳音義》卷8）

按，伯2011《刊謬補缺切韻·未韻》："毅，魚既反。致（敢）果。通俗作毅。"（2807）宋跋本《刊謬補缺切韻·未韻》："毅，魚既反。致（敢）果。通俗作毅。"（492）裴本《刊謬補缺切韻·未韻》："毅，魚既反。俗毅。"（587）蔣斧本《唐韻·未韻》："敎，果敢也。俗作毅。魚既反。"（642）《廣韻·未韻》："毅，果敢也。魚既切。"（361）綜上，現存韻書"毅"字字頭及其異體與可洪所錄《舊韻》字形相近，麗藏本《可洪音義》字形轉刻中也可能有變形，故難斷異同。

霽韻

【顭】

【33】悉顭，音剃，《舊韻》說文作顭。（卷27，《續高僧傳音義》

卷 2）

按：“⿰髟頁”，俚俗用同“鬀”，蓋“鬀鬍”是習語，“鬀”字受“鬍”字影響，遂類化換旁作“⿰髟頁”，而“頣”又“⿰髟頁”字俗省，亦同“鬀”。當然，也有可能先有“頣”字，“镸”旁、“髟”旁意近可以互换，故“頣”字又寫作“⿰髟頁”。《龍龕・長部》：“髰、頣，二俗；髢，通；鬀，正：音弟，髲也。髲音被。四。”（89）可證。

可洪曰“《舊韻》説文作頣”，蓋在《舊韻》“剃”或“鬀”的釋文中説此字又作“頣”，然而現存《切韻》系韻書二字釋文中皆無此論斷。唯蔣斧本《唐韻・霽韻》：“替，廢也，代也，俗以相代作頣字，古無。他計反。”（649）此與可洪所言《舊韻》情況似乎無關。

泰韻

【癘】

【34】感癘，音賴，《新韻》作癩，《舊韻》説文作癘。（卷 27，《高僧傳音義》卷 10）

按，參見上文“《新韻》的文獻語言學價值”部分“癘”“癩”字例。

夬韻

【譮】

【35】陁譮，胡快、胡外二反，《舊韻》云籀文話字也。自前皆作首陁會是也。又呼戒反，非。（卷 1，《摩訶般若抄經音義》卷 1）

按，《切韻箋注（五）・夬韻》：“話，下快反，會合，善。籀文又作譮。”（2479）此與可洪所言《舊韻》相合。考《説文・言部》：“話，合會善言也。从言，𠯑聲。譮，籀文話从會。”（47）可見《舊韻》説釋本自《説文》。又《切韻箋注（五）・怪韻》：“譮，怒聲，許界反。或作欬。”（2478）“許界反”即“呼戒反”，可洪不取“譮”字此音義。

又考伯 2011《刊謬補缺切韻・夬韻》：“話，下快反，語話。”（2815）又《怪韻》：“譮，許界反，怒聲。或作欬。”（2815）宋跋本《刊謬補缺切韻》基本同伯 2011。裴本《刊謬補缺切韻・夬韻》：“話，下快反，又胡跨反，語話也。一云會合也，又善。”（592）又《界韻》：“譮，許界反，怒聲。亦欬，同。”（591）又《泰韻》：“譮，虎外反，衆聲。"（591）蔣斧本《唐韻·夬韻》："話，語也，下快反。"（655）又《怪韻》："䜋，怒聲。又作欻，同，許介反。"（655）《廣韻·夬韻》："話，語話。又作譮，合會善言也。下快切。"（386）又《怪韻》："䜋，怒聲，許介切。"（385）上揭韻書"話"字下未言籀文作"䜋"，"䜋"字下亦未言是籀文"話"字，皆與《舊韻》釋文不同。

霰韻

【瑱】

【36】慧瑱，他見反，又音田。《新韻》又載於殿字數中，《舊韻》無此一呼。（卷28，《續高僧傳音義》卷25）

按，參見上文"《新韻》的文獻語言學價值"部分"瑱"字例。

敬/映韻

【鞕】

【37】紫鞕，五更反，堅牢也。按《舊韻》只一呼，説文亦作硬也；《新韻》載於競字數内，非也。（卷28，《續高僧傳音義》卷28）

按，參見上文"《新韻》的文獻語言學價值"部分"鞕"字例。

勁韻

【屏】

【38】屏簿，上蒲政反，廁也，正作偋。《舊韻》説文作屏，《新韻》作屏，惧也。（卷26《東夏三寶感通錄音義》卷中）

按，參見《新韻》之《勁韻》"屏"字。

迄韻

【肸】

【39】![字]響，上許乞反，布也，《新韻》作![字]（肸），《舊韻》作![字]（肸），《字樣》作![字]、![字]二形也。（卷26，《集沙門不應拜俗等事音義》卷5）

【40】![字]響，上許乞反，布也，《玉篇》云身振也，《江西篇》云動

作不安也,《字樣》及《舊韻》並作 [字]、[字] 二形,《新韻》作 [字]。(卷27,《續高僧傳音義》卷3)

【41】[字] 響,上許乙反,~響,布也,《新韻》作 [字]（[字]）,《舊韻》及《字樣》並作 [字]、[字] 二形也。(卷29,《廣弘明集音義》卷15)

按,參見《新韻》之《迄韻》"[字]"字。

鐸韻

【袥】

【42】袥基,上他各反,開也,《舊韻》作袥,《新韻》作拓,悮也。(卷28,《續高僧傳音義》卷30)

按,參見上文"《新韻》的文獻語言學價值"部分"袥""拓"字例。

葉韻

【呫】

【43】粟呫,上力一反,下尺涉反,國名也,《新韻》闕此字,《舊韻》有之。(卷1,《大般若經音義》帙51)

按,參見《新韻》之《葉韻》"呫"字。

附2：可洪所引《舊韻》與現存《切韻》系韻書對照表

（見書末所附圖表4）

第四節　《可洪音義》所引孫愐《韻》研究

《可洪音義》有26處提到孫愐《韻》,涉及25個字頭,筆者將這些引文內容與現存《切韻》系韻書進行了比勘,借以推測它在《切韻》修訂傳承流布史中的歷史地位,以及它與可洪所引其他韻書的關係。

一　孫愐《韻》與現存《切韻》系韻書之比較

筆者把可洪所引孫愐《韻》與現存比較完整的、有代表性的《切韻》

系韻書一一進行比較，以見其差異，並探討此種韻書的版本性質。

（一）與《切韻箋注（二）》（切三）之比較

《可洪音義》所引孫愐《韻》的 26 處 25 個字頭中，有 13 個字所屬的大韻《箋注（二）》缺失，無法進行判斷；2 個字所屬大韻殘損不全，其字不存，亦無法進行判斷；3 個字因麗藏本《可洪音義》或《箋注（二）》的釋文字形不清晰或可能傳抄失誤，亦無法下結論。其餘可以做出明確判斷的例子中，有 2 個字所屬大韻今雖完整，但無其字，或大韻雖不全，但小韻完整，亦無其字，故亦視爲與可洪所引孫愐《韻》不合；另外 5 個字所涉及內容與可洪所引孫愐《韻》不合；總計吻合度爲 0。

（二）與《切韻箋注（五）》之比較

《可洪音義》所引孫愐《韻》的 26 處 25 個字頭中，有 14 個字所屬的大韻因《箋注（五）》缺失，無法進行判斷；2 個字所屬大韻殘損不全，其字不存，亦無法進行判斷；1 個字因《可洪音義》和《箋注（五）》的釋文字形不清晰或可能傳抄失誤，亦無法下結論。剩下的可以做出明確判斷的引例中，有 3 個字所涉及內容與可洪所引孫愐《韻》不合；3 個字基本吻合；另有 2 個字所屬大韻今雖完整，但無其字；或大韻雖不全，但小韻完整，亦無其字，故亦視爲與可洪所引孫愐《韻》不合。總計吻合度爲 3/8（37.5%）。

（三）與伯 2011《刊謬補缺切韻》（王一）之比較

《可洪音義》所引孫愐《韻》的 26 處 25 個字頭中，有 5 個字所屬的大韻因伯 2011 缺失，無法進行判斷；5 個字所屬大韻殘損不全，其字不存，亦無法進行判斷；3 個字因《可洪音義》和伯 2011 的釋文字形不清晰或可能傳抄失誤，亦無法下結論。剩下的可以做出明確判斷的引例中，有 5 個字所涉及內容與可洪所引孫愐《韻》不合；5 個字基本吻合；另有 2 個字所屬大韻今雖完整，但無其字，或大韻雖不全，但小韻完整，亦無其字，故亦視爲與可洪所引孫愐《韻》不合。總計吻合度爲 5/12（41.7%）。

（四）與宋跋本《刊謬補缺切韻》（王三）之比較

《可洪音義》所引孫愐《韻》的 26 處 25 個字頭中，有 1 個字所屬的大韻因《刊謬補缺切韻二》缺失，無法進行判斷；有 4 個字因《可洪音義》和《刊謬補缺切韻二》的釋文字形不清晰或可能傳抄失誤，無法下結論。其餘可以做出明確判斷的例子中，有 11 個字頭所涉及內容與可洪所引孫愐《韻》不合；6個字基本吻合。另有3個字所屬大韻今雖完整，但無其字，故亦視爲與可洪所引孫愐《韻》不合。總計吻合度爲6/20（30%）。

（五）與裴本《刊謬補缺切韻》（王二）之比較

《可洪音義》所引孫愐《韻》的26處25個字頭中，有6個字所屬的大韻因裴本缺失，無法進行判斷；1個字所屬大韻殘損不全，其字不存，亦無法進行判斷；4個字因《可洪音義》和裴本的釋文字形不清晰或可能傳抄失誤，亦無法下結論。其餘可以做出明確判斷的例子中，有7個字所涉及内容與可洪所引孫愐《韻》不合；5個字基本吻合。另有2個字所屬大韻今雖完整，但無其字；或大韻雖不全，但小韻完整，亦無其字，故亦視爲與可洪所引孫愐《韻》不合。總計吻合度爲5/14（35.7%）。

（六）與蔣斧本《唐韻》之比較

《可洪音義》所引孫愐《韻》的26處25個字頭中，有10字所屬大韻因蔣本《唐韻》缺失，無法進行判斷；5個字因《可洪音義》和蔣斧本《唐韻》的釋文字形不清晰或可能傳抄失誤，亦無法下結論。剩下可以做出明確判斷的例子中，有3個字所涉及内容與可洪所引孫愐《韻》不合；5個字基本吻合。另有2個字所屬大韻今蔣本雖完整，但無其字，故亦可視爲與孫愐《韻》不合。總計吻合度爲5/10（50%）。

（七）與《廣韻》之比較

《可洪音義》所引孫愐《韻》的26處25個字頭中，有5個字因《可洪音義》釋文字形不清晰或可能傳抄失誤，無法下結論；有8字所涉及内容與可洪所引孫愐《韻》不合；9個字基本吻合。另有3個字所屬大韻今《廣韻》未收其字，故亦可視爲與可洪所引孫愐《韻》不合。總計吻合度爲9/20（45%）。

根據上面的資料統計，可洪所引孫愐《韻》與蔣斧本《唐韻》相似度最高（50%）；其次是《廣韻》（45%）和伯2011《刊謬補缺切韻》（41.7%）；再次是《切韻箋注（五）》（37.5%）、裴本《刊謬補缺切韻》（35.7%）和宋跋本《刊謬補缺切韻》（30%），而與《切韻箋注（二）》居然無一相合。整體而言，可洪所引孫愐《韻》與現存切韻系韻書各個子系列的相似度都不高，這可能跟麗藏本《可洪音義》的刊刻訛誤有關，也與現存韻書的抄寫有節漏和脱漏有關。

可洪所引孫愐《韻》與蔣斧本《唐韻》相似度最高，而且爲數不多可資比較的"頭、晢、眙、覞、酢"5個字頭，都正好毫無争議地與蔣斧本《唐韻》相合，并與蔣本前期或後期的韻書皆不同。今存蔣斧本《唐韻》在傳抄中字頭有脱漏、釋文或有節略，麗藏本《可洪音義》所引諸書字形亦可能有訛變，如無此類因素影響，相似度應該會更高。所以，我們認爲可洪所引孫愐《韻》與現存蔣斧本《唐韻》應該屬於同一子系列。

二 孫愐《韻》和《舊韻》的關係

在對相同字頭的解釋中，可洪有時引用孫愐《韻》，有時引用《舊韻》，而且内容相同，例如：

a 圊屏，上音清，下蒲政反，《字統》云廁也，正作偋、屛二形，<u>孫愐《韻》説文作屏</u>。（卷2，《大寶積經音義》卷110）

屛箅，上蒲政反，廁也，正作偋。<u>《舊韻》説文作屏</u>，《新韻》作屛，悮也。（卷26，《東夏三寶感通録音義》卷中）

b 僥倖，上音澆，下音幸。<u>《舊韻》作憿幸，説文作僥幸，亦作徼幸</u>。<u>説文：僥，僞也</u>；徼，求也；幸，寵也。（卷2，《道行般若經音義》卷9）

僥倖，<u>上音澆，僞也，出孫愐《韻》</u>。又音堯，國名也，非此呼。（卷2，《阿弥陀經音義》卷下）

資料a中"孫愐《韻》説文作屏"和"《舊韻》説文作屏"相對；資料b中"《舊韻》作憿幸，説文作僥幸，亦作徼幸。説文：僥，僞也"和"僥倖，上音澆，僞也，出孫愐《韻》"相對。兩對資料中"孫愐《韻》"與《舊韻》交錯互現，這是不是表明可洪所説的《舊韻》就是指孫愐《韻》呢？

上文資料統計顯示，可洪所引《舊韻》與宋跋本《刊謬補缺切韻》相似度最高（61.3%）；其次是裴本《刊謬補缺切韻》（57.9%）和《切韻箋注（二）》（50%），相似度都在50%及以上。與其他韻書相比，可洪所引《舊韻》與蔣斧本《唐韻》的相似度並不高（45.5%），且不具獨特相似性；與《廣韻》的相似度則最低（41.9%）。這和可洪所引孫愐《韻》與蔣斧本《唐韻》相似度最高（50%）且具獨特相似性、與《廣韻》相似度第二高（45%）的情況明顯不同。

所以筆者認爲，可洪所引《舊韻》應該屬於《刊謬補缺切韻》子系列的韻書，與宋跋本《刊謬補缺切韻》最爲接近；可洪所引孫愐《韻》

則屬於孫愐《唐韻》子系列，與《舊韻》並不相同。但不排除二者有部分內容相同，因爲畢竟同屬於《切韻》系韻書。

三　孫愐《韻》和《新韻》的關係

下列條目中孫愐《韻》與《新韻》同條並引，表明二者屬于不同的書籍。

鬀除，上他計反，除髮也，与剃字同也，《字樣》及孫愐《韻》說文並作鬀也。《新韻》音弟，非。（卷3，《大方等大集菩薩念佛三昧經音義》卷9）

剪鬀，他帝反，除髮也，正作剃。《說文》及《字樣》並作鬀，音剃。《新韻》在弟字例中，悮。（卷28，《破邪論音義》卷上）

不過，上文已經證明，《新韻》與蔣斧本《唐韻》相似度最高，似乎屬於孫愐《唐韻》這個子系統，它與可洪所引孫愐《韻》應該是同屬一個子系統的先後版本。至於其版本差別到底有多大，由於材料所限，尚不能做出判斷。

附1：可洪所引孫愐《韻》資料疏證

支韻

【鑴】

【01】鉎刃，上音生，諸藏多作鈇也。上方藏作銼，倉臥反，並不稱文旨也。今宜作鑴，戶圭、許規二反，大錐也，見孫愐及葰筠和尚《韻》。（卷27，《續高僧傳音義》卷13）

按，《說文》另有"鑴"字，《金部》："鑴，瓽也。从金，巂聲。"（296）《廣雅·釋器》："鑴，鼎也。"王念孫疏證："《說文》引《魯詩說》：鼐，小鼎也。又云：鑴，瓽也。瓽，今俗作鐺。鐺形三足，似鼎，故唐薛大鼎、鄭德本、賈敦頤號鐺脚刺史。鐺又謂之鑴。鑴，亦三足之名也。"（251）宋本《玉篇·金部》："鑴，呼規、胡圭二切，大鑊也。"（323）此字與孫愐及葰筠和尚《韻》中義爲"大錐"的"鑴"字不同。

《說文·角部》："觿，佩角，銳耑可以解結。从角，巂聲。《詩》曰：童子佩觿。"（88）《廣雅·釋器》："鑴，錐也。"王念孫疏證："《釋文》：觿，本或作鑴。鑴者，銳末之名。《周官·眡祲》：十煇，三曰鑴。鄭注云：鑴，讀如童子佩鑴之鑴，謂日旁氣刺日也。"（255）《集韻·齊韻》玄圭切："觿，角錐，可用解結。通作鑴。"（99）此"鑴"是"觿"的後起換旁俗字，與《説文》中義爲"甇也"的"鑴"字同形。

考《切韻（二）·支韻》許規反："觿，角錐。童子佩觿。"（2091）未收"鑴"字，又《齊韻》殘損，無法判定。《切韻箋注（二）·支韻》殘損，《齊韻》户圭反："鑴，大錐。"（2169）《切韻箋注（七）·支韻》許規反："觿，角錐。童子佩之。"（2610）未收"鑴"字，又《齊韻》今不存。敦煌殘卷伯2011《刊謬補缺切韻·支韻》《齊韻》皆殘損，無法判斷。宋跋本《刊謬補缺切韻·支韻》許隋反："觿，角錐。童子佩之。又胡圭反。"（439）未收"鑴"字，又《齊韻》户圭反："鑴，大錐。"（446）"觿"字未重出。裴務齊正字本《刊謬補缺切韻·支韻》許規反："觿，角錐。童子所佩。案，以象骨爲之，用以解結也。"（545）亦未收"鑴"字，其《齊韻》今亦不存。《大唐刊謬補缺切韻·支韻》不存，《齊韻》户圭反："鑴，大錐。"（3346）綜上，現存唐五代韻書中，"觿"字一般列於《支韻》，《齊韻》未見；"鑴"字大抵僅《齊韻》一音，《支韻》不收。

《廣韻·支韻》許規切："觿，角錐，童子佩之。《説文》曰：觿角鋭耑可以解結也。又户圭切。"又："鑴，大鍾①。又户圭切。"（42）又《齊韻》户圭切："鑴，大鐘。"又："觿，角錐，童子所佩。又儇規切。"（92）余迺永注："鐘字切三、全王及五刊作'錐'，合《廣雅·釋器》文。"據此，則與可洪所言孫愐及荎筠和尚《韻》基本相合。

《集韻·支韻》翾規切："觿，《説文》：鋭耑可以解結。"（36）又："鑴，《博雅》：鼎屬。一曰：日旁氣。"（36）又《齊韻》玄圭切："鑴，《説文》：甇也。一曰：日旁氣刺日。"（99）又："觿，角錐，可用解結，通作鑴。"（99）基本沿襲《説文》釋義，不同於孫愐及荎筠和尚《韻》。

之韻

【跅】

【02】跅踞，上居之反，下居去反，大坐也，又蹲也。《辯正》作其

---

① 《龍龕·金部》"鑴，正：子泉反，鑽斵也。又户圭反，大鍾也。"（8）此"鍾"蓋亦"錐"字之訛。

（箕）踞，孫愐作蹟也。（卷 29，《廣弘明集音義》卷 13）

按，現存唐五代韻書《之韻》未見"跂""蹟"字。《廣韻·之韻》渠之切："跂，馴跡也。"（60）《集韻·之韻》居之切："跂，跡也。"（56）又《旨韻》巨几切："𦧕、跂：《説文》：長踞也。或从足。"（320）

又考伯 2011《刊謬補缺切韻·御韻》居御反："踞，蹲。"（2808）宋跋本《刊謬補缺切韻》、裴本《刊謬補缺切韻》皆同伯 2011。蔣斧本《唐韻·御韻》居御反："［踞］，蹲。又跂踞，大坐。"（642）《廣韻·御韻》居御切："踞，蹲。又跂踞，大坐。"（361）與蔣本同，但皆不作"蹟"字，與孫愐《韻》不同。也可能今本《可洪音義》傳抄字形有誤。

元韻

【軒】

【03】迴軒，許言反，孫愐云：軒，簷也。（卷 27，《續高僧傳音義》卷 17）

按，《説文·車部》："軒，曲輈藩車。从車，干聲。"（302）《廣韻·元韻》："軒，軒車。"（115）釋義皆與孫愐《韻》不同。考現存唐五代抄本韻書《切韻箋注（二）·元韻》："軒，虛言反。"（2174）又宋跋本《刊謬補缺切韻·元韻》："軒，虛言反。車。"（451）皆與可洪所言孫愐《韻》釋文不同。

又考《慧琳音義》卷 32《佛説藥師如來本願經音義》："軒牕，上憲言反，《考聲》云：軒，簷前也。《楚辭》云：高堂邃宇檻層軒。軒猶樓板也。"（58/29a）《集韻·元韻》："軒，虛言切。《説文》：曲輈藩車也。一曰檐宇之末曰軒，取車象。"（135）據此，《考聲》與《集韻》的解釋與孫愐《韻》接近。

蕭韻

【僥】

【04】僥倖，上音澆，偽也，出孫愐《韻》。又音堯，國名也，非此呼。（卷 2，《阿彌陀經音義》卷下）

按，《説文·人部》："僥，南方有焦僥，人長三尺，短之極。从人，堯聲。"徐鉉音"五聊切"（165）。"焦僥"乃國名，與"僥倖"之"僥"形同而音義不同。

考《切韻箋注（二）·蕭韻》古堯反："憿，憿幸，又作徼（憿）倖。"（2180）未收"僥"字。《廣韻·蕭韻》古堯切："憿，憿幸，或作儌，又作僥倖。"（145）又："徼，求也。"（145）亦未收"僥"字。伯2011《刊謬補缺切韻·蕭韻》古堯反："僥，偽。又五聊反。"（2749）宋跋本《刊謬補缺切韻》同伯2011，二書皆與可洪所引孫愐《韻》相合。

侵韻

【兂】

【05】兂雜，上而勇反，散也，正作宂也。孫愐《韻》音滛，非。（卷30，《廣弘明集音義》卷22）

按，《説文·冂部》："兂，滛滛，行皃。从人，出冂。"（105）孫愐《韻》"兂"音"滛"，"滛"是"淫"字俗訛，《五經文字·水部》："淫，久雨曰淫。從爪、從壬，壬音他頂反。作滛訛。"（57）

考《切韻（三）·侵韻》餘針反："兂，行皃。"（2124）① 伯2011《刊謬補缺切韻·侵韻》餘針反："冘（兂），行皃，從人出冂，音肩。亦作佔。又以周反。"（2766）宋跋本《刊謬補缺切韻·侵韻》餘針反："冘（兂），行皃，從人、出冖（冂），音［肩］。"（467）裴本《刊謬補缺切韻·侵韻》余針反："兂，行皃。亦佔。又以周反。"（558）《廣韻·侵韻》餘針切："兂，行皃。"（218）現存韻書有關"兂"字注音與可洪所言孫愐《韻》情況相合。

巧韻

【鮑】

【06】鮑肆，上步卯反，孫愐云：瘲魚也。萇筠云：腌魚也；亦魚名也。（卷29，《廣弘明集音義》卷11）②

按，《説文·魚部》："鮑，饐魚也。从魚，包聲。"（244）《六書故·魚部》："鮑，薄巧、步豹二切，浥魚也，以鹽浥而暴藏之，今謂之鮝。"戴侗注："康成曰：鮑者，於煏室中糗乾之。《説文》唐本曰瘲魚

---

① 《切韻（三）》即敦煌殘卷斯6187，引自張涌泉主編《敦煌經部文獻合集》第5冊，周祖謨《唐五代韻書集存》中又稱《切韻殘葉三》。
② 亦參見上田正《切韻逸文の研究》"鮑"字，第213頁。

也，徐本曰鮧魚也，顧野王曰瀆魚也，今謂浥魚。"（462）[1] 據此，孫愐《韻》釋文蓋本自《說文》唐本。

考《切韻箋注（二）·巧韻》："鮑，薄巧反。"（2212）無釋義。伯2011《刊謬補缺切韻·巧韻》："鮑，薄巧反。魚敗；亦魚名。"（2789）宋跋本《刊謬補缺切韻》同伯2011。《廣韻·巧韻》："鮑，鮑魚。又姓，出東海、泰山、河南三望，本自夏禹之裔，因封爲氏。薄巧切。"（300）《集韻·巧韻》："鮑，部巧切。《說文》：鮧魚也，亦姓。"（398）又《爻韻》班交切："鮑，䬙。人名，楚有申鮑胥，通作包。"（186）又披交反："鮑，魚名。"（187）總之，上揭韻書皆與孫愐《韻》釋義表述不同。唯《切韻箋注（五）·巧韻》："鮑，薄巧反。《說文》：鯹魚。"（2466）與孫愐《韻》釋文表述相同。

果韻

【蜾】【蠃】

【07】蜾螺，上音果，《說文》作蠃，《爾雅》作蝸，古火反。下正作蠃，郎果反。《爾雅》曰：蜾螺，蒲盧。郭璞曰：細腰蜂也，負螟蛉之子於空木之中，七日而成其子。陸氏云：螟蛉之子殪而逢蜾蠃，祝曰：類我，類我，久則肖之。孫愐云：今之土蜂也，天地之性，細腰無子，蜾螺負之。（卷28，《弘明集音義》卷3）

按，參見陸法言《切韻》"蜾蠃"條。

梗韻

【卝】

【08】金卝，古猛反，見《字樣》《說文》、孫愐《韻》。《說文》亦作卝，金璞也，与礦同也。又串、卯二音，非呼也。（卷2，《大寶積經音義》卷116）

按，《切韻箋注（二）·梗韻》："礦，金璞。古猛反。"（2216）《切韻箋注（五）·梗韻》："礦，金璞。古猛反。《說文》從黃。"（2468）宋跋本《刊謬補缺切韻·梗韻》："礦，古猛反。金璞。亦作磺。"（485）

---

[1]（宋）戴侗撰：《六書故》，中華書局2012年古代字書輯刊本。

《廣韻·梗韻》:"礦,金璞也。古猛切。鑛,上同。鉆,古文。"(317)上揭韻書在"礦"字釋文中皆未列出異體字"卅",與可洪所説孫愐《韻》不同。

忝韻

【㮋】

【09】作㮋,苦減反,《江西韻》作此切也。又孫愐《韻》作苦簟反。(卷25,《一切經音義音義》卷11)

按,"㮋",孫愐《韻》作"苦簟反",在《忝韻》。考《切韻箋注(二)·忝韻》無此字,《豏韻》:"㮋,牖;一曰小户。苦減反。"(2220)伯2011《刊謬補缺切韻·忝韻》亦無此字,《豏韻》:"㮋,苦減反。牖;一曰小户。亦作㯍。"(2799)宋跋本《刊謬補缺切韻》、裴本《刊謬補缺切韻》同伯2011,《廣韻》同《切韻箋注(二)》。綜上,現存唐五代韻書及《廣韻》"㮋"字皆在《豏韻》,《忝韻》無此字。《龍龕·木部》:"㮋,苦減反,牖也,一曰小户。"(381)注音與現存《切韻》系韻書相同。又考磧砂藏本《玄應音義》卷11《正法念經音義》卷68:"凹窊,宜作㮋,苦簟反,未詳名義所出。"① 玄應注音與孫愐《韻》相同。

寘韻

【漬】

【10】霑漬,疾賜反,浸潤也,又漚也。孫愐《韻》及《浙西韻》並作前智反。(卷25,《新華嚴經音義音義》卷下)

按,《説文·水部》:"漬,漚也。从水,責聲。"徐鉉音"前智切"(234),與孫愐《韻》反切相同。《原本玉篇殘卷·水部》脱此字,宋本《玉篇·水部》:"漬,疾賜切,浸也。"(353)亦與孫愐《韻》音值相同。

現存唐宋韻書如《切韻箋注(五)·寘韻》:"漬,□。□智反。"(2475)伯2011《刊謬補缺切韻·寘韻》:"漬,□知(智)反。潤(潤)。"(2803)宋跋本《刊謬補缺切韻·寘韻》:"漬,在智反。潤。"

---

① 麗藏本作"凹窊,相承苦簟反,未詳名義所出",第144頁。

(490)裴本《刊謬補缺切韻》同宋跋本。《廣韻·賮韻》:"漬,浸潤,又漚也。疾智切。"(348)《集韻·賮韻》:"漬,疾智切,《説文》:漚也。"(468)綜上,現存唐宋韻書"漬"字讀音皆與可洪所言孫愐《韻》相同。

至韻

【魅】

【11】三魅,音媚,正作魅。孫愐《韻》作魅。(卷2,《法鏡經序音義》)

按,據可洪釋文,"魅",孫愐《韻》中用作"魑魅"之"魅"字。考宋跋本《刊謬補缺切韻·至韻》莫秘反:"魅,魑魅。"(490)裴本《刊謬補缺切韻·至韻》美秘反:"魅,魑魅。怪物。"(585)《廣韻·至韻》明祕切:"魅,魑魅。魅,上同。"(350)總之,現存韻書皆作"魅"或"魅",與可洪所言孫愐《韻》不同。考《説文·鬼部》:"魅,老精物也。从鬼、彡。彡,鬼毛。魅,或从未聲。"(186)《玉篇·鬼部》:"魅,莫覬切,老精物也。魖、魅,並同上。"(370)故疑可洪所録"魅"乃"魅"字之訛。

字韻書中另有"魆"字,《説文·鬼部》:"魆,鬼服也。一曰小兒鬼。从鬼,支聲。"徐鉉音"奇寄切"(186),與可洪所録"魅"字形似。

暮韻

【互】

【12】雲互,音護,差也,《江西韻》作乎,《字樣》作互,孫愐《韻》作丘,《説文》下不出腳,即此正也。(卷30,《廣弘明集音義》卷18)

按,"丘","互"字異寫。伯2011《刊謬補缺切韻·暮韻》:"■(乎),差乎。亦作互。"(2810)宋跋本《刊謬補缺切韻》、蔣斧本《唐韻》皆作"乎"。裴本《刊謬補缺切韻·暮韻》:"丂,差丂,俗牙

（冇）。"（589）"冯"乃"互"字異寫。《廣韻·暮韻》胡誤切："互，差互，俗作冇。"（368）綜上，各韻書字形皆與孫愐《韻》不同。由於麗藏本《可洪音義》和抄本韻書都有可能字形訛變，故孫愐《韻》到底作什麼字形，跟現存韻書相符與否，還不能妄下結論。

【酢】

【13】醶酢，上音咸。下倉故反，正作醋，孫愐《韻》云：《説文》作酢也。（卷3，《大方等大集經音義》卷25）

按，《説文·酉部》："酢，醶也。从酉，乍聲。"（314）徐鍇《系傳》曰："今人以此爲酬醋字，反以醋爲酒酢，時俗相承之變也。"（284）

考宋跋本《刊謬補缺切韻·暮韻》倉故反："醋，醬醋，亦作酢。"（494）裴本《刊謬補缺切韻》基本同宋跋本。蔣斧本《唐韻·暮韻》倉故反："醋，醬醋。《説文》作酢。"（647）《廣韻》同。《廣韻》和蔣本皆與可洪所言孫愐《韻》吻合。

霽韻

【頀】

【14】悉頀，他計反。孫緬《韻》作頀，俗以爲替之替也。（卷3，《大集月藏經音義》卷10）

按，"頀"，可洪曰孫緬《韻》作"頀"，然而現存《切韻》系韻書《霽韻》字頭中無此二字，釋文中亦無此論斷。唯蔣斧本《唐韻·霽韻》："替，廢也，代也，俗以相代作頀字，古無。他計反。"（649）此蓋可洪釋文之所出。《唐韻》釋文只是表述了"替"和"頀"的字際關係，而可洪則指明此"頀"即"頀"字。

【鬀】

【15】鬀除，上他計反，除髮也，与剃字同也。《字樣》及孫愐《韻》說文並作鬀也。（卷3，《大方等大集菩薩念佛三昧經音義》卷9）

按：可洪説剃髮之"剃"，孫愐《韻》釋文曰作"鬀"（説文即指釋文）。考伯2011《刊謬補缺切韻·霽韻》他計反："剃，除，或作鬀。"（2811）宋跋本《刊謬補缺切韻》同伯2011，都與可洪所説的孫愐《韻》相合。裴本《刊謬補缺切韻·霽韻》他計反："剃，除也，剃髮也，亦鬀

（鬀），䰂也，大人曰髡，小人曰剃。"（589）"䰂"即"鬀"字異寫，疑傳抄中字形有訛變。蔣斧本《唐韻·霽韻》他計反："剃，除髮。"（649）未錄異體，疑傳抄有節略。《廣韻·霽韻》他計切："鬀，《説文》曰：䰂髮也，大人曰髡，小兒曰鬀，盡及身毛曰䰂。剃，上同。"（371）《廣韻》與可洪所説孫愐《韻》不同。

祭韻

【晢】【晣】

【16】晢晢，丑世反，星光也；又目光也。孫愐《韻》作晣。（卷29，《弘明集音義》卷6）

按，"晢"，可洪音"丑世反"，考現存唐宋韻書，《切韻箋注(五)·祭韻》職例反："晢，星光。又旨熱反。"（2477）伯2011《刊謬補缺切韻》、宋跋本《刊謬補缺切韻》和裴本《刊謬補缺切韻》皆同。蔣斧本《唐韻·祭韻》征例反："晢，星光。又音折。"（652）《廣韻·祭韻》征例切："晢，星光也，亦作晣，又音折。"（377）又《薛韻》："晢，光也。旨熱切。"（497）可見現存唐宋韻書"晢"字無"丑世反"一音。

可洪蓋誤混"晢""晣"二字，"目光也"是"晣"的字義，"晣"有"丑世反"一音，考伯2011《刊謬補缺切韻·祭韻》丑勢反："晣，瞥。"（2814）宋跋本《刊謬補缺切韻》同。《廣韻·祭韻》征例切："晣，目光也，又丑世切。"（377）又丑例切："晣，瞥也。"（379）《龍龕·目部》"晣，征例反，目光也。又丑例反，瞥也。又旨熱反，目明也。"（422）疑可洪原文當作："晣晣，丑世反，目光也。又星光也，孫愐《韻》作晢。"這樣就與現存唐宋韻書字形釋義都相符了。

今大正藏本《弘明集》卷6作"晢晢"："亂曰：運往兮韜明，玄聖兮幽翳。長夜兮悠悠，衆星兮晢晢。""晣晣"切合文意，"晢晢"乃訛字。

怪韻

【欸】

【17】作頦，呼戒反，怒聲也，正作欸。孫愐《韻》作欸，《江西

韻》作𫗧，並音喊。(卷25，《一切經音義音義》卷18)

按，"𣤶""𣤷""𫗧"，皆"欸"字異寫。《切韻箋注（五）·怪韻》："譮，怒聲，許界反。或作欸。"（2478）伯2011《刊謬補缺切韻》、宋跋本《刊謬補缺切韻》、裴本《刊謬補缺切韻》與《箋注（五）》注音、釋義基本相同。蔣斧本《唐韻·怪韻》："譮，怒聲，又作欸。許介反。"（655）《廣韻·怪韻》："譮，怒聲。許介切。欸，上同。"（385）上揭韻書與可洪所言孫愐《韻》音義基本相合，但字形則因麗藏本《可洪音義》本身就不清晰，傳抄又可能有訛誤，故難下最終結論。

線韻

【籑】

【18】作䐬，仕卷反，孫愐与饌同也。《浙西韻》与倦同，音倦，非。(卷25，《一切經音義音義》卷1)

按，"䐬"乃"籑"字異寫。《廣韻·線韻》："籑，《說文》曰具食也。七（士）戀切。饌，上同。"（411）與可洪所言孫愐《韻》情況相合。宋本《玉篇·食部》："饌，士卷切，飯食也。籑，同上。"（184）

又考唐五代韻書，宋跋本《刊謬補缺切韻·線韻》渠卷反："籑，飯。亦作饌。又仕籑反"（502）字際關係表述一如孫愐《韻》，但讀音與可洪所言《浙西韻》相同。又裴本《刊謬補缺切韻·線韻》："饌，士戀反。具食。"（596）又知戀反："䐬（籑），方言音饌，取物而進。"（596）二字未繫聯，音亦不同。蔣斧本《唐韻·線韻》："饌，具食。士戀反。"（665）未收"籑"字。

勁韻

【屏】

【19】圊屏，上音清，下蒲政反，《字統》云廁也，正作偋、庰二形，孫愐《韻》說文作屏。(卷2，《大寶積經音義》卷110)

按，現存唐宋韻書皆與可洪所說的孫愐《韻》不合，參見《新韻》之《勁韻》"屏"字條。

證韻

【眙】

【20】眙屬，上直證反，孫愐《韻》注作眙。（卷25，《一切經音義音義》卷20）

按，伯2011《刊謬補缺切韻·證韻》："眙，丈證反。直視。"（2835）宋跋本《刊謬補缺切韻》同伯2011。裴本《刊謬補缺切韻·證韻》："眙，丈證反。直視。又作瞪。"（601）"瞪"乃"瞪"字訛誤。上揭韻書皆與可洪所言之孫愐《韻》不合。又考蔣斧本《唐韻·證韻》："瞪，直視皃。陸本作眙。直證反。"（682）此與孫愐《韻》正合。《廣韻·證韻》："瞪，直視皃。陸本作眙。丈證切。"（433）亦合。

物韻

【不】

【21】不訉，上夫勿反，无也。孫愐云：与弗同也。（卷20，《成實論音義》卷11）

按，現存唐五代韻書《物韻》皆無"不"字。《廣韻·物韻》分物切："不，與弗同。又府鳩、方久二切。"（475）與可洪所引孫愐《韻》相同。

曷韻

【櫱】

【22】栽櫱，上子才反。下五割反，伐木餘也，出孫愐《韻》也。又魚列反，根也。（卷1，《大般若經音義》帙56）

按，"櫱"，《說文·木部》："櫱，伐木餘也。从木，獻聲。《商書》曰：若顛木之有甹櫱。櫱，櫱，或從木、薛聲。朩，古文櫱，从木，無頭。栓，亦古文櫱。"（120）

考裴本《刊謬補缺切韻·曷韻》五割反："枿，伐木［餘］，亦櫱、櫱、櫱，三同。"（611）《廣韻·曷韻》五割切："櫱，頭戴皃，《說文》曰：伐木餘也。櫱，上同，書作櫱。朩，古文从木，無頭。"（484）與可洪所言孫愐《韻》注音釋義皆相合。蔣斧本《唐韻·曷韻》五割反："枿，伐木餘。"（700）未出列異體字"櫱"，疑蔣本有節略。

"蘖"又音魚列反,《切韻箋注(二)·薛韻》魚列反:"蘖,蘖餘。"(2230)裴本《刊謬補缺切韻》同。宋跋本《刊謬補缺切韻·薛韻》魚列反:"蘖,草木殘蘖。"(517)蔣斧本《唐韻·薛韻》魚列反:"蘖,蘖餘。又姓,何氏《姓苑》云:東苑人,本姓薛,辟仇改焉。"(707)《廣韻·薛韻》魚列切:"蘖,木餘。又姓。何氏《姓苑》云:東莞人,本姓薛,避仇改之。"(498)未見可洪"根也"之釋義。

末韻

【斡】

【23】迴軒,許言反,孫愐云:軒,簷也。又《川音》作斡,孫愐《韻》作斡,《唐韻》作斡,同,烏活反,斡,轉也。(卷27,《續高僧傳音義》卷17)

【24】迴斡,烏活反,轉也,《浙西韻》作斡,孫愐《韻》作斡。(卷30,《廣弘明集音義》卷20)

按,"斡""斡""斡""斡""斡",皆"斡"字異寫。《切韻箋注(二)·末韻》:"斡,轉。烏活反。"(2227)伯2011《刊謬補缺切韻》、宋跋本《刊謬補缺切韻》注音釋義與《箋注(二)》基本相同,《廣韻·末韻》:"斡,轉也。烏括切。"(486)亦同。唯《切韻箋注(五)·末韻》:"斡,天氣轉。烏活反。"(2491)與可洪所引釋義稍異。但就字形而言,因麗藏本《可洪音義》傳抄或有訛誤,故不能最終確定與現存韻書相同與否。

昔韻

【蜥】【蜴】

【25】蜥蜴,上亦作蜥、蜤二形,同,先繫反。下羊益反。孫愐《韻》作蜥蜴。(卷25,《一切經音義音義》卷21)

按,《切韻箋注(二)·錫韻》先繫反:"蜥,蜥蜴,虫名。"(2231)又《昔韻》盈義反:"蜴,蜥蜴。"(2232)伯2011《刊謬補缺切韻》同。宋跋本《刊謬補缺切韻·錫韻》先繫反:"蜥,蜥蜴,在草曰蜥蜴,在宮曰蝘蜓。"(518)又《昔韻》羊益反:"蜴,蜥蜴。"(519)裴本《刊謬補缺切韻·覓韻》先繫反："蜥，蜥蜴，守宮虫。"（615）又《昔韻》羊益反："蜴，蜥蜴。"（620）蔣斧本《唐韻·錫韻》先繫反："蜥，蜥蜴蟲。"（708）又《昔韻》羊益反："蜴，蜥蜴。"（711）《廣韻·錫韻》先擊切："蜥，蜥蜴。"（520）又《昔韻》羊益反："蜴，蜥蜴。"（517）總之，現存唐五代韻書"蜥蜴"之"蜥"皆不作"蚚"，與可洪所錄孫愐《韻》字形不同。也有可能麗藏本《可洪音義》轉刻中字形有訛變。

錫韻

【覡】

【26】曰覡，戶的反，孫愐《韻》、《江西韻》、應和尚並云：男曰巫，女曰覡。葽筠和尚《韻》云：男曰覡，女曰巫。不委何正。然按白居易《一百韻》云：成人男作卬，事鬼女爲巫。據此即男曰覡，女曰巫爲正。（卷25，《一切經音義音義》卷16）

按，《說文·巫部》："巫，祝也。女能事無形，以舞降神者也。"（95）又："覡，能齋肅事神明也。在男曰覡，在女曰巫。从巫、从見。"（95）而宋本《玉篇·巫部》："巫，武俱切，神降，男爲巫，女爲覡。"（335）又"覡，胡的切，女巫也。"（335）與《說文》不同。

考唐五代韻書，《切韻箋注（二）·虞韻》武夫反："巫，在女曰巫。"（2166）宋跋本《刊謬補缺切韻·虞韻》武夫反："巫，事神曰巫，男子師爲覡，女師曰巫。"（443）又《錫韻》胡狄反："覡，男師曰覡，女師曰巫。"（518）裴本《刊謬補缺切韻·錫韻》胡狄反："覡，女曰巫，男曰覡。"（615）上揭韻書釋義皆承襲《說文》，與孫愐《韻》不合。

然蔣斧本《唐韻·錫韻》胡狄反："覡，巫覡，男曰巫，女曰覡。"（709）《廣韻·錫韻》胡狄切："覡，巫覡，男曰巫，女曰覡。"（521）則與可洪所言孫愐《韻》相合。至《集韻·虞韻》微夫切："巫，《說文》：祝也，女能事無形，以舞降神者。"（78）又《錫韻》刑狄切："覡，《說文》：能齊肅事神明也，在男曰覡，在女曰巫。"（753）又改承《說文》矣。

《龍龕·雜部》："巫，音無，巫覡也。今之師巫，男曰巫，女曰覡。"（524）又《見部》"覡，胡的反，巫覡也。男曰巫，女曰覡，事鬼神師巫之類也。"（346）亦同孫愐《韻》。

附2：可洪所引孫愐《韻》與現存
《切韻》系韻書對照表

（見書末所附圖表5）

第五節 《可洪音義》所引《切韻》系其他韻書研究

一 引《韻》

　　《可洪音義》中有10條、10個字頭下參引韻書單稱《韻》，其中"憨"字下引用《韻》的注音，與現存《切韻》系韻書多數基本吻合；"蠮螉"字條引用《韻》的字形，與現存《切韻》系韻書字形不合。其餘8條8個字頭說"《韻》無此切""《韻》無此音"或"《韻》無此字"，與現存唐五代韻書及《廣韻》情況基本相符。具體疏證如下。

【鱅】

【1】䰽脼，上以垂反，《楚辭》云：露雞䰽脼。魚名也，《篇》《韻》無此字。（卷25，《一切經音義音義》卷15）

按，"䰽"即"鱅"字異寫，亦作"鱬""鱅"，"蠵"之後起換旁俗字。《集韻·支韻》勻規切："蠵、鱅：水蟲名，涪陵郡出大龜，甲可以卜，緣中文似瑇瑁，一曰靈蠵。……或从魚。"（36）又《齊韻》玄圭切："蠵，《說文》：大龜也，以胃鳴。……或作鱅。"（99）《玉篇》及現存唐五代韻書皆未見收錄此字，與可洪所言情況相符。

【㞙】

【2】立㞙，音雖，尿也，《篇》《韻》無此呼。又奴吊反，正作尿也。又音類，非也。（卷21，《賢愚經音義》卷15）

按，現存各版本《玉篇》及唐宋韻書皆未收"㞙"字，此與可洪所言相合。

【蠮螉】

【3】蚟溲，上具俱反，下所誅反，並《音義》自切。《韻》作蠮螉，上音瞿，下色俱反，蟲名而多足，尿人影作瘡者也。關西呼爲蜘蛛也。又

音求搜。蛔，竹洽反；蜨，所洽反。（卷25,《一切經音義音義》卷20）

按，《切韻箋注（二）》、敦煌殘卷伯2011《刊謬補缺切韻》、宋跋本《王仁昫刊謬補缺切韻二》之《虞韻》皆無"蠼螋"二字。《大唐刊謬補缺切韻·虞韻》其俱反："蠷，蠷螋。"（3344）《廣韻·虞韻》其俱切："蠷，蠷螋蟲。"（74）"蠷螋"即"蠼螋"，現存韻書與可洪所錄字形不同，亦無"蟲名而多足，尿人影作瘡者也"等釋語。張華《博物志》卷3《異蟲》："今鸜螋蟲溺人影，亦隨所著處生瘡。"（38）① 段成式《酉陽雜俎·廣知》："古蠼螋、短狐、踏影蠱，皆中人影爲害。"（849）②

【脴】

【4】作䢼，丘狂反，曲也，戾也，正作軭、駆、㾺三形。應和尚以脴字替之，區放反，《篇》《韻》亦無脴字耳。（卷25,《一切經音義音義》卷14）

按，"䢼""㾺""脴"皆"匡"的增旁俗字，現存唐五代韻書及《廣韻》中皆未收，此與可洪所見韻書情況相合。宋本《玉篇·肉部》："脴，去王切，脴腔也。"（145）此字《名義》無，可洪所見《玉篇》亦無，乃宋代重修《玉篇》時所增。

【䇢】

【5】持䇢，上直之反，下宜作碕，丘倚反，石也。經云持~作枕，聚土中卧，是也。此字《篇》《韻》中並無此體。（卷21,《道地經音義》）

按，正如可洪所言，此字《玉篇》及現存唐宋韻書中未收，但見於《龍龕·竹部》："䇢，俗；笴、簳，二正：古旱反，箭~也。"（392）

【䬔】

【6】作𢖍，于鬼反，大風也，正作䬔、颻二形。應和尚作胡慣反，《韻》無此切。（卷25,《一切經音義音義》卷12）

按，"𢖍"即"䬔"字異寫，"䬔"同"䬔"，《龍龕·彳部》："𢖍：或作，于鬼反，正作䬔，大風皃。"（497）伯2011《刊謬補缺切韻》、宋跋本《刊謬補缺切韻》、裴本《刊謬補缺切韻》之《尾韻》《隊

---

① （晉）張華撰、范寧校證：《博物志校證》，中華書局1980年版。按，"鸜"，原書訛作"鸜"，據校記當作"鸜"。"鸜螋"即"蠼螋"。

② （唐）段成式撰、許逸民校箋：《酉陽雜俎校箋》，中華書局2015年版。

第二章 《可洪音義》引韻書研究　　　295

韻》皆無"䬌""䬍""䬎"等字，蔣斧本《唐韻》《廣韻》《集韻》之《隊韻》亦無，與可洪所言《韻》無"胡憒反"相合。《廣韻·尾韻》于鬼切："䬌，大風皃。"（255）《集韻》同。《龍龕·風部》："䬍、䬌：于鬼反。大風貌也。二同。"（127）《龍龕》注音蓋本自韻書，與玄應注音皆不同。宋本《玉篇·風部》："䬌，于歸切，又于委切。"（369）《玉篇》注音既不同于韻書，又不同于玄應。

【蔰】

【7】燕蔰，上於見反，與鷰同。下於遇反；又《音義》自作央富反，《韻》無此切。（卷25，《一切經音義音義》卷18）

按，《玄應音義》卷18《成實論音義》卷17："抱卵，字體作菢，又作包，同，蒲冒反。《通俗文》：鷄伏卵，北燕謂之菢，江東呼蔰。蔰音央富反，伏音輔又反。"（239）可洪所釋詞即出自此。現存《切韻》系韻書《宥韻》皆無"蔰"字，亦無"央富反"一音，與可洪所言相符。

【憨】

【8】猛憨，呼濫反，《音義》自切。《韻》作下瞰反，又呼甘反，癡也。（卷25，《一切經音義音義》卷24）

按，《切韻箋注（二）·談韻》火談反："憨，癡。"（2187）《切韻箋注（五）·闞韻》："憨，害。下瞰反。"（2484）伯2011《刊謬補缺切韻·闞韻》："憨，下瞰反，害。又呼甘反。"（2829）① 又《談韻》火談反："■（憨），癡。"（2756）故宫博物院藏宋跋本《刊謬補缺切韻》、故宫博物院藏裴本《刊謬補缺切韻》皆同。蔣斧本《唐韻·闞韻》下瞰切："憨，害也；果決也，下瞰反。又呼甘反。"（672）《廣韻·闞韻》同蔣本，又《談韻》呼談切："憨，癡也。"（225）綜上，現存唐宋《切韻》系韻書"憨"字音義與可洪所言韻書注音吻合。

【逮】

【9】作逮，音接，《韻》無此字。（卷25，《一切經音義音義》卷3）

按，"逮"，"疌"字異寫。《切韻箋注（二）》、伯2011《刊謬補

---

① 引自張涌泉主編《敦煌經部文獻合集·小學類韻書之屬》第6冊，周祖謨《唐五代韻書集存》中又稱《王仁昫刊謬補缺切韻一》。

缺切韻》、裴本《刊謬補缺切韻》之《葉韻》皆未收"疌"字及其異體；宋跋本《刊謬補缺切韻》"疌"歸"捷"小韻；蔣斧本《唐韻》有"㨗"無"疌"，亦歸"捷"小韻；《大唐刊謬補缺切韻·葉韻》"捷"小韻："疌，疾。亦作㨗。"（3374）《廣韻·葉韻》"捷"小韻："疌，《説文》：疾也。"（539）又："㨗，速也，亟也。"（539）正如可洪所言，現存《切韻》系韻書未見"疌"字，其他字書亦未收。

【讘】

【10】讘讋，上尺葉反，下之葉反。上又應和尚作傷協、丑協二反，《韻》無此切。（卷25，《一切經音義音義》卷20）

按，《玄應音義》卷20《六度集音義》卷6："暮習，辝立反，謂慣習數爲也。經文作讘，傷協、丑協二反，《説文》：讘，讋也。《聲類》：讘，讋言不止也。"（268）可洪所釋詞目即出自此。

今考《切韻箋注（二）·葉韻》："讘，小言，七（叱）涉反。"（2236）伯2011《刊謬補缺切韻·葉韻》："讘，叱涉反，小語。"（2860）宋跋本《刊謬補缺切韻》、裴本《刊謬補缺切韻》、蔣斧本《唐韻》、《大唐刊謬補缺切韻》、《廣韻》等皆與上二種相同，"讘"字隸屬《葉韻》，讀音與可洪注音相合。《切韻箋注（二）》、《切韻箋注（三）》①、宋跋本《刊謬補缺切韻》、裴本《刊謬補缺切韻》、蔣斧本《唐韻》等唐五代韻書《怗韻》中皆未收"讘"字，此與可洪所言《韻》無"傷協、丑協二反"相符。

二 引舊《切韻》

《可洪音義》引舊《切韻》僅一次。

鎣治，上宅庚反，磨鋥出光也，正作瑒也。舊《切韻》作瑒，宅庚反。《周礼》曰：唯角瑒之也。弟八卷作瑒治②也。或作鎣、榮、瀅三音。（卷21，《出曜經音義》卷17）

---

① 《切韻箋注（三）》即敦煌殘卷伯3799，引自張涌泉主編《敦煌經部文獻合集·小學類韻書之屬》第5册，周祖謨《唐五代韻書集存》中又稱《增訓本切韻殘葉二》。

② 《可洪音義》卷21《出曜經音義》卷8："瑒治，上宅庚反，磨~，去銅鐵之垢也，正作瑒也，《周礼》曰：唯角瑒之也。"

但在相同字頭的其他注釋中又引了《切韻》。

棠治，上宅庚反，下音持，届船也，止水也，正作堂也。《周礼》云：唯角堂之也。《切韻》作堂，悮也。（卷2，《小品般若經音義》卷5）

麗藏本《可洪音義》顯示，二書字形不同，而且可洪以"舊"字區別之，可見舊《切韻》和《切韻》屬於《切韻》系列的先後版本。

三 引"陸法言説"

《可洪音義》注釋中四次引陸法言説，當出自陸法言《切韻》，現列舉如下。

【螺】【蠃】

【1】螺螺，上音果，《説文》作蠣，《爾雅》作蝸，古火反。下正作蠃，郎果反。《爾雅》曰：螺螺，蒲盧。郭璞曰：細腰蜂也，負螟蛉之子於空木之中，七日而成其子。陸氏云：螟蛉之子殪而逢螺蠃，祝曰：類我，類我，久則肖之。孫愐云：今之土蜂也，天地之性，細腰無子，螺螺負之。（卷28，《弘明集音義》卷3）

按，"螺螺"乃"螺蠃"之訛誤。《説文》作"蠣蠃"，見《説文·虫部》："蠣，蠣蠃，蒲盧，細要土蠭也。天地之性，細要，純雄，無子。《詩》曰：螟蠕有子，蠣蠃負之。从虫，蠣聲。螺，蠣或从果。"（280）《廣韻·果韻》郎果切："蠃，螺蠃，蒲盧，郭璞云：細腰蜂也，負螟蛉之子於空木中，七日而成其子。法言云：螟蛉之子殪而逢螺蠃，祝曰：類我類我，久則肖之。"（306）據此可知，可洪所引陸氏即陸法言釋文。

考《切韻箋注（五）·哿韻》古火反："[螺，螺蠃]……細要，土蠭（蠭），天地之性，細要無子。《詩》云：螟蛉有子，螺蠃負之。"（2466）此韻書釋義似本自《説文》，不從陸法言，與孫愐《韻》基本相同。又《集韻·果韻》古火切："蠣、螺、蝸：蟲名，《説文》：蠣蠃（蠃），蒲盧，細腰土蠭也。天地之性，細腰，純雄，無子。引《詩》：螟蠕有子，蠣蠃負之。或从果，亦作蝸。"（840）[1]《集韻》釋文本自《説文》。

---

[1] 趙振鐸：《集韻校本》，上海辭書出版社2012年版。

【2】螺蠃，上音果，下郎果反，正作蜾蠃也，細腰蜂也，今之土蜂是也。天地之性，細腰無子。《詩》云：螟蛉有子，蜾蠃負之。謂負螟蛉之子於空木中，七日而成其子也。法言云：螟蛉之子殪而逢蜾蠃，呪曰：類我類我，久則似之也。（卷30，《南海寄歸傳音義》卷1）

按，"螺蠃"乃"蜾蠃"之訛誤。疏證詳見上條。

【椹】

【3】食椹，音甚，桑子也，《新韻》作樳、葚二形，又作羹也。陸氏作椹也，並在上聲也。（卷26，《集今古佛道論衡音義》卷2）

按：《切韻箋注（二）·寑韻》："椹，食稔反。"（2219）《切韻箋注（五）·寑韻》："椹，食稔反。《説文》作此葚。"（2471）伯2011《刊謬補缺切韻·寑韻》："椹，食稔反。柔（桑）莓。"（2797）宋跋本《刊謬補缺切韻·寑韻》："椹，食稔反。桑葚。亦作斟字。"（487）綜上，現存唐五代韻書皆承襲陸書原貌，無"樳""羹"等字形，與可洪所見《新韻》不同。又考《廣韻·寑韻》："葚，《説文》曰：桑實也。食忍切。二。樳，上同。俗又作椹。椹本音砧。"（329）《集韻·寑韻》："葚、樳、椹：《説文》：桑實也。或從桑、從木。"（442）可見宋代韻書繼承了《新韻》的某些内容。

【梵】

【4】梵世，上扶泛反，此土《玉篇》《説文》《字林》統先無梵字，後葛洪佛經中録入《字苑》，陸法言撰入《切韻》矣。（卷19，《阿毗達摩大毗婆沙論音義》卷168）

按：《切韻箋注（五）》、宋跋本《刊謬補缺切韻》、裴本《刊謬補缺切韻》、蔣斧本《唐韻》、《廣韻》、《集韻》等現存唐宋韻書皆有"梵"字，並立爲韻目，與可洪所言陸法言《切韻》吻合。

上文業已證明，可洪經常引用的《切韻》不是陸氏原本，上述引文不一定出自可洪所言之《切韻》，那麼，是不是出自可洪所引的舊《切韻》呢？因材料有限，不能斷定。

在"椹"字例中，"陸氏"與《新韻》並提，內容不同，説明陸氏《切韻》乃屬舊韻，是不是就是可洪常常引用的《舊韻》呢？上文考察《舊韻》時已作探討。

在"蜾蠃"例中，"陸氏"與"孫愐"並提，二人所言不同，暗示了陸氏《切韻》與孫愐《唐韻》的差異，二書可洪皆有參考。

四　引《唐韻》

《可洪音義》中《唐韻》出現 6 處，涉及 6 個字，現列舉並疏證如下。

【蔜】

【1】茄薐，音盧，正作蘆。又或作蔆，力主反，《尔雅》：蔜，䕲蔆。《唐韻》曰：䕲蔆，蔓生細草也，或云雞腸草也。（卷25，《一切經音義音義》卷14）

按，"䕲"，《説文》作"薐"。考唐宋韻書，伯 2011《刊謬補缺切韻·晧韻》蘇浩反："薐，蔜。"（2790）宋跋本《刊謬補缺切韻·晧韻》蘇晧反："薐，蔜草。"（482）裴本《刊謬補缺切韻·尤韻》所鳩反："薐，雞腸草。"（561）《廣韻·晧韻》蘇老切："薐，蔜薐草。"（302）又《尤韻》所鳩切："薐，雞腸草也。"（208）《集韻·晧韻》蘇老切："薐、䕲：《説文》：艸也。或作䕲。"（401）又《尤韻》踈鳩切："薐，艸名。《爾雅》：蔜，薐蔆。"（265）綜此，上揭韻書釋文與可洪所引《唐韻》皆不同。

唐五代韻書及《廣韻》中皆未收"蔆"字，《集韻·麌韻》隴主切："蔆，草名，《爾雅》：蔜，薐蔆。今之蘩蔆，一曰雞腸。"（336）

又考《切韻箋注（二）·豪韻》五勞反："蔜，蘩縷，蔓生細草。"（2184）伯 2011《刊謬補缺切韻·豪韻》五勞反："蔜，蘩縷，蔓生細草。"（371）宋跋本《刊謬補缺切韻》同伯 2011，裴本《刊謬補缺切韻·豪韻》五勞反："蔜，蘩縷，蔓生細葉（草）也。"（551）《廣韻·豪韻》五勞切："蔜，蘩縷，蔓生，或曰雞腸草也。"（158）《集韻·豪韻》牛刀切："蔜，艸名。《爾雅》：蔜，薐蔆。"（191）與可洪所引《唐韻》內容部分相合，但字形有別。考慮到麗藏本《可洪音義》與抄本韻書都有可能傳抄失誤，或有脫漏，故不能作最終判斷。

【譫】

【2】譫浮，上之合反，《音義》自切。諸經律論唯有閻浮、剡浮、贍部等，並未曾見有譫浮洲字耳。又按《唐韻》作章廉、昌廉、徒盍三反。（卷25，《一切經音義音義》卷18）

按，《切韻箋注（二）·鹽韻》詹小韻、𧮬小韻和《盍韻》徒盍反下皆無"譫"字。宋跋本《刊謬補缺切韻·鹽韻》詹小韻、贛小韻下亦無"譫"字，但《盍韻》徒盍反下有"譫"字。裴本《刊謬補缺切韻·鹽韻》詹小韻、贛小韻和《盍韻》徒盍反下皆無"譫"字。蔣斧本《唐韻·盍韻》徒盍反下亦無"譫"字；《鹽韻》今不存。《大唐刊謬補缺切韻·鹽韻》處占反下有"譫"字，但織廉反下無此字。《廣韻·盍韻》"譫"有章盍切、徒盍切兩切，《鹽韻》無"譫"字。綜上，現存唐五代韻書及《廣韻》"譫"字讀音無一與可洪所言《唐韻》完全相合。

《龍龕·言部》："譫：章盍、徒盍二反，多言也。"（51）同《廣韻》。《集韻》"譫"字有章盍切、敵盍切、達合切、之廉切、質涉切五切，然無與《唐韻》"昌廉反"音值相當的讀音。

【駮】

【3】彪駮，上彼休反，虎也。《爾雅》曰：狻猊如虥貓，食虎豹。《唐韻》曰：六駮，獸，似馬，鋸牙，食虎豹。是也。（卷25，《一切經音義音義》卷17）

按，《說文·虎部》："彪，虎文也。"（98）又《馬部》："駮，獸。如馬，倨牙，食虎豹。从馬，交聲。"（200）據此，可洪所引《唐韻》內容當出自"駮"字釋文。

考《切韻箋注（二）·覺韻》北角反："駮，六駮，獸。"（2224）伯2011《刊謬補缺切韻》同。宋跋本《刊謬補缺切韻·覺韻》北角反："駮，馬色。"又："駮，六駮；斑駮。"（512）裴本《刊謬補缺切韻·覺韻》北角反："駮，六駮，獸名，如馬，倨牙，食虎豹。"（606）蔣斧本《唐韻·覺韻》北角反："駮，六駮，獸，似馬，鋸牙，食虎豹。"（692）裴本、蔣斧本與可洪所引《唐韻》近同。《廣韻·覺韻》北角切："駮，六駮，獸名，似馬，鋸牙，食虎豹。"（465）承襲前代韻書。

【斡】

【4】迴軒，許言反，孫愐云：軒，簷也。又《川音》作斡，孫愐《韻》作斡，《唐韻》作斡，同，烏活反，斡，轉也。（卷27，《續高僧傳音義》卷17）

按，參見孫愐《韻》之《末韻》"斡"字。

【頓】

【5】頓漸，上者（都）困反，齊也，都也，悤也，正作頓也。又莨

笱、《唐韻》及郭逖《經音》[音]頁，户結反，非。（卷8，《大方廣圓覺修多羅了義經音義》）

按，現存唐五代韻書及《廣韻》中皆無"頓"字，《集韻·屑韻》有之，音奚結切，與《唐韻》音同。

【決】

【6】能決，結穴反，斷也，壞也，破也。又應和尚《音義》作胡玦反，《唐韻》無此切。（卷10，《大智度論音義》卷17）

按，《玄應音義》卷9《大智度論音義》卷18："能決，胡玦反，《説文》：下流也。又穿決也。"（124）《説文·水部》："決，行流也。从水，从夬。廬江有決水，出於大別山。"（232）

考伯2011《刊謬補缺切韻·屑韻》："決，穴。"（2852）與"玦""駃"同小韻。宋跋本《刊謬補缺切韻·屑韻》古穴反："決，穴。"（516）裴本《刊謬補缺切韻·屑韻》古穴反："決，決絕。《説文》：流行也。又水名，出大別山。從冫非。"（612）蔣斧本《唐韻·屑韻》古穴反："決（決），斷。"（704）《廣韻》"決"只有古穴、呼決二切，《集韻》"決"亦無"胡玦反"一音。綜上，現存唐宋韻書"決"字無音"胡玦反"者，與可洪所言《唐韻》情況相同。

筆者將上述引文與現存比較完整的、有代表性的《切韻》系韻書一一進行比較，結論如下。

（一）《可洪音義》所引《唐韻》與現存《切韻》系韻書之比較

1. 與《切韻箋注（二）》（切三）之比較

可洪所引《唐韻》的6處6個字頭中，有2個字因《可洪音義》或《箋注（二）》的字形不清晰或可能傳抄失誤，無法下結論。其餘可以做出明確判斷的例子中，有2個字所屬大韻今雖完整，但無其字，或大韻雖不全，但小韻完整，亦無其字，故亦視爲與可洪所引《唐韻》不合；另外2個字所涉及内容與可洪所引《唐韻》不合；總計吻合度爲0。

2. 與伯2011《刊謬補缺切韻》（王一）之比較

可洪所引《唐韻》的6處6個字頭中，有2個字所屬大韻殘損不全，其字不存，無法進行判斷；2個字因《可洪音義》和伯2011的字形不清晰或可能傳抄失誤，亦無法下結論。剩下的可以做出明確判斷的引例中，有1個字所涉及内容與可洪所引《唐韻》不合；1個字基本吻合。總計吻合度爲1/2（50%）。

3. 與宋跋本《刊謬補缺切韻》（王三）之比較

可洪所引《唐韻》的 6 處 6 個字頭中，有 2 個字因《可洪音義》和《刊謬補缺切韻二》的字形不清晰或可能傳抄失誤，無法下結論。其餘可以做出明確判斷的例子中，有 2 個字所涉及內容與可洪所引《唐韻》韻不合；1 個字基本吻合。另有 1 個字所屬大韻今雖完整，但無其字，故亦視爲與可洪所引《唐韻》不合。總計吻合度爲 1/4（25%）。

4. 與裴本《刊謬補缺切韻》（王二）之比較

可洪所引《唐韻》的 6 處 6 個字頭中，有 1 個字所屬的大韻因裴本缺失，無法進行判斷；1 個字因《可洪音義》和裴本的字形不清晰或可能傳抄失誤，亦無法下結論。其餘可以做出明確判斷的例子中，有 1 個字所涉及內容與可洪所引《唐韻》不合；2 個字基本吻合。另有 1 個字所屬大韻今雖完整，但無其字。總計吻合度爲 2/4（50%）。

5. 與蔣斧本《唐韻》之比較

可洪所引《唐韻》的 6 處 6 個字頭中，有 1 個字所屬大韻因蔣本《唐韻》缺失，無法進行判斷；1 個字因《可洪音義》和蔣斧本《唐韻》的字形不清晰或可能傳抄失誤，亦無法下結論。剩下可以做出明確判斷的例子中，有 1 個字所涉及內容與可洪所引《唐韻》不合；2 個字基本吻合。另有 1 個字所屬大韻今蔣本雖完整，但無其字，故亦可視爲與可洪所引《唐韻》不合。總計吻合度爲 2/4（50%）。

6. 與《廣韻》之比較

可洪所引《唐韻》的 6 處 6 個字頭中，有 2 個字因《可洪音義》字形不清晰或可能傳抄失誤，無法下結論；有 1 個字所涉及內容與可洪所引《唐韻》不合；2 個字基本吻合。另有 1 個字所屬大韻今《廣韻》未收其字，故亦可視爲與可洪所引《唐韻》不合。總計吻合度爲 2/4（50%）。

整體而言，由於引用資料有限，可洪所引《唐韻》與現存《切韻》系韻書各個子系列的差異不能很清晰地反映出來。

按說，可洪所引《唐韻》和蔣斧本《唐韻》的關係應該更爲密切。但是，在可洪所引《唐韻》的 6 條中，沒有哪一條是獨一無二地只與蔣斧本相合。考慮到歷史上名爲"唐韻"的唐代韻書或被後人稱爲"唐韻"的韻書有很多，來源不一，加之可洪引用《唐韻》的材料有限，具體是哪一種，還有待考證。

另：徐朝東《蔣藏本〈唐韻〉研究》統計可洪引《唐韻》7 條，《新唐韻》1條，不確。可洪全書只6處提到《唐韻》，涉及6個字，下面一條無關乎《唐韻》：

迴𠦑，烏活反，轉也，《浙西韻》作𠦑，孫愐《韻》作𠦑，《唐韻》作斡，千佛藏作𠦑，《西川經音》𠦑也。《玉篇》音飯，非也，傳寫悮也。①

此條出自《可洪音義》卷30《廣弘明集音義》卷20，徐氏引文中"唐韻作斡"一句，原文並無。由於引文有誤，所以徐氏多統計了一條。

（二）可洪所引《唐韻》和孫愐《韻》的關係

衆所周知，唐代開元年間，孫愐著成《唐韻》一書，許觀《東齋記事·禮部韻》曰："至唐孫愐始集爲《唐韻》，諸書遂爲之廢。"② 據此，可洪所稱引的孫愐《韻》和《唐韻》應該爲同一種書，其實不然，下條釋文可以證明：

迴軒，許言反，孫愐云：軒，簦也。又《川音》作𠦑，孫愐《韻》作𠦑，《唐韻》作𠦑，同，烏活反，𠦑，轉也。（卷27，《續高僧傳音義》卷17）

《可洪音義》這段釋文中孫愐《韻》和《唐韻》並舉，二者顯然不是同一種書。

（三）可洪所引《唐韻》和《新韻》《舊韻》的關係

上文已經證明，《新韻》與蔣斧本《唐韻》相似度最高，似乎屬於孫愐《韻》這個子系統，如此，則與可洪所引《唐韻》同屬一個子系統。那麼《唐韻》是否就是可洪所說的《新韻》呢？由於材料有限，不能判斷。

另，上文已知，可洪所引《舊韻》應該屬於《刊謬補缺切韻》子系列，與宋跋本《刊謬補缺切韻》最爲接近，如此則與可洪所說的《唐韻》應該分屬不同的子系統。

五 引《新唐韻》

可洪注釋中還提到過《新唐韻》，僅一次：

---

① 徐朝東：《蔣藏本〈唐韻〉研究》，北京大學出版社2012年版，第236頁。
② （宋）許觀：《東齋記事》，叢書集成初編本，中華書局1985年版，第7頁。

潰迦，上方味反，王名也，亦作沸、鸒二形，並見《新唐韻》。（卷22,《十二遊經音義》）

按，宋本《玉篇·水部》："沸，方味切。泉涌出皃。潰，同上。"（345）《萬象名義》無"潰"字，可見此字晚出，宋本《玉篇》乃后增。

蔣斧本《唐韻·未韻》今不存，伯2011《刊謬補缺切韻·未韻》："沸，府謂反，水涫。亦作潰、鸒。"（2807）與可洪所言《新唐韻》情況相合。宋跋本《刊謬補缺切韻·未韻》："沸，府謂反，水涫。"（492）裴本《刊謬補缺切韻·未韻》："沸，符謂反。"（587）皆未收"潰""鸒"二形。《廣韻·未韻》扶沸切："潰，潰渭，水溢。"（360）未言亦作"沸""鸒"二形。《集韻·未韻》："沸、鸒：方未切。涫也。"（486）又："潰，泉涌出皃。"（487）三字未作系聯。總之，除伯2011外，現存唐宋韻書皆與可洪所言《新唐韻》情況不合。

至於《新唐韻》與可洪所引《唐韻》的關係，與可洪所引孫愐《韻》的關係，以及與蔣斧本《唐韻》的關係，由於材料有限，還不能確切判斷。

不過，既然《唐韻》和《新唐韻》可洪都稱之爲《唐韻》，就應該屬於同一系列，可能是先後版本，而孫愐《韻》應該屬於《唐韻》子系統的早期韻書。上文已知，可洪所引《唐韻》與孫愐《韻》不是一種韻書，那麼，《新唐韻》應該出現最晚，與孫愐《韻》時代不同。也有可能是相對於孫愐舊《唐韻》而言，可洪把他所參考的《唐韻》又稱爲《新唐韻》。

上文已經證明，《新韻》與蔣斧本《唐韻》相似度最高，似乎屬於孫愐《韻》這個子系統，如此，則與《新唐韻》同屬一個子系統。那麼《新唐韻》是否就是可洪所說的《新韻》呢？由於材料有限，不能判斷。

還有，上文已知，可洪所引《舊韻》應該屬於《刊謬補缺切韻》子系列，與宋跋本《刊謬補缺切韻》最爲接近，那麼它與《新唐韻》應該分屬不同的子系統。

六 小結

現存《切韻》系韻書可以分爲三個子系統：陸氏《切韻》子系統；王仁昫《刊謬補缺切韻》子系統；孫愐《唐韻》子系統。可洪對這三個子系統的韻書都有引用，其中，陸氏《韻》、舊《切韻》、《切韻》屬於陸氏《切韻》子系統；《舊韻》屬於《刊謬補缺切韻》子系統；孫愐《韻》《唐韻》《新唐韻》《新韻》屬於孫愐《唐韻》子系統。綜上，可洪在注釋中至少參考了三個子系統的八種韻書。

筆者還發現，可洪參引這些韻書的字頭在《龍龕手鏡》中的音義，大多與可洪所本韻書相同，而且與《新韻》相合最多。畢竟，《可洪音義》成書比《龍龕手鏡》僅早 50 餘年，據此推斷，可洪、行均作注時所用韻書品種基本相同。《可洪音義》成書比《希麟音義》僅早 40 餘年，作注時所用韻書是否相同，俟再考。

第六節　《可洪音義》所引葨筠《切韻》研究

《可洪音義》除了參引《切韻》系韻書之外，還參引了一部僧人編的韻書，即"葨筠和尚《切韻》"，就可洪所引内容來看，這部韻書在收字、注音、釋義等方面都與傳統《切韻》系韻書差距較大，更接近佛經音義書的性質，故而本書將其單列出來介紹。

葨筠和尚《切韻》，書中又稱"葨筠《切韻》"、"葨筠和尚《韻》""筠和尚《韻》""葨筠《韻》"，稱引不一，所指相同。"葨筠"應該是僧人的法號，據《可洪音義》所引推斷，生活年代在五代以前，或者中晚唐時期。其所撰《切韻》今已失傳，具體成書年代不可考，公私書目中未見著錄，其他著作中尚未見引用。葨筠《切韻》的具體内容、編撰體例、版本情況，以及和其他《切韻》系韻書的關係，皆不可詳考。

《可洪音義》共稱引葨筠《切韻》27 次，涉及 27 個字詞，通過對這爲數不多的二十幾條資料的分析，可以大致看出，葨筠《切韻》無論在收字、注音還是釋義方面，都有與衆不同之處，是一部自具特色的韻書。

一　文字方面多收俗字異體

《可洪音義》所稱引葨筠《切韻》的 27 個字中，至少"鑭、䵄、蝦、塭、䎸、䎹、䶢、嘆、捃、佛、穢、蠽、僕、𪔗、刓、嘻、頓"等 17 個字是後出俗字異體，而且"䶢""蠽""𪔗"3 個字葨筠《韻》最早收釋，今現行大型字書皆未載。舉例分析如下。

【穢】

穢稻，上古斬反，飼馬禾也，䅖子也，苗似稻，子如黍粒也，水生曰稗，陸曰穦也，出萇笂和尚《韻》也。又第十六卷作鹹稻，《中阿含經》作稗子，並是也。稗，步介反。鹹，古斬反，出說文。下音道，粳穀也。上又應和尚以穢字替之，非也。又郭氏音咸，亦非也。（卷12，《長阿含經音義》卷8）

按，今大正藏本《長阿含經》卷8作"穦稻"："或復食果，或復食莠，或食飯汁，或食麻米，或食穦稻。"校勘記曰："穦"，宋、元、明本作"穢"。玄應所見佛經底本亦作"穢稻"，但他不知道"穢"字來歷及音義，故以"穢"替之，見《玄應音義》卷12《長阿含經音義》卷8："穢稻，於廢反，謂不潔清也，亦穢惡也。經文有從禾、或從西作穦、鹹二形，非也。"（154）萇笂《切韻》最早收釋"穦"字，指餵馬的稻穀，稗子也，即稗子，比正常稻米小，如黍米，可食，但屬于粗糧類，或作飼料。可洪取此音義以釋佛經，正合文意。玄應換作"穢"字，實屬臆測。大正藏《長阿含經》卷16亦作"穦稻"，《中阿含經》卷4、卷26、卷45及《別譯雜阿含經》卷11皆作"稗子"，屬于同義詞換用。

此字《龍龕》亦收，認爲是"穦"的俗字，見《龍龕手鏡·禾部》："穦，俗；穦，正：嫌、咸二音，不作稻也，又禾不黏。"（143）其中"音咸"與郭迻音相同，可洪卻認爲此音義不合經意，故不取。《漢語大字典》據《龍龕》收"穦"字，萇笂《切韻》比《龍龕》早出，且音義與其不同，故當補入。

【𨚗】

磨𨚗，奴可反，出萇笂和尚《韻》。（卷9，《出生菩提心經音義》）

按，"𨚗"，"𨚗"字變體，佛經譯音用字，亦作"那"，皆讀奴可反，今大正藏《佛說出生菩提心經》卷1作"魔那"："爾時世尊，即說陀羅尼曰：多（上）緻他（一）……哆隆（洛中反）伽磨伽魔那（十一）。"校勘記曰："魔"，宮本作"磨"。又《大威德陀羅尼經》卷7："阿難，彼中更有餘畜生所生四足衆類名字，所謂：迦迦婆、迦俱茶、嘔嚧嚧磨、茶鞞涕裔奚邏、施𨚗𨚗、何履𨚗（山羊）舍舍迦（兔）毗邏茶（猫）烏四夜、迦四夜、娑都迷夜、磨迦吒（獼猴）帝邏破邏娑陀怒揄伽。"大正藏校勘記："𨚗"，宋、元、明本作"那"。《可洪音義》卷8《大威德陀羅尼經音義》卷7："施𨚗，奴可反。"又："履𨚗，同上，《經音義》作那。"

萇笂和尚《韻》最早收釋"𨚗"字，現存其他唐宋字韻書皆未收。

第二章　《可洪音義》引韻書研究　　　307

《字彙·人部》："㑚,奴何切,音那,見《釋典》。"(36)《漢語大字典》據《字彙》收此字,偏晚。《正字通·人部》："㑚,俗字。"(42)《中文大辭典》據此曰："㑚,那之俗字。"此論非是,二字只在作爲佛經譯音字時通用,其他場合並不相同。

【䅆】

作䅆,古玄反,葰筠曰:麥莖也。稭,禾穰也。(卷25,《一切經音義音義》卷19)

按,"䅆","䅆"字異寫,同"稍",《説文·禾部》:"稍,麥莖也。从禾,肙聲。"(142)徐鉉音"古玄切"。宋本《玉篇·禾部》:"稍,公淵切,麥莖也。"(288)

"䅆"字蓋葰筠《切韻》最早收錄,其後大約刊刻於五代時期的《大唐刊謬補缺切韻·先韻》亦收此字:"稍,麦皮。䅆,同上。"(3350)① 釋義與葰筠《韻》稍異。《龍龕手鏡·麥部》:"䅆:俗,古玄反,正作稍,麥稍也。"(505)與葰筠所録字形相同。《集韻·先韻》圭玄切:"稍,《説文》:麥莖也。或作䅆、藆。"(163)與葰筠《韻》音義吻合。《漢語大字典》據《集韻》收釋"䅆"字,書證偏晚。

【蝦】

紅蝦,呼加反,出葰筠和尚《韻》。《玉篇》作蚜也。《南越志》云:南海以蝦作酒杯,鬚長數尺。(卷30,《廣弘明集音義》卷29)

按,從葰筠注音即知,"紅蝦"之"蝦"與《廣韻·麻韻》音胡加切②、《説文·虫部》義爲"蝦蟆"之"蝦"音義不同,二者爲同形字。又見《可洪音義》卷23《經律異相音義》卷50:"蝦蟹,上呼加反,《玉篇》作蚜,《切韻》唯説文中作蝦,言水母以蝦爲目也。"可洪曰《切韻》釋文中出現了蝦米的"蝦"字,考蔣斧本《唐韻·禡韻》除駕反:"虵,水母也,一名蟦,形如羊胃,無目,以蝦爲目。"(671)可證。其他《切韻》系韻書中則未見此字。

可洪兩次注釋皆曰"《玉篇》作蚜",考宋本《玉篇·虫部》:"蚜,

---

①　關於:《大唐刊謬補缺切韻》的刊刻年代,參見關長龍《大唐刊謬補缺切韻題解》,《敦煌經部文獻合集》第7册,第3335頁。

②　(宋)陳彭年等重修、余廼永校注:《新校互注宋本廣韻》,上海辭書出版社2000年版。

火牙切，蟲。"（469）未明言即指長鬚蟲蝦。《漢語大字典》"蚜"字釋爲蚜蟲，並引《玉篇》作書證，依可洪所言，則謬以千里。《玉篇》中蝦蟲之"蝦"作"鰕"，宋本《玉篇·魚部》："鰕，何加切，魵也；長須蟲也。"（455）《本草綱目·鱗部·鰕》："鰕，音霞，俗作蝦，入湯則紅色如霞也。"①《玉篇》亦收"蝦"字，其書《虫部》："蝦：下加切，蝦蟇。"（464）此音義本自《説文》。

"鰕"的俗字"蝦"莨筠《切韻》最早明確著錄，至《類篇·虫部》"蝦"下曰："一曰蝦蟲，與水母游。"（495）《篇海類編·鱗介類·虫部》："蝦，音鰕。魚名。又蝦蟲，多鬚而善游，好躍。"（162）《漢語大字典》"蝦"字長鬚蟲義項下以此二書爲書證，偏晚。

【鹼】

虎吽，上呼古反，下許今反，二合，牛鳴音呼之，卷初單作吽字，是也。下亦作𤘩、吽、鹼三形也，並見莨筠和尚《韻》。（卷9，《金剛頂經曼殊室利菩薩五字心陀羅尼品音義》）

按，"吽""𤘩""吽""鹼"四字皆梵文真言譯音字，因梵漢異語，各家注音小別，文字出處則皆本自佛典。又如《新刪定四分僧戒本·後序》："吽（于切切）吽𤘩吽（二同，呼今切）。"《慧琳音義》卷10《理趣般若經音義》："吽，梵文真言句也，如牛吼聲，或如虎怒胷喉中聲也。"（57/598a）又卷40《千眼千臂觀世音神祕呪印經音義》卷下："𤘩泮，上梵字，無反，如牛吼聲，或作吽，同。"（58/191a）《紹興重雕大藏音》卷中《牛部》："𤘩，户感、五感二切。"（167）宋本《玉篇·口部》："吼，呼垢切，牛鳴也。吽，上同。又于今切。"（103）又《牛部》："𤘩、吽，二同。呼今切。出神呪。"（428）《龍龕手鏡·口部》："呴、吽，二正：音吼，牛鳴也。下一《川韻》又乎音反。"（270）又《牛部》："𤘩、吽：《玉篇》于吟反，在神呪中也。又胡紺反，又隨文有多釋也。二。"（115）

但諸書皆未收"鹼"字，《漢語大字典》中亦未收，此字蓋最早見錄於莨筠和尚《韻》。大約刊刻于五代時期的《大唐刊謬補缺切韻》亦收此四字，其書《侵韻》："𤘩，見內典。呼音反。三。吽，同上。吽，同上。"又："鹼，𤘩鹼，虎音反。"（3357）與莨筠《切韻》讀音相同。莨筠爲僧人，故其書多收佛典中俗字異體，頗疑是《大唐刊謬補缺切韻》

---

① （明）李時珍：《本草綱目》，中國書店1988年版，第22冊，第44卷，第126頁。

參考了莨筠《韻》，而非相反。

二 注音方面多存時音異讀

莨筠《切韻》的音切與現存傳統字韻書多有不同，有的更切合時音，體現了語音的發展演變規律。例如：

【漬】

霑漬，疾賜反，浸潤也，又漚也。孫愐《韻》及《浙西韻》並作前智反，《西川》《玉篇》作疾賜［反］，應和尚《經音》作在賜反，郭迻《音》作才賜反，《鄘州篇》作似利反，並是也。唯莨筠《韻》又作紫賜反者，此切非也，亦是隨時俗呼耳。又似賜反者，吳音也。吳人呼寺爲字，又以上聲字切去聲，漬牸若雙聲，如字利之類焉。（卷25，《新華嚴經音義音義》卷下）

按，莨筠《切韻》"漬"音紫賜反，屬全清音精母、寘韻，乃隨時俗而呼，反映了當時全濁入聲清化的現象。《慧琳音義》卷26《大般涅槃經音義》卷19："潤漬，茲賜反，水浸潤物也。"（57/939a）《龍龕手鑑·水部》："漬，箭賜反，浸、漚、潤漬也。"（234）二書與莨筠《韻》音同，都反應了時音。

《篆隸萬象名義·水部》："漬，似刺反，浸也，漚也。"（193）注音與可洪所說吳音相同。《說文·水部》："漬，漚也。从水，責聲。"（234）徐鉉音"前智切"。宋本《玉篇·水部》："漬，疾賜切，浸也。"（352）《玄應音義》卷2《大般涅槃經音義》卷19："潤漬，在賜反，《說文》：漬，漚也。謂水浸潤物也。"（28）宋跋本《刊謬補缺切韻·寘韻》在智反："漬，潤漬。"（490）裴務齊正字本《刊謬補缺切韻》同宋跋本。《廣韻·寘韻》："漬，浸潤，又漚也。疾智切。"（348）《集韻·寘韻》："漬，疾智切，《說文》：漚也。"（468）以上字韻書注音皆陳陳相因，比較保守。

【碊】

碊發，上苦礼反，開也，發也，正作啓、啟二形。又《玉篇》作子田反，非也。莨筠《切韻》作側眼反，亦非也。又應和尚及郭迻《經音》並作仕限反，亦非也。（卷5，《大悲分陀利經音義》卷6）

碊作，上胡緘反，皆也，悉也，正作咸也。又應和尚及郭氏並音棧，非也。又莨筠《韻》作俎光、側限一（二）反，非也。《鄘州篇》作則

前、側板二反，亦非也。（卷21，《菩薩本緣經音義》卷上）

按，《原本玉篇殘卷·石部》："碊，子田、似田二反，《楚辭》：石瀨兮碊碊。王逸曰：疾流皃也。《倉頡篇》：碊，棚也。《廣雅》：碊，攰也。《字書》：蜀道也。野王案：《漢書》燒絕棧道，是也，音士板反也。"（480）顧野王案語已經點明，"碊"音士板反，同"棧"。高麗藏本《玄應音義》卷17《出曜論音義》卷19："梁棧，《三蒼》作碊，同，仕諫反①，《説文》：棧，棚也。《通俗文》：板閣曰棧也。"（237）莧筠《韻》"碊"作"側眼反/側限反"，蓋亦隨俗而呼，反映了當時全濁入聲清化的語音現象。《鄺州篇》側板反與莧筠《韻》同音。

"碊"字莧筠《韻》又音俎光反，不知所出，頗疑乃"祖先反"之訛，與《玉篇》之子田反、《鄺州篇》之則前反同音。

莧筠《切韻》還有一些注音以文字的實際使用狀況爲依據，不拘泥于傳統，故而保留了一些現存其他字韻書都沒有的注音，值得參考。例如：

【嗐】

帝嗐，呼鐥反，《芬陀利經》作帝呵也。又應和尚作勅轄反，非也。嗐字出莧筠《切韻》。（卷5，《悲華經音義》卷1）

按，可洪曰"嗐"字出莧筠《切韻》，則"呼鐥反"一音當出自莧筠《韻》。此字《説文》未收，《篆隷萬象名義》亦無，宋本《玉篇·口部》："嗐，胡戞切，大開口。又胡蓋切。"（107）此當《玉篇》後增字，注音與莧筠《切韻》不同。又考《切韻箋注（二）》、敦煌殘卷伯2011《刊謬補缺切韻》、宋跋本《刊謬補缺切韻》、裴本《刊謬補缺切韻》、蔣斧本《唐韻》、宋本《廣韻》等切韻系韻書《鐥韻》，皆無"嗐"字。《集韻·泰韻》下蓋切："嗐，大開口；一曰聲也。"（520）又《黠韻》下瞎切："嗐，大開口。"（697）亦與莧筠《切韻》注音不同。

"嗐"出自佛經，《悲華經》卷1"嗐哆"，"嗐"爲譯音字，《玄應音義》卷7《悲華經音義》卷1音"勅轄反"（96）。又《四分律》卷32："又見諸妓人所執樂器縱橫狼藉，更相荷枕，頭髮蓬亂，却卧鼾睡，齘齒寱語。"《玄應音義》卷14《四分律音義》卷32："齘齒，下介反，

---

① 按，此與可洪所見《玄應音義》注音小別。不過，仕限反、仕諫反正好反映了當時濁上歸去的語音發展趨勢。

《説文》：齒相切也。《三蒼》：鳴齒也。律文作嗜，未詳字出。"（192）由玄應注釋可知，"嗜"字前代字韻書所無。又據《可洪音義》卷25《一切經音義音義》卷14："作嗜，睸、鎋二音，齒聲也，正作齰。《新韻》作嗜。"其中音"睸"與萇笴《切韻》相合，大概萇笴亦以"嗜"同"齰"。《漢語大字典》"嗜"字下未列此音義項，當補。

【憚】

提憚，多坦反，出萇笴《韻》。又徒炭反，非此呼。（卷24，《大周刊定衆經目録音義》卷11）

提提，下多旱反，正作亶、担、憚三形。……憚字出萇笴和尚《韻》。（卷24，《衆經目録音義》卷3）

按，"提憚"是譯音字，今大正藏本《大周刊定衆經目録》卷11作"提低"，小注曰或作"提墠"，校勘記曰：宋、元、明本作"提禪"；《衆經目録》卷3作"提氐"，小注又作"提押"。可洪認爲正作"提憚"，憚音多坦反，出萇笴《切韻》。

"憚"，《説文》徐鉉音徒案切，宋本《玉篇·心部》、《龍龕·心部》、伯2011《刊謬補缺切韻·翰韻》、裴本《刊謬補缺切韻·翰韻》、《廣韻·翰韻》皆音徒旦反或徒按切，與可洪所言"徒炭反"同音，與萇笴《韻》注音不同。又考《切韻（四）》、《切韻箋注（二）》、伯2011《刊謬補缺切韻》、宋跋本《刊謬補缺切韻》、《廣韻》等韻書《旱韻》皆未收"憚"字。萇笴《韻》"憚"字音切十分特别，字義及來歷待考。《集韻·緩韻》黨旱切："憚，勞也。或作怛。"（370）此音與萇笴《韻》相同，字義同否，待考。

【噗】

而𥬇，私妙反，欣也，喜也，正作笑、咲二形。又萇笴和尚《切韻》音美，非此用。（卷6，《諸法勇王經音義》）

按，"𥬇"即"噗"字異寫，萇笴《切韻》音美，《切韻箋注（二）》、伯2011《刊謬補缺切韻》、宋跋本《刊謬補缺切韻》、裴本《刊謬補缺切韻》、《廣韻》、《集韻》等《切韻》系韻書《旨韻》美小韻中均無此字，其他字書中亦未見，蓋萇笴《切韻》最早收釋此字，字義待考。

作爲"笑"字俗體的"噗"，佛典中常見，例如《正法念處經》卷67："次名等噗稻。"大正藏校勘記曰："噗"，宋、元、明、宮本作

"笑"。又《維摩義記》卷2："正聞嗌嘆亦須誡約。"《續一切經音義》卷4《守護國界主陀羅尼經音義》卷9："啞啞而笑，下私妙反……經作咲、嘆、咲，皆非本字，傳寫誤。"(3858) 又卷9《根本破僧事音義》卷10："咍然笑，下私妙反……有作咲、嘆二形，皆非。"(4009)《漢語大字典》未收此俗體。

"卓""否"二字雖然普通，但筠筍《切韻》注音釋義與《說文》《玉篇》及現存唐宋切韻系韻書皆不同，而是上承《經典釋文》。

【卓】

卓迦，上丑角反，筠筍云：晉獻公子名卓子也。《芬陀利經》作咃翅。(卷5，《悲華經音義》卷1)

按，"卓"，"卓"字異寫。《說文・匕部》："阜，高也。早匕爲阜，匕卪爲卬，皆同義。卓，古文阜。"(166) 徐鍇音竹角切。宋本《玉篇・匕部》："阜，竹角切，的也。阜阜，高皃也。今作卓。"(511) 唐五代韻書《切韻箋注（二）・覺韻》丁角反："卓，高。"(2224) 伯2011《刊謬補缺切韻》、宋跋本《刊謬補缺切韻》、裴本《刊謬補缺切韻》、蔣斧本《唐韻》及《廣韻》皆與《切韻箋注（二）》大同小異，與筠筍韻注音不同。《集韻・覺韻》竹角切："卓，《說文》：高也。亦姓。"(661) 又敕角切："卓，高也。"(661) "敕角切"與"丑角反"音值相同。但是《集韻》二音並不別義，與筠筍《韻》不同。

考《左傳・莊公二十八年》："晉伐驪戎，驪戎男女以驪姬，歸，生奚齊，其娣生卓子。"陸德明音義："卓，敕角反。"(1781) 由此可知，筠筍《切韻》音義搭配上承《經典釋文》，保存了古音古義。

【否】

臧否，上子郎反，善也。下悲美反，惡也，出筠和尚《韻》，諸家韻並方久反。(卷2，《法鏡經序音義》)

按，考唐宋《切韻》系韻書"否"字注音，《切韻箋注（二）・有韻》方九反；《旨韻》符鄙反，又方久反。《切韻箋注（五）・有韻》同《箋注（二）》。伯2011《刊謬補缺切韻・有韻》殘缺，《旨韻》同《箋注（二）》。宋跋本《刊謬補缺切韻・有韻》方久反，《旨韻》同《箋注（二）》。裴本《刊謬補缺切韻・有韻》今不存，《旨韻》同《箋注（二）》。《廣韻・有韻》方久切，又《旨韻》符鄙切。綜上，正如可洪所言，現存諸家韻書"否"字無"悲美反"一音。

《說文·不部》："否，不也，从口，从不，不亦聲。"（28）徐鉉音方久切。宋本《玉篇·口部》："否，蒲鄙切，《易》曰：天地不交，否閉不行也。又方九切，《說文》云不也。"（100）又《不部》："否，方久切，可否也。又彼偽①、符彼二切。"（478）又《玉篇分毫字樣》："否、奀：上方久反，臧否；下符鄙反，屯奀。"（536）②兩字書注音與諸家韻書接近，皆與莨筠《切韻》不同。

《經典釋文》卷 2《周易音義·師》："否，音鄙，惡也，注同馬、鄭、王肅方有反。"（20）③又《遯》："小人否：音鄙，注下同，惡也。徐方有反；鄭、王肅備鄙反，云塞也。"（25）可見莨筠《切韻》音釋承襲古音古義，有條不紊。《集韻·旨韻》補美切："否，惡也。"（320）亦不失傳統。

三　釋義方面切近語言事實

莨筠《切韻》注意語言的發展演變，釋義更切近語言事實，而不拘泥于文字表象，從而保留了一些傳統字韻書沒有的釋義，現在通行的大型字典辭書如《漢語大字典》及《故訓匯纂》也沒有收錄，值得注意。例如：

【捆】

捆油，上古本反，雜也；~碾轉物也，正作捆，出莨筠《韻》。《川音》以琯字替之。（卷 17，《刪補羯磨》音義）

按，今大正藏本《四分律刪補隨機羯磨》正作"捆油"："世中時有捆油漆素鋏紵等鉢，並非佛制。""捆"字古籍中屢見，又如《四分律刪補隨機羯磨疏濟緣記》卷 4："世有捆油諸鉢，體相乃同，無奈色別，不成受也。"又《四分律隨機羯磨疏正源記》卷 7："鐵鉢五熏已用，土鉢二熏已用。大師云：此方用熏，二徧入籠，猶未變色，用法不同捆油（上古鈍切，下余救切）。《指歸》云：捆者以石磨瓦，上用土脂楷（捆）便燒，

---

① 《龍龕·不部》："奀：彼爲反，《玉篇》云：奀，《易》卦也。"（543）與《玉篇》此音近似。

② 見《宋本玉篇》附錄。

③ （唐）陸德明：《經典釋文》，中華書局 1983 年版。

更不熏也。油以桐荏子取油，油物名油。"又《四分律行事鈔批》卷9："言掍油者，立謂：掍者，作鉢坯已，掍使有光，即用燒之，更不重（熏）也，如北地多見掍瓦狀同也。油者，荏子爲之，古師多將油鐵鉢，此全受膩，用必獲罪。"又《四分律行事鈔批》卷13："掍鋷者，掍謂作坯已，不熏，但掍坯令光净，然後燒之也，如北地掍瓦之類也。"又《四分律行事鈔資持記》卷3："棍（掍）瓦者，昔云以石磨後，用土脂掍便燒而不熏者。瓷鉢即上油燒者。"又李誡《營造法式》卷十五《窰作制度》："青掍瓦（滑石掍、茶土掍）：青掍瓦等之制，以乾坯，用瓦石磨擦（甋瓦於背，瓯瓦於仰面，磨去布文），次用水濕布揩拭，候乾，次以洛河石掍研，次摻滑石末，令匀。（用茶土掍者，准先摻茶土，次以石掍研。）"①"研"指碾磨物体使之密實有光澤，《龍龕·石部》："研，五嫁反，碾研光也。"（443）《六書故·石部》："研，魚駕切，碾物使平滑也。"（80）"掍"的意思與"研"相近，指旋轉磨拭器物使之有光澤，此蓋當時俗語俗字，莨筠《切韻》最早收釋。又見《玄應音義》卷1《法炬陀羅尼經音義》卷5："爲棍，古本反，棍，轉也，謂筌筊上轉繩也。"（14）此"棍"字亦"掍"字俗訛，可證"掍"義側重于"轉也"。

又《川音》以"琨"字替換"棍（掍）"，《龍龕·玉部》："璭、琨：古困反，～，出光也。"（437）《廣韻·恩韻》古困切："琨，玉（出）光也。又音管。璭，俗。"（399）《集韻·圂韻》古困切："琨，治金玉使瑩曰琨。或从運。"（550）《四分律含注戒本疏行宗記》卷3："掍合作璭，謂揩磨出光也。"《四分律刪繁補闕行事鈔》卷1即作"璭油"："《四分》云：不得著俗人褌袴襖褶等。今有服袍裘長袖衫襦之衣，尖靴長鞾大靴，銅鉢及椀、夾紵瓦鉢、璭油等鉢，及以漆木等器，並佛制斷，理合焚除。""璭"和"掍"都是爲"旋轉磨拭器物使有光澤"這一俗語所制俗字，可看作異體字關係。《漢語大字典》"璭"字下無例證，可據佛經補録。

《說文·手部》："掍，同也。从手，昆聲。"（258）徐鉉音"古本切"。《篆隸萬象名義·手部》："掍，胡本反，同也。"（54）宋本《玉篇·手部》："掍，胡本切，同也。"（120）《龍龕·手部》："掍，胡本反，掍同，一等也。又俗，古本反。"（211）又考唐五代韻書，《切韻箋

---

① （宋）李誡：《營造法式》，文淵閣四庫全書本，第673册，第522頁。

注（二）·混韻》胡本反："掍，掍同。"（2208）伯2011《刊謬補缺切韻》、宋跋本《刊謬補缺切韻》《廣韻》皆同《切韻箋注（二）》。《集韻·混韻》戶袞切："掍，《博雅》：同也。"（363）又古本切："掍，《説文》：同也。"（364）綜上所引，現存字韻書"掍"字音義陳陳相因，不合經意，皆不可取。《漢語大詞典》《漢語大字典》《故訓匯纂》"掍"字下無上文所論證的音義項，故可據莧笴《切韻》增補。

【刓】

五刓，《經音義》作刓，應和尚以刻字替之，苦得反，削也。郭氏作刓，五官反，圓削也。又按莧笴《切韻》作刓，五骨反，斫物頭也。又按《琉璃王經》作五杌。刓是也，今定取杌字爲正。（卷12，《增一阿含經音義》卷22）

按，《説文·刀部》："刓，剸也。从刀，元聲。一曰齊也。"（87）《慧琳音義》卷33轉引玄應《太子慕魄經音義》："空刓，又作園，同，五桓反，《廣雅》云：刓，斷也。《楚辭》：刓方以爲圓。王逸曰：刓，削也。"《龍龕·刀部》："刓、𠚥，二俗；刓，正：五丸反，圓削也。三。"（96）宋本《玉篇·刀部》："刓，五元切，削也。"（319）《廣韻·桓韻》五丸切："刓，圓削。"（124）《集韻·桓韻》吾官切："刓，《説文》：剸也。一曰齊也。"（147）綜上，現存字韻書、辭書"刓"字皆在《桓韻》，《没韻》兀小韻無此字，與莧笴《切韻》"刓"字音義不合。

今大正藏本《增壹阿含經》卷22作"五刻"，校勘記曰："刻"，宋、元、明本作"刓"。《玄應音義》卷11《增一阿含經音義》卷22："五刻，……經文作刓，非也。"（149）《佛説琉璃王經》卷1作"五杌"。根據文獻異文及莧笴《切韻》音義，竊以爲莧笴蓋是以"刓"同"杌"。《慧琳音義》卷62《根本毗奈耶雜事律音義》卷11："杌木，上吾骨反……《字統》云：杌，斷木也。"（58/705b）又卷24《大悲經音義》卷5："株杌，……下吾骨反，《説文》：杌，斷也。從木，兀聲。或從出作柮。"（57/896b）又卷36《大毗盧遮那經音義》卷1："株杌，……下五骨反，木無頭曰杌。"（58/120a）又卷47《本有今無偈論音義》："見杌，下五骨反，俗字也。《通俗文》云：物無頭曰兀。《集訓》云：樹無枝曰杌。從木。《説文》作兀，云：高而上平也。一在人上。"（58/348b）《龍龕·木部》："柮，俗；杌，正：音兀，樹無枝也。"（384）宋本《玉篇·木部》："杌，五骨切，樹無枝也。又《春秋傳》曰檮杌。"（239）

《廣韻·没韻》五忽切："朷，樹無枝也。"（481）《集韻》同。據此，木無頭、無枝曰"朷"，引申爲動詞，斬斷樹頭、樹枝亦曰"朷"，進而引申爲斬斷其他東西的頭部亦曰"朷"，這正與萇筠《切韻》"斫物頭也"的音義相合。

"朷"換形旁作"刓"，故可洪曰"刓是也，今定取朷字爲正"。又考《集韻·昆韻》枯昆切："刓，刊木枝也。"（139）此字與"刓"字形、字義相近，只是讀音小別，蓋爲一字。

手書"朷"訛作的"扤"，可洪所見《琉璃王經》即訛作"五扤"；"刓"訛作"刓"，即萇筠《切韻》所錄。《漢語大字典》《故訓匯纂》"刓"字下無"五骨反，斫物頭也"之類義項，可據萇筠《切韻》補入。

【蟄】

蟄螫，上子合反，正作嘬也。下尸亦反。上又自贊反，虫傷苗死也，出萇筠和尚《韻》。（卷21，《出曜經音義》卷4）

按，"蟄"乃"蠶"字異寫，從虫、贊聲。此字較早見錄於萇筠和尚《韻》，現存其他字韻書乃至《漢語大字典》中皆未收。音"自贊反"，義爲"虫傷苗死也"之義項，僅見於萇筠《韻》。

音"子合反"之"蟄"，義爲蚊蟲唼欸，乃"唼（嘬、呫）"之俗體，又見《可洪音義》卷21《出曜經音義》卷1："蟄嗽，上子合反，下所卓反，蚊虫~嗽人也。《經音義》作呫嗽，《切韻》作嘬嗽也。"又《出曜經音義》卷2："蠅蟄，上羊陵反，下子合反，正作嘬也。"皆可證。

【𧮫】

轟𧮫，上呼宏反，下徒年反，盛皃也，正作闐也。下又初角反，盛皃也，出《一孔瑚》及萇筠和尚《韻》也。（卷27，《高僧傳音義》卷5）

按，"𧮫"字最早出自《一孔瑚》及萇筠和尚《韻》，現存其他字韻書乃至《漢語大字典》皆未收。音"初角反"，義爲"盛皃也"之義項，更是僅見於上述二書。

音"徒年反"之"𧮫"字，可洪認爲是"闐"的俗字。《説文·門部》："闐，盛皃。从門，真聲。"（249）徐鉉音"待年切"。宋本《玉篇·門部》："闐，徒堅切。《詩》云：振旅闐闐。闐闐，盛皃。或作窴。"（212）《廣韻·先韻》徒年切："闐，轟轟闐闐，盛皃。"（134）字韻書音釋與可洪釋文基本吻合。今大正藏本《高僧傳》對應經文作"轟塡"："道俗奔赴，車馬轟塡。""轟塡"即"轟闐"，象聲詞，常用來摹狀車馬聲。被釋字"𦧺"當是"闐"或"塡"字受"轟"字影響而產生的偏旁結構類化俗字，現存各種字韻書中皆未收此異體。

【塸】

瓦塸，烏侯反，瓦椀也，出葭筠《韻》。（卷12，《雜阿含經音義》卷50）

按，今大正藏本《雜阿含經》作"瓦甌"，校勘記曰聖本作"瓦塸"。"塸"字乃"甌"的後出換形旁俗字，指小盆兒或小碗兒，就現存字韻書來看，此義項葭筠《切韻》較早收錄，《漢語大字典》《故訓匯纂》引清黃生《義府》爲書證材料，比較遲晚。

綜上所述，葭筠《切韻》無論對於傳統語言文字學研究還是字典辭書編纂都很有參考價值，可惜今已失傳，通過輯佚《可洪音義》中所引的葭筠《切韻》，並將它與現存字韻書進行比較分析，可以略窺其梗概特色。

附：可洪所引葭筠《切韻》輯佚與考辨

支韻

【鑴】

【1】銼刃，上音生，諸藏多作鈇也。上方藏作銼，倉卧反，並不稱文旨也。今宜作鑴，户圭、許規二反，大錐也，見孫愐及葭筠和尚《韻》。（卷27，《續高僧傳音義》卷13）

按，參見"《可洪音義》所引孫愐《韻》資料疏證"之《支韻》"鑴"字條。

虞韻

【巫】

【2】曰覡，户的反，孫愐《韻》、《江西韻》、應和尚並云：男曰巫，女曰覡。葭筠和尚《韻》云：男曰覡，女曰巫。不委何正。然按白居易《一百韻》云：成人男作覡，事鬼女爲巫。據此即男曰覡，女曰巫爲正。

（卷25，《一切經音義音義》卷16）

按，《説文·巫部》："巫，祝也。女能事無形，以舞降神者也。"（95）又："覡，能齊肅事神明也。在男曰覡，在女曰巫。从巫、从見。"（95）莧筠和尚《韻》與《説文》同。而宋本《玉篇·巫部》："巫，武俱切，神降，男爲巫，女爲覡。"（335）又"覡，胡的切，女巫也。"（335）與《説文》不同。《龍龕·雜部》："巫，音無，巫覡也，今之師巫，男曰巫，女曰覡。覡音形之反。"（524）又《見部》"覡，胡的反，巫覡也，男曰巫，女曰覡，事鬼神，師巫之類也。"（346）同《玉篇》。

唐五代韻書如《切韻箋注（二）·虞韻》武夫反："巫，在女曰巫。"（2166）《錫韻》"覡"字不存。宋跋本《刊謬補缺切韻·虞韻》武夫反："巫，事神曰巫，男子師爲覡，女師曰巫。"（443）又《錫韻》胡狄反："覡，男師曰覡，女師曰巫。"（518）裴本《刊謬補缺切韻·錫韻》胡狄反："覡，女曰巫，男曰覡。"（615）上揭韻書釋義皆承襲《説文》，與莧筠和尚《韻》相合。

伯2011《刊謬補缺切韻·錫韻》胡狄反："覡，巫覡。"（2854）《虞韻》"巫"字不存。又《大唐刊謬補缺切韻·錫韻》："覡，巫覡。"（3367）《虞韻》"巫"字亦不存。二書無法判定"巫覡"的具體所指。

蔣斧本《唐韻·錫韻》胡狄反："覡，巫覡，男曰巫，女曰覡。"（709）《廣韻·錫韻》胡狄切："覡，巫覡，男曰巫，女曰覡。"（521）又《虞韻》武夫反："巫，巫覡。"（73）與可洪所言孫愐《韻》相合。至《集韻·虞韻》微夫切："巫，《説文》：祝也，女能事無形，以舞降神者。"（78）又《錫韻》刑狄切："覡，《説文》：能齊肅事神明也，在男曰覡，在女曰巫。"（753）又改承《説文》矣。

齊韻

【蟿】

【3】蚚蜴，上亦作蚚、蜥二形，同，先繫反。下羊益反。孫愐《韻》作蚚蜴，莧筠《韻》作蟿蚚也。上又音尺，《爾雅》曰：螼螽，蟿蚚也。蚚，又《江西韻》音繫，非也。又蚚字《江西韻》音歷，亦非也。莧筠《韻》作蟤，音歷，亦非也。（卷25，《一切經音義音義》卷21）

按，"蚚""蚚"，皆"蚚"字異寫，亦作"蟍"。"螇"，《廣韻·齊韻》有"苦奚切"和"胡雞切"二音。

《爾雅·釋蟲》："蛬螽，螇蚚。"郭璞注："今俗呼，似蚱蜢而細長、飛翅作聲者爲螇蚚。"（2639）《廣韻·錫韻》郎擊切："蟍，《爾雅》曰：蛬螽，螇蟍，亦作蚚。"（521）"蟍"字讀音與莨筠《韻》"音歷"相合。《集韻·昔韻》昌石切："蚚、蟍：螇蚚，蟲名，似蚱蜢，細長，飛翅作聲者，或從庶。"（744）又《錫韻》先的切："蜥、蟍：《説文》：蜥易也。或從庶，亦書作蜥。"（748）《集韻》對"蚚（蟍）"字的注音與可洪的"先繫反"和"又音尺"相合。

《説文·虫部》："螇，螇鹿，蛁蟟也，从虫，奚聲。"（282）徐鉉音"胡雞切"。《爾雅·釋蟲》："蜓蚞，螇螰。"郭璞注："即蜄蟧也，一名蟪蛄，齊人呼螇螰。"（2638）宋本《玉篇·虫部》："螇，胡雞切，螇螰，即蟪蛄，一名蛁蟟，亦蜓蚞也。"（463）《龍龕·虫部》："螇，音兮，螇螰，虫名，似蟬也。"（220）《廣韻·齊韻》胡雞切："螇，螇螰，似蟬。"（89）《集韻·齊韻》弦雞切："螇，蟲名。《説文》：螇鹿，蛁蟟也。"（97）此"螇"字與"螇蚚"之"螇"同形。

考唐五代韻書，《切韻（二）》《切韻箋注（二）》、伯2011《刊謬補缺切韻》之《齊韻》皆殘損，宋跋本《刊謬補缺切韻·齊韻》胡雞反："螇，螇螰，似蟬。"（446）又"苦稽反"下無此字。《大唐刊謬補缺切韻·齊韻》乎雞反："螇，螇螰，小蟬。"（3345）"昔（苦）兮反"下無此字。總之，上揭韻書《齊韻》中無莨筠《韻》所輯録的"螇蚚"一詞。

又《切韻箋注（二）·錫韻》、宋跋本《刊謬補缺切韻·錫韻》、裴本《刊謬補缺切韻·覓韻》、蔣斧本《唐韻·錫韻》皆無"蚚/蟍"字；伯2011《刊謬補缺切韻》《大唐刊謬補缺切韻·錫韻》"歷"小韻皆殘損，"錫"小韻無"蚚/蟍"字。綜此，上揭韻書《錫韻》亦未見莨筠《韻》所録"螇蚚"一詞，亦無"音歷"之"蚚/蟍"字。

又《切韻箋注（二）》、伯2011《刊謬補缺切韻》、宋跋本《刊謬補缺切韻》、裴本《刊謬補缺切韻》、蔣斧本《唐韻》之《昔韻》"尺"小韻（音昌石反）亦無"蚚/蟍"字或"螇蚚"一詞，看來《集韻·昔韻》昌石切之"蚚/蟍"字乃后增。

先韻

【䴶】

【4】作䴶，古玄反，萇笁曰：麥莖也。稍，禾穗也。（卷25，《一切經音義音義》卷19）

按，參見"論萇笁《切韻》的語言文字學價值"中"䴶"字例。

麻韻

【蝦】

【5】紅蝦，呼加反，出萇笁和尚《韻》。《玉篇》作蚜也。《南越志》云：南海以蝦作酒杯，鬚長數尺。（卷30，《廣弘明集音義》卷29）

按，參見"論萇笁《切韻》的語言文字學價值"中"蝦"字例。

侯韻

【塸】

【6】瓦塸，烏侯反，瓦椀也，出萇笁《韻》。（卷12，《雜阿含經音義》卷50）

按，現存唐五代韻書《侯韻》《厚韻》皆無"塸"字，《廣韻·厚韻》烏后切："塸，聚沙。"（327）《集韻·侯韻》烏侯切："塸，聚沙。"（268）又《厚韻》於口切："塸，沙堆。"（437）皆與萇笁《韻》不同。又考《龍龕·土部》："塸，烏口、烏侯二反，聚沙也。"（250）宋本《玉篇·土部》："塸，烏侯切，墓也。"（33）亦與萇笁《韻》釋義不同。

今大正藏本《雜阿含經》作"瓦甌"，校勘記曰聖本作"瓦塸"，與可洪所用底本相同。"塸"用同"甌"，古籍中常見，例如《高僧傳》卷10："得一小塸食，狀如熟艾，食之飢止。"大正藏校勘記曰："塸，宋、元、明、宮本作'甌'。"《慧琳音義》卷90《高僧傳音義》卷10："小甌，歐侯反。《方言》云：盆之小者謂之甌。甌，瓦埦也。傳文從土作塸，非也。"（59/173b）《可洪音義》卷15《摩訶僧祇律音義》卷29："洗塸，烏侯反，正作甌也。又烏口反，聚沙也，非用。"又卷28《辯正論音義》卷6："水塸，烏侯反，正作甌也。又烏口反，非。"今大正藏本《辯正論》卷6作"水塸"，元、明本作"水甌"。綜上，"塸"字乃"甌"的後出換形旁俗字，指小盆兒或小碗兒，就現存字韻書來看，此義項莨筠《切韻》更早收錄，《漢語大字典》和《故訓匯纂》引清黃生《義府》爲書證材料，比較遲晚。

侵韻

【斜】【斜】【鹹】

【7】虎吽，上呼古反，下許今反，二合，牛鳴音呼之，卷初單作吽字，是也。下亦作斜、斜、鹹三形也，並見莨筠和尚《韻》。（卷9，《金剛頂經曼殊室利菩薩五字心陀羅尼品音義》）

按，參見"論莨筠《切韻》的語言文字學價值"中"鹹"字例。

談韻

【笘】

【8】僮笘，赤占反，《音義》自切也，莨筠《韻》作倉甘反，竹箠也，又折竹笘也。又丁頰反，《玉篇》七甘、陟涉二反。訛。（卷25，《一切經音義音義》卷2）

按，《說文·竹部》："笘，折竹箠也。从竹，占聲。潁川人名小兒所書寫爲笘。"（93）徐鉉音"失廉切"。考伯2011《刊謬補缺切韻》、宋跋本《刊謬補缺切韻》、裴本《刊謬補缺切韻》之《談韻》"笘"字皆音倉甘反，《集韻·談韻》音七甘切，與莨筠《韻》及可洪所見《玉篇》"七甘反"音同。又《切韻箋注（三）·怗韻》"笘"音斫牒反（2436），裴本《刊謬補缺切韻·怗韻》"笘"音竹牒反（618），皆與可洪所見《玉篇》"陟涉反"音同。又宋跋本《刊謬補缺切韻·怗韻》"笘"音丁篋反（523）、《廣韻·怗韻》音丁愜切、《集韻·帖韻》音的協切，與可洪所注"丁頰反"音同。

旨韻

【否】

【9】臧否，上子郎反，善也。下悲美反，惡也，出筠和尚《韻》，諸家韻並方久反。（卷2，《法鏡經序音義》）

按，參見"論莨筠《切韻》的語言文字學價值"中"否"字例。

【唉】

【10】而唉，私妙反，欣也，喜也，正作笑、唉二形。又莨筠和尚

《切韻》音美,非此用。(卷6,《諸法勇王經音義》)

按,參見"論葨筠《切韻》的語言文字學價值"中"嘆"字例。

混韻

【掍】

【11】掍油,上古本反,雜也;~磟轉物也,正作掍,出葨筠《韻》。《川音》以瑁字替之。(卷17,《刪補羯磨》音義)

按,參見"論葨筠《切韻》的語言文字學價值"中"掍"字例。

旱韻

【憚】

【12】提憚,多坦反,出葨筠《韻》。又徒炭反,非此呼。(卷24,《大周刊定眾經目錄音義》卷11)

【13】提提,下多旱反,正作亶、担、憚三形。……憚字出葨筠和尚《韻》。(卷24,《眾經目錄音義》卷3)

按,參見"論葨筠《切韻》的語言文字學價值"中"憚"字例。

產韻

【磏】

【14】磏發,上苦礼反,開也,發也,正作啓、启二形。又《玉篇》作子田反,非也。葨筠《切韻》作側眼反,亦非也。又應和尚及郭逡《經音》並作仕限反,亦非也。(卷5,《大悲分陀利經音義》卷6)

【15】磏作,上胡緘反,皆也,悉也,正作咸也。又應和尚及郭氏並音棧,非也。又葨筠《韻》作俎光、側限一(二)反,非也。《郴州篇》作則前、側板二反,亦非也。(卷21,《菩薩本緣經音義》卷上)

按,參見"論葨筠《切韻》的語言文字學價值"中"磏"字例。

巧韻

【鮑】

【16】鮑肆,上步卯反,孫愐云:瘞魚也。葨筠云:腌魚也。亦魚名也。(卷29,《廣弘明集音義》卷11)

按,《説文·魚部》:"鮑,饐魚也。从魚,包聲。"(244)《龍龕·

魚部》："鮑，薄巧反，鮑魚。又姓。"（170）宋本《玉篇·魚部》："鮑，步巧切，漬魚也，今謂裛魚。"（455）《六書故·魚部》："鮑，薄巧、步豹二切，浥魚也，以鹽浥而暴藏之，今謂之鮝。"戴侗按："康成曰：鮑者，於煏室中糗乾之。《說文》唐本曰瘞魚也，徐本曰饐魚也，顧野王曰漬魚也，今謂浥魚。"（462）① 皆與戻笴《韻》釋義表述不同。

考《切韻箋注（二）·巧韻》："鮑，薄巧反。"（2212）無釋義。《切韻箋注（五）·巧韻》："鮑，薄巧反。《說文》：瘞魚。"（2466）伯2011《刊謬補缺切韻·巧韻》："鮑，薄巧反。魚敗；亦魚名。"（2789）宋跋本《刊謬補缺切韻》同伯2011。《廣韻·巧韻》："鮑，鮑魚。又姓，出東海、泰山、河南三望，本自夏禹之裔，因封爲氏。薄巧切。"（300）上揭韻書釋義皆與戻笴《韻》不同。又考《集韻·巧韻》："鮑，部巧切。《說文》：饐魚也，亦姓。"（398）又《爻韻》班交切："鮑，人名，楚有申鮑胥，通作包。"（186）又披交反："鮑，魚名。"（187）《集韻》"魚名"這個義項與戻笴《韻》相同。

祃韻

【傓】

【17】磨傓，奴可反，出戻笴和尚《韻》。（卷9，《出生菩提心經》音義）

按，參見"論戻笴《切韻》的語言文字學價值"中"傓"字例。

豏韻

【穛】

【18】穛稻，上古斬反，飼馬禾也，稗子也，苗似稻，子如黍粒也，水生曰稗，陸曰穛也，出戻笴和尚《韻》也。又第十六卷作鹹稻，《中阿含經》作稗子，並是也。稗，步介反。鹹，古斬反，出説文。下音道，稉穀也。上又應和尚以穛字替之，非也。又郭氏音咸，亦非也。（卷12，《長阿含經音義》卷8）

按，參見"論戻笴《切韻》的語言文字學價值"中"穛"字例。

---

① （宋）戴侗撰：《六書故》，中華書局2012年古代字書輯刊本。

寘韻

【漬】

【19】霑漬，疾賜反，浸潤也，又漚也。孫愐《韻》及《浙西韻》並作前智反，《西川》《玉篇》作疾賜〔反〕，應和尚《經音》作在賜反，郭迻《音》作才賜反，《鄜州篇》作似利反，並是也。唯菶筠《韻》又作紫賜反者，此切非也，亦是隨時俗呼耳。又似賜反者，吳音也。吳人呼寺爲字，又以上聲字切去聲，漬乍若雙聲，如字利之類焉。（卷25，《新華嚴經音義音義》卷下）

按，參見"論菶筠《切韻》的語言文字學價值"中"漬"字例。

翰韻

【蟥】

【20】蟥螯，上子合反，正作嘈也。下尸亦反。上又自贊反，虫傷苗死也，出菶筠和尚《韻》。（卷21，《出曜經音義》卷4）

按，參見"論菶筠《切韻》的語言文字學價值"中"蟥"字例。

【僕】

【21】至那僕，步木反，正作僕也，《西域記》作至那僕底國，唐言漢村（封）[①]。又《玉篇》及菶筠和尚《韻》並音漢。（卷27，《續高僧傳音義》卷4）

按，《篆隸萬象名義·人部》無"僕"字，宋本《玉篇·人部》："僕，呼旰切，姓也。"（59）元刊本同，與可洪所言相合。《集韻·翰韻》虛旰切："僕，姓也。"（553）同《玉篇》。現存唐五代韻書及《廣韻》皆未收此字。

---

① 按，今大正藏本《續高僧傳》卷4作"至那僕"。《大唐西域記》卷4："昔迦膩色迦王之御宇也，聲振隣國，威被殊俗，河西蕃維，畏威送質。迦膩色迦王既得質子，賞遇隆厚，三時易館，四兵警衛，此國則冬所居也，故曰至那僕底（唐言漢封）。質子所居，因爲國號。此境已往，泊諸印度，土無梨、桃，質子所植，因謂桃曰至那爾（唐言漢持來），梨曰至那羅闍弗呾邏（唐言漢王子）。"《翻譯名義集》卷3："至那僕底（Cīnapati.），《西域記》云：唐言漢封。河西蕃維質子所居，因爲國號。"據此，"村"字乃"封"字訛誤。

覺韻

【卓】

【22】卓迦，上丑角反，菶筠云：晉獻公子名卓子也。（卷5，《悲華經音義》卷1）

按，參見"論菶筠《切韻》的語言文字學價值"中"卓"字例。

【轟】

【23】轟轟，上呼宏反，下徒年反，盛皃也，正作闐也。下又初角反，盛皃也，出《一玒瑚》及菶筠和尚《韻》也。（卷27，《高僧傳音義》卷5）

按，參見"論菶筠《切韻》的語言文字學價值"中"轟"字例。

没韻

【刓】

【24】五刓，《經音義》作刓，應和尚以刻字替之，苦得反，削也。郭氏作刓，五官反，圓削也。又按菶筠《切韻》作刓，五骨反，斫物頭也。又按《琉璃王經》作五扤。刓是也，今定取扤字爲正。（卷12，《增一阿含經音義》卷22）

按，參見"論菶筠《切韻》的語言文字學價值"中"刓"字例。

鎋韻

【嚍】

【25】帝嚍，呼鎋反，《芬陀利經》作帝呵也。又應和尚作勑轄反，非也。嚍字出菶筠《切韻》。（卷5，《悲華經音義》卷1）

按，參見"論菶筠《切韻》的語言文字學價值"中"嚍"字例。

屑韻

【頓】

【26】頓漸，上者（都）困反，齊也，都也，惣也，正作頓也。又菶筠、《唐韻》及郭迻《經音》[音]頁，户結反，非。（卷8，《大方廣圓覺修多羅了義經音義》）

按，"頓漸"，大正藏本《大方廣圓覺修多羅了義經》作"頓漸"，"頓"是"頓"之訛字。現存唐五代韻書如《切韻箋注（二）》、宋跋本《刊謬補缺切韻》、裴本《刊謬補缺切韻》、蔣斧本《唐韻》及《廣韻》中皆無"頓"字，《集韻》有之，《集韻·屑韻》奚結切："頓，肸頓，國名，月支也。"（702）與莨笴《韻》音同。

錫韻

【蜥】

蚚蜴，上亦作蚚、蜥二形，同，先繫反。下羊益反。孫愐《韻》作蚚蜴，莨笴《韻》作螇蚚也。上又音尺，《爾雅》曰：螾螽，螇蚚也。蚚，又《江西韻》音繫，非也。又蚚字《江西韻》音歷，亦非也。莨笴《韻》作蜥，音歷，亦非也。（卷25，《一切經音義音義》卷21）

按，參見上文《齊韻》"螇"字例。

【覡】

曰覡，户的反，孫愐《韻》、《江西韻》、應和尚並云：男曰巫，女曰覡。莨笴和尚《韻》云：男曰覡，女曰巫。不委何正。然按白居易《一百韻》云：成人男作卝，事鬼女爲巫。據此即男曰覡，女曰巫爲正。（卷25，《一切經音義音義》卷16）

按，參見上文《虞韻》"巫"字例。

第三章 《可洪音義》與佛典整理

　　《可洪音義》所依據的佛典底本大都是唐以前的抄本，理論上訛誤率應該比後代的抄本刻本低。而且，《可洪音義》是以辨析解釋手寫佛經中的俗訛難字爲主要目的，所以對於校讀整理現行佛教典籍具有獨特價值，它可以幫助我們識讀經文中的疑難俗字，幫助我們發現並糾正經文中殘存的文字訛誤，幫助我們在不同佛經版本的異文中做出正確選擇。今人在佛典整理方面已經做了很多工作，出版了一些高質量的校本，比如湯用彤先生點校的《高僧傳》、郭紹林先生點校的《續高僧傳》，以及李小榮先生的《弘明集校箋》等，都用力頗深，很多校釋值得稱道，筆者在參考過程中受益匪淺。幾位先生在校勘中對佛經音義書都有利用，但還不夠系統全面。筆者對照以《可洪音義》爲主的佛經音義來研讀這些整理本時，就發現其中還有些許字詞的校勘值得商榷，現羅列如下，以求教作者及方家。

第一節　湯用彤《高僧傳》獻疑

　　南朝梁釋慧皎（497—554）所著《高僧傳》是我國佛教史上的一部要籍，它的價值已經超出了佛教界，成爲研究漢魏六朝歷史、哲學、文學、語言學等的重要參考書。1992 年中華出局出版了湯用彤先生的校注本（湯一玄整理），該書以大正藏爲底本，以弘教藏、磧砂藏、金藏等多種版本對校，並參校了《出三藏記集》《名僧傳鈔》《法苑珠林》等以及多種佛經音義，爲研究者提供了極大便利。但由於種種原因，該校注本存在不少問題，至今已有多篇文章提出了各種商榷意見[1]。筆者近來研讀此

---

[1] 如汪維輝《高僧傳標點商兑》（《古籍整理研究學刊》1997 年第 3 期），董志翹《高僧傳校點商榷》系列文章（《古籍整理學刊》1999 年第 1 期、2000 年第 1 期），儲泰松《高僧傳校點指誤》（《古籍研究》2001 年第 2 期），許衛東《高僧傳標點校勘補録》（《唐都學刊》2005 年第 3 期），王東《高僧傳校點劄記》系列文章（《江海學刊》2006 年第 4、5、6 期和 2007 年第 1 期），鮑金華《高僧傳校點商議》（《古籍整理學刊》2007 年第 4 期），郭東陽《高僧傳校點零拾》（《語文知識》2008 年第 2 期），程亞恒《高僧傳校點辨疑》（《書品》2008 年第 6 期），劉湘蘭《湯注高僧傳校點獻疑》（《蘭州學刊》2010 年第 8 期），定源《中華書局版高僧傳校點商榷》（《版本目録學研究》第三輯·2011）。

書，發現還有一些地方仍可商榷。今檢時賢未及者 10 例，敷演成文，以就正于博雅。

【1】晉雍州刺史郄恢，欽其風尚，逼共同遊，終於襄陽。（卷 1/曇摩難提/頁 35）

郄超問謝安："林公談何如嵇中散？"（卷 4/支遁/頁 161）

高平郄超遣使遺米千斛。（卷 5/釋道安傳/頁 180）

度江以來，則王導、周顗、庾亮、王濛、謝尚、郄超……並稟志歸依，厝心崇信。（卷 7/慧嚴/頁 261）

中書郎郄景興《東山僧傳》。（卷 14/序錄/頁 524）

按，"郄恢""郄超""郄景興"之"郄"，皆當作"郗"。郗恢，字道胤，東晉將領，高平金鄉人，晉太尉郗鑒之孫，北中郎將郗曇之子，妻子是名士謝奕的第三女謝道粲，《晉書》卷 67 有《郗恢傳》。"郗景興"即"郗超"，東晉書法家、佛學家，亦出身于高平郗氏，也是太尉郗鑒之孫，會稽内史郗愔之子，《晉書》卷 67 有《郗超傳》。"郗恢""郗超""郗愔"，《慧琳音義》中皆作"郗"不誤，如卷 77《釋迦方志音義》卷下："郗恢，上恥知反，下苦迴反，人姓名也。"（58/1025b）又卷 88《法琳法師本傳音義》卷 1："郗超，上恥尼反，人姓名也。"（59/136a）又《釋法琳本傳音義》卷 5："郗愔，上恥離反，下挹淫反，人姓名也。"（59/140b）《可洪音義》中亦多次分別"郗""郄"之不同，如卷 27《高僧傳音義》卷 4："郗超，上丑夷反，正作郗。"① 又《高僧傳音義》卷 5："郗超，上丑夷反。"但古籍中"郗"多訛作"郄"，致使後世二姓混淆莫辨，正如《正字通·邑部》所言："郄，虚欺切，音希……又姓，郄與郗別，黃長睿曰：郗姓爲江左名族，讀如絺繡之絺，俗譌作郄，呼爲郄詵之郄，非也。郄詵，晉大夫郤縠之後。郗鑒，漢御史大夫郗慮之後。姓源既異，音讀各殊。後世因俗書相亂，不復分郗、郄爲二姓。"（1169）

【2】先在龜茲，弘闡律藏，四方學者競往師之，鳩摩羅什時亦預焉。及龜茲陷没，乃避地焉。（卷 2/卑摩羅叉/頁 63）

按，"焉"，大正藏本《高僧傳》卷 2 校勘記曰：宋、元、明、宮本作"烏纏"。湯用彤校曰："三本、金陵本、《開元錄》作'烏纏'，《洪

---

① （五代）釋可洪：《新集藏經音義隨函錄》，臺北新文豐出版公司 1982 年影印高麗藏本，第 34—35 冊。

音》作'烏繾'。金藏'焉'下有'經'。"焉"爲代詞，若前無具體處所名，則"焉"字不知所代，竊以爲作"烏纏"是也。《可洪音義》卷27《高僧傳音義》卷2："烏繾，直連反，國名也。或云烏萇，或云烏仗，正作纏也。又七全、七絹二反，非也。""纒"同"纏"，"烏纒"即"烏纏"，"烏繾"及金藏的"焉經"當皆爲"烏纏"之誤。"烏纏"，國名，梵名 ud-yāna，又作烏仗那、烏孫國、烏場國、烏萇國，位於北印度健馱羅國北方之古國名，相當於今興都庫什山脈以南之丘陵地帶，東隔信度河（印度河）與烏剌尸國和迦濕彌羅國相對①。

【3】此山本多虎災，自跋摩居之，晝行夜往，或時值虎，以杖按頭，弄之而去。於是山旅水賓，去來無梗。（卷3/求那跋摩/頁107）

按，"弄"，大正藏本《高僧傳》卷3校勘記曰：宋、元、明、宮本作"抒"。《可洪音義》卷27《高僧傳音義》所據底本作"抃"："抃之，上平變反。"竊以爲傳文本當作"抃"，同"拚"，拍掌、拍手義。《集韻·線韻》："拚、抃：《説文》：拊手也。或從卞。"（576）《楚辭·天問》："鼇戴山抃，何以安之。"王逸注："擊手曰抃。"（102）《吕氏春秋·古樂》："帝嚳乃令人抃。"高誘注："兩手相擊曰抃。"② 傳意是以杖輕拍虎頭而去之。宋、元、明、宮本之"抒"字是"抃"之訛誤。"弄"字手書作"卞"，其俗體"拚"手書作"抃"③，故昧於文意者以爲傳文"抃"是"拚"的變體，乃回改爲"弄"，大謬。

【4】又於此國見佛鉢，光色紫紺，四際盡然。（卷3/智猛/頁125）

按，"盡"，大正藏本《高僧傳》卷3校勘記曰：元、明本作"畫"。《開元釋教錄》卷4轉錄《智猛傳》亦作"四際盡然"，而大正藏校記曰：元、明本作"畫然"。《貞元新定釋教目錄》卷6所錄《智猛傳》則作"畫然"；《出三藏記集》卷15《智猛法師傳》作"四邊燦然"。"畫然"即指明察貌、分明貌，與"燦然"義近，而"盡然""畫然"於句中則不易解釋，故此句正當作"四際畫然"。

【5】梁山之敗，大艦轉迫，去岸懸遠，判無全濟。（卷3/求那跋陀

---

① 參見慈怡主編《佛光大辭典》"烏仗那國"，北京圖書館出版社據臺灣佛光山出版社1989年6月第五版影印，第4175頁。

② 許維遹：《吕氏春秋集釋》，中國書店1985年版，第5卷，第18頁。

③ 參見韓小荆《〈可洪音義〉研究——以文字爲中心·異體字表》"弄"字條，第608頁。

羅/頁132)

　　按,"大",大正藏本《高僧傳》卷3校記曰:宋、元、明、宮本作"火"。考《資治通鑑》卷128《宋紀十·世祖孝武皇帝上》:"垣護之燒江中舟艦,煙焰覆水,延及西岸營壘殆盡;諸軍乘勢攻之,義宣兵亦潰。"①又《江南通志》卷198《平義宣臧質》:"垣護之燒江中舟艦,延及西岸,營壘殆盡,諸軍乘勝攻之,質逃南湖,自沈於水,追兵至,出而斬之,送建康。義宣走向江陵,荊州刺史朱修之殺之,并誅其子。"②當時求那跋陀羅就在叛軍王義宣的舟艦中,燃燒的舟艦距離岸邊還很遠,本無逃生的可能。而求那跋陀羅一心稱念觀世音,手捉邛竹杖,投身江中,竟有一童子尋後而至,以手牽之,乃得上岸得救,此乃神助也。據上引史料,傳文只有作"火"字,才能體現出當時緊迫險惡的歷史背景。

　　【6】朗乃於金輿谷崑崙山中,別立精舍,猶是泰山西北之一巖也。(卷5/竺僧朗/頁190)

　　按,《神僧傳》卷2《僧朗》亦作"金輿谷崑崙山"。"崑崙",《可洪音義》卷27《高僧傳音義》所據底本則作"琨瑞"。今考《水經注》卷8《濟水》:"濟水又東北,右會玉水,水導源太山朗公谷,舊名琨瑞溪。有沙門竺僧朗,少事佛圖澄,碩學淵通,尤明氣緯,隱于此谷,因謂之朗公谷。故車頻《秦書》云:苻堅時,沙門竺僧朗嘗從隱士張巨和遊,巨和常穴居,而朗居琨瑞山,大起殿舍,連樓累閣,雖素飾不同,竝以靜外致稱,即此谷也。水亦謂之琨瑞水也。"③又李吉甫《元和郡縣志》卷11:"神通寺在縣(歷城縣)東七十里琨瑞山中,苻秦時沙門竺僧朗隱居也。"④聶鈫《泰山道里記》:"泰山東北四十餘里為琨瑞山,一名金輿山,輿或作榆;又名崑崙山,崙訛作崙;又名金廬山。攷《酉陽雜俎》,當名金鑪山。東有金鑪洞,《志》稱黑風洞,《齊乘》稱西龍洞山。酈道元云:苻秦時竺僧朗居之,因號朗公谷,舊名琨瑞谿。山勢秀拔,雙流如帶,面西南向,周六十里。"⑤《欽定四庫全書總目》卷76《泰山道里記》

---

①　(宋)司馬光編著、(元)胡三省音注:《資治通鑒》,中華書局1956年版,第4018頁。
②　(清)趙宏恩等監修:《江南通志》,景印文淵閣四庫全書本,第512冊,第842頁。
③　(北魏)酈道元注、楊守敬、熊會貞疏:《水經注疏》,江蘇古籍出版社1989年版,第741頁。
④　(唐)李吉甫:《元和郡縣志》,景印文淵閣四庫全書本,第468冊,第273頁。
⑤　(清)聶鈫:《泰山道里記》,四庫全書存目叢書本,史242冊,第823頁。

述評曰："岱背琨瑞、靈岩諸山，因隸他縣而未録，併逐加考驗，辨訛補闕。蓋以土居之人，竭平生之力，以考一山之跡，自與傳聞者異矣。"可見聶説應不誤。又《（乾隆）歷城縣誌》卷6《山水考》亦曰："長城嶺……又西北，爲琨瑞山，朗公寺在其下。琨瑞山見《水經注》。一名金輿谷昆崙山，見《高僧傳》。輿或作榆、崙，或作崙，皆字之訛也。"① 綜上可知，朗公是在泰山的琨瑞山（或稱琨瑞巖）別立精舍，而非崑崙山。此乃後世無知抄手所改，今不可不正。

【7】善《小品》《法華》《思益》《維摩》《金剛》《波若》《勝鬘》等經，皆思探玄頤，鑒勷幽凝，提章比句，麗溢終古。（卷8/慧基/頁324）

按，"勷②"，大正藏本《高僧傳》卷8校記曰：宋、元、明、宫本作"徹"。金藏廣勝寺本則作"鑒洞幽凝"③。"鑒洞""鑒徹"，其意一也。又考《大方廣佛華嚴經隨疏演義鈔》卷49："鑒徹，即明照無遺。"《慧琳音義》卷22轉録慧苑《新譯大方廣佛花嚴經音義》卷42："光明鑒徹，鑒，照也；徹，通也，言光照内外通現也。"（57/849b）又《高僧傳》卷5："於是專務佛理，鏡測幽凝。""鑒徹"與"鏡測"義近。而"鑒勷"則無義可取，竊以爲"勷"乃訛字。

【8】釋慧球，本姓馬氏，扶風郡人，世爲冠族。（卷8/釋慧球/頁333）

按，《慧琳音義》卷90《高僧傳音義》卷8此句有"郿縣"二字："郿縣，上音眉，《漢書》：地名，屬古扶風。形聲。"（59/170a）據此推測慧琳所見《釋慧球傳》原文當作："釋慧球，本姓馬氏，扶風郡郿縣人，世爲冠族。"《可洪音義》卷27《高僧傳音義》卷8作"湄人"，蓋可洪所見原文作"扶風郡湄人"，"湄"爲音借字，可洪所據底本蓋脱"縣"字。金藏廣勝寺本與湯校本一樣，皆作"扶風郡人"，疑脱"郿縣"二字，湯本當於"扶風郡"後出校記。

【9】與夫鷄鳴雲中，狗吠天上，蛇鵠不死，龜靈千年，曾是爲異乎。

---

① 張華松：《歷城縣誌（正續合編）》，濟南出版社2007年版，第1册，第96頁。
② 《龍龕手鏡·力部》："勷：烏孔反，勷劜，屈弱（强）皃。"（517）宋本《玉篇·力部》："勷，於孔切，勷劜，屈强也。"（149）
③ （梁）釋慧皎：《高僧傳》，中華大藏經影印金藏廣勝寺本，第61册，第369頁。

（卷10/神異篇·論/頁399）

按，"龜靈"，《可洪音義》卷27《高僧傳音義》卷10作"龜蔡"："龜蔡，倉蓋反，龜也，古文作薺。"《廣韻·泰韻》："蔡，龜也；亦國名。倉大切。薺，古文。"（382）古代蔡地出龜，後來把占卜用的大龜稱爲"龜蔡"，語出《論語·公冶長》"臧文仲居蔡"何晏集解："蔡，國君之守龜，出蔡地，因以爲名焉。"①《高僧傳》卷10這段論文中，"龜蔡"與"蛇鵠"對文並舉，作"龜靈"則對仗不工，故湯本當於"靈"字下出校記。

【10】彭城劉俊《益部寺記》。（卷14/序錄/頁524）

按，"俊"，大正藏本《高僧傳》卷14校記曰：宋、元、明、宮本作"悛"。《慧琳音義》卷90《高僧傳音義》卷14作"劉悛"："劉悛，下音詮，人名也。"（59/180a）《可洪音義》卷27《高僧傳音義》卷14亦作"劉悛"："劉悛，上力由反，下七全反，人姓名也。悛，改過也；正也。"《南齊書》卷37有《劉悛傳》："劉悛，字士操，彭城安上里人也。"（649）② 據此，湯本作"俊"失校。

第二節　郭紹林《續高僧傳》獻疑

唐代釋道宣（596—667）認爲慧皎《高僧傳》中記載梁代的高僧過少，需要作補輯的工作，於是經過長時間的資料收集，寫成《續高僧傳》三十卷，著錄從梁代初葉開始，至唐麟德二年（665）止，高僧凡四百餘人。此書作于初唐全國統一時期，所以在地域上南北兼收，彌補了慧皎寫作于南朝的時代和地域缺憾。此外，傳中還包含很多極爲重要的史料，都可以和正史互相參證，近人陳垣於其所著《中國佛教史籍概論》一書中，就曾詳細解説本書在史學上的價值。傳中録文甚多，如智愷、慧淨、洪偃的詩（卷一、三、七），佚名的《寶人銘》（卷七）、劉孝孫的《詩英華序》（卷三《慧淨傳》）、真觀的《愁賦》（卷三一），都是文學作品；彥琮的《辯正論》（卷二），則是有關佛典翻譯的重要文獻。總之，此書的價值亦已超出佛教界，成爲研究六朝乃至唐代歷史、哲學、文學、語言的

---

① 《論語注疏》，（清）阮元校刻《十三經注疏》本，中華書局1980年版，第2474頁。
② （南朝梁）蕭子顯：《南齊書》，中華書局1972年版。下同。

重要參考書。如此重要的一部典籍，直至 2014 年才由中華書局出版了郭紹林先生的點校本，該書以磧砂藏爲底本，以高麗藏、金藏、興聖寺抄本、永樂北藏、乾隆藏等多種版本對校，並參校其他佛教文獻和正史、總集、私家著述、字書等資料，實在嘉惠學林，爲研究者提供了極大便利。但智者千慮，亦偶有所失，筆者近來對照佛經音義研讀此書，發現還有少許字詞的校勘需要商榷，現羅列如下。

【01】便下舍利，瘞而藏之。(卷 2/釋彥琮傳/頁 50)

按，"瘗"，大正藏本同，並誤，正當作"瘞"。《可洪音義》卷 27《續高僧傳音義》卷 2 作"瘞"："瘞而，上於偈反。"《說文·土部》："瘞，幽薶也。"（291）宋本《玉篇·土部》："瘞，藏也。"（30）《廣韻·祭韻》："瘞，埋也。"（378）傳文言彥琮埋藏舍利子於寶塔之下，"瘞"字正合文意，"瘗"則義無所取，乃訛字，郭氏失校。

【02】但性偏躁鋭，不顧功少，願望已多。每打髀嘆曰："爲尒漠漠，生、肇笑人。"（卷 6/釋道超傳/頁 197）

按，"偏"，大正藏本同，校勘記曰：宋、元、明本"褊"。《可洪音義》認爲宜作"褊"，見《可洪音義》卷 27《續高僧傳音義》卷 6："偏躁，子到反，動也。上……宜作褊字。""褊"指性情褊狹，古籍常見，如《神僧傳》卷 6《華嚴和尚傳》："有弟子夏臘道業高出流輩，而性煩褊躁，時因臥疾，不隨衆赴會。"又《釋門自鏡錄》卷 2："雖云奉律，性甚褊躁。"又《枯崖漫錄》卷 1："性褊躁，好貶剝，自謂業林一害。"據此，似"褊"字較"偏"字爲優。

【03】又以唱公所撰《名僧》，頗多浮沉，因遂開例成廣，著《高僧傳》一十四卷。（卷 6/釋慧皎傳/頁 193）

按，"浮沉"，大正藏本作"浮沈"，並誤。《可洪音義》卷 27《續高僧傳音義》卷 6 作"浮宂"："浮宂，人勇反，散也。""宂"是"冗"字異寫，今作"冗"。"浮冗"乃冗餘之義，古籍常用，亦正合傳意，且《開元釋教錄》卷 6《高僧傳》、《貞元新定釋教目錄》卷 9《高僧傳》皆作"浮冗"，亦可證麗藏本、磧砂藏本之誤。郭氏失校。

【04】朱旍既杖，青組仍曳，紉虎戎印，珥貂狄制。（卷 7/釋法朗傳/頁 226）

按，"紉虎"，高麗藏、金藏廣勝寺本皆同。《可洪音義》認爲當作

"紐虎"，見《可洪音義》卷27《續高僧傳音義》卷7："刻虎，上女久反，正作紐。"考南朝梁江淹《與交友論隱書》："嘗感子路之言，不拜官而仕，無青組、紫綬、龜紐、虎符之志，但欲史曆巫葡，爲世俗賤事耳。"① 又唐獨孤及《毗陵集》卷8《唐故朝議大夫申王府司馬上柱國贈太常卿韋公神道碑銘》："龜紐虎符，黼衣彤弓，世相付兮；百代純煆，鍾仁於公，德斯懋兮。"② 據上，"紐虎"蓋"龜紐虎符"之略稱，指印符。抑或"紐虎"即"虎紐"，亦代指印璽。而"刻虎""虎刻"皆不可解。故郭氏點校本作"刻虎"，且無校記，欠妥。

【05】自朗遷後，廣誶所聞。（卷9/釋羅雲傳/頁300）

按，"誶"，郭氏校記曰："高麗藏作'訊'。"大正藏作"訊"，校記曰：元、明本作"誶"。《可洪音義》卷27《續高僧傳音義》卷9作"誶"："廣誶，相醉、相進二反，問也。"可洪音"相醉、相進二反"，可見可洪認爲作"誶"、作"訊"皆可。竊以爲當以作"訊"爲正，《說文·言部》："訊，問也。"（46）而"誶"的基本詞義是責讓、詰問，《說文·言部》："誶，讓也。"（51）宋本《玉篇·言部》："誶，罵也。"（169）"誶"與文意明顯不合。但後世"誶""訊"二字形近相亂③，常互爲異文，致使"誶"字横生"問訊"之義，今不可不辨。

【06】祖玄略，以忠孝登朝，父元晛，以才華待詔，咸佩印綬，並奏弦歌。季父元舉，陳世功臣。（卷9/釋慧弼傳/頁307）

按，"元晛"，郭氏校記曰："興聖寺本作'元兒'，趙城金藏、高麗藏作'元睍'。"大正藏作"元睍"，校勘記曰：宋、元、明、宮本作"元晛"。《慧琳音義》卷92《續高僧傳音義》卷9作"元睍"："元睍，下遙照反，高僧慧弼父名也。"（59/203b）《可洪音義》卷27《續高僧傳音義》卷9作"元賜"："元賜，斯義反，与也，惠也，慧弼父名。《川音》作睍，音曜。或作睍。"慧琳與《川音》所據底本相同。

今考"睍"字，《玉篇·貝部》："睍，詡誑切，賜也。"（473）又

———

① （南朝）江淹著，（明）胡之驥注，李長路、趙威點校：《江文通集匯注》，中華書局1984年版，第349頁。

② 周紹良主編：《全唐文新編》，吉林文史出版社2000年版，第2部、第3冊，第390卷，第4479頁。

③ "訊"字俗書常作"誶"，與"誶"之俗體同形，參見《〈可洪音義〉研究·異體字表》"訊"字條，第761頁。

《龍龕·貝部》："䝱，許誑反，賜也；與也。"（351）又"晛"字，《玉篇·日部》："晛，奴見切，日氣。又户顯切，明也。"（372）《龍龕·日部》："晛，顯、現二音。日光皃也。又奴見反，義同。"（427）又"覤"字，《廣韻·笑韻》弋照切："覤，普視。《説文》曰：竝視也。"（413）

以其弟名"元舉"觀之，當以"䝱"字爲優。"䝱""賜"同義，故有"元賜"之異文。且史籍文獻中以"䝱"命名者有之，如西晉御史王元䝱，而以"覤""晛"命名者稀見，故疑此二字皆訛字，慧琳、厚大師、郭紹林都有失考校。

【07】是以陶唐祇躬弗懈，休氣呈祥；夏后水土成功，玄珪告錫。（卷10/釋法彦傳/頁355）

按，"祇躬"，郭氏校記曰："祇：趙城金藏、高麗藏作'砥'。"《可洪音義》卷27《續高僧傳音義》卷10亦作"砥"："砥躬，上脂、紙二音。"今按"砥躬"是也，"砥躬"即"砥行"，指砥礪操行，勤勉地嚴厲地親身實行，此語古籍常用，例如唐太宗《帝範》卷2《去讒》："砥躬礪行，莫尚於忠言。敗德敗正，莫踰於讒佞。"① 又唐黃滔《與蔣先輩啓之二》："如此若不激切擎邱，淒凉誓劍，豈謂修文學古，何名勵節砥躬。"② 又明胡直《衡廬精舍藏稿》卷8《壽徐桐湖年伯先生七十敘》："先生砥躬治民，進退鉅節，爲世禮宗，壽得如禮，可乎？"③ "砥躬"正合傳意，郭氏失校。

【08】又放光明，晁耀人目。（卷10/釋僧曇傳/頁358）

按，"晁耀"，大正藏本同。中華藏影印金藏廣勝寺本作"晃耀"，竊以爲金藏是也，"晃耀人目"即晃眼耀目，"晁耀"則不切傳旨，"晁"乃訛字。

【09】既而歎曰：枌榆豈冲天之舉，小道乖適遠之津。聊以忘憂，非吾徒也。"（卷12/釋慧覺傳/頁404）

按，"枌榆"，郭氏校勘記曰："原作'粉榆'，高麗藏作'檜榆'，據永樂北藏、乾隆藏校改。案：枌、榆都是榆樹，枌是白榆，鸞鳳志在沖

---

① （唐）唐太宗：《帝範》，景印文淵閣四庫全書本，第696册，第605頁。
② 《全唐文》卷823，第8677頁。
③ （明）胡直撰、張昭煒編校：《胡直集》，陽明後學文獻叢書本，上海古籍出版社2015年版，第135頁。

天，非此等小樹所堪棲息。"竊以爲當從麗藏本作"槍榆"，語出《莊子·逍遙遊》："蜩與學鳩笑之曰：'我決起而飛，槍榆枋，時則不至而控於地而已矣，奚以之九萬里而南爲？'"① 後因以"槍榆"形容識淺志小，亦借指識淺志小的人，例如唐劉禹錫《武陵書懷五十韻》："巢幕方猶鷰，槍榆尚笑鯤。"② 亦作"搶榆"，如南朝梁何遜《窮鳥賦》："時復搶榆決至，觸案窮歸。"③ 唐儲光羲《哥舒大夫頌德》："顧我搶榆者，莫能翔青冥。"④ 而"枌榆"本皆榆木名，因漢高祖故鄉在新豐縣枌榆社，後代故用"枌榆"借指故鄉，如《南齊書·沈文季傳》："惟桑與梓，必恭敬止，豈如明府亡國失土，不識枌榆。"（776）唐浄覺《楞伽師資記》卷1："禪師昨欲歸本州者，不須。幸副翹仰之懷，勿滯枌榆之戀。"由此看來，"枌榆"不如"槍榆"切合傳文文意，郭校實不可取。

【10】惟覺美詞令，善容止，身長八尺，風表絶倫，攝齋昇堂，俯仰可則。覩其威儀，莫不改容易觀，寓目忘倦。（卷12/釋慧覺傳/頁406）

按，"攝齋"，底本磧砂藏作"攝齊"，郭氏據高麗藏改"齊"爲"齋"。大正藏翻刻高麗藏作"攝齋"，校勘記曰："齋"，元、明本作"齊"。今考"攝齊"指提起衣襬，古時官員升堂時謹防踩著衣襬，跌倒失態，亦表示恭敬有禮，語出《論語·鄉黨》："攝齊升堂，鞠躬如也，屏氣似不息者。"何晏注："衣下曰齊，攝齊者，摳衣也。"⑤ 陸德明《論語音義》："攝齊，音資，裳下也。"⑥ 朱熹集注："攝，摳也。齊，衣下縫也。禮：將升堂，兩手摳衣，使去地尺，恐躡之而傾跌失容也。"⑦ "攝齊"之"齊"亦可作"齎（褃）"，《説文·衣部》："齎，纏也。"（170）《集韻·脂韻》津私切："齎：《説文》：纏也。謂裳下緝。或書作褃，通作齊。"（42）《字彙·齊部》："齎，津私切，音咨。裳下縫也。"

---

① （清）郭慶藩集釋、王孝魚點校：《莊子集釋》，中華書局1961年版，第9頁。
② 《全唐詩》，上海古籍出版社1986年版，第905頁。
③ （明）張溥輯：《漢魏六朝百三家集》，景印文淵閣四庫全書本，第1415冊，第414頁。
④ 《全唐詩》，第318頁。
⑤ 《論語注疏》，（清）阮元校刻《十三經注疏》本，中華書局1980年版，第2494頁。
⑥ （唐）陸德明撰、張一弓點校：《經典釋文》，上海古籍出版社2012年版，第528頁。
⑦ （宋）朱熹：《四書章句集注》，中華書局1983年版，第118頁。

（590）綜上所述，磧砂藏作"攝齊"不誤，郭氏本不煩校改。①

【11】爲性慈仁，言極懭厲。（卷14/釋智凱傳/頁504）

按，"懭厲"，金藏廣勝寺本、大正藏翻刻高麗藏本皆作"獷厲"，大正藏校記曰：宋、宮本作"礦厲"；元、明本作"懭厲"。《慧琳音義》卷93《續高僧傳音義》卷14作"獷厲"："獷厲，上虢猛反，下力滯反。獷厲，惡性也。"（59/219a）《可洪音義》卷27《續高僧傳音義》卷14作"橫厲"："橫厲，上古猛反，惡也，正作獷也。又音黃，非。"可洪認爲正作"獷厲"，竊以爲可洪是也。"獷厲"指粗豪淩厲，例如唐李益《從軍詩序》："相與拔劍秉筆，散懷於斯文，率皆出於慷慨意氣，武毅獷厲，本其涼國。"②又劉道醇《宋朝名畫評序》："觀人物者尚精神體態，觀畜獸者尚馴擾獷厲。"③"獷厲"切合文意，"獷""礦""懭""橫"皆"獷"之假借字。

【12】人各掐珠，口同佛號，每時散席，響彌林谷。（卷20/釋道綽傳/頁761）

按，"搯珠"，大正藏本同，皆誤，當作"掐珠"。"掐""搯"形近相亂，郭氏失校。《可洪音義》卷27《續高僧傳音義》卷20作"掐珠"："掐珠，上苦洽反。"《慧琳音義》卷35《佛頂尊勝念誦儀軌經音義》："掐珠，上口甲反。《埤蒼》云：抓掐也。今抓掐念珠也。《說文》從手、臽聲。"（58/99b）又《慧琳音義》卷94《續高僧傳音義》卷20："掐珠，上口甲反，賈注《國語》云：掐，扣也。《考聲》云：手指爪掐數珠也。"（59/229b）據慧琳注音可知，字頭及釋文中"搯"字皆"掐"之訛誤。

【13】洪偃法師傲岸泉石，偏見朋從，把臂郊坰，同遊故苑。瑗題樹爲詩曰：丹陽松葉少，白水黍苗多。浸淫下客淚，哀怨動民歌。（卷22/釋曇瑗傳/頁828）

按，"松葉"，金藏、大正藏皆作"粉葉"，大正藏校勘記曰：宋、元、明、宮本作"松葉"。《可洪音義》卷27《續高僧傳音義》卷21作

---

① "攝齊"偶有作"攝齋"者，如《南齊書·劉瓛傳》："既習此歲久，又齒長疾侵，豈宜攝齋河閒之聽，屛迹東平之僚？"（679）此種不多見，亦不合古例。

② （清）張澍撰：《李尚書詩集》一卷，清道光二西堂叢書本，第1頁。

③ （宋）劉道醇：《宋朝名畫評》，四庫全書本，第812冊，第448頁。

"枌葉"："枌葉，上房文反。"竊以爲"枌"字爲優，古書中多以"枌榆""枌邑""枌巷""枌梓"等代指故里，典出漢高祖，《史記·封禪書》："高祖初起，禱豐枌榆社。"① 裴駰集解引張晏曰："枌，白榆也。社在豐東北十五里。或曰：枌榆，鄉名，高祖里社也。"劉勰《文心雕龍·麗辭》："孟陽《七哀》云：漢祖想枌榆，光武思白水。"② 又《南齊書·沈文季傳》："惟桑與梓，必恭敬止。豈如明府亡國失土，不識枌榆。"(776) 南朝齊王融《和南海王殿下詠秋胡妻》："遄車及枌巷，流日下西虞。"③ 唐皎然《早春書懷寄少府仲宣詩序》："親故離散，永望枌梓，不覺傷懷。"④ 故曇瑗《遊故苑》詩用"枌葉"二字，正合文意，且與下文"黍苗"相對，皆爲故鄉之物。"粉"乃訛字，義無所取，故後人校改爲"松"字，其實亦不可取。

【14】諸寺門學競引素幢，充諸街衢。(卷23/釋智首傳/頁856)

按，"街衢"，底本磧砂藏作"街術"，郭紹林據金藏、高麗藏校改作"街衢"。大正藏本作"衢"，校記曰：宋、元本作"術"，明、宮本作"衢"。《可洪音義》卷27《續高僧傳音義》卷22作"街術"："街術，音述。邑中道曰術也。"其實傳文作"街術"亦可，郭氏無須校改。"街術"即街道，古籍常見詞語，例如《魏書·刑罰志》："於是更置謹直者數百人，以防諠鬭于街術。"⑤《梁書·張纘傳》："爾乃歷省府庭，周行街術，山川遠覽，邑居近悉。"⑥《佛本行集經》卷11："復更別駕一乘大車，載置種種瓔珞金銀、飲食衣服，悉令充備，於迦毗羅城內，街術四衢道頭及諸小巷，諸如是處，設大布施。"

【15】處柱下以真全，隱龍德而養性。(卷25/釋智實傳/頁946)

按，"真全"，大正藏本同，校記曰：宋、元、明、宮本作"全真"。《可洪音義》所據底本作"全真"，見《可洪音義》卷28《續高僧傳音

---

① (漢) 司馬遷：《史記》，中華書局1982年版，第1378頁。
② (南朝梁) 劉勰著、楊明照校注拾遺：《增訂文心雕龍校注》，中華書局2012年版，第444頁。
③ (明) 張溥輯：《漢魏六朝百三家集》，四庫全書本，第1414冊，第328頁。
④ 《全唐詩》，第2001頁。
⑤ (北齊) 魏收撰：《魏書》，中華書局1974年版，第2877頁。
⑥ (唐) 姚思廉撰：《梁書》，中華書局1973年版，第501頁。

第三章　《可洪音義》與佛典整理　　339

義》卷24："令真，上自宣反。""令"是"全"字異寫①。大正藏翻刻麗藏本《唐護法沙門法琳別傳》卷2亦作"全真"："處柱下以全真，隱龍德而養性。"據文意，作"全真"是也，道教術語，指保全天性，爲動賓結構，與下文"養性"正相對。且"全真"一詞古籍常見，例如《莊子·盜蹠》："子之道狂狂汲汲，詐巧虚僞事也，非可以全真也，奚足論哉！"② 三國魏嵇康《幽憤詩》："志在守樸，養素全真。"③《廣弘明集》卷25《出沙汰佛道詔》："且老氏垂化，本貴沖虚。養志無爲，遺情物外。全真守一，是謂玄門。驅馳世務，尤乖宗旨。"綜上可知，郭氏失校。

【16】釋叉德，姓徐，雍州醴泉人。（卷26/唐雍州梁山沙門釋叉德傳/頁1028）

按，"叉德"之"叉"，底本磧砂藏《目録》原作"义"，正文作"叉"，郭紹林據正文改《目録》作"叉"，並出校勘記曰："'叉'，原作'义'，據傳文改；趙城金藏作'又'。"大正藏翻刻麗藏本《目録》作"叉德"，正文作"叉德"。《可洪音義》卷28《續高僧傳音義》卷25作"又德"："又德，上魚吠反。"據注音可知，可洪認爲正作"义"，是也，當依可洪及磧砂藏《目録》作"义"。"义"指俊乂，乃才德出衆之義，"义德"作爲僧名，符合僧人取名的傳統模式，"叉""又"則否，皆其訛字，郭氏所校實不可取。又大正藏本《法苑珠林》卷33"唐沙門釋叉德""唐雍州梁山釋叉德"，其中"叉"字皆"义"字訛誤。

【17】令屏除棺器，覆一莒筡，以當佛座，令和遶旋，尋服④如故，更壽二十許歲。（卷29/釋普安傳/頁1154）

按，"莒筡"，郭紹林校勘記曰："高麗藏作'筈筌'。"大正藏作"筈筌"，校記曰：宋、宮本作"筈筌"；元、明本作"筥筡"。《慧琳音義》卷94《續高僧傳音義》卷27作"箬筡"："箬筡，上穰略反，《文字典説》云：箬，竹皮也。從竹，從叒省。叒，古文若字。《考聲》云：箬，竹箭葉也。下歷丁反，《廣雅》云：筡即籠也。《説文》云：籯也。從竹，令聲也。"（59/236b）《可洪音義》卷28《續高僧傳音義》卷27

---

① 參見《〈可洪音義〉研究·異體字表》"全"字條，第648頁。
② （清）郭慶藩集釋、王孝魚點校：《莊子集釋》，中華書局2016年版，第1002頁。
③ （三國魏）嵇康著、戴明揚校注：《嵇康集校注》，中華書局2014年版，第42頁。
④ 服，大正藏本校記曰：明本作"復"。

作"筈筞"："筈①筞，上音苦，竹名也；下力丁反，小籠子。又《川音》音固，取魚具也。據傳文意，只是竹籠子也，非是取魚器耳，彼乃謬釋。"據可洪所引，《川音》所據底本亦作"笱"，厚大師"音固"，即認爲"笱"乃"罟"字訛誤。《龍龕·竹部》："笱：俗，故、古二音，正作罟、罟二字，取魚具也。"（393）此蓋承襲《川音》之説。又大正藏本《神僧傳》卷5《釋普安》作"笴筞"："令屏除棺器，覆一笴筞，以當佛座，令和繞旋，尋復如故。"大正藏本《法苑珠林》卷28作"竹筌"："安令屏除棺器，覆一竹筌，以當佛坐，令和繞旋，尋服如故。"校勘記曰：宋、元、明本作"笴筞"；宮本作"笴筞"。竊以爲"笴""筞""莒""笱"都不合傳意，傳文當正作"笴筌"。"笴"本指圓形竹製飯器，又指喂牛的竹筐，後來泛指圓形竹筐；"筌"指圓形捕魚竹籠，二字古籍常見，所指器具亦農家常用，覆地以當座佛，令人繞旋，亦合情理。而且，"筌"字手書經常寫作"筞"②，故有"筞"之異文。"笱""筞""莒""笱"則皆是"笴"字之訛。諸本互有訛誤，慧琳、可洪、厚大師之釋皆不可取，郭氏亦失校。

【18】山北村人接還村内，爲起廟舍，安置厥形，雖皮鞭骨連，而容色不改，跏坐如故，乃於其上加漆布焉。（卷29/釋道休傳/頁1165）

按，"鞭"，《可洪音義》卷28《續高僧傳音義》卷27作"靭"："皮靭，五更反，正作鞭。"可洪認爲正作"鞭"，"靭"乃"鞭"字俗體。麗藏本作"鞭"，是也。"鞭"乃"鞭"字異體③，但傳統字韻書及現行大型字典辭書皆未指明"鞭"字有此俗體，故郭氏應出校。

【19】便剗迹開林，披雲附景。（卷29/釋法誠傳/頁1183）

按，"披雲"，金藏、高麗藏同，大正藏校記曰："披"，宋、元、明、宮曰"扳"。磧砂藏本亦作"扳"，郭紹林校改作"披"，誤。《可洪音義》認爲正作"扳"，見《可洪音義》卷28《續高僧傳音義》卷28："板雲，上普班反，正作板。"注文"正作板"之"板"，乃"扳"字刻訛。"扳"同"攀"，攀附也。"攀雲""扳雲"古籍常見，例如三國魏曹

---

① 《集韻·姥韻》孔五切："筈、笱：竹名。或省。"（339）
② 參見《〈可洪音義〉研究·異體字表》"筌"字條，第648頁。
③ 參見《〈可洪音義〉研究·異體字表》"鞭"字條，第789頁。

植《苦思行》："我心何踴躍，思欲攀雲追。"① 又《晉書》卷24《職官志》："世所謂八公同辰，攀雲附翼者也。"②《廣弘明集》卷29《宿山寺賦》："爾乃陟飛階於峻岐，登步欄於絶頂，既中天而昇降，亦攀雲而遊騁。"宋蔡襄《端明集》卷2《達觀亭》："扳雲躋大庭，仙路何紆盤。"③ 所以，傳文作"扳雲附景"正合文意，"披"是"扳"字之訛，郭校改非是。

第三節　李小榮《弘明集校箋》獻疑

南朝梁僧祐（445—518）所撰《弘明集》十四卷，是收錄東漢至南朝齊、梁五百餘年間闡明佛法之要作的護法論集。所謂弘明，即弘道明教之意，即對當時世俗排佛之解答，並舉儒道之典故來説明佛教之義理。該書反映了佛教思想和儒家、道家思想之間激烈的鬥争，以及當時人對佛教的理解，並且保存了許多珍貴的文獻，是了解當時儒、釋、道三教交流的重要資料。2013年，上海古籍出版社出版了李小榮先生的校箋本，該書以磧砂藏爲底本，以大正藏、中華藏、永樂北藏、頻伽藏等多種版本對校，并参校其他藏内文獻和多種佛經音義，用力頗深，很多校釋值得稱道，爲研讀者提供了極大便利。但百密一疏之處偶亦有之，筆者近來對照《可洪音義》等佛經音義研讀此書，發現書中還有少許字詞的校釋可以商榷。

【01】而沙門之道，委離所生，棄親即疎，刓剃鬚髮，殘其天貌。（卷3/孫綽喻道論/頁153）④

按，"刓剃"，金藏、高麗藏本皆作"刓剔"，《慧琳音義》卷95《弘明集音義》卷3："刓剔，上吾丸反，王逸注《楚辭》云：刓，削也。《説文》：剸也。從刀、元聲。下汀亦反，《聲類》云：剔，治也，解也，剃髮也。《文字典説》從刀、易聲。"（59/253b）可洪所據底本作"刻剔"，見《可洪音義》卷28《弘明集音義》卷3："刻剔，上苦黑反，下

---

① （三國魏）曹植著、趙幼文校注：《曹植集校注》，中華書局2016年版，第469頁。
② （唐）房玄齡等撰：《晉書》，中華書局1974年版，第724頁。
③ （宋）蔡襄：《端明集》，景印文淵閣四庫全書本，第1090册，第353頁。
④ （南朝梁）僧祐撰、李小榮校箋：《弘明集校箋》，上海古籍出版社2013年版。下同。

他的反。"竊以爲作"刻"、作"刌"皆不合文意，正當作"刖"，乃"髡"的換形旁俗字，《集韻·昆韻》枯昆切有"𠜾"字："𠜾，刊木枝也。"（139）"𠜾"即"刖"。又《玄應音義》卷2《大般涅槃經音義》卷19："髡樹，口昆反，《廣雅》：髡，截也。"（28）可見"𠜾""髡"音義皆同。

"髡剔（剃）鬚髮"正合《孫綽喻道論》文意，且"髡剔（剃）"是古籍常見語詞，如《後漢書·和熹鄧皇后》："愛姪微愆，髡剔謝罪。"① 又《後漢書·馮魴傳》："褒等聞帝至，皆自髡剔，負鈇鑕，將其衆請罪。"② 又《弟子死復生經》卷1："髡剔頭髮，被服踈陋。"又《經律異相》卷47《有驢挽車日行五百里》："謂放得肥，反見髡剃，不敢復臥，乞得生活。"

"刖（𠜾）"字俗出，後人不識，因與"刌"形近而相亂，進而訛作"刻"。抑或是後人認爲"刌"字不合文意，而改爲"刻"字，但是"刻"亦非義，今不得不正。

【02】牛山之木，剪性於釁斧；恬漠之想，汩慮於利害。（卷4/答顏永嘉/頁199）

按，"汩慮"，金藏、高麗藏本並作"汩慮"，是也。《小爾雅·廣言》："汩，亂也。"③《書·洪範》："鯀陻洪水，汩陳其五行。"孔傳："汩，亂也。"④《抱樸子·外篇·用刑》："夫法不立，則庶事汩矣。"⑤ 三國魏徐幹《中論·考偽》："昔楊朱、墨翟、申不害、韓非、田駢、公孫龍汩亂乎先王之道，讙張乎戰國之世，然非人倫之大患也。"⑥ 綜上可知，"汩慮"乃擾亂其思慮之意，《答顏永嘉》文意乃言牛山之木被釁斧所剪性，恬漠之想被利害所汩慮。又考《可洪音義》所據底本正作"汩慮"，而可洪改"汩"爲"泊/怕"，見《可洪音義》卷28《弘明集音義》卷4："汩慮，上宜作泊、怕，二同，普伯反，止也，静也。經中恬怕字、憺怕字皆作泊字也。又骨、颭、覓三音，非義。"可洪不審文意，大謬。

---

① （宋）范曄撰、（唐）李賢等注：《後漢書》，中華書局1965年版，第430頁。
② 同上書，第1148頁。
③ 遲鐸：《小爾雅集釋》，中華書局2008年版，第129頁。
④ 《尚書正義》，（清）阮元校刻：《十三經注疏》本，中華書局1980年版，第187頁。
⑤ 楊明照：《抱朴子外篇校箋》，中華書局1991年版，第352頁。
⑥ （三國魏）徐幹撰、孫啟治解詁：《中論解詁》，中華書局2014年版，第189頁。

【03】若不重云，想處實陋華者，復見其居厚去薄耳。（卷4/重釋何衡陽/頁207）

按，"若"，李校記曰："資、麗、金、普、大、頻同底本（磧砂藏），作'差'，據南、北、徑、清、汪、陵本改。因其義勝也。"《可洪音義》卷28《弘明集音義》卷4作"羌"："羌不，上丘羊反。"竊以爲"羌"字是也。"羌"乃句首助詞，用以加強"不重云"的否定語氣，指"根本/實在不用再説"的意思。"羌"出自楚語，例如《楚辭·九章·惜誦》："壹心而不豫兮，羌不可保也。"（123）《史記·屈原賈生列傳》："夫黨人之鄙妒兮，羌不知吾所臧。"① 司馬貞索隱引王師叔云："羌，楚人語辭。"《後漢書·郎顗傳》："尚書職在機衡，宮禁嚴密，私曲之意，羌不得通，偏黨之恩，或無所用。"（1067）古語氣詞"羌"後代罕用，後人常據文意以後代常用詞替之，"若"即是後人所改。

【04】夫輪捅兮殊材，歸敷繩兮一制。（卷6/反亂一首聊酬啟齒/頁359）

按，"輪捅"，大正藏本同，並誤。今考中華藏影印麗藏本作"輪桷"②，是也。《可洪音義》卷29《弘明集音義》卷6作"輪桶"："輪桶，音角，正作桷。又他孔反，非用。"可洪指出"桶"是"桷"字訛誤。"輪桷"指圓形和方形的木材，正切文意。此詞古籍常見，如唐盧照鄰《病梨樹賦》："爾生何爲，零丁若斯，無輪桷之可用，無棟梁之可施。"（29）③ 唐陸贄《論朝官闕員及刺史等改轉倫序狀》："是以巧梓順輪桷之用，故柱直無廢材。"④ 唐魏鎮《梓材賦》："片善無遺，群材靡失，輪桷兼採，棟梁並出，實有補於大廈，方見用於王室。"⑤《漢語大詞典》"輪桷"詞條下所列例證皆出自唐代，較晚，以後增修宜補梁釋僧祐《弘明集》中此例。

【05】末代王教，挺揚堯孔。（卷8/答道士假稱張融三破論/頁442）

按，"挺揚"，高麗藏本作"誕揚"，是也。"誕"有誇大之意，宋

---

① 《史記》，中華書局1982年版，第2487頁。
② 《中華藏》第62册，第801頁。
③ （唐）盧照鄰著、李雲逸校注：《盧照鄰集校注》，中華書局1998年版，第29頁。
④ （唐）陸贄：《陸宣公文集》，上海古籍出版社2013年版，第308頁。
⑤ （宋）李昉等編：《文苑英華》，中華書局1966年版，第1册，第311頁。

本《玉篇·言部》："誕，徒旱、徒旦二切，大也。"（168）《荀子·哀公》："健，貪也；詌，亂也；口啍，誕也。"王先謙集解引郝懿行曰："誕者誇大。"① 所以"誕揚"指誇大稱揚、廣泛顯揚。該詞古籍常見，如宋徐鉉《張居詠制》："高步承華，誕揚師訓。"② 又宋楊億《景德二年三月試草澤劉牧策一》："弦歌不輟，誕揚洙泗之風；生徒寖多，克追唐漢之盛。"③ 宋歐陽修《除李昭亮制》："宜擇剛辰，誕揚休命。"④ 所以，集文當作"誕揚"。"誕"受下文"揚"字影響發生偏旁類化，訛作"挺"，李氏未細審文意，故誤。《漢語大詞典》未收"誕揚"一詞，修訂當補。

【06】祗誦環徊，永用懸解，存及之顧，良以悲戚。（卷10/侍中柳惲答/頁514）

按，"祗誦"，大正藏本同，並誤。高麗藏本作"衹誦"，《可洪音義》卷29《弘明集音義》卷10："衹誦，上音脂，敬也。""衹"是"祇"字異寫，"祇誦"，敬誦也，古籍常用詞語，如《史記·秦始皇本紀》："本原事業，祇誦功德。"張守節正義："祇，音脂。"⑤ 宋夏竦《謝御製和詩表》："祇誦兢榮，罔知攸措。"⑥ 宋蘇頌《謝欽恤刑表三》："祇誦寬和之旨，内深惻隱之懷。"⑦《漢語大詞典》未收"祇誦"一詞，修訂當補。

【07】丹楊丞蕭眕素答（卷10/頁539）
　　　弟子蕭眕素頓首和南。（同上/頁541）

按，"蕭眕素"，李氏箋注曰："蕭眕素，生平、里爵不詳。"磧砂藏、高麗藏本皆作"蕭眹素"，大正藏翻刻高麗藏作"蕭矖素"，校勘記曰："矖"，元、明本作"眕"。《慧琳音義》卷96《弘明集音義》卷10亦作

---

① （清）王先謙撰，沈嘯寰、王星賢點校：《荀子集解》，中華書局1988年版，第545頁。
② 曾棗莊、劉琳主編：《全宋文》，巴蜀書社1988年版，第1冊，第295頁。
③ 曾棗莊、劉琳主編：《全宋文》，巴蜀書社1990年版，第7冊，第521頁。
④ 曾棗莊、劉琳主編：《全宋文》，巴蜀書社1991年版，第16冊，第284頁。
⑤ 《史記》，中華書局1982年版，第243頁。
⑥ 曾棗莊、劉琳主編：《全宋文》，巴蜀書社1990年版，第9冊，第22頁。
⑦ 曾棗莊、劉琳主編：《全宋文》，上海辭書出版社、安徽教育出版社2006年版，第61冊，第196頁。

"眹"："蕭眹，真忍反，人名也。"（59/265b）《可洪音義》卷29《弘明集音義》卷10作"睬"："蕭睬，之忍反，人名。"根據注音可知，可洪亦以"睬"爲"眹"字異寫。今按諸書並誤，"眹""睬""眹"皆"際"字訛誤。蕭際素，蘭陵人，祖父蕭思話，父蕭惠明，皆有盛名。蕭際素性靜退，少嗜欲，卒后謚"貞文先生"，《梁書》卷52、《通志》卷141皆有傳。

【08】太子中舍人劉洽答。（卷10/頁544）
　　　　弟子劉洽頓首呈。（同上）
按，"劉洽"，李氏箋注曰："劉洽，生平、里籍不詳。"大正藏翻刻高麗藏亦作"劉洽"，並誤，正當作"到洽"，見《可洪音義》卷29《弘明集音義》卷10："到洽，上都導反，人姓也。或作受字。下音狹，從氵。""洽"，"洽"字訛誤。注文"受"，"受"字異寫。《玉篇·爪部》《廣韻·号韻》皆曰："受，姓也。"到洽，字茂㳂，彭城郡武原人，南朝梁大臣，劉宋驃騎將軍到彥之曾孫，《梁书》卷27、《南史》卷25皆有傳。

【09】是時有沙門慧琳，假服僧次而毀其法，著《白黑論》。衡陽太守何承天，與琳比狎，雅相擊揚，著《達性論》，並拘滯一方，詆呵釋教。永嘉太守顏延之、太子中舍人宗炳，信法者也，檢駁二論，各萬餘言。琳等始亦往還，未抵躓，乃止。炳因著《明佛論》，以廣其宗，帝善之。（卷11/何令尚之答宋文皇帝讚揚佛教事/頁576）
按，"抵躓"，大正藏作"底躓"，校勘記曰："'底'，宋、元、宮本作'抵'，明本注曰'底'流通作'抵'；'躓'，宋、元、宮本作'躓'，明本作'績'"。
中華藏影印麗藏本作"抵躓"，校勘記曰："'躓'，資、磧、普、南作'躓'，徑、清作'績'"。《可洪音義》卷29《弘明集音義》卷11亦作"抵躓"，注曰："上丁礼反，下知利反，礙也。下又《川音》作躓，昨何反，非。"
李小榮校箋本依麗藏本，翻錄作"抵躓"，校記曰："宮、資、普同底本，作'抵迹'，南、北、清、陵作'底績'，徑、汪作'抵績'，頻、大作'底躓'，此依麗。"（577）箋注曰："抵躓，意同'觗躓'。……法礪《四分律疏》卷10：'舐躓不去者，喻惡比丘，不肯引過懺悔滅也。'"（577）李謂"抵躓"意同"舐躓"，即抵觸不順之意。如此，則"未底躓"即無抵觸不順，這就與下文"乃止"相矛盾，既然無所抵捂不順，就不應該停止作罷。

今謂集文當以作"底績"爲是，亦作"厎績"，謂獲得成功、取得成績。"厎績"語出《書·禹貢》："覃懷厎績，至於衡漳。"① 該詞古籍中常用，又如《後漢書·章帝紀》："厎績遠圖，復禹弘業。"② 又《宋書·武帝本紀中》："昔火德既微，魏祖厎績；黄運不競，三后肆勤。故天之曆數，實有攸在。"③ 佛籍如《永覺元賢禪師廣録》卷15《重建鼓山湧泉禪寺記》："自湧泉之廢於嘉靖壬寅也，僧之欲力起其廢者，不一其人，需之至九十載，不一其時，而卒莫厎績。" 又《憨山老人夢遊集》卷40《湖心寺重建放生普願成佛塔疏》："慨其功未厎績，大有憾焉。"

集文"未底躓，乃止"，即"未成功，乃止"之意。"扺"是"抵"字俗體，"抵"乃"底"之假借字。"躓"蓋"績"字之訛，進而訛作"躓"。因"躓"同"迹"，故有的版本以"迹"替"躓"。也可能"迹""躓"都是"績"的假借字。《川音》作"䠱"，厚大師音"昨何反"，則是以"䠱"爲"蹉"④字之訛。"蹉"甚乖文意，亦不可取，乃"躓"字轉訛。

【10】僕忝莅梓蕃，庶在明仄，觀貢帝庭，必盡才懿。（卷11/答僧巖道人/頁626）

按，"明仄"，大正藏本同，《可洪音義》認爲"仄"宜作"友"，見《可洪音義》卷29《弘明集音義》卷11："明仄，阻色反。《左傳》云：瘞埋也⑤。宜作友，音有，同志也。" "厌"同"仄"，皆"友"字訛誤。

---

① 《尚書正義》，（清）阮元校刻《十三經注疏》本，中華書局1980年版，第146頁。
② （南朝宋）范曄：《後漢書》，中華書局1965年版，第154頁。
③ （南朝梁）沈約：《宋書》，中華書局1974年版，第46頁。
④ 《廣雅·釋詁》："蹉，踢也。"（73）《廣韻·歌韻》昨何切："䠱，踢也。蹉，上同。"（160）《龍龕手鏡·足部》："䠱、躓，二俗；䠱，或作；蹉，正：昨何反，踏也。四。"（460）
⑤ 可洪釋"仄"引《左傳》曰"瘞埋也"，令人不知所云，古注及字韻書中"仄"並無類似釋義。今考顏師古注《漢書》曾多處注曰："仄，古側字。" 又《左傳·襄公二十五年》："崔氏側莊公于北郭。" 杜預注："側，瘞埋之。" 由此可知"仄"字此義項乃是因作爲"側"的古字輾轉而來。

手書"友"作"反"①、"犮"②，與"仄"形似而訛。"明友"謂賢明的、志同道合的朋友，較"明仄"切合文意。"明友"一詞古籍常用，如唐釋遇榮《仁王經疏法衡鈔》卷5："忽染纏縈疾，俄成臥病身，妻兒慊共語，明友厭相親。"又唐釋道宣《四分比丘尼鈔》卷3："長老持戒具足，莫戀著住處及衣物、知識明友，但存念三寶，及念身不淨，於三界中，慎莫懈怠。"唐釋窺基《成唯識論別抄》卷10："二攝受依，謂七攝受，即自己、父母、妻子、奴婢、作使、僮僕、明友、眷屬七攝受事。"唐釋宗密《圓覺經道場修證儀》卷10："強梁專擬非違者，權作怨家怖使驚。柔耎未能進取者，即爲明友數逢迎。富貴性多慈愛者，爲他眷屬共歡榮。"《漢語大詞典》未收"明友"，修訂當補。

【11】至於恒標辭略，遠公距玄，雖全已非奇，然亦足敦勵法要。（卷12/頁637）

按，"全已"，大正藏本同，並誤。據文意，當作"全己"，指保全自己、成全己志之意。《可洪音義》卷29《弘明集音義》卷12作"全巳"，注曰："上自宣反，下居里反。"據注音可知，可洪以"全巳"爲"全己"之異寫。"全己"一語古籍中多有使用，如《呂氏春秋·知分》："此江中之腐肉朽骨也，棄劍以全己，予奚愛焉。"③又《六度集經》卷1："全己害民，賢者不爲也。"又卷4："殺彼全己，非佛仁道，吾不爲也。"

【12】芳華神秀而粲藻，香風靈飄而飛煙。（卷13/日燭/頁739）

按，"粲藻"，大正藏本同，並誤。唯金藏作"發藻"，不誤，《可洪音義》卷29《弘明集音義》卷13亦作"發藻"。"發藻"指顯示文采，放出光彩，古籍多用，如《文選·班固〈答賓戲〉》："近者陸子優游，《新語》以興；董生下帷，發藻儒林。"④《文選·陸機〈演連珠〉》："是

---

① 參見《可洪音義研究·異體字表》"友"字，第792頁。
② 出自《唐趙路墓誌》"孝友著閨門"句，《北京圖書館藏歷代石刻拓本匯編》，第11冊，第36頁。
③ 王利器：《呂氏春秋注疏》，巴蜀書社2002年版，第4冊，第2470頁。
④ （南朝梁）蕭統編，（唐）李善、呂延濟等注：《六臣注文選》，中華書局2012年版，第850頁。

以重光發藻，尋虛捕景，大人貞觀，探心昭忒。"劉良注："日發光藻而照之。"① 南朝宋鮑照《與荀中書別》："敷文勉征念，發藻慰愁容。"②

【13】想衣斐亹以被軀，念食苾芳以盈前。（卷 13/日燭/頁 739）

按，"斐亹"，大正藏本作"斐�"，並誤。唯中華藏影印金藏作"斐亹"，不誤，《可洪音義》卷 29《弘明集音義》卷 13："斐亹，上妃尾反，下無匪反。""斐亹"，亦作"斐亹"，指文彩絢麗貌，古籍常用，如《文選·孫綽〈游天臺山賦〉》："彤雲斐亹以翼欞，曒日炯晃於綺疏。"李善注："亹，亡匪切。"又："斐亹，文貌。"③ 又韓愈《答張徹》："賴其飽山水，得以娛瞻聽，紫樹雕斐亹，碧流滴瓏玲。"注引文讞云："斐亹，文色也。上妃尾切，下武斐切。"④

【14】叛渙疆場，抗距靈節。（卷 14/檄魔文/頁 768）

按，"疆場"，大正本同，並誤，當作"疆埸"。《可洪音義》卷 29《弘明集音義》卷 14 作"壃埸"："壃埸，上居羊反，下羊益反。""壃埸"同"疆埸"，指邊界、邊境，《左傳·桓公十七年》："疆埸之事，慎守其一，而備其不虞。"陸德明釋文："埸音亦。"孔穎達疏："疆埸，謂界畔也。"⑤ 楊伯峻注："埸音易，邊境也。疆埸爲同義連綿詞。"⑥《荀子·富國》："觀國之治亂臧否，至於疆易而端已見矣。"楊倞注："易，與'埸'同。"⑦ 後來亦指疆土、領土、戰場等。董志翹先生對該"疆場""疆埸"有專文討論⑧，可參閱。

【15】右眄則濛汜飛波，左顧則扶桑落曜。（卷 14/檄魔文/頁 772）

按，"濛汜"，大正藏本同，並誤，當作"濛汜"。《可洪音義》卷 29《弘明集音義》卷 14："濛汜，上音蒙，下音似。"古稱日落之處爲"濛

---

① （南朝梁）蕭統編，（唐）李善、呂延濟等注：《六臣注文選》，中華書局 2012 年版，第 1024 頁。

② 黃節：《鮑參軍詩注》，中華書局 2008 年版，第 313 頁。

③ （南朝梁）蕭統編、（唐）李善注：《文選》，中華書局 1977 年版，第 165 頁。

④ 屈守元、常思春：《韓愈全集校注》，四川大學出版社 1996 年版，第 311 頁。

⑤ 《春秋左傳正義》，（清）阮元校刻《十三經注疏》本，中華書局 1980 年版，第 1759 頁。

⑥ 楊伯峻：《春秋左傳注》，中華書局 1990 年版，第 149 頁。

⑦ （清）王先謙：《荀子集解》，中華書局 1988 年版，第 192 頁。

⑧ 董志翹：《梁〈高僧傳〉"疆埸"例質疑》，《中國語文》2006 年第 6 期，總第 315 期。

第三章　《可洪音義》與佛典整理　　　　　　　　　　　　349

汜"，如《文選·張衡〈西京賦〉》："日月於是乎出入，象扶桑與濛汜。"注："汜，音似。"又李善注引《楚辭》曰："出自陽谷，入于濛汜。"① 白居易《開成大行皇帝挽歌詞》之三："鼎湖龍漸遠，濛汜日初沉。"②

【16】造穎眄目，助懷惕然。（卷14/檄魔文/頁781）

按，"眄目"，大正藏本同，並誤，當作"盱目"。《可洪音義》所據底本作"眄目"，見《可洪音義》卷29《弘明集音義》卷14："眄目，上況于反，舉目也，正作盱。""眄"，今作"盱"。《説文·目部》："盱，張目也。"（66）宋本《玉篇·目部》："眄，休俱切，舉眼也。"（83）《龍龕·目部》："盱，仰目也。"（417）《廣韻·虞韻》況于切："盱，舉目。"（74）"盱目"即揚眉舉目之意，例如漢班固《白虎通》卷七《聖人》："武王望羊，是謂攝揚，盱目陳兵，天下富昌。"陳立疏證："《魏都賦》劉注：'盱，舉眉大視也。'《方言》二注：'盱謂舉眼也。'《説文·目部》：'盱，張目也。'謂張目陳兵，《孟子》所云'武王一怒而安天下之民'也。"③ 唐闕名《土風賦》："外則盱目而歌，内則析骸而哺。"④《剪燈新話·富貴發跡司志》："諸人言敘既畢，發迹司判官忽揚眉盱目，咄嗟長歎。"⑤《廣弘明集》卷29《檄魔文》作"仰眺"："迅目仰眺，助情暢然。""盱目"與"仰眺"正同義。"盱"字手書亦作"眄"、作"眄"⑥，與"眄（盱）"字形近相亂，傳抄刊刻者未詳文意，回改爲"眄"，從而致誤。

———————

① （南朝梁）蕭統選編、（唐）李善等注、俞紹初等點校：《新校訂六家注文選》，鄭州大學出版社2013年版，第1册，第91頁。
② （唐）白居易撰、顧學頡校點：《白居易集》，中華書局1979年版，第799頁。
③ （清）陳立撰、吳則虞點校：《白虎通疏證》，中華書局1994年版，第340頁。
④ （清）陳元龍輯：《歷代賦彙》，北京圖書館出版社1999年版，第2册，第736頁。
⑤ （明）瞿佑著、周夷校注：《剪燈新話》，上海古典文學出版社1957年版，第64頁。
⑥ 參見《〈可洪音義〉研究·異體字表》"眄"字，第589頁；"盱"字，第754頁。

第四章　餘論

第一節　同經異譯與佛經音義研究

本書所說的同經異譯，是指同一部佛經的不同譯本之間互爲異譯。大藏經中有許多重譯本佛經，形成佛經的一大特徵，幾乎所有的重要佛經，都是一而再、再而三地譯成漢譯本，《出三藏記集》卷二稱這類經典爲"異出經"。關於異譯本產生的原因，王文顏先生總結有三。（一）由於原典存在諸多問題而引起重譯：傳入中土的佛經原典有胡本、梵本、部派本之別，我國的佛教信徒又有求全求備的願望，因此只要發現有不同原典傳入，機緣成熟，就予以翻譯。原典不全也是造成重譯的原因之一，其一是印度有節錄經本的抄經習慣，二是傳入中國的原典本來就不全，從而造成佛經的一再補譯、合本、重譯。（二）由於漢譯本存在諸多問題而引起重譯：或者因爲舊譯本未將原典的思想正確傳譯出來，或是由於原典是全本，而舊譯本只是節譯或抽譯其中某些片段或大意，導致精益求精的經學大師們不得不重譯新經。（三）因譯人亡故或時局動亂而引起重譯。[①] 異譯本的價值在於，它們有共同的來源（充其量原典的版本可能不同），可是譯出年代不同、譯者不同，語言就會帶有各自的時代特徵和個人的言語風格，如果把它們放在一起加以比勘，不但有助於互校佛典的版本或内容訛誤，幫助確定某些疑難字詞的含義，而且可以發現語言演變的軌跡，[②] 這對於佛經的文獻學和語言文字學研究特别有意義。前脩時賢們利用同經

[①] 參見王文顏《佛典重譯經研究與考録》上編《佛經重譯的原因》，臺北文史哲出版社1993年版。

[②] 參見朱慶之《佛典與中古漢語詞彙研究》，臺北文津出版社1992年版，第40—41頁，並略有改定。

異譯已經做出了不少成果①，但都偏重在佛經校勘、經意研讀、語詞考釋及語法研究等方面，利用同經異譯研究佛經音義書注釋的正誤得失的成果還基本没有，鑒於此，本書主要探討同經異譯對於佛經音義研究的價值。

"音義"是傳統小學術語，指辯音和釋義。音義書專指解釋字的讀音和意義的書，兼及版本校勘。② 音義著作看似主要在"辯音"，其實目的是"明義"，是"訓文字之音而注其義，即博引古代韻書、字書，旁及經史子集，詳注反切以名字音，窮探幽奥以釋詞義"③。所謂"佛經音義"，就是爲通讀某一部漢譯佛典而作的音義著作。漢譯佛典是古代印度語言、文化對漢語、漢文化深刻影響的產物。本來印度的思想文化、語言文字、風土人情，對於我們中土人士就已經很陌生，加之再用古漢語翻譯過來，形成一種非自然的獨特的漢語變體——佛教混合漢語（Buddhist Hybrid Chinese），這就使得漢譯佛經不僅教義博大精深，而且語言古奥晦澀，給僧俗兩界研讀都帶來不小的困難，於是漢譯佛典中另有一類特殊文獻應運而生，它是專爲幫助佛弟子及佛學愛好者閱讀佛經服務的，即佛經音義。

歷代經師在著作佛經音義時對異譯也有參考，如慧琳再詳定大乘基《妙法蓮花經音義》時，對《妙法蓮花經》的異譯《正法花經》就有參考：《慧琳音義》卷 27《妙法蓮花經藥王品音義》："我適，尸亦反，往也。《正法花》云'我昔供養'，是也。"（57/989a）④ 又《觀音品音義》：

---

① 例如董琨《"同經異譯"與佛經語言特點管窺》，《中國語文》2002 年第 6 期；辛嶋静志《〈道行般若經〉和"異譯"的對比研究——〈道行般若經〉與異譯及梵本對比研究》，《漢語史研究集刊》第四輯，巴蜀書社 2001 年版；辛嶋静志《〈道行般若經〉和"異譯"的對比研究——〈道行般若經〉中的難詞》，《漢語史研究集刊》第五輯，巴蜀書社 2002 年版；胡敕瑞《〈道行般若經〉與其漢文異譯的互校》，《漢語史學報》2004 年第四輯；陳文杰《同經異譯語言研究價值新探》，《古漢語研究》2008 年第 1 期；盧巧琴《論同經異譯的語言學價值——以〈無量清淨平等覺經〉等三部異譯經爲例》，《中南大學學報》（社會科學版）2008 年第 1 期；陳源源《同經異譯佛經人名管窺——以〈法華經〉異譯三經爲例》，《西南交通大學學報》（社會科學版）2008 年第 3 期；高列過《中古同經異譯佛典語言研究概述》，《貴州師範大學學報》（社會科學版）2013 年第 6 期；以及浙江大學顔洽茂先生指導的一批碩士學位論文。

② 參見梁曉虹、徐時儀、陳五雲《佛經音義與漢語詞彙研究》，商務印書館 2005 年版；徐時儀、梁曉虹、陳五雲《佛經音義研究通論》，鳳凰出版社 2009 年版；黄仁瑄《唐五代佛典音義研究》，中華書局 2011 年版。

③ 《中國大百科全書·語言文字》，中國大百科全書出版社 1993 年版，第 452 頁。

④ 《妙法蓮華經》卷 6《藥王菩薩本事品》"我適曾供養"，《正法華經》卷 9《藥王菩薩品》作"吾往昔時至心供養"。

"漂墯，上匹消反、芳妙反，《説文》：漂，浮也。《正法花》云'流墯'，是也。"（57/989b）① 又如可洪在注釋《法句經》時，對其異譯《出曜經》亦有參考：《可洪音義》卷22《法句經音義》卷下："怨讖，子廉反，害也；不廉也，正作殲、䜛二形。又莊蔭反，讒言也，《出曜經》作怨譖，是也。"但是，這種參考沒有程序化，所以不成體系。尤其是在爲那些艱澀難懂的譯經作音義時，如果不參考異譯本，讀懂經意即已困難，正確注釋更爲不易，而且出錯率比較高。本節擬以《慧琳音義》和《可洪音義》兩書中的《道地經音義》爲例，來具體説明由於當時經師沒有系統有意識地參考《道地經》的異譯本《修行道地經》，以致其音義中出現了許多不完善乃至疏誤之處。

《道地經》，又稱《大道地經》，是《修行道地經》的略出本，東漢時期安息國高僧安世高所譯，一卷，七千多字，是第一譯。安世高是有史可證的最早的譯經家，他來華後才學習漢語，翻譯佛經，其所譯經口語和文言混雜，比較拙澀，明代釋智旭《閱藏知津》卷38評價其《道地經》爲"文不可句"，試舉幾例，如《道地經・五種成敗章第五》："或時上樹無有蓏、無有華、無有華戲。"此句費解，《修行道地經》卷1《五陰成敗品》譯曰："或見枯樹，都無枝葉，夢緣其上，而獨戲樂。"根據異譯可知《道地經》原文本意是："或時上樹戲，樹無有蓏、無有華、無有華（葉）。"② 又同章："亦持若干幹樹破聚薪。"此亦費解，《修行道地經》譯曰："折取枯枝，束負持行。"對比可知，"若干幹樹破"即"若干破幹（乾）樹"③，與"枯枝"相對應。又同章："若有沐身未浴身時，譬栴檀香，或時如蜜香，或時多核香，或時那替香，或時根香，或時皮香，或時華香，或時蓏香，或時霍香；或時宿命從行相，筋香、髮香、骨香、肌肉鹽血香、大便香。"此段字詞看似簡單，但讀完根本不知所云，我們來看《修行道地經》的翻譯："復有異經，説人終時，諸怪之變：設有洗沐，若復不浴；設燒好香、木樒、栴檀、根香、花香，此諸雜香，其香實好，

---

① 《妙法蓮華經》卷7《觀世音菩薩普門品》"假使黑風吹其船舫，飄（博本作'漂'）墮羅刹鬼國"，《正法華經》卷10《光世音普門品》作"假使風吹其船流墮黑山迴波"。

② 《可洪音義》改後一"華"字爲"葉"，既與異譯相合，又避免了原文兩個"華"字之重複。見《可洪音義》卷21《道地經音義》："華戲，上音葉。悮。"

③ 《可洪音義》改"幹"爲"乾"，切合經文原意。見《可洪音義》卷21《道地經音義》："幹樹，上音干，不濕也，正作乾也。又古案反，非也。"

病者聞之，如燒死人骨、髮、毛、爪、皮膚、脂、髓、糞除之臭也。"參考異譯，方才恍然大悟。

《道地經》中此類語句甚多，語序受梵本或胡本影響頗重，近乎直譯，潤色加工不足，文中還有許多疑難字詞，更何況它還是個典型的節譯本，教義本來就不完備，所以至西晉，竺法護譯出全譯本《修行道地經》七卷，七萬多字，是第三譯。① 本節之所以選擇慧琳和可洪的《道地經音義》爲例，就是因爲安世高對此經的翻譯實在艱澀難懂，特別需要注釋，而現有佛經音義的注釋卻不盡人意。以《慧琳音義》卷75《道地經音義》所釋65個詞條爲例，筆者系統分析了他的注釋結論，發現"蠹子""芬荽""鳥挍""入檻""四激""髓骼""著喉""受痺""俳掣""曠戾""或䏶""病塲""笒甘露""僄樂""枚瓱""持箒""猲鬖髪""飄黓""囀舌""蔡藻""骨骼""烏麩""尻血""依洫"等24條釋文的解釋存在問題，不能令人信服，約占詞條總數的37%，嚴重影響了全書的質量。《可洪音義》在這方面稍有改善，很多解釋較慧琳高明，但做得還不夠徹底，可洪《道地經音義》總共解釋詞目303個，其中"扗甘""僳樂""可藿""可㚄""生猇""枚瓱""持等""喜咷""斂鹵""芬荽""鳥挍""四激""見䫴""曲戾""黑咤""幹囀""多核""肌肉""嚴討""遠屛""胞頤""誠誈""頸頭""覆福""受庳""成贏""朕腥肌""脾脂""血𪑾""恬利""又處""有說""如軒""囀罪""衣洫"等35個詞條解釋存在問題，約占全部的12%，而且很多錯誤的發生與不參考異譯有關。

當然，《道地經》可能是個特例，但佛經中像這樣古奧艱深的經典並非少數。如果經師稍微完善一下方法，注釋佛經時有意識地、全面系統地參考異譯，就會少出很多問題。所以，今天我們研究古代經師的佛經音義書時，要充分吸取這個經驗教訓，多多參考異譯。具體而言，參照異譯，有助於釐正音義所據佛典的文字訛誤；有助於修正音義的注釋疏誤；有助

---

① 關於《道地經》的異譯本，還有後漢天竺三藏支曜翻譯的《道地經中要語章》，又名《小道地經》，一千五百多字，是第二譯。此譯不分品，是一部"摘譯大意"的譯本。此本雖與上述二本爲同本異譯，但篇幅內容差異巨大，無法對應，故本節不作參考。有關《道地經》異譯本的考述，參考自王文顔《佛典重譯經研究與考錄》，第68—71頁。

於更加深入透徹地理解經師們的釋義。下文筆者就以慧琳《道地經音義》爲例，同時對照《可洪音義》，就這個問題加以深入説明。

一 參考異譯有助於發現音義作者的失校、誤校

校勘是注釋佛經的首要工作，只有掃除了底本之誤，才有可能正確音釋。可是藏經浩繁，每部佛經都能做到細細勘正殊非易事，而且當時每位經師所能搜羅到的藏經版本有限，更何況有些訛誤也不是對勘所能解決得了的。所以，適當參考異譯，有助於發現音義所據底本的文字錯訛，而音義作者卻疏於校勘或者校勘有誤。例如：

【1】鳥挩，團活反，義與奪字同，《考聲》從支作攲，攲猶强取也。從手、允聲。《正字辯》或云：挩，解也，免也。下經文鳥蹹挩准此音，蹹音談合反。(58/963b)

按，"挩"乃"捝"字異寫，"攲"是"敓"字之變。"捝"本解脱義，《説文·手部》："捝，解捝也。"(255)段玉裁注："今人多用脱，古則用捝，是則古今字之異也，今脱行而捝廢矣。"(604)"敓"乃强取義，《説文·攴部》："敓，彊取也。"(63)段注："此是争敓正字。後人假奪爲敓，奪行而敓廢矣。"(124)"捝（脱）""敓（奪）"古籍中常互相假借。慧琳認爲《道地經》中"捝"音義同"奪"，"奪"亦作"敓"，義爲强取也。

《可洪音義》卷21《道地經音義》所據底本作"鳥棁"，注曰："鳥棁，他活反，誤也。誤，錯也，正作捝也。"可洪認爲"棁"是錯字，正作"捝（挩）"，在經中是"誤也""錯也"之義①。

麗藏、金藏本《道地經》亦作"鳥棁"："或時鳥棁吞足亦蹹。"②《説文·木部》："棁，木杖也。"(119)"棁"字無義可取。但經文若作"鳥挩"，根據慧琳或者可洪的注釋，仍然費解。

我們來看看《修行道地經》卷1的異譯："或見群象，忽然來至，

---

① 《廣韻·末韻》他括切："挩，除也，誤也，遺也。又解挩。或作脱。"(487)
② 本節所引用《道地經》和《修行道地經》全部出自影印高麗大藏經本，臺北新文豐出版公司1982年版，同時參考了《大正藏》的校勘記。而且，關鍵字詞一併對勘了中華大藏經影印金藏廣勝寺本《道地經》。

第四章　餘論　355

蹋①蹈其身。"據此可知，"鳥捝"當是"象捝"之誤，"捝"字應取解脱、逃逸之義。羣象脱逸，奔突踩踏，這樣兩譯就基本合拍了。俗書"象"字常寫作"𫞂""𫞃""𫞄"等形，進而訛作"鳥"②，與"花鳥"之"鳥"無異。慧琳、可洪於"鳥"字失校，於"捝"字誤解，導致其音釋完全無助於理解經意。

慧琳又曰"下經文鳥蹹捝准此音"，考麗藏本《道地經》下文："如是夢身所見便意怖、便身殘，譬如鳥蹋捝已身近，極苦相著。"此句《修行道地經》卷1異譯如下："今吾所夢自昔未有。以意懅故，衣毛爲竪，病遂困篤，震動不安，譬如猛象，羣衆普至，踏蹹芭蕉，病轉著床，其譬如是。"兩譯相較，可知《道地經》"鳥蹋捝"亦當作"象蹋捝"，方與《修行道地經》"譬如猛象，羣衆普至，踏蹹芭蕉"相應，此處慧琳亦失校，其釋實不足取。

【2】芬茨，他敢反，《毛詩傳》曰：茨，蒺也。又曰：毳衣如茨。從草、從炎，亦形聲字也。《爾雅》：茨，草青白色也。（58/963b）

按，《可洪音義》卷21《道地經音義》亦作"芬茨"："芬茨，上宜作苀，音芥，草也。下他敢反，荻也。"可洪認爲正作"芥茨"。大正藏翻刻麗藏本《道地經》中無此二字，相應位置作"美"："或時樹間行，獨樂大美，亦持若干幹樹破聚薪。"校勘記曰："美"，宋、元、明、宫本作"芬茨"。金藏作"獨樂大芬茨"。此句《修行道地經》譯曰："或見叢樹，獨樂其中，欣欣大笑，折取枯枝，束負持行。"兩譯相較，"獨樂大美"當與"獨樂其中，欣欣大笑"意思相同。

竊以爲"美"乃"笑"字俗訛。"笑"俗書可以寫作"𦬊"③，與"美"字手寫體"𦍌"④同形。又"笑（𥬇）"的俗字"𣬛（𣬜）"手書可以寫作"𣬛""𣬜""𣬝""𣬞""𣬟""𣬠"等形體⑤，亦可

---

① 大正藏校勘記曰："蹋"，宋、元、明、宫本作"踏"。
② 參見韓小荆《〈可洪音義〉研究——以文字爲中心》之《異體字表》"象"字條，巴蜀書社2009年版，第743—744頁。
③ 參見《〈可洪音義〉研究》之《異體字表》"笑"字條，第745—746頁。
④ 參見《〈可洪音義〉研究》之《異體字表》"美"字條，第584頁。
⑤ 《玉篇·口部》："𣬛，俗笑字。"又參見《〈可洪音義〉研究》之《異體字表》"笑"字條，第745—746頁。

爲旁證。這樣，《道地經》當作"獨樂大笑"，正與《修行道地經》"獨樂其中，欣欣大笑"意思相同。

經文若作"芬芰"或者"芥芰"，"獨樂大芬芰"或"獨樂大芥芰"皆不知所云，頗疑"芬芰"或"芥芰"乃"笑"字之訛。古書行款下行，"笑"字若寫得潦草，字體拉得很長，便與上面的"大"字和下面的"亦"字分不開，就有可能訛作"芬芰"或"芥芰"。諸位經師昧於經意，版本對勘又不足，且不參考異譯本，失校誤注也就不足爲奇了。

【3】如熟烏麮，丘舉反，《蒼頡篇》云：煮麥粥曰麮。從麥，去聲也。麥字從來，下從夊，夊音雖。（58/965a）

按，大正藏翻刻麗藏本《道地經》亦作"如熟烏麮"："三七日精凝，如久酪在器中；四七日精稍堅，如酪成；五七日精變化如酪酥；六七日如酪酥變化聚堅；七七日變化聚堅藏，譬如熟烏麮；八七日變化滅烏麮，譬如磨石子；九七日在磨石子上生五腄，兩肩相、兩臏相、一頭相。"金藏作"如熟鳥麮"。此段《修行道地經》譯曰："至三七日，似如生酪；又四七日，精凝如熟酪；至五七日，胎精遂變，猶如生酥；又六七日，變如息肉；至七七日，轉如段肉；又八七日，其堅如坏；至九七日，變爲五皰，兩肘、兩髀及其頸①項，而從中出也。"其中"段肉"與《道地經》的"熟烏麮"相對應。

"段肉"即肉段，塊兒狀肉，佛經中常見此語，例如《雜阿含經》卷9："有石似段肉，餓烏來欲食，彼作軟美想，欲以補飢虛，竟不得其味，折觜而騰虛。"《菩薩本緣經》卷1："猶如衆鳥，競諍段肉。"又《善見律毗婆沙》卷10："若王見諸夫人兒端正，而我生子唯一段肉，無有手足，王設見者，必生惡賤。"

佛經中還經常用"肉段"比喻胚胎成形之前的樣子，如《雜阿含經》卷49："迦羅邏爲初，迦羅邏生胞，胞生於肉段，肉段生堅厚，堅厚生肢節，及諸毛髮等，色等諸情根，漸次成形體，因母飲食等，長養彼胎身。"

又考《正法念處經》卷70："是七七日，名曰肉團，住在胎中屎尿之間。若母動身，若母飲食，被壓辛苦，如壓蒲桃。復以業風，吹動肉團，肉團增長，生於五皰，所謂兩手、兩足及頭。"此經"肉團"與《修行道

---

① 頸，大正藏校記曰：宋、元、明、聖本作'頭'。

地經》的"段肉"詞義正相當。

而"麩"指麥粥，宋本《玉篇・麥部》："麩，丘舉切，煮麥也。"（285）又《廣韻・語韻》羌舉切："麩，麥粥汁。"（259）麥粥是糊糊狀，完全不成形，與"段肉"義不相稱，也與《道地經》中描述的胚胎發展順序不合，故經文作此字恐有訛誤，慧琳對其應予以校改。

可洪所據底本亦作"烏麩"，《可洪音義》卷21《道地經音義》："烏麩，此二字宜作榯䴷，上安胡反，柿子也。下蒲后反，䴷䴷，油餅子也。按《寶積經》第五十五卷云狀如藥杵，第五十六云狀如鐵箸、狀如鞋楥，《胞胎經》云如指箸、息創、息肉，並是胎欲成形兒也。又丘与、丘御二反，麦粥汁也，不稱經意。"可洪認爲"烏麩"二字不合經意，以"榯䴷"替之。"榯"指柿子，《廣韻・模韻》哀都切："榯，榯椑，青柿。"（85）《集韻・模韻》汪胡切："榯，榯椑，木名，青柿也，出長沙。"（91）"䴷"指"䴷䴷"，油餅子。宋本《玉篇・麥部》："䴷，蒲口、蒲没二切，䴷䴷，餅也。"（286）"榯䴷"與"烏麩"字形有聯繫，且更合經意，較慧琳所釋爲優，但是否合乎譯者原意，除非有原梵本對校，否則難成確詁。

二 參考異譯有助於修正音義作者的注釋疏誤

漢語中很多詞是多義詞，在具體語境中，究竟選擇哪個音義項，有賴於對文意的準確理解。面對一部比較古奧艱澀的佛經，如果其中的某些詞句不能準確把握，不妨參考一下其他異譯本，或許問題可以迎刃而解，一味想當然地按照常規義項進行解釋，就容易出錯。例如：

【4】蟇子，馬巴反，蝦蟇，水蟲名也，《説文》從虫、莫聲，或作蟆。（58/963a）

按，麗藏、金藏《道地經》皆作"蟇子"："或見道積蟇子自過上。"《可洪音義》卷21《道地經音義》："蟇子，上音莫，又音麻也。"《修行道地經》卷1則譯作"蟻子"："或見蟻子，身越其上。"兩譯用詞不同。竊以爲此"蟇子"非"蝦蟇子"，"蝦蟇子"即蝌蚪，生活在水中，不可能積聚道上。此"蟇子"當指一種黑色小蚊，夜伏而晝飛，嘴有毒，咬人成瘡。元稹《元氏長慶集》卷四《蟆子三首并序》："蟆，蚊類也。其實黑而小，不礙紗縠，夜伏而晝飛，聞柏煙與麝香輒去。蚊蟆與浮塵，皆巴蛇鱗中之細蟲耳，故囓人成瘡，秋夏不愈，膏楸葉而傅之，則差。"①《古今韻會舉要·入聲》末各切："蟆，蟲名，山南多饒此物，如蚊而小，攢聚映日，齧人作痕。"②這種蚊蟲與"蟻子"是相類之物，故可换用。可洪"音莫"，當即指蚊蟲類"蠹子"；"音麻"，則又指"蝦蠹子"，此音義不切經意，可洪未非之，説明其猶疑不决。

又考菩提流志譯《大寶積經》卷114《糞掃衣比丘品》："佛告迦葉：畜糞掃衣比丘，拾糞掃物作如是想：爲慚愧故，非以衣自嚴飾故，爲障風吹日曝、蚊虻蠹子諸惡觸故，安住佛教故，非求净好故，於糞掃中拾取棄物。"而卷57《佛説入胎藏會》曰："復受獄囚枷鎖杻械、鞭打拷楚、飢渴困苦、寒熱雨雪、蚊虻蟻子、風塵猛獸及諸惡觸。"卷114"蚊虻蠹子"連用，可見"蠹子"與"蚊虻"同類；卷57又譯作"蚊虻蟻子"，可見"蠹子"與"蟻子"所指近同，可以互譯。又《大般涅槃經》卷24《光明遍照高貴德王菩薩品》："從地獄出，受畜生身，所謂象猪、牛羊、水牛、蚤虱、蚊虻、蟻子等形。"又《大莊嚴論經》卷8："受持於禁戒，乃至蚊蟻子，猶不起害心，何況於人耶?"句中"蚊虻蟻子""蚊蟻子"蓋即"蚊虻蠹子"。

玄奘譯《阿毗達磨法藴足論》卷1《學處品》："有殺生者，暴惡血手耽著殺害，於諸有情衆生勝類無羞無慚，下至捃多、比畢洛迦皆不離殺，如是名爲能殺生者。"又："何等名爲下至捃多、比畢洛迦皆不離殺？言捃多者，謂蚊蚋等諸小蟲類；比畢洛迦，即諸蟻子。""捃多"，梵文kunta，巴利语kuntha，指小蟲、昆蟲，佛典漢譯作"蜫""蚊""蟻卵""蟻子""花心蟲""折腳蟻"③。"比畢洛迦"，梵文pipīlika，巴利语pipillika，佛典漢譯作"蟻""蟻子""蚊子""蚋子"④，《梵語雜名》卷1作"比辟里迦"，譯作"蟻子"。上揭諸經中的"蚊虻蠹子""蚊虻蟻子"當即"捃多、比畢洛迦"之對譯，"捃多"偏指蚊蚋類小昆蟲，"比畢洛

---

① （唐）元稹：《元氏長慶集》，四庫全書本，第1079册，第369頁。
② （元）黄公紹、熊忠：《古今韻會舉要》，中華書局2000年版，第455頁。
③ 参見荻原云来《漢譯對照梵和大辭典》，講談社1979年版，第356頁。楊金萍、肖平把kuntha譯爲"蠕蟲（螞蟻的一種）"，kunthakipillikā譯爲"螞蟻"，見楊金萍、肖平編《巴利詞語手册》，宗教文化出版社2013年版，第215頁。
④ 参見荻原云来《漢譯對照梵和大辭典》，第787頁。楊金萍、肖平編《巴利詞語手册》譯作"螞蟻"，第458頁。

迦/比辟里迦"主要指蟻子。玄奘《瑜伽師地論》卷8又譯作"捃多蟻"："如是所説諸句，顯示加行殺害乃至極下捃多蟻等諸衆生所者，此句顯示無擇殺害。"《玄應音義》卷22《瑜伽師地論音義》卷8："捃多，居運反。此有二義，一云蟻子，二云蟻卵。既含兩義，故宜本名。"（291）又釋普光《俱舍論記》卷15《分別業品》"捃多蟻"下注曰："此云折脚蟻，或云卵蟻，名含二義，是故不翻。"竊以爲"捃多蟻"不是音譯加意譯的梵漢"合璧詞"，應該指"蚊與蟻"，是併列結構的詞組①，玄應和普光對"捃多"的解釋偏指蟻子、蟻卵，不確。

【5】榠藻，上我蓋反，《文字典説》：薿，止也。從木，疑聲。今俗用從石作礙，或從心作懝，亦通。下遭老反，《毛詩》傳曰：水中蔓生草也。孔注《尚書》云：水草之有文者也。《韓詩》云：浮者曰藻，沈者曰蘋，皆水中有文草也，魚鼈之所藏。《説文》闕不説也。（58/964b）

按，麗藏、金藏《道地經》亦作"榠藻"："復如魚爲捕魚墮網者，餘魚見，驚怖沈走，入沙石間、榠藻中藏。"《修行道地經》卷1翻譯此句如下："譬如魚師持網捕魚，餘魚見之，怖散沈竄石岸草底。"其中"草底"與《道地經》"榠藻"相對。

考《可洪音義》卷21《道地經音義》："榠藻，上魚起反，草盛皃也，正作薿、薿二形也。又魚力反。下子老反，水中草也，正作藻也。經云'餘魚見驚怖，沉走入沙石間薿藻中藏'，是也。"可洪認爲"榠"同"薿"或"薿"。《説文·艸部》："薿，茂也。从艸，疑聲。"（16）《廣韻》"薿"音魚紀、魚力二切，《集韻·止韻》："薿"，同"薿"。"薿藻"指茂盛的水草，魚兒可以藏身其中，似正合經意。"榠"大概是"薿"的換形旁俗字。

而慧琳則認爲"榠"同"礙"或"懝"，宋本《玉篇·木部》："薿，午載切，與礙同。"（241）"榠"即"薿"字。"礙（榠）藻"就是形成障礙的水草、具有障礙功能的水草，這種説法漢語中很少見。參考異譯本，竊以爲可洪解釋爲"薿（榠）藻"似乎更文從字順，慧琳之釋則欠妥。

【6】病塸②，初錦反，陸機《漢高祖功名（臣）頌》曰：茫茫宇宙，

---

① 此結論參考了《佛光學報》匿名評審專家的意見，並衷心感謝他提供了大量例證。
② 原文作"瀎"，乃"塸"字誤刻。

上塖下黷。《説文》從土、參聲。經文從石，亦通，時用也。（58/967a）

按，慧琳所據經本作"磣"，慧琳以"塖"替之，"塖"指不清澄之貌，見《慧琳音義》卷97《廣弘明集音義》卷11："塖黷，上楚錦反，下同禄反，陸機《漢祖功臣頌》云：茫茫宇宙，上塖下黷也。李善注云：言亂常也，塖謂不清澄之皃也。黷，媟也。媟猶慢也。"（59/290a）

此義項是否符合《道地經》經意呢？我們來看看經文原文："是身爲譬，如無所依，如無所依舍，愛不愛磣一切；是身爲譬，如不可近，近常破碎；是身爲譬，如無有能護，時時爲病磣一切。"《修行道地經》卷6譯曰："是身如塚①，而無有主，爲婬怒癡所害；是身無救，常遭危敗；是身無護，衆病所趣。"兩譯相較，《道地經》"愛不愛磣一切"與《修行道地經》"爲婬怒癡所害"相當，則"磣"與"害"相對。同樣，"時時爲病磣一切"即"衆病所趣"，也就是爲衆病所毒害之意。很顯然，慧琳對"磣"字的處理並不切合經意。

又考《可洪音義》卷21《道地經音義》："愛磣，初錦反，食有沙土也；亦毒也；亦覆也，正作磣、葠②二形也。經云'是身爲辟，如无所依，如无所依舍，愛不愛磣一切'，是也。"又："病磣，同上。"可洪釋"磣"爲"毒"，即毒害，釋義比慧琳高明。

"磣毒""磣害"佛經中常見，例如《大乘大集地藏十輪經》卷7："内行磣毒，無有悲愍。"又《佛心經》卷1："十方藥叉羅刹鬼神等惡心磣害者，聞此言音，毒心即除。""磣"是後起俗字，慧琳認爲"磣毒""磣害"之"磣"正字作"憯"。《慧琳音義》卷42《大佛頂經音義》卷7："憯心，上測錦反，《説文》云：憯，毒也。從心，參聲。經作磣，俗字也。"（58/245a）又卷57《天請問經音義》："憯毒，上初錦反，《方言》：憯，殺也。《説文》：憯，亦毒也。從心，參聲。經文作磣，亦通用也。"（58/596b）

有時慧琳又説"磣"亦作"塖"：《慧琳音義》卷8《大般若經音義》卷569："磣毒，瘡瘆、霜稟二反，《考聲》：砂土汙也。從石，參聲也。

---

① 大正藏校勘記曰，"塚"，宋、元、明、宫本作"家"。《道地經》相應經文作"舍"，故當以作"家"爲是。

② 《説文·艸部》："葠，覆也。"（19）《廣韻》音七稔切，此字義於經意比較牽強，竊以爲殊非正字。

或從土作墋，亦同。……案磣毒者，妒害也，忍人也。"（57/537b）又卷41《六波羅蜜多經音義》卷8："墋毒，上楚錦反。案經意喻貪欲損害有情善業，如大毒藥，執者食者，必當喪命，故言墋毒。墋猶甚也，極毒惡也，不可救也。《説文》從土、參聲。參字從彡。或從石作磣，借用也，並從參。"（58/228a）又卷48《瑜伽師地論音義》卷25："磣毒，又作憯，同，初錦反。又墋，惡也。《通俗文》：沙土入食中曰墋也。"（58/381b）慧琳對"磣"字的解釋游移不定，很多解釋只是盲目地摘抄字韻書或諸家注疏，故難及主旨。

三　參照異譯可以更透徹地理解音義作者的釋義

佛經音義如《玄應音義》《慧琳音義》等，注釋時多是照搬字韻書之説，很少隨文釋義，故難免有隔靴搔癢之嫌。抑或有時經師對經意也不是特别明白，注釋就不能一步到位。還有時經文用字用詞在今人看來比較罕見或者意義晦澀，而經師的注釋又同樣生澀或者過於簡略，也會給讀者造成理解障礙。總之，由於種種原因，佛經音義中的某些注釋有進一步解説的必要。參考異譯，我們可以更加深入地理解佛經，從而可以更加透徹地理解經師們的注釋。例如：

【7】或魋，徒雷反，譯經者錯用，從鬼、從隹，乃是獸名，殊非經義，正合從頁作頹。頹者，小腹疾，亦名鬻腸病，下墜病也。（58/965b）

按，今麗藏本《道地經》亦作"或魋"："三十八七日，母腹中風起，令得如宿命行好惡。若好行者，便香風起，可身意，令端正可人。惡行者，令臭風起，使身意不安，不可人，骨節不端正，或臆脓，或僂，或豌，或魋，人見可是。""魋"，《説文・鬼部》："神獸也。"（186）《龍龕・鬼部》："魋：徒回反，獸似熊而小，又姓。"（323）《類篇・鬼部》："魋，傳追切，椎頭髻；漢尉佗魋結；又徒回切，《説文》神獸也。"（324）"魋"字顯然不合經意，故慧琳以同音字"頹"替之，釋爲"小腹疾""鬻腸病""下墜病"，但這些又是什麽病呢？

又考《可洪音義》卷21《道地經音義》："或魋，徒迴反，正作癀。"可洪以同音字"癀"替"魋"。宋本《玉篇・疒部》："癀，徒回切，下腫也。"（221）《龍龕・疒部》："癀，今：杜回反，陰病也。"（471）《集韻・灰韻》："癀，《倉頡篇》：陰病。或作瘨、痕、㿗。"（108）《靈樞經》卷一《邪氣藏府病形第四》："（肝脈）滑甚爲㿉疝。"①《本草綱目》卷三《百病主治藥上》"疝㿉"下注曰："腹病爲疝，丸病曰㿉。"② 又《四分律》卷35："或有一卵，或無卵，或㿉。"大正藏校記曰："㿉"，宋、元、明、宮本作"癩"。《四分律名義標釋》卷24："或癩，亦作㿉，同，徒回切，音頹，陰病也。""癩"是"㿉"字異寫。《十誦律》卷21："截陰、一丸、㿉不能男……如是一切污染僧人，盡不應與出家受具足。若與出家受具足，犯突吉羅罪。"大正藏校記："㿉"，宋本作"頹"，宮本作"頹"。《玄應音義》卷15《十誦律音義》卷21："丸頹，又作㿗，同，堂雷反，陰病也。《釋名》：陰腫曰頹，氣下頹也。又曰疝，亦言詵詵引小腹急痛也。"（201）《可洪音義》卷15《十誦律音義》卷21："丸頹，上户官反，下徒迴反，陰病也，正作㿗㿉。"又《瑜伽師地論》卷23："黃病熱血，陰㿗，如是等類無量疾病，由飲食故身中生起。"《玄應音義》卷22《瑜伽師地論音義》卷23："陰㿗，徒雷反，陰腫病也。《釋名》云：下重曰㿗也。"（295）綜上可知，"㿉"，或作"癩""頹""㿗"，指男子睾丸有病，導致性功能障礙。

我們再來看看《修行道地經》卷1的翻譯："三十八七日，在母腹中，隨其本行，自然風起。宿行善者，便有香風，可其身意，柔軟無瑕，正其骨節，令其端正，莫不愛敬也。本行惡者，則起臭風，令身不安，不可心意，吹其骨節，令僂邪曲，使不端正，又不能男，人所不喜也。"其中"又不能男"與《道地經》中"或魋"相對應。由此可見，"魋病"就是指男子因睾丸有病而不具備性功能。反觀慧琳、可洪的釋義，"小腹疾""鷩腸病""下墜病"，以及"陰病""丸病"，就是指睾丸腫墜有病症，因而沒有性功能，這樣，經意便豁然開朗，更透徹易懂了。

【8】五埵，當果反，其胎中精自分聚五處，名之爲埵，或名五皰。經文從肉作腄，非也。正從土、垂聲。或作朶、垜，並古文，皆正體字也，時不多用也。（58/965a）

按，與慧琳所據底本相同，今麗藏本《道地經》亦作"五腄"："三七日精凝，如久酪在器中；四七日精稍堅，如酪成；五七日精變化如酪

---

① 《靈樞經》，四庫全書本，第733冊，第328頁。
② （明）李時珍：《本草綱目》，中國書店1988年版，第7冊，第39頁。

酥；六七日如酪酥變化聚堅；七七日變化聚堅藏，譬如熟烏麩；八七日變化滅烏麩，譬如磨石子；九七日在磨石子上生五腫，兩肩相、兩臏相、一頭相。"

"腫"指瘢胝，繭疤，宋本《玉篇·肉部》："腫，竹垂切，《說文》：瘢腫也。又馳僞切，縣名。"（147）"腫"字不合經意，故慧琳以"埵"替"腫"，《玄應音義》卷6《妙法蓮華經音義》卷2："土埵，《字林》丁果反，聚土也。"（83）《慧琳音義》卷9《摩訶般若波羅蜜經音義》卷35："輪埵，丁果反，小累也，今取其義。"（57/570a）"埵"本指土堆，後泛指圓形凸起物，切合經意。"腫"可看作"埵"的換形旁俗字。

《修行道地經》卷1翻譯作"五皰"："至三七日，似如生酪；又四七日，精凝如熟酪；至五七日，胎精遂變，猶如生酥；又六七日，變如息肉；至七七日，轉如段肉；又八七日，其堅如坏；至九七日，變爲五皰①，兩肘、兩髀及其頸②項，而從中出也。"他經亦多作"五皰（胞）"，如《佛説五王經》卷1："至三七日父母和合，便來受胎。一七日如薄酪；二七日如稠酪；三七日如凝酥；四七日如肉臠；［五七日］五皰成就。"又《大方等大集經》卷24："住八七日轉名閉尸，形色猶如頻婆羅果，是時身邊有五胞出，謂頭手脚。"又《大法炬陀羅尼經》卷6："因由此故，一切身分支節得生，所謂五皰生故皮肉生，皮肉生故筋骨生。""皰"指皮膚上長出的像水泡一樣的小疙瘩，形狀正與"埵"相似，可以印證慧琳以"埵（垛）"替"腫"不誤。

《可洪音義》卷21《道地經音義》亦作"五腫"："五腫，竹垂反，節也，言胎初生手足及頭五處，如樹生摧節也，正作箠也。摧，子迴反。"可洪以"箠"替"腫"，《廣韻·支韻》竹垂切："箠，節也。"（50）《集韻·支韻》："箠，竹節。"（29）可洪認爲經意是説第九個七日在如磨石子一樣的胚胎上生出五節，變爲手足頭，此説亦合乎經旨，"腫"可看作"箠"的換形旁俗字。"埵""箠"是同源詞，音近義通。

【9】生膧，鍾勇反，經文從骨作髄，非經意，不成字，義合是腫字，

---

① 大正藏校勘記曰："皰"，聖本作"胞"。
② 大正藏校勘記曰："頸"，宋、元、明、聖本作"頭"。

疑書錯誤也。(58/965a)

按，《可洪音義》卷21《道地經音義》亦作"生腫"："生腫，之勇反，正作腫也。《江西音》休云反，非也。"可洪也認爲正作"腫"。

今麗藏本《道地經》作"生體"："譬如人照淨鏡，盡見面像，髮白皮皺，生體垢塵，或齒墮，或塵①齒見。身從老，屢如是，即自慚。閉目放鏡不欲見，以放鏡，憂愁，我已壯去老到，顏色醜，樂已去。"據大正藏校勘記，宋、元、明、宮本"體"作"腫"，與慧琳、可洪勘正結果相合。"體"乃"腫"字之訛，"腫"則是"腫"字的換形旁俗字。

又考《修行道地經》卷1："如有老人，而照淨鏡，皆自見形，頭白、面皺、齒落、瘡痍、塵垢、黑醜、皮緩、脊僂、年老戰疢（音又）。設見如是，還自羞鄙，閉目放鏡，吾已去少，衰老將至，心懷愁憂，已離安隱，至於窮極。"其中"瘡痍"與《道地經》的"生腫"正相對應，可見此"腫"非浮腫、臃腫、腫脹義，而是取癰瘡義，《說文·肉部》："腫，癰也。"(83)

正如古代經師注釋佛經時存在局限一樣，今人對於佛經音義的研究，也存在類似局限。目前對於佛經音義的研究可以歸結爲如下幾點：敘述其版本流傳，描述其内容體例，總結其學術成就，揭示其學術價值，零星指出其訛誤或不足。總體而言，研究工作還處於初級階段——概論性研究。現有佛經音義的校注本，一般也只停留在對其一般性文字訛誤進行糾正、對不同版本異文進行比對選擇上，整體工作比較表層化。聯繫佛經原文，比勘不同版本、各種異譯，研究其校勘結果之正誤，注釋結論之優劣，這種深層次、精細化研究目前還比較少。本節只是拋磚引玉，僅就利用佛經異譯研究佛經音義這一個方面，引起同行的重視，從而有待更多方法提出，以期對佛經音義展開更加全面深入細緻的研究。

附：慧琳《道地經音義》疏證

【01】② 笁甘露，上笁字經文錯書，疑是古文天字，請諸智審思之，

---

① 大正藏校勘記曰："塵"，宋、元、明本作"𡾦"。
② 數字"1"指此條在慧琳《道地經音義》全部65條詞目中的排序位置，下同。

筓無義也。（58/962b）

　　按，大正藏翻刻麗藏本《道地經》作"筓甘蔗"："行者得味，譬如筓甘蔗。"校勘記曰："甘蔗"，宋、元、明、宮本作"甘露"。"甘露"一詞《道地經》中凡四見，其異譯《修行道地經》卷1中亦作"甘露"，並無"甘蔗"一詞，故疑"蔗"是"露"的錯字。慧琳懷疑"筓"是古文"天"的錯字，"天甘露"雖然佛經常見，但是古文"天"如何錯成"筓"字，其訛變軌跡不明，畢竟字形差異較大，故此説難以服人。

　　《可洪音義》所據經本"筓"作"扵"，可洪認爲"筓"是"於"的訛字，《可洪音義》卷21《道地經音義》："扵甘，上衣居反。按，於亦向反（也），又居也，代也。《麻谷》及《樓藏》并《川音》並作筓，非。"但是經文作"譬如於甘露"未免拖沓，此釋也不夠圓滿。俟再考。

　　【02】僄樂，上匹妙反，《方言》云：僄，輕也，荆楚之間謂輕爲僄。經文錯書僸字，從人、從樂。古文僄字從人、從囟、從火作僳，書寫不識，便書從票，錯之甚矣。《説文》：僄，輕也，從人、票聲。今俗變火爲小也。（58/962b）

　　按，麗藏本《道地經》作"僸樂"："常怖觀見積百餘，若不得僸樂窮老死故，在世間没，譬如無有力象墮陷，不能自出，世間人亦爾。"這段經意晦澀不通，其異譯《修行道地經》與之相差很大，没有找到正相對應的文字，無法推斷"僸"字爲何義。

　　可洪認爲"僸"正作"樂"，《可洪音義》卷21《道地經音義》："僸樂，上五孝反，好也，愛慕也。正作樂也。下勒告反，不舍境界修空之義也。説文：愇樂也。上又郭氏作舒灼反，非也。"因經意不明，無法判斷其是非。考《道地經》："世間人不聞者意計身僸。"大正藏校勘記曰："僸"，宋、元、明、宮本作"樂"。又《玄應音義》卷8《法鏡經音義》卷上："樂法，五孝反，愛欲曰樂。經文云從人作僸，此非也。"（112）以此來看，可洪之釋似比慧琳更有説服力。

　　《龍龕・人部》："僸，俗，書約反。"（38）《四聲篇海・人部》引《龍龕》："僸，音爍字。"（518）二書注音蓋皆上承郭迻"舒灼反"而來，但其字義仍不詳，俟再考。

　　【03】不可攫，烏虢反，《考聲》云：以手攫取也。從手，蒦聲。經文單作蒦，亦通。從萑，音完；從又，古文手字。（58/962b）

按，大正藏翻刻麗藏本《道地經》作"可蒦"："惡意不可蒦不可牽如意，是故施得道者，禮得道者，稽首從得甘露故。"校勘記曰："蒦"，宋、元、明本作"捉"，宮本作"篗"。這段經意比較晦澀，其異譯《修行道地經》與之相差很大，沒有找到正相對應的文字。

慧琳所見經本作"蒦"，慧琳以"攫"字替之。"攫"有捕取、持取義，"蒦"亦有此意，二字通用。《說文·手部》："攫，握也。"（255）又《廣韻·陌韻》："攫，手取也。"（513）《廣雅·釋詁三》："蒦，持也。"王念孫疏證："《眾經音義》卷十二、十三、十六引《廣雅》並作攫……攫，與蒦通。"（103）

《可洪音義》所據底本作"萑"，可洪以"捉"字替之，《可洪音義》卷21《道地經音義》："可萑，側角反，捕也，捕捉也，正作篗（籰）、捉二形也。又苦郭反。《麻谷藏》及《江西經音》及《川音》並作蒦，《江西經音》作乙麥反，《川音》作一號反，《玉篇》音穫，並非也。又音霍，惧也。今宜定作捉呼。"

較可洪所論，竊以為慧琳所釋為優。"萑"可看作假借字，"攫""蒦"與"捉"同義，不必改字為訓。宮本作"篗"，蓋為"蒦"字俗訛。《川音》亦作"蒦"，厚大師音"一號反"，與《廣韻》"攫"字反切正合，蓋厚大師亦以"蒦"同"攫"，其訓是也。

【04】啄木，上音卓，《說文》：鳥食也。從口、豖聲，豖音丑錄反。（58/962b）

按，麗藏本《道地經》亦作"啄木"："夢中見蜂、啄木、烏鴉啄頂腦，一柱樓上自樂見。""啄木"即啄木鳥。《可洪音義》卷21《道地經音義》作"蜂啄"，與麗藏本相同。此段經文《修行道地經》卷1翻譯如下："夢見蜜蜂、烏鵲、鵰鷲住其頂上，覩衆住①堂在上娛樂。"用詞與《道地經》不同。

【05】枚駐，上每杯反。杜注《左傳》云：枚，馬檛也。下音毛，《考聲》云：駐，馬騣長也。《說文》形聲字也。騣音摠東反。（58/962b）

按，麗藏本《道地經》作"牧駐"："夢中見蜂、啄木、烏鴉啄頂腦，一柱樓上自樂見，著衣青黃赤白自身著，見騎馬人扷毛有聲，持等作枕聚土中臥。"大正藏校勘記曰："牧駐"，宋、元、明、宮本作"扷髦"。慧

---

① 住，大正藏校記曰：宋、元、明、宮、聖本作'柱'。

琳所見底本"牧"作"枚"，依據慧琳的注釋，"見騎馬人枚髦有聲"，大概就是"看見騎馬人，馬鞭、馬鬃發出聲響"的意思。

《可洪音義》卷21《道地經音義》亦作"枚髦"，注曰："上莫本、亡粉二反，摩也。下莫高反，正作扠毛。"可洪認爲"枚"是"扠"的訛字，"髦"正作"毛"。根據可洪的注釋，"見騎馬人扠毛有聲"，大概就是"看見騎馬人撫摸馬毛發出聲響"的意思，似較慧琳文從字順，這是不是確詁呢？且看《修行道地經》卷1翻譯如下："夢見蜜蜂、烏鵲、鵰鷲住其頂上，覲衆住堂在上娛樂，身所著衣，青、黃、白、黑，騎亂髦[1]馬，而復鳴[2]呼；夢枕大狗，又枕獼猴，在土上臥。""髦馬"是什麼呢？考《慧琳音義》卷75重修玄應《修行道地經音義》卷1："髦馬，上音毛，字書並無此字，典墳中亦不説此馬，乃是轉輪聖王馬寶也，紺青色，毛長似獸，頭如象（烏），以毛長故，因名毛馬。"（58/969b）《道地經》"牧髦"之"髦"，應該也是指轉輪聖王馬寶，巴利文作Valāhakassarāja[3]，因馬鬘毛長，故稱髦馬，又作"髳馬""毛馬"，如《中阿含經》卷14："彼馬寶者，極紺青色，頭像如烏，以毛嚴身，名髳[4]馬王。"《慧琳音義》卷52轉録玄應《中阿含經音義》卷11："髳馬，莫高反，青紺色也，頭如烏，此馬寶也，以毛飾故，因以名焉。經文從馬作髦，非字體也。髦音力涉反。"（58/458b）

綜上所述，"髦"是名詞，有時指馬的長毛，亦指這種長著長毛的馬。麗藏本《道地經》"牧髦有聲"，似乎可以理解爲"牧馬有聲"，跟《修行道地經》的"騎亂髦馬而復鳴呼"相對應。慧琳解作"枚髦"，與異譯相差較大，於經意亦牽強難安。可洪解作"扠毛"，也與異譯不能互相發明，似亦不可取。如果當初二位經師參考了異譯本，應該會有更圓滿有説服力的解釋。

【06】持籌，長流反，《説文》：籌，算也。從竹，壽聲。經文從奇作筜，錯書也。（58/963a）

按，大正藏翻刻麗藏本《道地經》作"持筜"："持筜作枕，聚土中

---

[1] 大正藏校勘記曰："髦"，宋、元、明、宫本作"髳"。
[2] 大正藏校勘記曰："鳴"，元、明本作"嗚"。
[3] 慧觀、慧音編著：《巴漢詞語手册》，宗教文化出版社2013年版，第595頁。
[4] 大正藏校勘記曰："髳"，宋、元、明、醍本作"毛"。

卧。"這段文字《修行道地經》卷1翻譯如下："夢枕大狗①，又枕獼猴，在土上卧。"兩譯相較，"持䇿"應該指和"犬狗""獼猴"類似的東西。

但是"䇿"字不見經傳，不知何意，慧琳認爲是錯字，以"籌"字替之，但是算籌與犬狗獼猴相去甚遠，而且"籌"字錯成"䇿"字的訛變軌跡不清，異文關係不易說明。

可洪認爲"䇿"同"碕"，指石頭。《可洪音義》卷21《道地經音義》："持䇿，上直之反，下宜作碕，丘倚反，石也。經云持~作枕，聚土中卧是也。此字篇韻中並無此體。又郭氏音奇，又《川音》作剛罕反，《江西經音》作丈知反，並不稱經意也。"《龍龕·石部》："碕，渠希反，曲岸也。"（441）宋本《玉篇·石部》："碕，巨衣切，曲岸頭。"（412）《廣韻·支韻》去奇切："碕，石橋。"（44）又《紙韻》墟彼切："碕，碕礒，石皃。"（243）可見"碕"本無石頭義，此蓋可洪根據經意需要推演而來。

《川音》"䇿"音"剛罕反"，蓋以其同"笴""簳"。《龍龕·竹部》："䇿，俗；笴、簳，二正：古旱反，箭笴也。"（392）《龍龕》此條蓋亦出自此經，音注與《川音》相同。"笴（簳）"指箭杆，也與犬狗獼猴相去甚遠。頗疑"持䇿"乃"狗猴"的訛字，但訛變環節仍需進一步考證。

【07】作枕，之荏反，《說文》：卧頭薦也，從木、冘聲。冘音淫，從冂、從人也。（58/963a）

按，今大正藏翻刻麗藏本《道地經》亦作"作枕"："著衣青黄赤白自身著，見騎馬人牧駞有聲，持䇿作枕，聚土中卧。"這段經文《修行道地經》卷1翻譯如下："身所著衣青、黄、白、黑，騎亂駞馬，而復鳴呼；夢枕大狗，又枕獼猴，在土上卧。"兩譯相較，可見《道地經》各本作"作枕"不誤，慧琳釋文亦得經意。

【08】擔死人，多甘反，《考聲》：擔，負也。從手，詹聲。（58/963a）

按，今大正藏翻刻麗藏本《道地經》亦作"擔死人"："死人、亦擔死人、亦除溷人共一器中食，亦見是人共載車行；麻油污泥污足，亦塗

---

① 大正藏校勘記曰："大狗"，明、宫本作"犬狗"。

身，亦見是時時飲。"《修行道地經》卷1翻譯如下："夢與死人、屠魁、除溷者共一器食，同乘遊觀；或以麻油及脂醍醐自澆其身，又服食之，數數如是。""擔死人"與"屠魁"① 相對。"溷"同"圂"，指廁所、糞坑。擔死人者、屠魁、除溷者皆下賤人，夢中與這些人同器飲食、同車遊玩，是一件極其恥辱不正常的事情。

【09】除圂，魂困反，《說文》：廁也。從口，口音韋，豕在中也。（58/963a）

按，參見上條"擔死人"。

【10】蟇子，馬巴反，蝦蟇，水蟲名也，《說文》從虫、莫聲，或作蟆。（58/963a）

按，參見論文"同經異譯與佛經音義研究"例4。

【11】袒裸，上堂嬾反，《考聲》云：肩上衣也。《左傳》：肉袒也。《禮記》勞無袒，鄭玄曰：左免衣也。《說文》從亶、從肉作膻，訓亦袒露也。今且依《通俗文》從衣。下郎果反，《文字典說》從人作倮，脫衣露體也。俗音華瓦反，或從身作躶，音並同，形聲字也。經中二字並從月、從旦作胆脿，不成字，寫藏經宜改從正，如前所說也。（58/963a）

按，麗藏本《道地經》作"胆裸"："或見被髮胆裸女人自身相牽。"大正藏校勘記曰："胆"，宋、元、明、宮本作"袒"。"袒"乃"袒"字訛誤。可洪所見底本作"胆脿"，與慧琳所見近似，可洪亦曰正作"袒裸"，見《可洪音義》卷21《道地經音義》："胆脿，上徒旱反，下胡瓦反，偏露其體也，正作袒裸也。"《修行道地經》卷1沒有相應語句，無法對勘。

---

① 屠魁，即屠膾，梵語旃陀羅，又作旃荼羅、扇提羅、旃提羅。意譯嚴熾、暴厲、執惡、暴惡、屠者、殺者，或險惡人、執暴惡人、主殺人、治狗人。印度社會階級種姓制度中，居於首陀羅階級之下位者，乃最下級之種族，彼等專事獄卒、販賣、屠宰、漁獵等職（參見《佛光大辭典》第4117頁）。《慧琳音義》卷1："旃荼羅，梵語也，上之然反，次宅加反，正梵音云奴雅反，經文作荼，音不切也。古云旃陀羅，皆訛略也。《西域記》云：屠膾，主煞，守獄之人也。彼國常法制勒（勒），此類行則闢於路左，執持破竹，或復搖鈴，打擊爲聲，標顯自身，恐悞觸突淨行之人。若不如此，國有嚴刑，王則治罰此人，彰淨穢有異。"（57/414b）又卷12："旃荼羅，梵語也，即是屠膾，主煞，守獄之人，或擔糞穢等。"（57/638b）又卷26："旃陀羅，亦名旃荼羅，此云嚴幟，謂以惡業自嚴，行持標幟也。其人若行，必搖鈴自標，若不爾者，必獲重罪。時人謂煞人膾子屠子也。"（57/942b）

【12】長抓，莊狡反，亦作爪，象形，經文從手作扒，非也。扒音夏，非經義也。(58/963a)

按，麗藏本《道地經》"蠱子"和"猞鬚髮"兩詞之間，未見"長抓"一詞，可洪所見經本亦無，可能慧琳所據底本與現存各本不同。又頗疑今本《慧琳音義》有錯簡，此條當在"入檻"條之下，今麗藏本《道地經》作"長爪"："己親屬昆弟見病劇，便遣使到醫舍，呼使者行，便有是相：不潔惡衣，長爪，亂鬚髮，載壞弊車，著穿弊履，顏色黑，眼青。"而《修行道地經》卷1則翻譯作"手爪長"。《可洪音義》卷21《道地經音義》作"長扒"："長扒，爭巧反，正作抓。"與慧琳所據底本字形相同。

【13】猞鬚髮，猞音食尒反，古文舐字也。次鬚字，必刃反，《説文》：頰耳間髮也。從髟、賓聲。經從頁作鬢，誤也。下蕃羈反，《文字集略》云：頭毛也。《文字典説》云：首上毛也。從髟、犮聲也。犮音盤末反。(58/963b)

按，麗藏本《道地經》作"猞鬚髮"："或時見馬來猞鬚髮。"慧琳所據底本作"猞鬢髮"，慧琳認爲"猞"是"舐"的古文，"鬢"是"鬚"的訛字。可洪所據底本與慧琳相同，可洪認爲經本不誤，無需易字爲訓，見《可洪音義》卷21《道地經音義》："猞鬢，上音塔，下音須，下又麻谷藏作鬚，非也。"《説文·犬部》："猞，犬食也。"（203）引申爲凡動物吃食之稱。可洪認爲"鬢"同"鬚"，作"鬚"非也。不過，"舐"或"猞"都是吃的意思，"鬚"和"鬢"都指頭上的毛髮，小小分歧，對經意理解影響不大。

《修行道地經》卷1這段翻譯作"夢見耕①犁，犁墮鬚髮②"，與《道地經》完全不同，無法勘對，故不能據以判斷哪家音義更正確。

【14】营葉，上音姦，《考聲》云：营，草茅類也，其葉如刃，從草、官聲也。(58/963b)

按，大正藏翻刻麗藏本《道地經》作"营茅"："或時見入营茅中，裸身相割自敷轉；或時上樹，無有菰、無有華、無有華戲。"校勘記曰："茅"，宫本作"茉"。可洪所據底本同慧琳一樣，也作"营葉"，見《可

---

① 大正藏校勘記曰："耕"，宋、元、明、宫本作"駕"。

② 大正藏校勘記曰："鬚髮"，宋、元、明、宫本作"鬢髮"。

洪音義》卷21《道地經音義》："菅荣，上古顔反，正作营。下又《江西經音》作荣，音柔，非。"《江西經音》作"荣"，與宮本相同，可洪非之。宋本《玉篇·艸部》："荣，香荣菜，蘇類也。"（252）"荣"字當然不合經意，蓋"葉"字之訛。後人蓋見"荣"與"茅"字相近，故改作"茅"。不過，也可能"荣"是"茅"字之誤，進而訛作"葉"，畢竟佛經中"菅茅"一詞更常見。然就經意而言，作"菅葉""菅茅"都可通。

這段經文《修行道地經》卷1翻譯如下："或見其身入諸叢林，無有華果，而爲荊棘鉤壞軀體，以諸瓦石鎮其身上；或見枯樹都無枝葉，夢緣其上而獨戲樂。"兩譯用詞不同，"荊棘"蓋與《道地經》的"菅茅"相應。

【15】無有蓏，郎果反，《字書》云：草果也。《說文》云：在木曰果，在地曰蓏。從草，並二瓜作瓞，音庚也。（58/963b）

按，麗藏本《道地經》亦作"無有蓏"："或時上樹，無有蓏、無有華、無有華戲。"《可洪音義》卷21《道地經音義》："有蓏，力果反，蔓子也。""無有蓏、無有華"，《修行道地經》卷1翻譯作"無有華果"。

【16】芬苂，他敢反，《毛詩傳》曰：苂，蘳也。又曰：毳衣如苂。從草、從炎，亦形聲字也。《爾雅》：苂，草青白色也。（58/963b）

按，參見論文"同經異譯與佛經音義研究"例2。

【17】嶄巖，上巢咸反，《毛詩》：嶄嶄，山石高峻皃也。或作巉、磛、嶃三體，並俗字，亦通用。下雅銜反，《毛詩傳》曰：巖巖，積石皃也。杜注《左傳》：巖，險也。《說文》：巖，岸也。從山、嚴聲。或從石作礹，俗字也。古文從品作嵒，通用。（58/963b）

按，麗藏本《道地經》亦作"嶄巖"："或時上山嶄巖悲大哭。"《可洪音義》卷21《道地經音義》："嶄巖，上助銜反，山高皃也，正作嶄嵒。"可洪釋文比慧琳簡略，但意思基本相同。這段經文《修行道地經》卷1翻譯如下："又上山嶽巖穴之中，不知出處，復見山崩，鎮己身上，悲哭號呼。"較安世高所譯明白曉暢。

【18】鳥捖，團活反，義與奪字同，《考聲》從支作㩉，㩉猶強取也。從手、完聲。《正字辯》或云：捖，解也，免也。下經文鳥蹹捖准此音，蹹音談合反。（58/963b）

按，參見論文"同經異譯與佛經音義研究"例1。

【19】入檻，咸黯反，《考聲》云：大匱也；牢也，從木，監聲。

（58/963b）

　　按，參見論文"佛經音義書注釋疏誤原因分析"例12。

【20】四激，音叫，《字書》：水急流也。（58/964a）

　　按，參見論文"佛經音義書注釋疏誤原因分析"例11。

【21】反支，此二句及後經文有血忌、漏刺（刻）等語，並是陰陽數法中惡日名曰，譯經者引説爲喻，顯經深意。（58/964a）

　　按，麗藏本《道地經》亦作"反支"："醫復何血忌、上相、四激、反支來唤，是亦不必日時、漏刻、星宿、須臾，疑人取相。"經文中"血忌""上相""四激""反支"皆惡日名，解説詳見"四激"條。慧琳對"反支"的解釋雖不夠深入詳盡，但基本符合經文主旨。

【22】刮刷，上關佸反，《通俗文》：横刃曰刮。下桎刮反，《字書》云：刷亦刮也，從刀，從㕞省聲。佸音頑滑反，桎音踈癬反，從木、全也。（58/964a）

　　按，麗藏本《道地經》亦作"刮刷"："醫便行至病痛家，聞聲不可意，亡、燒、斷、破、刺、撥、刮、刷、出、殺、去、發、滅、蝕，〔燒斷破刺撥刮刷出殺去發滅蝕〕不可治，已死。"《可洪音義》卷21《道地經音義》："刮刷，上古頡反，下所刮反。"此段經文《修行道地經》卷1翻譯如下："於是其醫，已到病家，則有惡怪，便聞殃聲，亡失、焚燒、破壞、斷截、剥撥、掣出、恐殺、曳去、發行、拘閉，當以占之，不可復療，以爲死已。"兩譯相較，今本《道地經》似衍"燒斷破刺撥刮刷出殺去發滅蝕"十三字，删去，則與《修行道地經》句意基本相當。

【23】見甌，阿侯反，《方言》云：盆之小者謂之甌。形聲字。今經文相傳從國作甌，必是書寫人錯誤久矣，甚無義，宜從甌也。（58/964a）

　　按，麗藏本《道地經》作"瓦甌"："視南方，復見烏鵶巢有聲；復見小兒俱相堅土；復胆（袒）裸相挽頭髮；破瓶盆瓦甌，亦見空器，舍不著意。"大正藏校勘記曰："盆"，宋、元、明、宫本作"瓮"；"瓦"，宫本作"見"；"甌"，宋、元、明本作"甌"，宫本作"甌"。

《可洪音義》卷21《道地經音義》作"見甌"："見甌，古郎反，瓮也，正作甌也。經意謂醫人往病者家，路見破瓶瓮、見甌、見空器物等，皆爲不吉之兆也。亦宜作甅，言、這二音，無底甄也。《江西經音》作古麥反，非也。麻谷作瓺，悮人也。又瓹字，以瓹音鄭①，甖兒（也），不稱經意也。又或作瓺，古縣反，盆序（底）孔也，此字与瓺、甌甚相似也。宜取甌、瓺二字，即稱經意也。"

又考《龍龕·凡部》："【甌】：古麥反；又烏侯反。【甌】，同上。"（198）又《瓦部》："【甌】、【甌】，二《新藏》；甌，《舊藏》；瓺：《江西隨函》古獲反，瓦器也。《西川隨函》合作甖，烏耕反，亦瓦器也。在《道地經》。四。"（316）"甌""瓺""【甌】""瓺""【甌】""【甌】""【甌】""甌""瓺"等當皆一字之變。此字前無所承，字韻書不載，諸家解釋不一。慧琳認爲正作"甌"；可洪認爲正作"甌"或"瓺"；《西川隨函》以"甖"字替之；《江西隨函》則音古獲反，蓋望形生音。

鄭賢章、楊寶忠都認爲"甌"是"甌"的俗字②，其考證若不誤，則"甌""【甌】""瓺""【甌】""【甌】""甌""甌""瓺"等字也應該是"甌"字之訛。

又考《修行道地經》卷1："南方狐鳴，或聞烏梟聲，或見小兒以土相垼，而復裸立，相挽頭髮，破甖瓶盆，及諸器物。"其中"破甖瓶盆，及諸器物"，與《道地經》"破瓶盆瓦甌，亦見空器"相對應，"甖"與"甌"相對。

中古時期，"甖"一般指長頸瓶，一種小瓦器，音義同"罃"，《慧琳音義》卷16《幻士仁賢經音義》："瓶罃，烏耕反，《説文》：罃，長頸瓶也。或謂之儋，音丁甘反。或作甖，亦作罃也。"（57/722b）

"甌"指小瓦盆，亦小瓦器，《慧琳音義》卷51《成唯識論音義》卷1："瓶甌，下歐侯反，《考聲》云：甌，小瓦盆也。案，瓦椀、瓷椀皆謂之甌也。鄭注《周禮》云：甌，小甖也。《方言》云：盆之小者爲之甌。《説文》：小盆也。從瓦，區省聲也。"（58/440b）

如此看來，《道地經》作"甌"，與《修行道地經》"甖"比較相當，

---

① "瓹"音鄭，即以其爲"甄"字訛體。《廣韻·勁韻》直正切："甄，甖也。"（431）《方言》卷五："甄，甖也。秦之舊都謂之甄。"《廣雅·釋器》："甄，瓶也。"（218）

② 參見鄭賢章《龍龕手鏡研究》"甌"字條，第272頁；楊寶忠《疑難字考釋與研究》"甌"字條，第417頁。

慧琳所説似可取。

可洪認爲"䀇"正作"瓨","瓨"同"瓿",《玄應音義》卷18《立世阿毗曇論音義》卷8："酪瓨，又作𤭛，同，古郎反，《方言》：瓨，甖也，今江東通言大瓮爲瓨。"（247）宋本《玉篇·瓦部》："瓨，古郎切，甖也，大瓮也。"（306）《集韻·唐韻》居郎切："瓨，《博雅》：缾也。一曰大瓮爲瓨。或作𦉥、𤭛。"（223）據此，"𦉥（瓨）"在當時一般指大瓮、大瓦器，似不合經意。宋、元、明本作"瓵"，蓋亦"甌"字之訛。

可洪又曰作"瓺"亦可，宋本《玉篇·瓦部》："瓺，古縣切，瓮底孔，下取酒也。"（307）《廣韻·霰韻》古縣切："瓺，盆（瓮）底孔。"（407）據此，"瓺"非器皿，更不可取。

不過，安世高所譯《道地經》與竺法護的《修行經》所據梵本未必完全相同。即使版本相同，不同譯者對具體詞語的處理也未必相同。所以，不能僅據《修行經》來推斷《道地經》用字。《道地經》經文此處到底以何字爲正，無梵本對校，難成確詁。筆者個人比較傾向於"甌"字，此字佛經中最常見。可洪所提供的幾個正字，都不常用，故不取。

【24】趢驚，上音渠御反，《考聲》云：有所持而走曰趢，《韻詮》云：忽也。《字書》云：畏懼也；驛馬車也。（58/964a）

按，麗藏本《道地經》作"遽驚"："行至病者舍，入見病著人，病更惱。從彼舍來説，醫便視病相，遽驚、怖驚、坐起，著病無有力，不得自在。"又考《修行道地經》卷1翻譯如下："見此變已，前省病人，困劣著床。於是頌曰：醫則占視病者相，驚怖惶惶而不安，或坐或起復著床，煩懣熱極如燒皮。"兩譯相比，"遽驚、怖驚"與"驚怖惶惶而不安"相對，大意相當。

《可洪音義》卷21《道地經音義》作"蘧驚"："蘧驚，上宜作趢、㰦，二同，其魚反。趢，小走也；㰦，性（怯）也。蘧，草名也，非義。又其俱反，蘧麥也，亦非義。又宜作遽，其去反，疾也；懼也。"其説是也，作"趢"，與慧琳持論相同。作"遽"，與麗藏本等異文相合。作"㰦"，《龍龕·心部》："㰦，正：強魚反，㰦怯也。"（56）亦合經意。

【25】䵳黔，上層亘反，下干㜸反，或云黔䵳，或從皮作皯，或從曾作皶，《文字集略》云：面上黑斑點病也。古譯經文作咃幹，甚無義理，

或是書經人錯誤也，或是譯者用字乖僻，今且改爲黶黚，智者再詳也。(58/964a)

【26】嚨舌，兄圓反。亦疑此字非也，況於文不順也。(58/964a)

按，"黶黚""嚨舌"，大正藏翻刻麗藏本《道地經》分別作"咃幹""喉舌"："見如是便念，如是經中説死相，見顏色不如，皮皺行，身如土色，舌延（涎）出，或語言忘，見身重，骨節不隨，鼻頭曲戾，皮黑咃幹，喉舌如骨色，不復知味，口燥，毛孔赤，筋脈不了了，被髮髮竪，牽髮不復覺，直視，背臥，驚怖，顏色轉，面皺，髮竪，熟視，或語若干説。"校勘記曰："喉"，宋、元、明、宮本作"唯"。

上引經文，《修行道地經》卷1翻譯如下："醫覩如是，便心念言：如吾觀歷諸經本末，是則死應：面色惶懅，眼睫爲亂，身體萎黃，口中涎出，目冥昧昧，鼻孔騫黃，顏彩失色，不聞聲香，唇斷舌乾，其貌如地，百脈正青，毛髮皆竪，捉髮搯（掐）鼻，都無所覺，喘息不均，或遲或疾。"

兩譯差距較大，《道地經》之"鼻頭曲戾，皮黑咃幹，喉舌如骨色，不復知味，口燥"，與《修行道地經》之"鼻孔騫黃，顏彩失色，不聞聲香，唇斷舌乾"約略相應，大概是説病人鼻孔不能聞香，面皮黑黃咃幹，喉舌不能知味，唇口乾枯。"咃幹"是用來形容面皮狀貌的，《可洪音義》卷21《道地經音義》認爲"咃"通"奓"："黑咃，陟加、陟嫁二反，張也，開也。"① 如此，則"咃幹"指面皮乾燥開裂，比較切合經意。

正如慧琳所言，譯者用字乖僻，故慧琳以"黶黚（黚黶）"② 替"咃幹"。"黶黚"指面黑，或面上有黑子，雖也符合經意，但上文已經有"黑"字，下文又加"黶黚"，似稍嫌重複。雖然佛經不嫌同義連文，但下文加"咃幹"更足文意，且不煩換字爲訓，故慧琳之釋有欠周備。

再看"嚨舌"，當爲"喉舌"之誤，宋、元、明、宮本作"唯"，亦"喉"字之訛③。慧琳亦覺"嚨"字於文不順，疑其非是。但他的版本搜

---

① 《龍龕·大部》："奓：陟加、陟嫁二反，張也，開也。"（356）
② 《玉篇·黑部》："黚，各旱切，黑也。"（397）《廣韻·旱韻》古旱切："䵂，面黑。黚，上同。"（284）又《龍龕·黑部》："黶，正：以證反，面上黑子也。"（532）宋本《玉篇·黑部》："黶，余證切，面黑也。"（396）
③ 參見《〈可洪音義〉研究·異體字表》"喉"字，第478頁。

羅不齊備，對勘不足，故不能指明正字。可洪所據底本亦作"黑咤幹嚨"，與慧琳相同，詳見《可洪音義》卷21《道地經音義》："黑咤，陟加、陟嫁二反，張也，開也。又胯~①，不密也，又相黏著也。正作夯、胯二形。又丑加、丑嫁二反。"又："幹嚨，上音乾，下音唯。下又音唤，非也。"可洪蓋以"夯"或者"胯"替"咤"，以"乾唯"替"幹嚨"，如此，則可洪校勘經文如下："鼻頭曲戾，皮黑夯（胯）乾，唯舌如骨色，不復知味，口燥。""皮黑夯（胯）乾"指皮膚黑黃幹裂，但副詞"唯"於文氣不順，不如"喉"字爲優。

【27】偝卧，裴妹反，《考聲》：迴面向外也。或作背，同也。（58/964a）

按，可洪所見經本亦作"偝卧"，見《可洪音義》卷21《道地經音義》："偝卧，上蒲昧反，面向墙也。《川音》作偕，非也。"今大正藏翻刻麗藏本《道地經》作"背卧"："直視，背卧，驚怖。"校勘記曰："背"，宋、元、明、宮本作"偝"。"偝"同"背"，"偕"乃"偝"之訛字。《修行道地經》卷1没有相應語句與《道地經》"背卧"相應。

【28】膿血，奴冬反，《聲類》云：癰疽潰血也。《説文》：腫血也。從血、從農省聲也。經文作衋，古字也。（58/964b）

按，麗藏本《道地經》卷作"衋血"："亦如六相無②説所聞見，若有沐身、未浴身時，譬栴檀香，或時如蜜香，或時多核香，或時那替香，或時根香，或時皮香，或時華香，或時蔽香，或時霍香。或時宿命從行相，筋香、髮香、骨香、肌肉衋血香、大便香，或時鶏香，或時烏香，或時蚖香，或時猪香，或時狗香，或時狄香，或時鼠香，或時蛇香。"可洪所據底本亦作"衋血"，《可洪音義》卷21《道地經音義》："衋血，上乃冬反，《如解脱戒本》作 ，郭氏音衋，並奴東反，正作膿也。又明、孟二音，非也，亦悞。""衋"" "皆"衋"字異寫，《説文·血部》："衋，腫血也。从血、農省聲。膿，俗衋，从肉、農聲。"（100）

這段經文《修行道地經》卷1翻譯如下："復有異經，説人終時，諸怪之變：設有洗沐，若復不浴，設燒好香、木樻、栴檀、根香、花香。此

---

① 疑"胯~"當作"胯胯"，《龍龕·肉部》："胯：涉嫁反，胯胯，相黏也。又涉加反，不密也。"（413）

② 無，大正藏校記曰：宋、元、明作"死"。

諸雜香，其香實好，病者聞之，如燒死人骨、髮、毛、爪、皮膚、脂、髓、糞除之臭也，又如梟、鷲、狐狸、狗、鼠、蛇、虺之臭也。""肌肉盥血香"與"脂髓之臭"大致相對應。

【29】薿藻，上我蓋反，《文字典説》：薿，止也。從木，疑聲。今俗用從石作礙，或從心作懝，亦通。下遭老反，《毛詩》傳曰：水中蔓生草也。孔注《尚書》云：水草之有文者也。《韓詩》云：浮者曰藻，沈者曰蘋，皆水中有文草也，魚鼈之所藏。《説文》闕不説也。（58/964b）

按，參見論文"同經異譯與佛經音義研究"例5。

【30】忼慨，上康朗反，下康蓋反。《集訓》云：忼慨者，壯士不得志也。鄭箋《毛詩》云：太息也。《廣雅》：憊也。或作慷慨字也。《説文》從心，並形聲字也。（58/964b）

按，麗藏本《道地經》亦作"忼慨"："親屬已還，收髮草縬，若忼慨聲滿口不止，出悲語見愛念，若干種胞頤漾洟出，呼當奈何，病者不復久。"《修行道地經》卷1翻譯如下："家室繞之，放髮悲慟，塵坌其面目，哀泣歎息，涕淚流面，皆言：痛哉！奈何相捨？椎胸爵惜，稱歎病者若干德行，心懷懊惱。"其中"哀泣歎息"與《道地經》"忼慨聲滿口不止"大意相當。

可洪所見經本作"忼慨"，《可洪音義》卷21《道地經音義》："忼慨，上苦浪反，下苦愛反，大息也，歎聲也，或作慷慨二字也。""忼"乃"忼"字變體，可洪曰或作"慷慨"，與慧琳持論基本相同。

【31】次洟，上祥延反，《集訓》云：口液也。從水、從欠。經中從羊作羨，非也。下音夷，《説文》天計反。（58/964b）

按，慧琳所見底本作"羨洟"，慧琳以"次"替"羨"，指口水。《集韻·僊韻》："次，徐連切，《説文》：慕欲口液也。或作涎、漾。"（164）"涕"同"洟"，指鼻涕。今大正藏翻刻麗藏本《道地經》作"漾洟"："若干種胞頤漾洟出，呼當奈何，病者不復久。"校勘記曰：宋、元、明、宫本作"涎涕"。《可洪音義》卷21《道地經音義》："漾洟，上序延、諸延二反，口液也。下音剃。上又似面反，非呼。"

這段經文《修行道地經》卷1翻譯如下："家室繞之，放髮悲慟，塵坌其面目，哀泣歎息，涕淚流面，皆言：痛哉！奈何相捨？椎胸爵惜，稱歎病者若干德行，心懷懊惱。"其中"涕淚流面"與《道地經》"漾洟出"相對，用詞不同而義近。

【32】趨風，渠御反，前已釋，賈注《國語》云：速疾也。《説文》從走、豦聲也。經從草，非也。（58/964b）

按，麗藏本《道地經》作"遽風"："内見風起，名刀風，令病者散節；復一風起，名遽風，令病者斷結；復一風起，名鍼風，令病者筋緩。""趨"用同"遽"，速疾也，"遽/趨風"即疾風。慧琳又曰"經從草，非也"，蓋慧琳所用底本作"蘧風"。《可洪音義》卷21《道地經音義》即作"蘧風"："蘧風，上其去反，急也，疾也，務也，勤也，正作遽。""蘧"乃假借字，可洪以"遽"替之。

這段經文《修行道地經》卷1翻譯如下："身中刀風起，令病者骨節解；有風名科，斷諸節解；有風名震，令筋脈緩。"大正藏校記曰：科，宋元本作"扸[①]"；明、聖本作"折"。"有風名科"與《道地經》的"復一風起，名遽風"相應，但用詞不同。

"科"有科斷義，一般指修剪、砍伐枝蔓，例如唐無可《題崔駙馬林亭》："宮花野藥半相和，藤蔓參差惜不科。"[②] 五代齊己《和孫支使惠示院中庭竹之什》："剪黃憎舊本，科緑惜新生。"[③] 梅堯臣《和孫端叟鹽具·科斧》："科桑持野斧，乳濕新磨刃，繁梗一去除，肥條更豐潤。"[④] 不過，根據異文，"科"也有可能是"折"或者"析"的訛字，"折"也有斷義，"析"有分析義，似皆合經意。舉棋不定，俟再考。

【33】鍼風，上章任反，俗用從十作針，或從竹作箴，《説文》：綴衣之具也。三體並形聲字也。《聲類》：針，刺也。經云針風者，人欲死時，變生一風，行於體中，如針刺身，受諸痛苦也。（58/964b）

按，今麗藏本及《可洪音義》所據本《道地經》皆作"鍼風"："復一風起，名鍼風，令病者筋緩。"《修行道地經》卷1則翻譯如下："有風名震，令筋脈緩。"其中"有風名震"與《道地經》的"復一風起，名鍼風"相應，但用詞不同。至於譯者爲何用詞如此不同，不得梵本，無由確解。

[①] 宋本：《玉篇·手部》："扸，俗析字。"（127）不過，"折"字俗書亦作"扸"。

[②] 《全唐詩》，第1994頁。

[③] 《全唐詩》，第2059頁。

[④] （宋）梅堯臣：《宛陵先生集》，四部叢刊本，上海商務印書館1922年版，集部，第879册，第51卷，第6頁。

第四章　餘論　　　379

【34】髓䐃,上雖棄反,《說文》云:骨中脂也。從骨、從隨省聲也。下天亦反,《韻詮》云:䐃者,骨間黄汁也。言人臨死之時,髓變爲䐃,黄汁流出,亦形聲字也。(58/964b)

按,參見論文"佛經音義書注釋疏誤原因分析"例1。

【35】膝脇,上辛七反,下香業反,前音義中數度訓釋,並形聲字也。(58/965a)

按,麗藏本《道地經》亦作"膝脇":"復一風起,名復上①風,令病者内身膝、脇、肩、背、胸、腹、臍、小腹、大腸、小腸、肝、肺、心、脾、腎,亦餘藏,令斷截。"《可洪音義》卷21《道地經音義》作"膝脅":"膝脅,上辛七反,下許却反。""脅"同"脇"。

這段經文《修行道地經》卷1翻譯如下:"復有一風,名曰止脇,令其身内及膝、肩、脇、背、脊、腹、齊②、大小之腸、肝、肺、心、脾并餘諸藏,皆令斷絶。"用詞及詞序與《道地經》稍有不同,大意基本相合。

【36】塞澀,參戢反,《說文》:不滑也。從水、從四止,上二止倒書,下二止正書,是澀字之意也,會意字。經文從人、三止,非也,不成字,書人之誤也。(58/965a)

按,麗藏本《道地經》作"寒澁":"復一風起,名成風,令病者青,血、肪、膏、大小便、生熟,熱寒澁,令幹,從處却。"這段經文《修行道地經》卷1翻譯如下:"有風名旋,令其肪血、及大小便、生藏熟藏,所食不通,寒熱悉乾。"其中"不通"與《道地經》的"澁"字相對。"澁"同"澀",訛變作"㴇"。《可洪音義》卷21《道地經音義》作"㴇",與慧琳所據底本相同。

【37】骨骼,耕額反,《考聲》云:歹骨也。歹音林九反。(58/965a)

按,麗藏本《道地經》亦作"骨骼":"復一風起,名節間居風,令病者骨骼直掣振,或時舉手足,或把空,或起或坐,或呻號,或哭③或瞋,已散節,已斷結,已筋緩,已骨髓傷,已精明等去,裁身有餘在,心已冷如木,已棄五行。"《修行道地經》卷1翻譯如下:"有風名節間,令

---

① 復上,大正藏校記曰:宋、元、明、宫本作"腹止"。
② 齊,大正藏校記曰:宋、元、明、宫本作"臍"。
③ 哭,大正藏校記曰:宋、元、明、宫本作"笑"。

諸支節，或縮或伸，而舉手足，欲捉虛空，坐起煩憒，有時笑戲，又復大息，其聲懇惻，節節以斷，筋脈則緩，髓腦爲消，目不見色，耳不聞聲，鼻不別香，口不知味，身冷氣絕，無所復識。"其中"支節"與《道地經》的"骨骼"相對應。

《可洪音義》卷21《道地經音義》亦作"骨骼"，但可洪"骼"音"苦嫁反"，這是以"骼"同"骼"。《龍龕·骨部》："骼，苦嫁反，腰骨也。又俗音格。"（480）《廣韻·禡韻》："骼，腰骨。枯架切。"（422）"骼"指腰骨，乃全身骨骼之一處，不足以代表"諸支節"，故可洪之音釋不可取。慧琳釋爲"殀骨"，"殀"疑爲"殀"字訛誤，"殀"同"朽"。"林九反"當爲"朽九反"。"殀骨"即枯骨也。《慧琳音義》卷92《續高僧傳音義》卷九："掩骼，下耕額反，李林甫注《月令》云：枯骨曰骼。"（59/205a）不過慧琳此釋亦不切文意，"骼"乃骨骼之通稱，《廣雅·釋器》："骼，骨也。"（245）即切文意。

【38】挈振，嗔熱反。（58/965a）

按，《可洪音義》及麗藏本《道地經》皆作"挈振"："復一風起，名節間居風，令病者骨骼直挈振，或時舉手足，或把空，或起或坐，或呻號，或哭或瞋，已散節，已斷結，已筋緩，已骨髓傷，已精明等去，裁身有餘在，心已冷如木，已棄五行。"這段經文《修行道地經》卷1翻譯如下："有風名節間，令諸支節，或縮或伸，而舉手足，欲捉虛空，坐起煩憒，有時笑戲，又復大息，其聲懇惻，節節以斷，筋脈則緩，髓腦爲消，目不見色，耳不聞聲，鼻不別香，口不知味，身冷氣絕，無所復識。"其中"或縮或伸"與《道地經》的"挈振"相對應。

【39】如燈滅，上音登，或從火作燈，俗，文傳通用，《説文》：錠也。錠即燈也，無足曰鐙，有足曰錠。或從拱（廾）作鐙，或從瓦作甑，皆古字。（58/965a）

按，慧琳字頭作"燈"，而釋文又曰"或從火作燈"，不合體例，故疑字頭當作"鐙"。《可洪音義》卷21《道地經音義》作"鐙"："鐙滅，上音登，俗。"麗藏本《道地經》作"如燈滅"："譬如燈滅有餘明，裁心有餘，但有微意。"《修行道地經》卷1翻譯如下："爾時彼人，其心周匝，所有四大，皆爲衰落，微命雖在，如燈欲滅。"意思及用詞基本相同。

【40】生腫，鍾勇反，經文從骨作腫，非經意，不成字，義合是腫

字，疑書錯誤也。（58/965a）

　　按，參見論文"同經異譯與佛經音義研究"例9。

【41】如熟烏麩，丘舉反，《蒼頡篇》云：煮麥粥曰麩。從麥，去聲也。麥字從來，下從夂，夂音雖。（58/965a）

　　按，參見論文"同經異譯與佛經音義研究"例3。

【42】五埵，當果反，其胎中精自分聚五處，名之爲埵，或名五疱。經文從肉作腄，非也，正從土、垂聲。或作朵、垛，並古文，皆正體字也，時不多用也。（58/965a）

　　按，參見論文"同經異譯與佛經音義研究"例8。

【43】兩臏，頻泯反，《考聲》云：膝骨也。從肉、賓聲。或從骨作髕，亦通。（58/965b）

　　按，麗藏本《道地經》亦作"兩臏"："九七日在磨石子上生五腄，兩肩相、兩臏相、一頭相。"《可洪音義》所據底本亦同。《修行道地經》卷1則譯作"兩髀"："至九七日，變爲五疱，兩肘、兩髀及其頸①項，而從中出也。"他經則多作"兩足"，如《正法念處經》卷70："肉團增長，生於五疱，所謂兩手、兩足、及頭。"又《法華文句記》卷1："五疱者，手足及頭。"

【44】著喉，上音長略反，《說文》從草（艸）、從者，經文從兩點下作著，是草書俗字也，下文准此知。喉音猴，咽喉也。"（58/965b）

　　按，參見論文"佛經音義書注釋疏誤原因分析"例2。

【45】著脛，形定反，《說文》：胻也。脚胻骨也。從肉，巠聲。（58/965b）

　　按，可洪所據底本及麗藏本《道地經》卷1亦作"著脛"："二十一七日爲骨髓應分生，九骨著頭，兩骨著頰，三十二骨著口，七骨著咽，兩骨著肩，兩骨著臂，四十骨著腕，十二骨著膝，十六骨著脇，十八骨著脊，二骨著喉，二骨著臗，四骨著脛，十四骨著足，百八微骨生肌中。如是三百節從微著身譬如瓠。"考《修行道地經》卷1："二十一七日，體骨各分，隨其所應，兩骨在頭，三十二骨著口，七骨著項，兩骨著髀，兩骨著肘，四骨著臂，十二骨著胸，十八骨著背，兩骨著臗，四骨著膝，四

---

①　頸，大正藏校記：宋、元、明、聖本作"頭"。

十骨著足，微骨百八與體肉合，其十八骨著在兩脇，二骨著肩，如是身骨，凡有三百而相連結，其骨柔軟如初生瓠。"其中"四骨著膝"與《道地經》"四骨著脛"相應，皆在下肢。

【46】磈磥，上烏賄反，上聲呼，下雷猥反。《考聲》云：磈磥者，衆骨聚皃。經文磈字從鬼，作磈磥，誤也。或作礧，或作皹，皆古字也。（58/965b）

按，麗藏本《道地經》作"磈礧"："如是是骨聚磈礧，骨城，筋纏，血澆，肉塗，革覆，福從是受，靡不知痛痒，隨意隨風作俳掣。"《可洪音義》卷21《道地經音義》作"磈皹"："磈皹，上烏罪反，下洛罪反，正作磈磥也，或作崣礧也。又上於鬼反，下又郭氏[音]雷，非也。又《川音》作磈礧，下音磥。"

"磈磥"，或作"磈皹""磈礧""磈磥"等，是同一連綿詞的不同詞形，本指壘積的凹凸不平的石塊，經中指衆骨聚積之貌。

這段經文《修行道地經》卷1翻譯如下："如是聚骨，猶若幻化，又如合車，骨爲垣牆，筋束、血流、皮肉塗裏，薄膚覆之，因本罪福，果獲致此，無有思想，依其心元，隨風所由，牽引舉動。"其中"垣牆"與《道地經》的"磈礧"相對，"垣牆"亦磚石壘積之物。

【47】受庳，音肥，《説文》：風病。從疒，疒音女厄反，非聲也。（58/965b）

【48】俳掣，上敗埋反，下昌熱反，風病發也。（58/965b）

按，大正藏翻刻麗藏本《道地經》作"受靡""俳掣"："二十三七日，精復堅，譬如厚皮胡桃，是爲三百節連相著，足骨連腨腸，腨腸連臗骨，臗骨連背脊，腰骨連肩，肩連頸脛，頸脛連頭頤，頭頤連齒。如是是骨聚磈礧，骨城，筋纏，血澆，肉塗，革覆，福從是受靡不知痛痒，隨意隨風作俳掣。"校勘記曰："靡"，宋、元、明本作"痱"。《可洪音義》卷21《道地經音義》作"受庳""俳掣"，其注曰："受庳，音肥，風病也。亦作痱也。又扶沸反，热瘡也。又蒲罪反，皮外小起也。"又："俳掣，昌列反。"可洪認爲"庳"是"痱"字俗訛。

這段經文《修行道地經》卷1翻譯如下："二十三七日，其骨轉堅，譬如胡桃。此三百骨，各相連綴，足骨著足，膝骨著膝，踝骨著踝，髀骨著髀，臗骨著臗，脊骨著脊，胸骨著胸，脇骨著脇，脣骨著脣，項、頤、臂、腕、手、足諸骨轉相連著。如是聚骨，猶若幻化，又如合車，骨爲垣牆，筋束、血流，皮肉塗裹，薄膚覆之。因本罪福，果獲致此，無有思想，依其心元，隨風所由，牽引舉動。"

其中"因本罪福，果獲致此，無有思想，依其心元，隨風所由，牽引舉動"，與《道地經》的"福從是受靡不知痛痒，隨意隨風作俳掣"相對。

經文敘述嬰兒坐胎第二十三七日時的情形。各人因前世罪福，轉世投胎，第二十三七日，尚在母腹，骨骼初成，皮肉剛覆，雖無思想，但依其本能，隨母體內各種風而舉手投足。又《大寶積經》卷55："二十三七日處母胎時，復感業風，名爲净持，由此風力，能生身皮。"又《佛説胞胎經》卷1："第二十三七日，在其胞裏，於母腹藏，自然有風，名曰針孔清淨，吹其兒身，令其生革，稍稍具足。"可見第二十三七日是胎兒皮膚生成的階段。此時骨骼已成，故可以"牽引舉動"。各經中無一處提及尚在母腹的胎兒皮膚上會長痱子生熱創（痱病），并且胎兒會因此病發作而牽掣亂動。所以慧琳、可洪把"痱""疿"釋作"風病"，扞格難通。慧琳説胎兒因"風病"發作而"俳掣"，更是無稽之談。

竊以爲當以"福從是受，靡不知痛痒，隨意隨風作俳掣"斷句，"靡不知"[①] 即無不知。"疿""痱"乃其訛省。"福從是受"即"因本罪福，果獲致此"，"靡不知痛痒，隨意隨風作俳掣"即"無有思想，依其心元，隨風所由，牽引舉動"，蓋胎兒依其本能，只知痛癢，但没有思想。也有可能本作"靡知"，即不知，"靡知痛痒"與"無有思想"相應。後人衍一"不"字，致失經意。

【49】矏眹，上眠苾反，《吕氏春秋》云：爲瞽爲盲。《説文》：目眵也，形聲字。下蓮結反，《説文》從户、從犬，會意字也。經文從目作䁬，非。（58/965b）

按，參見論文"佛經音義書注釋疏誤原因分析"例37。

【50】或䏐，此字諸字書並無，此字准義合是剜字，烏桓反，從身作者，未詳。（58/965b）

按，參見論文"佛經音義書注釋疏誤原因分析"例37。

【51】或魋，徒雷反，譯經者錯用，從鬼、從隹，乃是獸名，殊非經

[①] 此語佛經中常見，又如《增壹阿含經》卷6："所從來處，靡不知之。"又《大方廣佛華嚴經》卷4："衆生根欲靡不知。"

義，正合從頁作頯。頯者，小腹疾，亦名鸞腸病，下墜病也。（58/965b）

按，參見論文"同經異譯與佛經音義研究"例7。

【52】尻血，可高反，《韻詮》云：尻，髂內也。（58/965b）

按，大正藏翻刻麗藏本《道地經》亦作"尻"："兒生宿行有二分，一分從父，一分從母。或時毛、髮、舌、咽、臍、心、肝、脾、眼、尻、血從母；或爪、甲、骨、大小便、脈、精、若餘骨節從父。"這段經文《修行道地經》卷1翻譯如下："其小兒體而有二分：一分從父，一分從母。身諸髮、毛、頰、眼、舌、喉、心、肝、脾、腎、腸、血，軟者從母也；爪、齒、骨、節、髓、腦、筋、脈，堅者從父也。"有"腎""腸"而無"尻"。《可洪音義》卷21《道地經音義》作"脾眼尻"："脾眼尻，上步支反；中音賢（腎），悮；下苦高反。中字悮。"可洪用"腎"字替換"眼"字，是也。但"尻"字很奇怪，而各本並無異文可以參考，暫且置之。

【53】邪鬼魅，恥利反，郭璞注《山海經》云：神魃者，魑魅也，魅鬼，俗呼音丑栗反，聲轉訛也。《說文》：厲鬼也。經文或作䰲、魃，並通用也。（58/965b）

按，"䰲""魃"皆"魅"字俗訛，"䰲"乃"魅"的偏旁異位俗字。《說文·鬼部》："魅，厲鬼也。"（186）《玉篇·鬼部》："魅，丑利切，魑魅之類也。"（369）

大正藏翻刻麗藏本《道地經》作"䰲"："已生，從血臭故，便聚爲邪、鬼、䰲、飛屍、各①、魑、魃、蠱、彪、魑行父亦如是。譬如四街，有一臠肉，爲鴟鳶烏鵲衆鳥所爭，各自欲得。耶②環繞，嬈人如是。"《可洪音義》卷21《道地經音義》亦作"䰲"："䰲，丑知反，正作魑，魑魅，老物爲精曰魅也。又丑志反，癘鬼也，正魅。"可洪對"䰲"字有兩種處理意見，一是以"魑"替之，一是以"魅"替之。就字形而言，後一種處理方式更優。

這段經意《修行道地經》卷1翻譯如下："適生在地，血纏臭處，鬼魅來繞，姦邪所中，飛屍所觸，蠱道、癲鬼，各伺犯之。如四交道，墮一段肉，烏鵄、雕狼各來諍之。諸邪魅鬼，欲得兒便，周匝圍遶，亦復如

---

① 《可洪音義》卷21《道地經音義》："屍各，巨久反，病也，過也。又音高。"據此，"各"乃"咎"字訛誤。

② 耶，大正藏校記曰：宋、元、明、宮本作"邪"。

第四章　餘論　　　　　　　　　　　　　　　385

是。"其中"鬼魅"與《道地經》的"鬼魅"相應。

【54】魖魃，上音蜀；下音其，又音渠寄反。《精異記》曰：魖魃者，矬矮小鬼、虐厲鬼之類也。(58/966a)

按，麗藏本《道地經》作"魖魃"："已生，從血臭故，便聚爲邪、鬼、魃、飛屍、各（咎）、魖、魃、蠱、魅、魖行父亦如是。譬如四街，有一臠肉，爲鷗鳶烏鵲衆鳥所爭，各自欲得。耶（邪）環繞，嬈人如是。""魖"字稀見，"魃"指造成旱災的鬼，《説文·鬼部》："魃，旱鬼也。"（186）慧琳所據底本"魃"作"魃"，《説文·鬼部》："魃，小兒鬼。"（186）慧琳又引《精異記》曰："魖魃者，矬矮小鬼、虐厲鬼之類也。"如其所釋，切合經意。"魃"不如"魃"更切經旨，蓋"魃"字訛誤。

《可洪音義》卷21《道地經音義》作"魖魃"："魖魃，上宜作魑，丑知反；下渠宜反，小兒鬼也。上誤。下又其寄反，鬼服也。上又《川音》音蜀，《江西音》作丑梨反，郭氏作章蜀反。上或作魖，音呼。""魖"即"魖"字，《川音》讀音與慧琳相同。《龍龕·鬼部》："魖：俗，章欲反。"（324）讀音與郭氏音相同。可洪認爲"魖"乃"魑"字之誤，就字形而言，很有可能。"离"旁俗書常作"禹"，如《龍龕·隹部》"離"寫作"雐"（149），"魖"所從的"属"旁當是"禹"訛變的結果，"属"又進而繁化作"屬"，則與原字越變越遠矣。《江西音》作丑梨反，蓋亦讀作"魑"①。

不過，可洪前面"鬼魃"條曰"魃"正作"魑"，此處"魖"又曰同"魑"，這樣就導致同一個詞在一句話中出現了兩次，似不合情理。如果上文以"魃"同"魃"，指厲鬼；下文"魖"同"魑"，指魑魅，則可避免重複。

這段經文《修行道地經》卷1翻譯如下："適生在地，血纏臭處，鬼魅來繞，姦邪所中，飛屍所觸，蠱道癲鬼，各伺犯之。如四交道，墮一段肉，烏鵄、雕狼各來諍之。諸邪魅鬼欲得兒便，周匝圍遶，亦復如是。"其中"蠱道癲鬼"與《道地經》"魖、魃、蠱、魅、魖"相應。

【55】魅魅，上眉被反，或從未作魅。案，鬼，其類甚多，或狐或

---

① 亦可參見鄧福祿、韓小荊《字典考正》"魖"字條，湖北人民出版社2007年版，第458頁。

貍，或種種異類，或鬼或神，皆能魅人。下音虛，虛耗鬼也。《異苑》曰：虛耗鬼所至之處，令人損失財物，庫藏空竭。名爲耗鬼，其形不一，怪物也。（58/966a）

按，麗藏本《道地經》作"彪魖"，可洪所據底本亦同，見《可洪音義》卷21《道地經音義》："蠱彪，上羊者反，下音媚。"又："魖行，上許魚反，~耗鬼也。又夔魖，木石之怪也，亦作襦。"可洪對"魖"字的解釋與慧琳基本相同。

【56】口中上腭，我各反，《考聲》：齗，腭也。《說文》闕，字書或從齒作齶，《集訓》云：齗齶，口中上也。正從肉、咢聲，咢音同上，從叩、從屰，屰音逆，今俗從亐作咢。經文作㖦，㖦音呼郭反，乖經意，今故改之，不取也。（58/966a）

按，可洪所據底本與慧琳一樣，亦作"㖦"，可洪也認爲正作"咢"或"齶"，見《可洪音義》卷21《道地經音義》："上㖦，五各反，正作咢、齶。"《龍龕·肉部》："腭，正作齶。"（415）《廣韻·鐸韻》："齶"，同"咢"（507）。麗藏本《道地經》作"口中上齶"，《修行道地經》卷1譯作"上齗"，意思基本相同。

【57】足腨，殊奭反，《說文》：腓腸也。或從足作踹，或作蹲，音並同。體異者，是先儒不能記憶偏傍，率意作之，或肉或足，後人倣習傳用，故無的從，今並出之也。（58/966a）

按，大正藏翻刻麗藏本《道地經》作"足蹲"："一種在脛，一種在膝頭，一種在足蹲，如是八十種蟲著身中，日夜食身。"《可洪音義》卷21《道地經音義》："足蹲，市軟反。"又考《修行道地經》卷1："一種在髀，名爲撾杖。一種在膝，名爲現傷。一種在踝，名爲鍼嘴。一種在足指，名爲爢然。一種在足心，名爲食皮。是爲八十種蟲，處在人身，晝夜食體。"大正藏校勘記："踝"，宮本作"蹲"。《修行道地經》譯作"蹲"，則與《道地經》翻譯相同；若作"踝"，亦與"蹲"部位接近。

【58】舐利，食爾反，誤用字也。《說文》云：以舌取物也，正從易作𠯗，或作䑛，並正體字也。字書或作𦧇①、狧、咶，皆俗字，或古字也。（58/966a）

---

① 《龍龕·舌部》："舐，俗通；𠯗、䑛、䑥，三古；䑛，正：神紙反，以舌取物也。"（533）據此，"𦧇"當是"䑥"字訛變，二字形近。

【59】嗜恬，上時利反，孔注《尚書》云：甘嗜無厭足。鄭注《禮記》：嗜，貪也。《說文》：慾也。從口、耆聲。下牒兼反，《廣雅》：恬，甘也。《說文》：美也。從甘、從舌，會意字也。亦作餂，並通用也。（58/966b）

按，麗藏本《道地經》作"舐利""嗜甜"："譬如魚，但見餌，不見鉤，不見網；復譬如小兒，舐利刀蜜，但嗜甜，不見刀刃。"《修行道地經》卷1未找到相應翻譯。

《可洪音義》卷21《道地經音義》所據底本分別作"恬利""嗜恬"："恬利，上徒兼反，甘也，不苦也，正作甜。"又："嗜恬，上神至反。"揣測可洪之意，兩個"恬"字皆正作"甜"。但是根據經意，第一個"恬"應該正作"舐"，第二個才正作"甜"，可洪失考，慧琳所釋爲優。

【60】踐蹹，上錢演反，鄭箋《毛詩》：車行兒。又云：踐，履也。《說文》從足、戔聲。戔音殘。下談盍反，顧野王云：蹹，躗也。《廣雅》：履也。《說文》：踐也。從足、眔聲，眔音塔。經文作蹹，非也。（58/966b）

按，可洪所據底本作"踐蹹"，見《可洪音義》卷21《道地經音義》："踐蹹，徒盍反，正作蹹。"可洪也認爲正作"蹹"。大正藏翻刻麗藏本《道地經》作"踐蹹"："如是世間人，或見如酸棗肌裏身，從受若干惱不覺。如是酸棗肌發去，但有肉骨血在，人足踐蹹，常惡不敢視，誰敢抱持者。"《修行道地經》卷1則翻譯爲"足蹈"："計念人身，覆以薄皮，如合棗奈，皮甚薄少耳！以爲①蓋之，人而不知。假使脫皮，如困鈍肉，何可名之爲是人身？骨節相拄，如連鐵鎖，諦見如是，尚不足蹈，況復親近而目視之！"

【61】持鎌，下斂占反，《方言》云：自關而西謂之鎌，刈物具也。《說文》從金、兼聲，經作鐮，俗用字也。（58/966b）

按，麗藏本《道地經》亦作"持鎌"："譬如人刈芻，左手把芻，右手持鎌便斷芻。彼譬如把芻是應止，如斷芻是應觀。"《修行道地經》卷5翻譯如下："如人刈草，左手獲草，右手鎌刈，其寂然者如手捉草，其法觀者如鎌截之。"

【62】髑髏，上同禄反，下勒侯反。《埤蒼》云：頭骨也。《說文》：

———

① 爲，大正藏校記曰：宋、元、明、宮、聖作"偈"。

頂骨也。並從骨，形聲字。經文從頁作顥顪，俗用字，亦通，非正體也。（58/966b）

按，《可洪音義》卷21《道地經音義》作"顥顪"："顥顪，上徒屋反，下鹿頭反，或作髑髏。"麗藏本《道地經》作"髑髏"："譬如行者，見髑髏，熟諦視。若如開目見，閉目亦見，亦爾無有異，是應止。"《修行道地經》卷5翻譯如下："其修行者，觀人身骸，在前在後，等而無異，開目閉目，觀之同等，是謂爲寂。""身骸"，大正藏校記曰：宋、元、明、宮作'骸骨'。其中"身骸/骸骨"與《道地經》"髑髏"相應，"身骸"或者"骸骨"指全身骨骼，而"髑髏"一般指頭骨，這裏蓋泛指屍骨。

【63】惡露，上烏固反，顧野王云：惡猶憎也。《玉篇》云：惡露，洩漏無覆蓋也。形聲字。經從人作㑌露，俗字，非正體。（58/966b）

按，"㑌"，"偓"字異寫。"偓"同"惡"。《可洪音義》卷21《道地經音義》作"㑌露"，麗藏本《道地經》作"惡露"，《修行道地經》卷5亦譯作"惡露"。

【64】依洫，上依字，經文單衣，非也，准義合從人作依。下吁域反，《周禮》云：洫，所以通水於川也。《說文》云：十里爲地，地廣八尺，深八尺，謂之洫，從水、血聲，洫亦溝也。（58/966b）

按，《可洪音義》卷21《道地經音義》作"衣洫"："衣洫，兄逼反，褋也。經意是緎，兄逼反，衣縫也。"可洪認爲正當作"衣緎"，與慧琳持論不同。

大正藏翻刻麗藏本《道地經》作"衣洫"："是身爲譬，如餓鬼，常求食飲；是身爲譬，如畏處，常老病死；是身爲譬，如腐髑髏，爲常衣洫；是身爲譬，如怨家，常成事逢惡因緣；是身爲譬，如迦陀樹皮，皮中央無所有。"校勘記曰："爲常衣洫"，宋、元、明本作"常爲衣灑"；宮本作"常爲衣洫"。

上引經文，《修行道地經》卷6異譯如下："是身如餓鬼，常求飲食；是身如野象，懷①老病死；是身如死狗，常覆蓋之；是身如敵，心常懷怨；是身如芭蕉樹，而不堅固。"

---

① 大正藏校記曰："懷"，宋、元、明、宮本作"壞"。

两譯相較，《道地經》"是身爲譬，如畏處，常老病死；是身爲譬，如腐髑髏，爲常衣洫"，與《修行道地經》"是身如野象，懷（壞）老病死；是身如死狗，常覆蓋之"相應，"衣洫"當與"覆蓋之"對應，蓋言腐朽之身常爲衣服所覆蓋。由此看來，慧琳釋爲"依洫"，腐敗的髑髏依傍在水溝旁，完全不通。可洪釋爲"如腐髑髏，爲常衣緘（指衣縫）"，於經意稍近，然亦非確詁，俟再考。

【65】病渗（墋），初錦反，陸機《漢高祖功名（臣）頌》曰：茫茫宇宙，上墋下黷。《説文》從土、參聲。經文從石，亦通，時用也。(58/967a)

按，參見論文"同經異譯與佛經音義研究"例6。

第二節　佛經音義注釋疏誤原因分析

佛經音義對於研讀佛經的重要性自不待言，但也經常被忽略或者忘記。如日本學者辛嶋静志説，吉川幸次郎博士曾在一篇研究《佛説無量壽經》的文章中提出（該文章收於《吉川幸次郎全集》第七卷），《無量壽經》卷2"五惡"段的"肆心蕩逸、魯扈抵突"一句中，"魯扈"一詞意思不明。辛嶋静志解釋説，《長阿含經》和《放光般若經》中有兩例"虜扈"，與"魯扈"類似，通過對比"虜扈"的梵文及其他異譯本，可以判斷，"虜扈"或"魯扈"意爲"剛愎自用""傲慢""粗暴"[①]。其實佛經音義早就給出了明確解釋，《玄應音義》卷3《放光般若經音義》卷6："虜扈，力古反，下胡古反。案，虜扈，自大也，謂蹤橫行也。《漢書音義》曰：扈，跋扈也，謂自縱恣也。經文作怙，恀也，怙非此義。經中言憍慢，或作貢高，是也。"(38) 又卷8《無量清浄平等覺經音義》卷下："魯扈，胡古反，謂自大也，亦縱橫行也，自縱恣也。《漢書音義》曰：扈謂跋扈也。"(113) 玄應的解釋直接明了，拿來參考即可，没必要廣費周折重新考證一番。

又如"桓欂"一詞，大正藏本《正法華經》卷2："爾時失火，尋燒屋宇，周迴四面，而皆燔燒。無數千人，驚怖啼哭……鵰鷲數百，飛欲避火。無數鳩垣，桓欂懷懅，百千妖魅，悼遑馳走。"校勘記曰：元、明本

[①] ［日］辛嶋静志著、裘雲青譯：《漢譯佛典的語言研究》，收録於朱慶之編《佛教漢語研究》，商務印書館2009年版，第35頁。

"框欀"作"劻勷"。辛嶋静志在梵本《正法華經》中找到與"框欀"相對應的梵文作 bhramati（徘徊；動搖；狼狽），又羅什《妙法蓮華經》卷2異譯作"周章惶怖",據以斷定這個詞表現"害怕、惶遽不安的樣子",與唐詩中的"劻勷""恇攘"意思相同①。其實佛經音義對此詞也有明確釋義,如《玄應音義》卷7《正法華經音義》卷2："恇攘（欀）,丘方反,下而羊反。《説文》：恇攘,煩擾也。謂煩恐惶遽。經文從心作懹,人向反。懹,憚也,難也。懹非此義。"（93）②又卷13《諫王經音義》："恇攘（欀）,丘方反,下而羊反。《説文》：煩擾也,謂煩恐惶遽也。《楚辭》：遭此世之恇攘（欀）,是也。"（172）③《可洪音義》卷5《正法華經音義》卷2："恇攘,上丘狂反,下如羊反,逼迫也,正作劻勷也。"可見當年譯者是以當時的俗語詞"恇攘（劻勷）"對譯了梵文 bhramati 一詞,對勘梵文,更加説明佛經音義注釋的正確性,以及可資參考的便利性。

通過上述兩例,佛經音義的重要性可見一斑,其存在價值自然無須懷疑。但是,佛經音義注釋中這些成功的方法和正確的指導思想並没有被一以貫之,其結論並不總是這麽一貫正確,很有一些條目值得再商榷,上節我們在分析慧琳《道地經音義》時就已經充分展示了佛經音義注釋中存在的缺憾,其實不止於此,本節即以《可洪音義》等各類佛經音義爲例,全面分析佛經音義注釋中存在的各種問題。

一 經本校勘不到位

在對佛經字詞進行音釋之前,首先要校勘所據經本,底本不正確,音釋就無的放矢,所以校勘是佛經音義的一項重要工作。古代佛經流傳靠手抄,而抄手們抄經時並不像我們所想像的那樣嚴肅認真,訛、脱、衍、

---

① 參見［日］辛嶋静志《漢譯佛典的語言研究》,裘雲青譯,收録於朱慶之編《佛教漢語研究》,商務印書館2009年版,第43—44頁。
② 麗藏本《玄應音義》"攘"訛作"欀",徐時儀校注本玄應《一切經音義》此條未作校注。《慧琳音義》卷28轉録作"欀",亦訛。徐時儀校注本慧琳《一切經音義》注曰："據文意似當作'攘'。"見徐時儀《一切經音義三種校本合刊》,上海古籍出版社2008年版,第1010頁。
③ 麗藏本《玄應音義》"攘"皆訛作"欀",徐時儀校注本亦未作校注,《慧琳音義》卷34轉録即作"攘",不誤。洪興祖《楚辭補注》卷8《九辯》作"逢此世之恇攘",中華書局1983年版,第187頁。

改，比比皆是。況且，書籍幾經傳抄，訛誤本來就在所難免。所以，經師們在注釋之前，要廣泛搜羅各種佛經版本，做好底本校勘。例如後晉沙門可洪作《可洪音義》時，爲校勘所用底本河府方山延祚藏，所搜羅的大藏經就有上方藏、下方藏、栢梯藏、麻谷藏、千佛藏、長水藏、渾家藏、廣濟藏、樓藏、陝府經、寶樓閣經、貞元經、當藏等十幾種，可以說是對當時某地佛典的一次全面大規模的校勘①。面對衆多版本，可以擇善而從，給出正確音釋。例如《可洪音義》卷4《如來興顯經音義》卷1："惟悅，以雪反，喜也，樂也，正作悅也。栢梯經作悦也。"可洪對勘栢梯藏，指出底本"悅"乃"悦"的訛字，並予以正確的音釋。又如《慧琳音義》卷1《大般若波羅蜜多經音義》卷46："青瘀，於據反。經作淤，非也。"（57/418b）慧琳首先把字頭立爲正字"瘀"，並於注釋中指明底本作"淤"誤，這是其注釋的常規任務。

但是，經師們有時候也會因爲版本搜羅不全，導致對勘不精，或者純屬疏忽，從而失校誤注，例如：

【01】《可洪音義》卷20《尊婆須蜜菩薩所集論序音義》："䜳乎，上冬沃反，察也，理也，正也，正作督、𧪜二形也。《序》云：督乎富也，何過此經，外國登高座者未墜於地，是也。又《經音義》作䜳，應和尚以懿字替之，非也。懿，乙冀反，非義。又《西川經音》作𧪜，厚大師云《出三藏記集》作𧪜，苦定反，並非也。當藏《出三藏記集》云：聲乎富也。聲，尸盈反，亦非也。"

按：大正藏本《尊婆須蜜菩薩所集論序》作"懿乎"："懿乎富也，何過此經。外國登高座者，未墜於地也。"玄應所見經文作"䜳"，玄應替之以"懿"，見《玄應音義》卷18《尊婆須蜜所集論音義》卷1："懿乎，於冀反，《爾雅》：懿，美也。字從壹，恣省聲。論文作䜳，訛誤久矣。"（248）《慧琳音義》卷73轉錄同。

可洪認爲正字應該作"督"，又見《可洪音義》卷25《一切經音義音義》卷11："作䜳，冬沃反，察也，理也，正作督也。應和尚以懿字替之，非也。"

---

① 參考韓小荊《〈可洪音義〉研究——以文字爲中心》第三章第一節，成都巴蜀書社2009年版，第39頁。

《西川經音》所據《尊婆須蜜所集論》底本作"𣕕"，厚大師所見《出三藏記集》作"𣕺"，厚大師音"苦定反"，則是以"𣕺"同"磬"。今大正藏本《出三藏記集》卷10《婆須蜜集序》作"磬乎"，與厚大師所論相同，原文如下："磬乎富也，何過此經，外國升高座者，未墜於地也。"校勘記曰："磬"，元、明本作"懿"。作"懿"則與玄應所改相同。

序文的意思是讚美《尊婆須蜜菩薩所集論》的文詞美妙、內容豐富，竊以爲玄應的校改更切合文意，而且"懿乎"的説法古籍中常見，如《宋高僧傳》卷3："懿乎，東漢始譯《四十二章經》，復加之爲翻也。翻也者，如翻錦綺，背面俱花，但其花有左右不同耳，由是翻譯二名行焉。"《景祐新修法寶録》卷6："懿乎，微密之文，適會亨嘉之運。"《宋高僧傳》卷27："懿乎，智者慈恩，西域之師焉得不宗仰乎。"又《御定歷代賦彙》卷2《慶雲抱日賦》："懿乎，煌煌燭空，曄曄呈彩，域中之目，無不仰觀。"[①] 又卷118《湘妃泣竹賦》："懿乎，巖巒滿目，今古含情，事雖遷於歲月，理不昧於堅貞。"[②]

"𣕕"當是"懿"的訛字，可洪定作"督"，厚大師認作"磬"，皆與文意不合，殊不可從。

【02】《可洪音義》卷19《阿毗達摩大毗婆沙論音義》卷150："怨身，上宜作毖，音秘，遠也，慎也，《川音》作悠。"

按，大正藏本《阿毗達摩大毗婆沙論》卷150作"恐身"："問：藏臣何故啟白王言，餘所不須，當還棄水。答：顯王業果不思議故，諸有所須，隨處可得，不同餘類，恐身命緣，當有闕乏，長時積聚。"又《大方便佛報恩經》卷2："我於今日，欲設供養，恐身命不濟，與汝等別，國土人民，所有王法，從大者治。"又《蘇悉地羯羅經》卷3："若恐身力不濟，勿須斷食。"又《諸經要集》卷11："若爲修福求世報者，如捨財時自求來報，或恐身財無常故捨，或爲名聞專求自益，此非慈悲爲濟貧苦。"又《神僧傳》卷3："恐身血不淨，穢污伽藍，在此候耳。"又《根本薩婆多部律攝》卷11："若是病人，恐身有損，應踏皮革屣上。"凡此

---

① （清）陳元龍編：《歷代賦彙》，鳳凰出版社2004年版，第7頁。
② 同上書，第485頁。

皆作"恐",未見"怨身"及"愍身"之類語句。

《説文·比部》:"愍,慎也。"(166)宋本《玉篇·比部》:"愍,彼冀切,勞也,慎也,疏也,又泉流皃。"(512)《廣韻·至韻》兵媚切:"愍,告也,慎也,一曰遠也。"(351)竊謂"愍"字不合論意,"愍""怨"二字皆"恐"字訛誤。厚大師承用誤本,失校;可洪則誤校。

【03】《可洪音义》卷30《廣弘明集音義》卷29:"繞然,上宜作絑,戶頂反,直也,絓也。《川音》作僥,非。又音邊,亦非也。"

按,麗藏本《廣弘明集》卷29《檄魔文》作"僥然":"況君單將,僥然一介,土無方尋,衆不成旅,而欲背理違常,陵墟華邑,篡奪靈權,勝常取信,以偽忝真,可不謬矣。"而四庫本《弘明集》卷14、《釋文紀》卷16《檄魔文》皆作"驍然一介"。《廣雅·釋詁二》;"驍,健也。"(56)《玉篇·馬部》:"驍,勇急捷也。"(422)《廣韻·蕭韻》:"驍,驍武也。"(145)《可洪音義》卷29《弘明集音義》卷14:"驍然,上音澆,勇也。"由此可見"驍"字是也,"繞"蓋訛字,"僥"乃假借字。可洪替之以"絑"①,義無所取。

【04】《可洪音義》卷21《佛本行贊音義》卷2:"淳調,上市軟反②,淳樸也。《經音義》作諄,以淳字替之,是也。《川音》作誋,音亭,非也。"

按,"淳調",大正藏本《佛本行經》卷2作"停調":"手執持老弓,甚強停調利,射以病苦箭,發著終不失。"校勘記曰:"停",宋、元、明本作"淳"。玄應以"淳"字爲是,見《玄應音義》卷20《佛本行贊經音義》卷2:"淳調,時均反,淳,善也,美也,大也,經文作諄,之閏、之純二反,告曉也,罪也,諄非字義。"(269)可洪承襲玄應之説。竊以爲麗藏本作"停調"不誤,"停調"即"調停",指協調妥當,射箭時只有弓箭調整地協調妥當,才能做到箭無虛發,百發百中。此詞其他經中亦有用例,如《九橫經》卷1:"不應飯者,名爲不可意飯,亦爲以飽腹不停調。"《治禪病秘要法》卷1:"如按摩法,停調諸節。"外典

---

① 《説文·糸部》:"絑,直也。"(273)《廣韻·迥韻》:"絑,絓絑。"(320)
② "淳"字音"市軟反",不合音理,疑傳刻失誤,以書中其他"淳"字注音例之,當音"市輪反"。

亦常用，如宋董嗣杲《羽觴飛上苑》："靈鼉鼓曲肯停調，緑蟻漾豔争歡斟，醉情得向芳辰暢，香車回碾銀蟾沈。"① 而"淳調"一般形容人的品性，如《阿那律八念經》卷1："性體淳調，守善安固，心不邪曲，是爲世間正定。"故"淳調"不合《佛本行經》文意，"淳"當是"停"字之訛。《川音》作"諄"，乃是"停"受後面"調"字影響，誤換偏旁而成，厚大師"音亭"，雖無大謬，終非探本之論。玄應所見經文作"諄"，乃"諄"字轉訛。《龍龕手鏡·言部》亦收"諄"字："諄，音亭，調諄。"（43）一如《川音》，未能指明正字。《漢語俗字叢考》考證此字乃"亭"或"停"的類化俗字②，實乃灼見，上述佛經異文可以證其結論不誤，而歷代經師竟然無人確解。

【05】《可洪音義》卷20《三法度音義》卷下："𣏓殺，上苦洽反，~撚，爪傷也，正作掐也。下所八反。《經律異相》作𣏓，《川音》作𣏓，厚大師以煤（煠）字替之，仕洽反，非也。"

按，今大正藏本《三法度論》卷3作"殢殺"："復次火燒大鐵臼，以杵擣百年，彼以罪緣故命不盡，彼於此間以臼擣殺蚤虱，及殢殺故。"又《經律異相》卷49作"搯殺"："復次火燒大鐵臼，以杵擣之，經歷百年，彼以罪緣而命不盡，以臼擣殺蚤虱，及搯殺故也。"校勘記："搯"，宋、元、明、宮本作"掐"。鄭賢章認爲"𣏓"、"𣏓"、"𣏓"、"殢"、"搯"皆"掐"字異寫③，竊以爲皆是"極"字俗體或異寫，"極殺"一詞古籍常見，例如《金剛頂瑜伽中略出念誦經》卷1："及一切如來神變，作已由至極殺故。"又《弘明集》卷1："野戰則肆鋒極殺，屠城則盡坑無遺。"又卷14："傾財極殺，斷截衆命。"又作"殢殺"，如《易酌》卷2："《傳統》曰：誅者如舜，流放殢殺，不一其刑。"④《欽定重訂大金國志》卷21："冬十一月乙亥，宋人殢殺韓侂胄於玉津園側。"⑤

厚大師以"煤"字替"𣏓"，"煤"乃"煠"字異寫，把食物放

---

① （宋）董嗣杲：《英溪集》，文淵閣四庫全書本，第1189册，第226頁。
② 張涌泉：《漢語俗字叢考》，中華書局2000年版，第1039頁。
③ 鄭賢章：《新集藏經音義隨函録研究》，湖南師範大學出版社2007年版，第95頁。
④ （清）刁包：《易酌》，四庫全書本，第39册，第224頁。
⑤ （宋）宇文懋昭：《欽定重訂大金國志》，四庫全書本，第383册，第949頁。

入油或湯中，一沸而出稱"煠"，《廣雅·釋詁二》："煠，爚也。"（45）《廣韻·葉韻》丑輒切："煠，爚煠。"（540）又《洽韻》士洽切："煠，湯煠。"（543）"煠"字顯然不合經意，故可洪非之。

【06】《可洪音義》卷19《阿毗達磨俱舍釋論音義》卷8："等伏，音丈，軍器惣名爲~也，正作杖、仗二形。《川音》作狄，以猛字替之，非也。

按，大正藏本《阿毗達磨俱舍釋論》卷8作"等仗"："三刀刃路圍，有大路遍密有利刀刃，衆生於中若下脚，血肉皆斷壞，舉脚血肉還生。復有劍葉林園，於中有赤利劍等仗，風吹墮落，斫刺彼衆生身及身分。"下文又曰："此刀刃路等三衆生，同爲杖①所害故，合爲一園。"又："四烈灰汁江園，江名鞞多梨尼，遍滿極熱烈灰汁水，衆生若入其中，於兩岸上有人捉劍槊叉等仗，遮斷不令得上。衆生在中，或踊向上，或沈入下，或傍迴轉，被蒸煮熟，譬如大鑊，滿其中水，下燃猛火，於中有米豆麻麥等被蒸煮熟，彼衆生亦爾。"下文"杖/仗""等仗"與上文相呼應。

考《玄應音義》卷17《阿毗曇毗婆沙論音義》卷46："器仗，下治亮反……仗，兵器也，五刃揔名，兵人所執持曰仗也。"（229）據此，則"仗"字正合論意，可洪所用底本之"伏"乃"仗"字之訛。

《川音》作"狄"，亦"仗"字誤。厚大師以"猛"字替之，蓋以"猛風"連言，句讀如下："於中有赤利劍等，猛風吹墮落，斫刺彼衆生身及身分。""猛風"于此句雖强通，然與下文"杖/仗""等仗"不能呼應，故不可取。

【07】《慧琳音義》卷75《道地經音義》："髓䯒，上雖紫反，《說文》云：骨中脂也。從骨、從隨省聲也。下天亦反，《韻詮》云：䯒者，骨間黃汁也。言人臨死之時，髓變爲䯒，黃汁流出，亦形聲字也。"（58/964b）

按，"髓䯒"，大正藏本《道地經》作"髓傷"："復一風起，名破骨風，令病者骨髓傷。……復一風起，名節間居風，令病者骨骼直掣振，或時舉手足，或把空，或起或坐，或呻號，或哭②或瞋，已散節，已斷結，已筋緩，已骨髓傷，已精明等去，裁身有餘在，心已冷如木，已棄五

---

① 杖，大正藏校記曰：宋、元、明、宫本作"仗"。
② 大正藏校記曰："哭"，宋、元、明、宫本作"笑"。

行。"校勘記曰："傷",宋、元、明本作"骵";宮本作"腦"。

《道地經》這段經文《修行道地經》卷1異譯如下："有風名破骨,消病人髓。……有風名節間,令諸支節,或縮或伸,而舉手足,欲捉虛空,坐起煩憒,有時笑戲,又復大息,其聲懇惻,節節以斷,筋脈則緩,髓腦爲消,目不見色,耳不聞聲,鼻不別香,口不知味,身冷氣絕,無所復識,心下尚煖,魂神續在,挺直如木,不能動搖。"其中"消病人髓""髓腦爲消"分別與《道地經》的"令病者骨髓傷""已骨髓傷"相對應,"消"有消磨、削減、消除等意思,消之則必傷之,故二義相足,相輔相成。

再考《可洪音義》卷21《道地經音義》,可洪所據底本亦作"髓骵",可洪解釋曰:"髓骵,始羊反,損也,正作傷也。《玉篇》及郭氏《音》並音惕,~,他的反。《玉篇》又徒厄反,並非經意也。《切韻》音擊,骻間黃汁也,亦非義。"可洪認爲正作"髓傷",認同麗藏本。竊以爲可洪之説更可取,經文當以作"傷"字爲正,"骵"應該是"傷"字受"髓"字影響而產生的偏旁類化訛俗字,宋、元、明本作"骵"即其證,"骵"進而訛作"骵"①。"骵"爲名詞,而《道地經》"令病者骨髓傷"這句無"傷"則缺謂語動詞,故知"骵"字不可取。而且,下文"已骨髓傷"一句正好與"令病者骨髓傷"相呼應,亦可證"傷"字爲優。慧琳蓋對勘不足,或是對文意推敲不夠,致有此失。

【08】《慧琳音義》卷75《道地經音義》:"著喉,上音長略反,《說文》從草(艹)、從者,經文從兩點下作著,是草書俗字也,下文准此知。喉音猴,咽喉也。"(58/965b)

按,大正藏本《道地經》亦作"著喉":"二十一七日爲骨髓應分生,九骨著頭,兩骨著頰;三十二骨著口,七骨著咽;兩骨著肩,兩骨著臂;四十骨著腕,十二骨著膝;十六骨著脇,十八骨著脊;二骨著喉,二骨著臗;四骨著脛,十四骨著足;百八微骨生肌中。如是三百節,從微著身,譬如瓠。"又考《修行道地經》卷1:"二十一七日,體骨各分,隨其所

―――――――――
① 《説文解字·骨部》:"骵,骨間黃汁也。从骨,易聲。讀若《易》曰'夕惕若厲'。"(81)裴本《刊謬補缺切韻·隔韻》:"骵,徒革反。骨間骵汁。"(615)《大唐刊謬補缺切韻·麥韻》徒厄反:"骵,徒厄反。骨間汁■。"(3371)《龍龕手鏡·骨部》:"骵,古歷反,骻間汁也。又音昔。"(481)

應，兩骨在頭，三十二骨著口，七骨著項，兩骨著髀，兩骨著肘，四骨著臂，十二骨著胸，十八骨著背，兩骨著臗，四骨著膝，四十骨著足，微骨百八與體肉合，其十八骨著在兩脇，二骨著肩。如是身骨，凡有三百，而相連結，其骨柔軟，如初生瓠。"其中"十八骨著背"和"兩骨著臗"中間，沒有與《道地經》"二骨著喉"相應的語句。

可洪所據底本作"着朕"，見《可洪音義》卷21《道地經音義》："着朕，音誰，坐處也。《江西》音何鉤反，非也。"根據可洪注音可知，可洪是以"脽"替"朕"，《說文·肉部》："脽，屍也。"（82）"屍"同"臀"，《廣雅·釋親》："臀謂之脽。"（206）經意上文言十八骨著脊背，下文曰兩骨著臗，中間作"著喉"，指咽喉，顯然不妥。作"著脽"，指臀尻，較符合經文敘述次序。蓋經文原作"脽"，訛作"朕""喉"，慧琳根據誤本爲釋，宜其非也。

如此之類失誤的出現，純屬前期資料準備不足，或者校勘過程不夠細緻，其實只要認真，類似情況是可以避免的。

二 參考字韻書泥古不化

佛經音義原本屬於隨文注釋的性質，後來才獨立成書①。隨文注釋，就要緊扣文意。可是，現存的佛經音義中的很多詞條，經師們只是機械地照抄字韻書，完全無視經旨，亦無視語言文字的發展演變，可謂下筆千言，離題萬里，實在不能起到注釋的作用，甚至誤導讀者。例如：

【09】《可洪音義》卷28《弘明集音義》卷3："黃熊，奴來、奴登二反，正作能也。獸名，似熊，足似鹿，禹父化爲能，是也。《川音》亦作能也。又音雄，非也。"

按，麗藏本《弘明集》卷3《答何衡陽難釋白黑論》作"黃能"："及化爲黃能，入于羽淵，申生伯有之類，丘明所説亦不少矣。""黃能"即"黃熊"。《國語·晉語八》："昔者鯀違帝命，殛之於羽山，化爲黃能，

---

① 據香港學者黃耀堃考證，古代的佛經音義，大致可以分三類：一是隨文加注，不少正文裏面經常附注音義；二是一些專收音義的書，如《玄應音義》《慧琳音義》《可洪音義》；三是"隨函音義"，是指附在每一卷（函）末的音義。就其形式而言，第三類可以説是第一類發展成第二類的"中間過體"。參見黃耀堃《磧砂藏隨函音義初探》，文載《音韻論叢》，齊魯書社2004年版，第252頁。

以入于羽淵。"① 南朝梁任昉《述異記》卷上："堯使鯀治洪水，不勝其任，遂誅鯀於羽山，化爲黄能，入於羽泉，今會稽祭禹廟不用熊，曰黄能，即黄熊也。陸居曰熊，水居曰能。"② 徐灝《説文解字注箋》："能，古熊字……假借爲賢能之能，後爲借義所專，遂以火光之熊爲獸名之能，久而昧其本義矣。"（4/104）可見，就黄熊之物而言，"能"爲古字，"熊"爲今字，二者皆可。"音雄"是今音，"奴登反"是古音，古本無別。可洪求之過苛，未免泥古不化。

【10】《玄應音義)》卷 17《俱舍論音義》卷 8："瞞陁，忘安反，依字，《説文》：平視也③。"（232）

按，"瞞陁"，大正藏本《阿毗達磨俱舍釋論》卷 8 作"䐉陀"："復有二洲，一捨陀訶，二欝多羅䐉陀，屬西瞿陀尼，是彼類故。"校勘記曰："䐉"，宋、元、明本作"瞞"，宮本作"滿"。"䐉陀（瞞陁）"是譯音用字，對這類字詞，應該交代其梵語正音，不同詞形，及其意譯爲何，而不是機械抄襲字書解釋字義，因爲這些字在經中只記音，不表義。

【11】《慧琳音義》卷75《道地經音義》："四激，音叫，《字書》：水急流也。"（58/964a）

按，大正藏本《道地經》亦作"四激"："趣使得相，有如是像，跓被服、語言、車蓋、鬚髮、衣，亦如是諱日來呼，若四、若六、若九、若十二、若十四來至到，復觸忌諱日，人所不喜，醫復何血忌、上相、四激、反支來唤，是亦不必日時、漏刻、星宿、須臾，疑人取相。"整段經文文不可句，晦澀難通。"血忌""上相""四激""反支"，都是"惡日"。"四激"者，考《備急千金要方》卷 82："合藥須取四時王相日，特忌刑殺厭及四激、休廢等日，大凶，此彭祖法。"④ 又卷 89："四激：戌戌、戌丑、丑丑、辰辰、辰未、未未。忌針灸。"⑤ 又《外臺祕要方》卷 39："四激：戌戌、戌丑、丑丑、辰辰、辰未、未未。凶。"⑥ 又《武經總要·後集》卷 17："京房曰：寬大廉正之日，風從巳酉上來，天氣温

---

① （吳）韋昭注：《國語》，四庫全書本，第 406 册，第 135 頁。
② （南朝梁）任昉：《述異記》，四庫全書本，第 1047 册，第 613 頁。
③ 《説文·目部》："瞞，平目也。"（65）
④ （唐）孫思邈：《備急千金要方》，四庫全書本，第 735 册，第 845 頁。
⑤ 同上書，第 899 頁。
⑥ （唐）王燾：《外臺祕要方》，四庫全書本，第 737 册，第 571 頁。

和者，敵兵退散；四激上來者，敵兵自退。四激者，春戌、夏丑、秋辰、冬未是也。"①

《道地經》這段經文，《修行道地經》卷1異譯如下："視來呼人服色語言，持壞繖蓋，鬚爪毛亂，又其日惡，若四日、六日、十二日、十四日，以此日來者，皆爲不祥，醫即不喜，以舐②星宿，失於良時，神仙、先聖所禁之日。醫心念言：雖值此怪，星宿吉凶，或可治療。所以者何？雖有病者方便消息，本命未盡，想當除愈，若對至者，不能令差。以是言之，不必在善日、星宿吉凶，是故慧人，不從曆日，而求良時。"翻譯與《道地經》差異很大，不能一一對應，但大體可知，經中所記求醫之日乃惡日，不吉利，醫者不喜。

由此反觀慧琳釋文，只是一味地照抄字書："激，音叫，水急流也。"訓釋語與該詞在經文中的實際用法相隔万里，根本沒達到注釋效果。而《可洪音義》卷21《道地經音義》則以"徼"字替換"激"："四徼，音叫，道也，正作徼。""四徼"即"四徼道"，亦云"四衢道"，《可洪音義》卷5《佛昇忉利天爲母説法經音義》卷上："四徼，音叫，小道也。南方俗謂四徑道爲四徼道也，諸經云四交道，亦云四衢道，是也。經作激，悮也。"此釋與經意更是風馬牛不相及。看來，可洪並沒有領悟經意，故有此失。

【12】《慧琳音義》卷75《道地經音義》："入檻，咸黯反，《考聲》云：大匱也；牢也，從木，監聲。"（58/963b）

按，麗藏本《道地經》作"入鹽"："自身見入鹽王，見鹽王使問。"大正藏校勘記曰："鹽"，宋、元、明、宫作"檻"，下同。《可洪音義》卷21《道地經音義》認爲正作"鹽王"："擥③王，上音閻，～羅王也，正作鹽也。"又："擥王，同上。又胡黯反，非也。"而《修行道地經》卷1則翻譯作"閻王見問"，"閻王"即"鹽王"④，亦作"琰魔王"，《慧琳音義》卷7《大般若波羅蜜多經音義》卷520："琰魔王，梵語，冥司鬼

---

① （宋）曾公亮等撰：《武經總要》，四庫全書本，第726册，第881頁。
② 大正藏校記曰："舐"，宋、元、明、宫、聖本作"觝"。
③ 《宋本玉篇·手部》："擥，力甘、力敢二切，持也。"（115）《龍龕·手部》："擥，魯甘反，擥持也。"（209）《集韻·敢韻》魯敢切："攬、擥、擥：《説文》：撮持也。或从覽、从監。"（449）
④ 《泥犁經》卷1："與鹽王相見。"大正藏校勘記曰："鹽"，宋、元、明本作"閻"。

王名也，舊云閻羅王，經文作剡（尸染反）魔，皆訛略不正也。正梵音云琰（閻奄反）摩，古人譯爲平等。"（57/516b）

很顯然，"鹽王"更符合《道地經》經意，"檻"是"鹽"字音訛，也應該看作音譯詞，不取其實義"大匱也"。慧琳既不能就正于其他版本，又不審文意，而是輕率地望形生訓，機械地照抄字韻書，不錯何爲？

三　外典文獻知識儲備欠缺

佛教徒常稱佛經爲內典，佛書以外的典籍爲外典，在中土，則指我國固有的經史子集著作，又特指儒家經典。宋代王禹偁《小畜集》卷20《左街僧録通惠大師文集序》："釋子謂佛書爲內典，謂儒書爲外學。工詩則衆，工文則鮮。"[1] 北齊顏之推《顏氏家訓·歸心》："內外兩教，本爲一體，漸積爲異，深淺不同。內典初門，設五種禁；外典仁義禮智信，皆與之符。"[2] 翻譯佛經，不可避免要用到中土傳統文獻的語文、歷史、哲學知識，中土和尚自己創作的佛教著作更是如此。所以解釋佛典，一定要具備外典文獻語、文、史、哲基本修養，否則就會因這方面能力欠缺，導致底本失校、注釋疏誤。例如：

【13】《可洪音義》卷28《十門辯惑論音義》卷上："至諴，市盈反，審也，敬也，信也。《川音》作諴，音咸，非也。此處無理使得諴字也。"

按，大正藏本《十門辯惑論》卷上同《川音》，作"至諴"："然則至諴感神者，莫知神之巨細；孝德動天者，孰知天之高下。"校勘記曰："諴"，宋、元、明、宮本作"誠"。今考"至諴"不誤，"至諴"指極其和順的德行，語出《尚書·大禹謨》"至諴感神"孔傳："諴，和。"孔穎達疏："帝至和之德尚能感於冥神。"[3] 可洪孤陋寡聞，以不狂爲狂耳。

【14】《慧琳音義》卷99《廣弘明集音義》卷29："敖敖，羊灼反。《説文》：敖敖，光流兒也，從白、從放也。"（59/324b）

按，"敖敖"，麗藏本《廣弘明集》卷29《玄圃園講賦》作"穆穆"：

---

[1]（宋）王禹偁：《王黄州小畜集》，中華再造善本，北京圖書館出版社，唐宋編，集部，第6册，第二十卷，第7頁。

[2] 王利器：《顏氏家訓集解》，中華書局1993年版，第368頁。

[3]《尚書正義》，（清）阮元校刻《十三經注疏》本，中華書局1980年版，第137頁。

"亦有百獸，旼旼穆穆，雲車九層，芝駕四鹿。"中華藏校記曰："旼旼"，資、磧作"咬咬"，普、南、徑、清作"旼旼"；"穆穆"，徑作"瞵瞵"①。大正藏翻刻高麗藏作"䀛䀛瞵瞵"，校記曰："䀛䀛"，宋、宮本作"咬咬"，元、明本作"旼旼"；"瞵瞵"，宋、元、宮本作"睩睩"。

可洪所據底本作"䀛䀛𣀋𣀋"，見《可洪音義》卷30《廣弘明集音義》卷29："䀛䀛𣀋𣀋，上二美巾反，下二音目，正作旼（旼）䜌也。旼（旼）䜌，和美也。《川音》作旼𣀋，別本作䀛𣀋，上方本作䀛𣀋𣀋，栢梯本䀛𣀋，並悮也。敊、叫、擊三音，非韻也。上列諸本皆少兩个字也。集文云亦有百獸，䀛䀛𣀋𣀋，雲車九層、芝駕四鹿也。""正作旼"之"旼"乃"旼"字刻訛。宋本《玉篇·日部》："旼，莫貧切，和也。"（375）《集韻·真韻》："旼，旼旼，和也。"（119）正如可洪所言，集文當正作"旼旼穆穆"，指祥和禮讓貌。《漢書·司馬相如傳下》："旼旼穆穆，君子之態。"（2607）顏師古注引孟康曰："旼旼，和也。穆穆，敬也。"（2608）楊榮《文敏集》卷1《瑞應騶虞詩有序》："永樂二年，秋騶虞見於河南之鈞州，白質黑章，虎軀猊首，尾長於身，性則仁厚，不食生物，不踐生芻，旼旼穆穆，姿態異常。臣下得之，以進于朝。"②

據此，"䀛""旼""䀛""咬"等字，皆"旼"字之訛。"𣀋"乃"䜌"字俗寫，"䜌"同"穆"，《玉篇·禾部》："穆，莫卜切，和也。古文作䜌。穆，《説文》穆。"（287）《慧琳音義》"敊"字、《川音》"𣀋"字皆"䜌"的訛字。"䜌""睩"則是"廖"字異寫，通"穆"。"瞵"乃是"廖"受前面"旼"字影響而產生的偏旁類化俗字。

【15】《可洪音義》卷30《廣弘明集音義》卷20："受服，音伏，衣服也。又事也，敬也。又《川音》作脤，時忍反，祭餘肉也，《説文》云天子所以親遺百姓也。又社肉盛以蜃，因謂之脤也。然服、脤二字未委何

---

① 參見《中華大藏經》第63冊，第424頁上欄。
② （明）楊榮：《文敏集》，四庫全書本，第1240冊，第5頁。

正。遺去聲。"

按，大正藏翻刻麗藏本《廣弘明集》卷20《大法頌（并序）》作"受脣"："方叔邵虎之臣，均鼙應鼓之將，秉龍虎之祕韜，握朱玄之異略，受脣於廟堂之上，揚威於關塞之下。出玉門而直指，度金城而奏策，蕩雜種之殘妖，匡中原之塗炭。"校記曰："脣"，宋、元、明、宮本作"脤"。《川音》作"脤"，《慧琳音義》卷98亦作"受脤"："受脤，臣忍反。鄭注《周禮》：脤皆社禝宗廟之肉也。杜注《左傳》云：宜社之肉盛之以脤器，故曰脤。《公羊傳》云：生曰脤，熟曰膰。《說文》從示作祳。膰音煩也。"（59/305b）

竊以爲作"脤"是也，古代出兵要祭社，祭畢，以社肉頒賜衆人，謂之"受脤"。後來，亦稱受命統軍爲"受脤"，如《後漢書·皇甫嵩朱儁傳》："皇甫嵩、朱儁並以上將之略，受脤倉卒之時。"①《廣弘明集》正是此義。而"受服"乃謂受爵禄與服飾之賞，與集文文理不合，故不取。

大正藏本"脣"字，乃"脤"的偏旁異位俗字；宋、元、明、宮本之"脤"、可洪所據底本之"服"，皆"脤"之訛字。

【16】《可洪音義》卷28《弘明集音義》卷1："衺錍，音卑，鏨斧也。又普迷反。《川音》作邊兮反，非也，謬。"

按，"衺錍"，大正藏翻刻麗藏本《弘明集》卷1《正誣論》作"辛錍"："故會宋之盟，抑楚而先晉者，疾辛錍之詐，以崇咀信之美也。"校勘記曰：宋、宮本作"衺鈿"，元本作"衷鈿"，明本作"衷甲"。李小榮《弘明集校箋》作"衷甲"，校曰："甲"，永樂北藏、清藏作"鉀"②。考《左傳·襄公二十七年》："辛巳，將盟於宋西門之外，楚人衷甲。"杜預注："甲在衣中。欲因會擊晉。"③據此，當以作"衷甲"爲是。"鉀"是"甲"的俗字，故作"衷鉀"亦是。"辛""衺"乃"衷"字之訛；"錍""鈿"皆"鉀"字之誤。可洪、厚大師之音釋皆不可取。又考《慧琳音義》卷95《弘明集音義》卷1："哀陴，婢弥反，《左傳》云：守陴者皆哭。杜云：城上埤堄也。《說文》：城上垣，陴倪也。從阝、卑

---

① （南朝宋）范曄：《後漢書》，中華書局1965年版，第2313頁。
② 李小榮：《弘明集校箋》，上海古籍出版社2013年版，第67頁。
③ 《左傳正義》，（清）阮元校刻《十三經注疏》本，中華書局1980年版，第1996頁。

聲。……集本從金作鍿，非也。"（59/248a）可見慧琳所據底本作"哀鍿"，慧琳未詳其來歷，以"錍"易"鍿"，更是錯上加錯。

【17】《可洪音義》卷29《廣弘明集音義》卷14："羊𣅀，普幻反，正作肦、盼二形。又呼計、五計二反。又《川音》作盻，許乞反。今定取盼字呼也。"

按，"羊𣅀"，大正藏本《廣弘明集》卷14《內德論通命篇第二》作"羊肦"："若云禍福由其祖禰，殃慶延於子孫，考之於前載，不必皆然矣。伯宗、羊肦之嗣，絕滅於晉朝；慶父、叔牙之後，繁昌於魯國，豈祖禰之由乎？"校記曰："肦"，宋、宮本作"盼"；元、明本作"盻"。作"肦"是也，"肦"同"肸"。"羊肦"即"羊舌肸"，春秋時期晉國大夫，複姓羊舌，名肸，字叔向。叔向知識淵博，在其政治生涯中，以維護西周禮樂文化傳統和正直品格爲人注目。可是由於他以及他的家族始終站在代表舊勢力的公室一邊，所以在他從政治舞臺上消失以後不久，在晉頃公十二年（前514），羊舌氏就被滅掉了。伯宗也是春秋時期的晉國大夫，有賢德，好直言，因而遇害，其子伯州犁被迫奔楚。所以，"伯宗"和"羊舌肸"就是祖禰賢德而子孫不昌的實例。

"慶父"和"叔牙"都是魯國公族，魯莊公的弟弟，魯莊公去世後，慶父製造內亂，意欲奪權篡位，其弟叔牙支持他，但沒有成功，慶父自縊而死，叔牙則被其弟季友毒死。但是慶父、叔牙的後代子孫卻被魯國繼續分封，是爲三桓之二的孟孫氏和叔孫氏。這就是祖上作亂、子孫反而昌盛的範例。

綜上可知，可洪所據底本"𣅀"字，乃"肦"之俗訛，可洪以其同"盼"，大謬。《川音》作"盻"，而厚大師音"許乞反"，即以其爲"肦"字之誤，正是。

【18】《可洪音義》卷28《辯正論音義》卷2："五柞，才故反，《川音》柞。別本作𣐈，昨、作二音，木名。"

按，麗藏本《辯正論》卷2作"五柞"："若遭秦始皇漢武帝，則復徐市欒大之徒矣。……納虛妄之辭，信眩惑之說，隆禮以招弗臣，傾產以供虛求，散王爵以榮之，清閑館以居之，經年累稔，終無一驗。或歿於沙丘，或崩于五柞，臨時雖復誅其身滅其族，紛然足爲天下笑矣。""五柞"是"五柞宮"的省稱，漢離宮名。《漢書·武帝紀》"行幸盩厔五柞宮"

顏師古注引張晏曰："有五柞樹，因以名宮也。"（212）又《宣帝紀》："至後元二年，武帝疾，往來長楊、五柞宮。"師古曰："長楊、五柞二宮並在盩厔，皆以樹名之。"（236）可見當以"柞"字爲是，"祚"爲訛字，厚大師、可洪昧於歷史掌故，皆失校。

【19】《可洪音義》卷 30《廣弘明集音義》卷 28："幽州，上彼巾反。別本作幽，《川音》作幽，不知何正。"

按，"幽州"，大正藏本《廣弘明集》卷 28《唐太宗於行陣所立七寺詔》作"豳州"："破薛舉，於豳州立昭仁寺。"據《舊唐書》卷 55《薛舉傳》、《新唐書》卷 86《薛舉傳》記載，薛舉於隋大業十三年（617）起兵反隋，自稱帝，都秦州（今甘肅天水），主要活動範圍在陝西、山西、甘肅一帶。武德元年（618），薛舉與唐軍交戰，在豳州附近的淺水原（今陝西長武東北）大敗秦王李世民，唐軍死者達十分之六。唐太宗李世民之所以在豳州立昭仁寺，就是爲了追悼安撫這次激戰中陣亡將士的亡靈，"望法鼓所振，變炎火於青蓮；清梵所聞，易苦海於甘露"（《唐太宗於行陣所立七寺詔》）。故《川音》及大正藏作"豳州"不誤，可洪所據底本作"幽"，乃訛字。可洪因爲欠缺這些歷史知識，故難以判定何字爲正。

【20】《可洪音義》卷 29《廣弘明集音義》卷 3："莞維，上於遠反。《川音》作莞，音官，非。"

按，"莞維"，大正藏本《廣弘明集》卷 3《家訓·歸心篇》作"筦維"："儒家說天，自有數義，或渾或蓋，乍穹乍安。斗極所周，筦維所屬，若所親見，不容不同。若所測量，寧足依據。"校勘記曰："筦"，宋、元、明、宮本作"苑"。《慧琳音義》卷 97《廣弘明集音義》卷 3 亦作"筦維"："筦維，官短反。鄭注《禮記》云：筦猶苞也。從竹，完聲。"（59/278b）今考北齊顏之推《顏氏家訓·歸心篇》作"管維"："斗極所周，管維所屬，若所親見，不容不同；若所測量，寧足依據？"（379）[①]"筦"同"管"，"筦維"即"管維"，古人指天宇所據以運轉的樞紐。"斗極"指北斗星與北極星，正與"管維"相對。"管維（筦

[①] 王利器：《顏氏家訓集解》，中華書局 1993 年版。

維）"亦作"斡維"，《楚辭·天問》："斡維焉繫，天極焉加？"王逸注："斡，轉也；維，綱也。言天晝夜轉旋，寧有維綱繫綴，其際極安所加乎？斡，一作筦。"（86）顔師古《匡謬正俗》卷7引《楚辭·天問》即作"筦維"。

綜上可知，"尭"當是"筦"字之訛，可洪音"於遠反"，乃是以之同"苑"；《川音》音"官"，則是以之同"莞"①，二書皆誤。

【21】《慧琳音義》卷96《弘明集音義》卷6："猥壘，上烏賄反，《字書》云：猥，不智人也。《古今正字》從歹、畏聲。集作㟪，通。下雷猥反，《考聲》云：壘，頭禿皃。《左傳》有鄶魁壘也。《説文》從土、畾省聲，畾音雷也。"（59/259b）

又卷98《廣弘明集音義》卷23："崴嵼，上烏賄反，下雷罪反。《考聲》：山皃也。集從裹、從累作巌㠝，《玉篇》無此字。"（59/309b）

按，"猥壘"，大正藏本《弘明集》卷6《釋駁論》作"㟪壘"："老氏云：無爲之化，百姓皆曰我自然。斯言當矣。是以干木高枕而魏國大治，庚桑善誨而㟪壘歸仁。"又"崴嵼"，大正藏本《廣弘明集》卷23《鳩摩羅什法師誄》作"巌㠝"："一扣則時無互鄉，再擊則巌㠝歸仁。于斯時也，羊鹿之駕摧輪，六師之車覆轍，二想之玄既明，一乘之奧亦顯。"校記曰："巌"，宋、元、明、宮本作"嵔"；"㠝"，明本作"壘"，甲本作"磊"。

兩集文用字雖不同，但語境基本一致，"㟪壘歸仁""巌㠝歸仁"應該同義，注文不應該各自爲釋，毫無聯繫。今考《莊子·庚桑楚》："老聃之役有庚桑楚者，偏得老聃之道，以北居畏壘之山，其臣之畫然知者去之，其妾之挈然仁者遠之；擁腫之與居，鞅掌之爲使。居三年，畏壘大壤。畏壘之民相與言曰：庚桑子之始來，吾洒然異之。今吾日計之而不足，歲計之而有餘。庶幾其聖人乎！子胡不相與尸而祝之，社而稷之乎？"②陸德明釋文："畏，本或作嵔。又作猥，同。烏罪反，向於鬼反。壘，崔本作纍，同，力罪反，向良奬反。李云：畏壘，山名也。或云在魯，又云在梁州。"③由此可見，"畏壘歸仁"語出《莊子》。"巌㠝""㟪

---

① 《龍龕·艸部》："莞，今音官、桓二音，草名，似蘭而圓，可以爲席。又姓。"（253）
② （清）郭慶藩撰、王孝魚點校：《莊子集釋》，中華書局1961年版，第769頁。
③ 同上書，第770頁。

壘""磈礧""崴嵓""嵬壘"等，皆"畏壘"之異形。"畏壘"是連綿詞，乃山名，蓋怪石嶙峋、窮山僻壤、不毛之地，山民亦不開化，故後來借指偏僻山野，如宋劉克莊《和季弟韻》之六："老愛家山安畏壘，早知世路險瞿唐。"① "畏壘歸仁"指連山野愚昧之民，皆被教化之風，而歸向仁善。慧琳之釋，機械地摘抄字韻書，就字論字，首先違背了連綿詞重視讀音不重視字形、不可拆開分釋的解釋原則，其次是未省典故來源，所言驢唇不對馬嘴。

我們再來看可洪、厚大師的注釋，《可洪音義》卷29《弘明集音義》卷6："塊壘，上於鬼反，下力水反，眾石皃也。亦作磈礧。又上烏悔反，下郎悔反。"又卷30《廣弘明集音義》卷23："巊嵺，梁《弘明集》第六作塊壘歸仁，梁《弘明》宜作磈礧，此集宜作嵺，上烏罪反，下郎罪反，眾石皃也，言眾人歸向，如山如岳而來也。又上於鬼反，下力水反，山皃也。上正作磈、嵬二形，下正作礧、嵺二形，傳寫久悞也。上又《川音》音懷，非也。"可洪雖然看到了兩段集文的相似點，也把"塊壘""巊嵺"看作連綿詞整體合釋了，但依然未解典故語源，故注釋亦未達根本。厚大師《川音》"巊"音懷，乃是以其同"裹"，《集韻·皆韻》乎乖切："裹，崴裹不平。或作巊。"（105）此釋依然是糾纏於字形，注定不會有突破性進展。

【22】《可洪音義》卷27《法顯傳音義》："僞夷，上於建反，亦作偽（鄢）也。又於憾反。又偈字，或是偃字悞也。《川音》作隖，音塢，非也，或是鄔字也。"

按，大正藏本《高僧法顯傳》作"烏夷國"："復西北行十五日到烏夷國，僧亦有四千餘人，皆小乘學，法則齊整。"校勘記曰："烏"，宋、元、明、宫本作"焉"。《慧琳音義》卷100《法顯傳音義》作"焉夷國"："焉夷國，上謁乾反，前《西域記》已說。"（59/331a）又考《慧琳音義》卷82《大唐西域記音義》卷1："阿耆尼國，兩磧之西第一國也。耆音祇，古曰嬰夷，或曰烏夷，或曰烏耆，即安西鎮之中是其一鎮，西去安西七百里，漢時樓蘭、善善、危須尉犁等城皆此地也。或遷都改邑，或居此城，或住彼域，或隨主立名，或互相吞滅，故有多名，皆相隣

---

① （宋）劉克莊：《後村先生大全集》，四部叢刊本，第5冊，第19卷，第11頁。

近，今或丘墟。"（59/27a）今考季羨林校注本《大唐西域記》卷1作"阿耆尼國"："出高昌故地，自近者始，曰阿耆尼國（舊曰焉耆）。"① 又《大唐大慈恩寺三藏法師傳》卷1："入阿耆尼國（舊曰烏耆，訛也）。"大正藏校勘記："舊曰烏耆，訛也"，宋、元、明、宮作"舊云鄔耆，訛也"。又《釋迦方志》卷1："阿耆尼國（即烏耆也）。"《佛祖統紀》卷32作"焉耆"："阿耆尼國（有伽藍十數，《漢書》曰焉耆）。"又："煬帝時，西域諸蕃多至張掖，與中國交市。帝令裴矩掌其事。撰《西域圖記》云，發自敦煌至於西海，凡爲三道……其中道，從高昌、焉耆、龜茲、疏勒，度葱嶺、鏺汗、蘇勒沙那、康國、曹國、何國、大小安國、穆國，至波斯，達於西海。"

那麽，這個西域古國，到底是叫"烏夷""烏耆""鄔耆"呢，還是叫"焉夷""焉耆""鄢耆"呢？

考《遊方記抄》卷1："又行東過阿耆尼國。"大正藏校勘記：阿耆尼，Agni（土語 Yanghi）。根據"Agni"（土語 Yanghi）的發音，可以推測其國名當以作"阿耆尼""焉耆""焉夷"爲正，亦寫作"僞夷""鄢夷"等，"烏夷""烏耆""鄔耆""偽夷"等皆誤。《川音》作"隝"，當是"隝"字訛變，"隝"是"鄢"的偏旁異位字。厚大師"音塢"，非也。

西域古国"焉耆"，即今新疆焉耆縣周圍地區，初屬匈奴，後屬漢西域都護府，西漢末又屬匈奴，唐初附西突厥。境內有"焉耆山"，《佛祖統紀》卷35："四年，驃騎將軍霍去病討匈奴，過焉耆山（音煙支）千餘里，得休屠王祭天金人。""焉耆山"即焉支山，又作燕支山、胭脂山。

因手書"焉""烏"二字形近訛混，致使古籍中"焉耆""烏耆"紛擾至今，莫衷一是。如《翻譯名義集》卷3："阿耆尼，《西域記》云：舊曰烏耆。訛也。"② 丁福保《佛學大辭典》："烏耆：（地名），又作阿耆尼、偽夷，新疆之東北部。見《慈恩傳》二。Agni。"（872）③ 又《佛光大辭典》："烏夷國：梵名 Agni。位於新疆之古國名。又作偽夷國、烏耆

---

① （唐）釋玄奘、釋辯機著，季羨林等校注：《大唐西域記校注》，中華書局1985年版，第46頁。

② 大正藏校勘記曰：阿耆尼，Agni，Akni（Kharashara）。

③ 丁福保：《佛學大辭典》，文物出版社1984年版。

國。以南疆東北部之喀喇沙爾（Karashar）爲中心。其東爲高昌，西與龜茲爲鄰。東晉末年西行求法之智嚴及寶雲等，曾於此地出會法顯。"（4176）① 又："阿耆尼國：阿耆尼，梵名 Agni 或 Akni。位於西域之古國名。又作烏耆國、烏夷國、焉耆國、嬰夷國。東鄰高昌，西接龜茲，以今新疆天山南路東北部之喀喇沙爾（Karashahr）爲中心。……蓋阿耆尼國之名稱，系由於焉耆、烏耆等名含有火之意，玄奘乃因此附會梵語 agin（火）而音譯爲阿耆尼。"（3657）兩部佛教大辭典皆未列"焉耆""焉夷"之類的詞條，可見歷代古籍以訛傳訛，學者亦已習非成是，今不可不辨。

綜上，三位經師之失，皆在對中土傳統漢籍的語、文、史、地、哲基礎知識不夠諳熟。當然，中土典籍浩如煙海，全部諳熟未免強人所難，但四部中的基礎典籍，如十三經、各朝史地、諸子之說，以及《楚辭》《文選》等，還是應該熟悉的。如果諳熟本國傳統文獻，語感準確，再加上對佛典經意有透徹理解，那麼，即使版本有訛誤，一般也能發現，完全可以避免這些不必要的失誤。

四　佛教基礎知識儲備不足

按說，作爲佛教教徒，而且是學問僧，給佛經作注的經師們，應該對佛教教義、習語、人名術語、史傳知識、基礎知識等了如指掌。其實情況未必盡然。佛經卷帙浩繁，就五代釋可洪時期的大藏經規模來看，就已經有 1076 部，5048 卷②，全部精通，實在困難。看歷代高僧傳即知，那些高僧大德大都也只是熟悉佛典中的某些部類，或某幾部經典，如《高僧傳》卷 1《僧伽提婆》："學通三藏，尤善《阿毗曇心》。"又卷 2《弗若多羅》："備通三藏，而專精《十誦律》部。"又卷 3《浮陀跋摩》："習學三藏，偏善《毗婆沙論》。"三藏九部莫不該練的經師是少而又少的。所以，經師們即使在自己的專業領域偶有失誤，也是可以理解的。雖然如此，如果能勤查多問，多方考證，不斷精進，很多問題還是可以解決的。

---

① 慈怡主編：《佛光大辭典》，北京圖書館出版社據臺灣佛光山出版社 1989 年 6 月第五版影印。

② 《可洪音義》卷 1："依《開元目録》見入藏大小乘經、律、論、傳七目，總一千七十六部，五千四十八卷，四百八十帙。"

例如：

【23】《可洪音義》卷18《善現律毗婆沙音義》卷3："阿摽，必招反，正作標也。又匹遥、匹妙、毗少三反，並非。又《川音》作猱，力日反，公手物也①，非此呼也。"

按，大正藏本《善見律毗婆沙》卷3亦作"阿摽"："外甥阿摽叉。"是人名譯音詞，校勘記曰：宋、元、明、宫本"摽"作"栗"。經過多方考證，我們認爲正確譯音應該是"阿栗叉"，又作"阿栗吒""阿梨吒""阿利吒""阿利瑟吒"，巴利名 Arittha，本爲木名（Aristaka；巴 Aritthaka），此人因樹得名。《翻梵語》卷3："阿梨吒比丘：舊譯曰，亦云阿梨吒，亦云阿利瑟吒，亦云阿栗吒。謂無患樹。聲論者云：正外國音，應言阿栗瑟跢，翻爲無患樹。此比丘因樹得名，謂無患比丘。"阿栗叉是西元前三世紀人，爲錫蘭天愛帝須王（巴 Devānampiya Tissa，約前250—前210在位）之外甥，曾出使印度，迎請摩哂陀之妹僧伽密多（巴 Saṅghamittā），返國後出家爲僧，從摩哂陀學法，精研戒律。被摩哂陀選定爲僧團領袖，並得摩哂陀付與律藏②。《川音》作"猱"，與"栗"音同，正是。可洪及麗藏本作"摽"，乃"猱"字之訛。可洪認爲正作"標"，失考。又《慧琳音義》卷78《經律異相音義》卷6："阿標叉，必遥反，梵語人名也。"（58/1036b）與可洪同誤，"標"亦"猱"字之訛。

【24】《可洪音義》卷20《舍利弗阿毗曇論序》音義："道樹，毗遥反，製序釋名也，正作標、榖二形也。《高僧傳》有恒、標二法師，是也。《川音》作道樹，非也。"

按，大正藏《舍利弗阿毗曇論序》下曰"釋道摽撰"，校勘記曰："摽"，宋、元、明、宫本作"標"。又考《高僧傳》卷1："會有天竺沙門曇摩掘多來入關中，同氣相求，宛然若舊，因共耶舍譯《舍利弗阿毗曇》，以僞秦弘始九年初書梵書文，至十六年，翻譯方竟。凡二十二卷，僞太子姚泓親管理味，沙門道標爲之作序。"又卷6："時恒有同學道標，亦雅有才力，當時擅名，與恒相次。秦主姚興以恒、標二人神氣俊朗，有

---

① 按，"公手物"不可解，考《龍龕·手部》："猱：力乙反，以手猱物也。"（216）又《廣韻·質韻》力質切："猱，以手理物。"（470）故疑今刻本《可洪音義》有訛脱。

② 參見《佛光大辭典》"阿栗吒"，第3656頁；丁福保《佛学大辞典》"阿梨吒"條，第724頁。

經國之量,乃勅僞尚書令姚顯,令敦逼恒、標罷道,助振王業。"又《弘明集》卷11録有《道恒、道標二法師答僞秦主姚略勸罷道書》,綜上考量,僧名當以作"道標"爲正,"標"是手寫變體,"橒"乃俗字①。《川音》作"道樹","樹"顯然是"橒"字之誤,厚大師失校。

【25】《可洪音義》卷20《三法度音義》卷中:"無裔,音詞,祭天也,廟也,正作祠。或作奇也,《川音》作𩳁,並悞也。按《成實論》云:無施無祠。釋文云:施名利他故與,祠名以韋陁語言困天故祠②,是也。又依字音曳,非義。"

按,"無裔",大正藏本《三法度論》卷2作"無齋":"無業見者,無施、無齋、無説、無方便、無作善不善業。"又考《中阿含經》卷3:"三曰邪見,所見顛倒,如是見、如是説,無施、無齋、無有呪説,無善惡業,無善惡業報,無此世彼世,無父無母,世無真人往至善處、善去、善向,此世彼世,自知、自覺、自作證成就遊。"此經中"無施無齋"凡五見。又《正法念處經》卷1:"若生邪見,生顛倒見,是邪見業。彼有二種,謂失不信。云何不信,彼人心謂無施、無祀、無齋、無會,無有善業,無不善業,無業果報,廣則無量。云何爲失,彼人心謂一切苦樂皆是天作,非業果報。如是二種。名爲邪見。"綜上可知,"無齋"是佛經習語,大正藏本《三法度》作"無齋"不誤,可洪所見底本之"裔"、其他版本之"奇"、《川音》之"𩳁",皆"齋"之訛字,可洪認爲正作"祠",實不足取。

【26】《可洪音義》卷19《阿毗達磨順正理論音義》卷46:"朋旡,上蒲崩反,黨也。或作用也。《川音》作𡰣,以朶字替之,非也。"

按,"旡"乃"无"字異寫。大正藏《阿毗達磨順正理論》卷46作"明無":"有漏緣隨眠不見所緣斷,而彼煩惱依滅道生,明無漏緣諸煩惱起,是彼煩惱所長養故。"校勘記曰:"明",宋、元本字作"朋"。作"朋"與可洪所據底本相同。

細品論意,竊以爲原文應該作"無明無漏緣","明"前脱一"無"

---

① 參見《〈可洪音義〉研究·異體字表》"標"字條,第362頁。
② 大正藏本《成實論》卷10:"經中説,邪見謂無施、無祠……施名爲利他故與,祠名以韋陀語言因天故祠。"與可洪所引文字有出入。

字。佛經中有"無明無漏緣"的説法,例如《阿毗曇八犍度論》卷8:"漏中欲漏欲界一切,有漏色無色界一切,無明漏一切,除無明無漏緣。"又《阿毗曇心論》卷2:"如是疑惑於滅,及彼相應無明無漏緣,如是見滅斷不共無明,謂不欲於涅槃,彼亦無漏緣。"又《阿毗曇甘露味論》卷1:"相應無明有漏緣,餘殘無明無漏緣。"

"無明""無漏緣"皆佛教術語。"無明"爲煩惱之別稱,不如實知見之意,即闇昧事物,不通達真理與不能明白理解事相或道理之精神狀態,泛指無智、愚昧,特指不解佛教道理之世俗認識,即稱作癡①。"無漏緣"謂證得滅諦與道諦所斷之六煩惱緣無漏法,爲"有漏緣"之對稱。在九十八隨眠中,與滅、道二諦所斷之邪見、疑相應之無明及不共無明有六惑,此六煩惱親緣滅、道二諦之無漏法,故稱無漏緣②。

綜上,可洪所用底本及宋、元本之"朋"字乃"明"字之訛,可洪失校。《川音》作"𦙫",就字形而言,乃"朋"字異寫③,然此處也是"明"的訛字,厚大師以"朶"字替之,于論意不通,失考。

【27】《玄應音義》卷17《迦旃延阿毗曇音義》卷30:"禿騵,音元,《三蒼》:赤馬白腹曰騵。"(230)

按,《慧琳音義》卷66轉抄玄應釋文,未作修訂,徐時儀《一切經音義三種校本合刊》亦原文轉錄,未出校。又考《可洪音義》卷18《阿毗曇八犍度論音義》卷30:"禿騵,魚袁反,赤馬白腹也,正作騵。《川音》作騍,力果反,宜取騵字。"可洪釋文蓋據玄應立説。

今考大正藏翻刻高麗藏《阿毗曇八犍度論》卷30作"禿梟":"彼净脱出,若持牛戒、守狗戒、鹿戒、象戒、禿梟戒、裸形戒,故曰諸持戒也。"校勘記曰:"梟",聖、聖乙本作"騵"。中華大藏經本《阿毗曇八犍度論》卷30底本爲金藏廣勝寺本,作"禿騵",校勘記曰:"騵",磧、普、南、徑、清、麗作"梟"④。

"禿梟"即"土梟",又作"兔梟",《爾雅·釋鳥》"狂茅鴟、怪鴟、梟鴟"郭璞注:"梟鴟,土梟。"郝懿行義疏:"《爾雅翼》云:土梟,穴

---

① 參見《佛光大辭典》"無明",第5094頁。
② 參見《佛光大辭典》"無漏緣",第5132頁。
③ 參見《可洪音義研究·異體字表》"朋"字條,第618頁。
④ 參見《中華大藏經》第43册,第299頁中欄。

土以居，故曰土梟。"① 《玄應音義》卷1《大集月藏分經音義》卷3："土梟，古彫反，惡鳴鳥也。《說文》：不孝鳥也。經文作兔梟，或作禿梟，非也。"（10）此詞古籍中常見，如《法苑珠林》卷23："或有鳥聲醜形亦醜，謂土梟是也。"又《增壹阿含經》卷17："何鳥聲醜形亦醜？所謂兔梟是也。"又《佛說長者音悅經》卷1："有惡聲鳥，名曰禿梟。"又《經律異相》卷36："惡聲鳥名曰鵚梟。""鵚"是"禿"的增旁俗字。

"禿梟戒"佛經中亦屢見，如《長阿含經》卷19："或有衆生持兔梟戒者，心向兔梟。具其法者，墮兔梟中。若有衆生奉持狗戒，或持牛戒，或持鹿戒……彼作是念：……我持此功德，欲以生天。此是邪見。"又《菩薩從兜術天降神母胎說廣普經》卷6："或持土②梟、牛、馬、鹿戒。"又《出曜經》卷24："觀諸持戒者，或有梵志，奉持禁戒，或持鳥戒，舉聲似鳥；或持禿③梟戒，隨時跪拜，効禿梟鳴；或持鹿戒，聲響似鹿。"

綜上所述，《阿毗曇八犍度論》卷30作"禿梟"正確無誤，不容置疑，而"禿騾（驎）"卻殊爲不辭，除此之外，經中再無用例。那麼，"騾"字是怎麼來的呢？

考《龍龕·鳥部》："鵚，俗；梟，正：古堯反，不孝鳥也，食父母也。"（285）"鵚"乃"鶪"字異寫，從鳥，㬎聲，二字皆"梟"字俗體。手書"㬎"常寫作"臬"，如《可洪音義》卷23《經律異相音義》卷11："當臬，音澆，斬首也，正作㬎也。"又《紹興大藏音》卷1《自部》："臬，㬎正，古堯切。"（148）所以"鶪"可以寫作"鵚"，亦可能偏旁換位寫作"騾"。

"臬"又可以訛作"枲"，如《可洪音義》卷12《中阿含經音義》卷4："而臬，古堯反，斬首也，正作㬎、梟二形。"所以"騾"字可以訛作"騾"。但"騾"不成字，且鳥旁、馬旁相亂，"臬"與"泉"形似，所以抄手極易把"騾"轉寫作"騾"。

《龍龕·馬部》："騾：音泉。"（292）未釋義，顯然是後出俗體。《集韻》則把它跟"駩"系連在一起，《集韻·僊韻》從緣切："騾、駩：白馬黑脣。或从全。"（170）然而在玄應時代，"騾"字尚未見錄於前代

---

① （清）郝懿行：《爾雅義疏》，中國書店1982年版，卷下之五，第13、14頁。
② 土，大正藏校記曰：宋、元、明、宮本作"禿"。
③ 禿，大正藏校記曰：宋、元、明本作"鵚"，下同。

字韻書，所以玄應根據字形近似原則，將它與"驟"字進行了系連。這樣，"禿鵑"就成了"禿驟"，由一種鳥變成了某種奇怪的馬。後代經師皆沿襲玄應之說而不疑，從未深究過經意，也没有求證過佛教教義及術語。

《川音》所據底本作"騍"，亦當是"鵑"字轉訛。

又如《佛説腹中女聽經》卷1："譬如鵶梟蛇蚖蝦蟇，不敢晝日出。"大正藏校勘記曰："梟"，宫本作"鯦"。"鯦"當是"鵯"字之轉訛，同"梟"。《字彙補·鳥部》："鯦，五魚切，音魚，鳥名。"（266）《康熙字典·鳥部》新增字："鯦，《字彙補》五魚切，音魚，鳥名。"（1676）《漢語大字典》亦據《字彙補》收"鯦"字，但此字前無所承，亦未詳爲何鳥之名，竊以爲或即出自佛典，乃"鵯（梟）"之訛字。

五 對印度的自然環境、風俗文化不夠了解

漢譯佛典是古代印度的語言和文化對漢語和漢文化深刻影響的産物，佛經拿來説明論證教義的事物、事理很多是中土罕見罕用的，所以，要想透徹理解教義，最好是對古印度的自然環境、社會環境比較了解，熟悉佛教産生的社會背景，知道這種語言的語用特色，這樣，很多疑難問題便可迎刃而解。例如：

【28】《可洪音義》卷20《舍利弗阿毗曇論音義》卷15："收收，失周、失呪二反，魚名，收收摩羅，秦言鰡魚也。《川音》作忟，非。"

按，"收收摩羅"，大正藏本《舍利弗阿毗曇論》卷19作"失收摩羅"，譯音詞，魚名。《摩訶僧祇律》卷4作"尸收摩羅"，《根本説一切有部苾芻尼毗奈耶》卷16作"時收摩羅"，《根本説一切有部毗奈耶雜事》卷1作"室收摩羅"，《楞伽阿跋多羅寶經註解》卷4作"輸收摩羅"。《玄應音義》卷17《阿毗曇毗婆沙論音義》卷27："失獸摩羅，或言失收摩羅，此云煞子魚也。《善見律》譯云鰐魚，廣州土地有之，鰐音五各反。"（228）又《慧琳音義》卷41《六波羅蜜多經音義》卷3："室獸摩羅，梵語魚名也，舊經律中或作失收摩羅，梵音訛轉耳，譯云煞子魚也。《善見律》云鰐魚名也。"（58/217b）又卷70《阿毗達磨俱舍論音義》卷2："室獸摩羅，……或作失守摩羅，梵音轉耳，譯云殺子魚也，《善見律》云鰐魚也。"（58/862b）《佛光大辭典》釋曰："室獸摩羅，梵

語 siśumāra。學名 Delphinus gangeticus。又作失收摩羅魚、失守摩羅魚。意譯作殺子魚、鱷魚。產於印度恒河的海豚或河豬之一種。"（3773）可見，作"收收摩羅"不合梵音，可洪所據《舍利弗阿毗曇論》卷15 的上一"收"字乃涉下文"收"字而誤。《川音》作"恢"，顯然是"收"的訛字。可洪、厚大師因對此物梵語名稱不了解，故皆失校，音釋相應也就錯了。

【29】《可洪音義》卷20《尊婆須蜜菩薩所集論音義》卷2："矜尗，上已進反，論文自切也，樹名也，其色或云緊獸，或云堅叔迦，並一物異譯也。《川音》作狇，音靈；又云合狩，音戟，並非，訛謬甚也。"

按，"矜尗"是"矜叔"之異寫，大正藏本《尊婆須蜜菩薩所集論》卷2作"矜叔"："又世尊言矜（居進反）叔軀樹喻。"校勘記曰："矜"，宋、元、明、宮本作"狇"；"居進反"之"居"字，宋、元、宮、聖本作"已"。《川音》作"狇"，與宋、元、明、宮本相同。那麼，"矜""狇"二字到底哪個對呢？

可洪曰"矜叔"是樹名，其色或云"緊獸"，考《雜阿含經》卷43："問：汝知緊獸不？彼答言：知。又問：其狀云何？彼復答言：其葉青，其葉滑，其葉長廣，如尼拘婁陀樹。"《可洪音義》卷12《雜阿含經音義》卷43："緊獸，上居引反，樹名也，亦云甄叔迦也。"又《可洪音義》卷5《妙法蓮華經音義》卷7："甄叔，上居延反，樹名，甄叔迦，其花赤色，此寶似之，故以名之，亦云緊獸。"又卷9《大方便佛報恩經音義》卷1："甄尗，上居延反，亦云緊獸迦，並是樹名，其花赤色，此寶似之。"據上可知，樹名"矜叔"又可稱作"緊獸""甄叔""緊獸迦""甄叔迦"。例如《大寶積經》卷1："是山王中多諸雜樹，叢林蓊鬱，枝葉繁榮，謂天木香樹、菴摩羅樹、甄叔迦樹、尼俱陀樹、栴檀沈水，如是等樹，無不備有。"又《正法念處經》卷12："彼處普火燒地獄人，其色猶如甄叔迦樹。"《翻譯名義集》卷3："甄叔迦，此云赤色寶。《西域傳》：有甄叔迦樹，其華色赤，形大如手，此寶色似此華，因名之。"可洪又曰"矜叔"樹色或云"堅叔迦"，考《阿毗達磨大毗婆沙論》卷8："如堅①叔迦樹，花紅赤似肉。"又《法華經玄贊要集》卷35："經言甄叔迦寶者，唐言赤色寶也。《西域》云：

---

① 堅，大正藏校記曰：明本作"甄"，宮本作"緊"。

印度多有堅叔迦樹，其華形赤，寶似此華，故以爲名。"可見此樹又稱作"堅叔迦樹"。《玄應音義》中又稱作"旆叔"，《玄應音義》卷4《大方便報恩經音義》卷1："旆叔，或言甄叔迦，或云緊叔迦，樹名也，其花赤色，此寶似之，因以名焉。"（57）

《佛光大辭典》"甄叔迦樹"條釋曰："甄叔迦，梵語 kimśuka，意譯赤色、肉色花，印度婆羅門教之聖樹，又作緊叔迦樹、堅叔迦樹、緊祝迦樹。屬荳科之巨木，學名 Butea frondosa。產於印度半島，自北部喜馬拉雅山至南端之斯里蘭卡皆有生長。樹幹高度多在十二三公尺以上，葉大花大，樹汁可制染料，種子榨油可作殺蟲劑。"（5841）

綜上可知，可洪作"矜"字接近梵語發音，厚大師作"狑"，音靈，顯然不對，"狑"當是"矜"字錯訛。《川音》又云合作"犴"，此字前代字書未見，厚大師音"戟"，不知所本。不過"戟"與"矜"讀音比較接近。

【30】《玄應音義》卷15《僧祇律音義》卷40："撥衣，又作拔，同，補末反，《通俗文》：三尺衣謂之撥也。"（210）[1]

按，"撥衣"，大正藏翻刻麗藏本《摩訶僧祇律》卷40作"襏衣"："佛住舍衛城，爾時偷蘭難陀比丘尼共衆多女人，到阿耆羅河邊，脫衣放一處，入水洗浴。先出岸上，著女人襏衣。語諸女人言：看我宜著不。女人言：我是俗人著此已，欲令夫主愛念。汝用著是爲。諸比丘尼以是因緣往白世尊，乃至答言實爾。佛言：從今日後，不聽著襏衣。襏衣者，珂貝琉璃真珠玉金銀摩尼如是比，莊嚴陰衣不聽著。下至結縷，作陰衣相，越比尼罪。若陰上有癰瘡，裹者無罪。是名襏衣。"校勘記曰："襏"，宋、元、明、宮、聖本作"胯"。《可洪音義》卷15《摩訶僧祇律音義》卷40作"胯衣"："上苦化反，律云著女人~衣也，腰~也。又《經音義》及《西川經音》並作襏，音鉢，説文：三尺衣謂之襏也。胯，又苦故反，亦作袴、綺二形也，胫衣也。"那麼，這到底是什麼樣的"胯衣"呢？"襏衣"又是什麼呢？考《四分律名義標釋》卷20："《僧祇律》云：胯衣者，珂貝、瑠璃、真珠、玉、金、銀、摩尼如是比，莊嚴陰衣，不聽著。下至結縷，作陰想，越毗尼罪。然彼婦女著此等衣，欲令男子生愛念心故

---

[1] 《慧琳音義》卷58 轉引如下："襏衣，又作袯，同，補末反，《通俗文》：三尺衣謂之襏也。"（58/612a）

也。"綜合律文文意及異文進行推斷，襵衣即陰衣，蓋指某種婦人內穿胯衣，穿於腰胯部，類似于今天的女式內褲，一般裝飾精美，以引起男人的愛慾。玄應、可洪對印度的衣著風俗不了解，故不能確切指明其形制用途，所釋非所用。

【31】《可洪音義》卷18《毗尼母經音義》卷8："柱掖，上知主反，下以益反。上又《川音》作挓，知栗反，非也。"

按，今大正藏本《毗尼母經》卷8作"柱腋"："僧竭支①相應者，極短過繫腰下一搩手作，法令覆兩乳柱腋下，是名相應。"校勘記："柱"，宋、元、明、宮本作"拄"。"柱""拄"二字通用。"腋"同"掖"，指腋下。《川音》作"挓"，于義無所取，可洪認爲正作"柱"，竊以爲作"柱""拄"亦費解，正當作"桎"。

"桎"本是拘系犯人兩腳的刑具，《說文‧木部》："桎，足械也。"(121)引申有束縛義，如《莊子‧達生》："工倕旋而蓋規矩，指與物化而不以心稽，故其靈臺一而不桎。"② 又《晉書‧束皙傳》："徒以曲畏爲梏，儒學自桎，囚大道於環堵，苦形骸於蓬室。"③"僧竭支"也就是掩腋襯衣、覆腋衣，是一種長方形內衣，著於袈裟之下，從左肩纏至右腋之下，束縛覆蓋胸部、兩腋及左肩，"覆兩乳桎腋下"正是此義。《川音》"挓"字乃"桎"之俗訛，二字形近相亂，又如《漢語大詞典》"挓"字下的兩個例子：梅堯臣《贈陳無逸秀才》詩："在鹿忘守穴，挓足乃焉而？士有志功名，局縮秉書詩。"④ 曹寅《紙箋說》："厚於德者緘其口，厚於福者挓其手。"⑤ 兩個"挓"皆"桎"之訛誤。可洪所據底本和大正藏本之"柱"，宋、元、明、宮本之"拄"，當亦

---

① "僧竭支"，即"僧祇支"，又作僧腳崎迦、僧迦支、僧却崎、僧腳崎、僧腳差，略稱祇支，或竭支，梵語 saṃkakṣikā，巴利語 saṅkacchā、saṅkacchika，意譯掩腋衣、掩腋襯衣、覆腋衣、覆肩衣。爲比丘尼五衣之一。在印度僧團所規定比丘尼之三衣外，尚有穿在三衣裏面之覆蓋兩腋、胸部及左肩，長至腰下之長方形內衣，稱爲僧祇支。亦可另加著裙，而與三衣合稱比丘尼之五衣。其後，比丘僧亦准用之。今七條袈裟所用之覆肩，可能爲此衣形式之象徵。其著法爲自右方之腋下，交搭于左肩之上。參見《佛光大辭典》"僧祇支"，第5737頁。

② 郭慶藩：《莊子集解》，中華書局1961年版，第662頁。

③ （唐）房玄齡等撰：《晉書》，中華書局1974年版，第1429頁。

④ （宋）梅堯臣：《宛陵先生集》，四部叢刊本，上海商務印書館1922年版，集部，第877冊，第37卷，第11頁。

⑤ （清）曹寅著、胡紹棠箋注：《棟亭集箋注》，北京圖書館出版社2007年版，第592頁。

"桱"字訛誤。

六 對梵文辭書或原典的參考不足

這裏所説的梵文原典是個泛稱，指翻譯佛經所用的原外文底本，可能是梵文的，也可能是西域的某種文字，如粟特文等。如果當初翻譯佛經時，音譯專有名詞和術語或者音寫加意譯普通語詞時，都附上梵文原文，至少翻譯陀羅尼或梵文字母時必須附上（如金剛智、不空等新譯的密教經典中所做的那樣），很多傳本訛誤都會迎刃而解。可惜大多數譯師没有這樣做，致使後代輾轉傳抄的經本一再以訛傳訛。如果後來立志校注佛經的經師們遇到疑難問題時，能夠回頭去參考梵文原典或相關梵文資料，也可以在很大程度上彌補當年的缺憾。如果梵文原典資料難得，或者已經失傳，至少可以檢閱梵文字典辭書，或者諮詢其他精通梵語的法師。當時西域或印度的來華法師、懂梵語的華僧比現在多得多，甚至信仰佛教的一般俗衆中很多人懂梵文，習梵字。所以，只要佛經注釋家有這種參考原典的自覺意識，經常利用原典或者翻譯自原典的其他語言譯本，至少查查梵文辭書，很多疑難問題就可以迎刃而解。例如：

【32】《可洪音義》卷 12《中阿含經音義》卷 16："楈樹，上而容反，木名，似檀，正作楈也，《川音》亦作楈也。《經音》但是低小樹林也。"

按，可洪認爲"楈"字正作"楈"，《川音》即作"楈"。《廣韻·鍾韻》而容切："楈，木名，似檀。"（37）可洪釋文蓋本自韻書。今大正藏翻刻《中阿含經》卷 16 亦作"楈樹"："彼蜱肆王以不至心行布施故，身壞命終，生楈樹林空宮殿中。"校記曰："楈樹林空宮殿"，宋、元、明本作"叢樹林宮殿"。

此經全部梵本而今已散佚，我們來參看一下巴利文本。"楈樹林空宮殿"，巴利文作 Suñña Serīsaka vimāna。Suñña 義爲空的、空虚的、空無的；Serīsaka 義爲用尸利沙樹制的、尸利沙宮殿；Vimāna 義爲天宮、宮殿。Suñña Serīsaka vimāna 義爲空虚的用尸利沙樹制的宮殿。

今考尸利沙樹，"梵語sirīsa，巴利語 sirīsa，又作尸利灑樹、師利沙樹、舍離沙樹，意譯爲合歡樹、夜合樹、合昏樹①，乃吉祥之意。學名 Acacia sirissa，爲產於印度之一種香木，其樹膠可制香藥。《金光明最勝王經》卷七舉其爲三十二味香藥中之第六位。"② 據此，中土韻書把這種樹稱爲"樨"，釋爲"木名，似檀"，大體接近事實，但具體特徵描述不足，太籠統。參考梵文、異譯，這種樹的形象就躍然眼前，形象豐滿很多。厚大師、可洪雖皆以"樨"字爲正，但釋義過於簡略，未達究竟。宋、元、明本作"叢樹林宮殿"，則大謬。《閱藏知津》卷 27 亦作"叢樹林空宮殿"，乃以訛傳訛。

【33】《可洪音義》卷 20《部執異論音義》："婆拕，吐何反，梵云薩婆阿私底婆拕，或云薩婆多，此言云說一切有，或云醯兜婆拕，此言因論，亦云說因論也，正作拖也。又他可反。《川音》作徒賀反，非也。"

按，"拕"同"拖"③，"婆拕"，大正藏本《部執異論》作"婆拖"，與可洪持論相合，原文如下："他毗與部又分成二部：一薩婆阿私底（張梨反）婆拖部，亦名醯兜婆拖部。二醯摩跋多部，亦名他毗梨與部。"

"薩婆阿私底婆拖"，全稱阿離耶暮擺薩婆悉底婆拖（梵 Ārya-mūla-sarvāsti-vāda），亦稱薩婆阿私底婆地（梵名 Sarvāsti-vādin，巴利名 Sabbattivāda），略稱薩婆帝婆、薩婆多、薩衛；意譯聖根本説一切有部，略稱説一切有部、有部、有部宗、有宗，又稱説因部（梵 Hetu-vidyāh），爲小乘二十部派之一。④

《廣韻》"拖"音託何、吐邏二切，可洪認爲《部執異論》中"拖（拕）"音吐何、他可二反皆可，即聲母爲清音。《川音》音徒賀反，則是濁音，而此詞梵語最後一個音節是 da [də]，也是濁音，所以厚大師注

---

① 《玄應音義》卷 3《勝天王般若經音義》卷 6："尸利沙，即是此閒合昏樹也。其樹種類有二，若名尸利沙者，葉果則大；若名尸利馱者，葉果則小。此樹時生人閒，關東下里家誤名婆羅樹是也。"(46)《慧琳音義》卷 26《大般涅盤經音義》卷 36："尸利沙果，古譯尸利者，頭也，沙云似，故名似頭果也。"此樹爲拘樓孫佛之道場樹。《長阿含經》卷 1："拘樓孫佛坐尸利沙（~Sirīsa）樹下成最正覺。"《陀羅尼集經》卷 5："尸利沙樹（合歡樹是）拘留孫佛得道樹。"《佛説大孔雀咒王經》卷 3："尸利沙樹華（即夜合樹是也）。"

② 參見《佛光大辭典》"尸利沙樹"，第 942 頁。

③ 《集韻·戈韻》湯河切："拕、拖、扡：《説文》：曳也。或作拖，亦省。"(200) 又唐何切："扡：引也。或作拖、拕。"(201) 又《哿韻》："扡、拕、拖、佗：待可切。引也。或作拖、拕、佗。"(404) 又《過韻》："扡、拖、拕：他佐切。曳也。或作拖，亦省。"(591)

④ 參見《佛光大辭典》"説一切有部"，第 5919 頁。

音更接近標準讀音。可洪注音僅僅是就漢字論漢字而已，如果他了解了該語詞的梵文，就不會如此偏執、以不狂爲狂了。

【34】《玄應音義》卷 20《四阿鋡暮抄解音義》卷下："掋跋，他細反。"（272）

按，"掋跋"，大正藏本《四阿鋡暮抄解》卷 2 作"禘跋"："或有説禘跋達提持來。"校記曰："禘跋達提"，宋、元、明、宫本作"掋跋達堤"。其異譯《三法度論》卷 3 則譯爲"調達持來"。兩譯相對，可知"禘跋達提"即"調達"。"調達"，梵名 Devadatta，巴利名同，音譯或云"提婆達多"，或云"提婆達兜""禘婆達多""地婆達多""地婆達兜""調婆達多"，略稱"調達""提婆""達多""達兜"，意譯作"天熱""天授""天與"①。其名字開頭一個音節是濁音，故音譯爲"禘""提""地""調"皆可。而"掋"字雖是多音字，但所有的音都是清音②，故不可取，當是"禘"字之誤。又考《可洪音義》卷 22《四阿含暮抄音義》卷下："掋跃，上徒帝反，正作禘也。梵言禘跋達堤婆，或云提婆達多，或云地婆達兜，唐言天授。《經音義》作他細反，非也。又《川音》作剔、仮二音，又丑例反，並非也。"③ 可洪以"禘"爲正，是也。玄應、厚大師皆據訛字"掋"爲音釋，宜其非也。若二人知道該詞的梵音，就不會犯類似錯誤。

【35】《可洪音義》卷 27《續高僧傳音義》卷 2 "拓鬪，上他各反，下都豆反，正作鬪也。應和尚《經音》云柘鬪提奢，此云四方，謂四方僧所住處也，舊云招提，訛略也。然洪尋《阿含經》等皆作照提之字也，據照字體，非是拓字，爲招也。"

按，"拓鬪提奢"，麗藏本《續高僧傳》卷 2《達摩笈多傳》作"招鬪提奢"："寺乃此土公院之名，所謂司也、廷也。又云招提者，亦訛略也，世依字解，招謂招引，提謂提携，並浪語也。此乃西言耳，正音云招鬪提奢，此云四方，謂處所爲四方衆僧之所依住也。"麗藏本《玄應音

---

① 參見《佛光大辭典》"提婆達多"，第 4960 頁。
② "掋"爲多音字，《廣韻·齊韻》都奚切、又《祭韻》丑例切；《集韻·齊韻》丁計切、又《霽韻》他計切。
③ 《川音》"仮"當是"低"字之訛。"掋"音"剔""低""丑例反"三音，在《廣韻》《集韻》中都有收録。

義》卷16《大比丘三千威儀經音義》卷上曰正作"柘鬭提奢"："招提，譯云四方也。招，此云四。提，此云方。謂四方僧也。一云招提者，訛也，正言柘鬭提奢，此云四方。譯人去鬭去奢，柘復誤作招，以柘、[招] 相似，遂有斯誤也。"（222）《佛光大辭典》"招提"詞條釋曰："梵語 cāturdiśya，巴利語 catu-disa。音譯柘鬭提舍，又作招鬭提舍。意譯四方、四方僧、四方僧房，即指自四方來集之各方眾僧（即招提僧）均可止宿之客舍。故爲僧團所共有之物，可供大衆共同使用者，即稱爲招提僧物，或四方僧物。"（3261）根據該詞的梵語、巴利語發音，正翻當爲"柘鬭提舍"。又考《慧琳音義》卷2《大般若波羅蜜多經音義》卷103："制多，古譯或云制底，或云支提，皆梵語聲轉耳，其實一也，此譯爲廟，即寺宇、伽藍、塔廟等是也。"（57/432b）又卷41《六波羅蜜多經音義》卷10："制底，梵語也，古釋或名支提，或曰招提。"（58/230a）其中"制"與"柘"音近，"招"音稍訛，"拓"爲誤字。可洪未詳正翻，故釋文舉棋不定。

七 對同經異譯的參考不足

如果説梵文原典和其他語言譯本較難獲得，梵文辭書編纂當時還不夠成熟、種類不夠豐富的話，同經異譯應該是最最方便直接的參考資料了。所謂異譯，是指同一部經典除了初譯以外的其他晚出譯本。異譯本的產生主要是由於後代譯者對舊譯的質量感到不滿，所以重譯或改譯。異譯本的價值在於，和初譯本有共同的來源，可是譯出的年代不同，譯者不同，行文風格不同，語言還會帶有各自時代的特徵和個人言語特徵。漢譯佛經中同經異譯現象極其普遍，不同譯本放在一起加以比勘，不但能夠幫助確定某些疑難語詞的文字正誤及含義，而且可以從中發現語言發展演變的軌跡。前代經師在注釋佛經時，已經注意到了不同譯本對勘的妙用，正如《可洪音義》卷7末所言："右從《無量門徵密持經》已下八經，新舊十一譯，闕本其見存八卷内所有文字訛誤處，並將同本別譯者互相對勘取定，善梵音楚夏者，幸勿疑焉。此處既然，諸經亦耳。"例如《可洪音義》卷7《阿難陀目佉尼呵離陀經①音義》："目怨，古何反，合作巨伽反。諸譯本並作目揵連，此本作目怨連，或梵言訛也。"可惜這一卓有成

---

① 《阿難陀目佉尼呵離陀經》，宋求那跋陀羅譯，第六出。

效的方法，並没有被大多數經師有意識地系統地貫徹執行下去，面對很多疑難問題，依然沿襲老套，致使錯謬百出。例如：

【36】《慧琳音義》卷75《道地經音義》："矃戾，上眠苾反，《吕氏春秋》云：爲瞽爲盲。《説文》：目眵也，形聲字。下蓮結反，《説文》從户從犬，會意字也。經文從目作睙，非。"（58/965b）

又："或軀，此字諸字書並無，此字准義合是剜字，烏桓反，從身作者，未詳。"（58/965b）

按，"矃戾""或軀"，大正藏翻刻麗藏本《道地經》作"朦朦""或軀"："三十八七日，母腹中風起，令得如宿命行好惡。若好行者，便香風起，可身意，令端正可人。惡行者，令臭風起，使身意不安，不可人，骨節不端正，或朦朦，或僂，或軀，或魋，人見可是。"據校記曰，"朦朦"，宋、元、明、宫本作"矃睙"，與慧琳所據《道地經》底本基本相同，"矃"同"矃"，同樣，"朦"是"朦"字變體。

《可洪音義》卷21《道地經音義》所據底本與麗藏本基本相同，可洪認爲宜作"橪臭""或踠"，其注曰："朦，上莫結反，～楔，不方正皃也。下力結反，臭臱，多節目皃也。臭又音頡，頭邪皃也。下又郭氏音淚，亦非也。《樓藏》及《川音》並矃睙，上音篾，下音挭，瞎瞎也。經意是骨節不端正也，取橪臭爲正也。"又："或軀，於遠、烏活二反，正作踠、腕二形也。踠，體屈也。腕，乖也，不媚也。悮。"

衆所周知，《道地經》的譯者是安世高，他來華後才學習漢語翻譯佛經，成爲中國佛教史上第一位譯師。他的譯文偏於直譯。由於當時譯經尚屬首創，没有其他譯作可資觀摩取法，所以有些譯文晦澀難通。《道地經》就是出了名的難懂，所以，針對上引譯文及其中的這兩個詞語，慧琳和可洪，哪位的注釋更合理呢？我們來比對一下其異譯《修行道地經》卷1的翻譯："三十八七日，在母腹中，隨其本行，自然風起。宿行善者，便有香風，可其身意，柔軟無瑕，正其骨節，令其端正，莫不愛敬也。本行惡者，則起臭風，令身不安，不可心意，吹其骨節，令僂邪曲，使不端正，又不能男，人所不喜也。"其中"吹其骨節，令僂邪曲，使不端正"，與《道地經》中"骨節不端正，或朦朦，或僂，或軀"相對應，皆言骨骼生長不端正挺直。竊以爲"朦朦"爲連綿詞，指骨骼繚戾或曲戾不直，蓋當時俗語或當地方言。或本作"蔑戾"，因指骨肉，故增肉旁,"矌眳"是其訛體。慧琳不能明了底本訛字來歷,改作"矌戾",然後機械地抄襲字書,把連綿詞拆開分釋,自然辭不達意。而《川音》則據訛體立意,釋爲"瞕瞎",可見厚大師也是完全没有讀懂經意。可洪換作"橃奭",音釋大概接近真實。"橃奭"與"蔑戾"音近,蓋同詞異形。

"躽"字亦前無所承,音義不詳,慧琳以"刓"字替之,可洪則以"踠"或"腕"字替之。經言骨骼生長不端正,邪曲繚戾,而"刓"字無此義,顯然不合經旨,故慧琳之說不可取。又考"腕"字,《廣韻·阮韻》:"腕,乖也;又無媚也。"(281)《龍龕·目部》:"腕:於阮反,目病也。又音腕,大目貌。又烏括反,小無媚也。"(420)竊以爲"腕"字諸義項於經意亦比較牽强。再考"踠"字,《龍龕·足部》:"踠,于遠反,體屈也。"(461)宋本《玉篇·足部》:"踠,於遠切,曲腳也。"(135)《類篇·足部》:"踠,委遠切,屈也。又烏臥切,足跌也。"(74)"踠"指"屈也""體屈也",與經言骨骼生長不端正、屈曲繚戾正相合,較"刓""腕"二字爲優。鄭賢章《〈龍龕手鏡〉研究》也認爲"躽"是"踠"字俗體①。不過,也可能"躽"即"宛"的增旁俗字,"宛"有屈曲、宛曲之義,經中用來描述人體,故增"身"旁。

上述兩個詞目,可洪釋義近是,但稍涉迂曲。慧琳、厚大師的釋義則無一可取,如果他們當初參考一下異譯本,釋義或不至如此迂闊不當。

八 結語

佛經注釋中的疏誤,有些可能是一時疏忽造成的,但有些則與經師的學識局限有關,其注釋方法方面也缺乏系統性總結,好的方法没有貫徹始終。本節分析古代經師注釋中存在的局限,目的是明確今後佛經音義研究之門徑,首先避免重蹈其覆轍,然後循其弊病,一一擊破之。當今學術界對於佛經音義的研究,大體可以歸結爲如下幾個方面:敘述其版本流傳,描述其内容體例,總結其學術成就,揭示其學術價值,零星指出其訛誤或不足。總體而言,這種研究還處於初級階段,流於表面化、概論化,全方位無死角的系統深入研究還不夠。現有佛經音義的校注本,一般也只停留

---

① 鄭賢章:《龍龕手鏡研究》,湖南師範大學出版社2004年版,第204頁。

在對其一般性文字訛誤進行糾正，對不同版本異文進行比對選擇，整理工作還是就事論事，比較表層化。聯繫佛經原文，比勘不同版本、各種異譯甚至原典，研究其注釋結論的正誤、注釋方法的優劣，這種深層次、精細化研究目前還比較少，有待深入展開。當然，儘管佛經音義中存在一些注釋疏誤之處，但是瑕不掩瑜，其重要價值還是不容置疑的。

附錄圖表

圖表 1　可洪所據《玉篇》與現存《玉篇》及相關字書異同對照表

部首 \ 參比字書 \ 可洪字頭	宋本玉篇	篆隸萬象名義	原本玉篇	龍龕手鏡
一部　兩	○	×	□	▲
乙部　亡	○	▲	□	▲
人部　伕	▲	▲	□	▲
人部　怀	▲	▲	□	▲
人部　俙	○	○	□	○
人部　倶	×	▲	□	×
人部　偸	○	▲	□	◎
人部　慎	○	▲	□	○
人部　僕	○	▲	□	▲
人部　偽	▲	▲	□	○
人部　儎	▲	▲	□	○
人部　儶	▲	▲	□	⊙
人部　儱	×	×	□	○
宂部　宄	×	×	□	◎
冖部　冠	×	×	□	▲
刀部　剹	×	×	□	×
土部　坵	▲	⊙	□	◎
口部　吱	○	▲	□	¤
口部　呿	▲	○	□	◎
口部　呧	▲	▲	□	×
口部　呟	▲	▲	□	×
口部　唃	▲	▲	□	○

附録圖表

續表

部首 參比字書 可洪字頭		宋本玉篇	篆隸萬象名義	原本玉篇	龍龕手鏡
口部	嗶	○	▲	□	×
口部	噇	○	▲	□	○
口部	噂	▲	▲	□	×
口部	嚕呔	×	▲	□	▲
巾部	帗	○	○	□	▲
巾部	帝	▲	▲	□	×
山部	岇	○	○	□	○
山部	巆	⊙	▲	▲	⊙
广部	廬	×	▲	□	¤
尸部	屛	○	○	□	○
尸部	屈	○	▲	□	○
女部	妬	○	▲	□	○
女部	嬋	⊙	▲	□	⊕
女部	嫡	×	×	□	⊙
木部	梵	×	×	□	▲
木部	櫪	×	▲	□	⊙
犬部	狄	⊙	⊙	□	⊕
犬部	猄	○	▲	□	▲
攴部	毆	×	×	□	○
日部	㫗	▲	▲	□	◎
日部	晅	○	▲	□	▲
日部	曌	○	○	□	×
水部	淫	×	▲	□	▲
水部	淚	▲	▲	□	▲
水部	涖	×	▲	□	◎
水部	溗	○	▲	□	◎
水部	漬	○	○	□	▲
水部	溥	○	▲	□	▲
手部	搡	○	○	□	▲
手部	攞	○	▲	□	▲

續表

部首 \ 參比字書 / 可洪字頭	宋本玉篇	篆隸萬象名義	原本玉篇	龍龕手鏡
毛部 氉	○	▲	□	▲
肉部 肑/肞	○	⊙	□	▲
肉部 胜	×	○	□	▲
火部 炡	×	▲	□	▲
心部 忭	○	▲	□	○
心部 悑	⊙	▲	□	○
心部 恉	○	▲	□	×
心部 悟	○	▲	□	▲
心部 慷	○	▲	□	◎
心部 憻	▲	▲	□	×
心部 憗	×	▲	□	○
玉部 瑛	○	○	□	×
石部 研	⊙	⊙	⊙	⊙
石部 碊	○	○	○	◎
目部 睎	○	▲	□	▲
禾部 稲	×	▲	□	×
禾部 橫	○	▲	□	×
疒部 痕	×	×	□	×
疒部 瘤	○	▲	□	○
西部 西	○	○	□	⊙
虫部 蚜	○	▲	□	▲
虫部 蛕	×	×	□	×
虫部 蛔	▲	▲	□	○
虫部 蜖	○	▲	□	◎
竹部 笎	○	▲	□	▲
竹部 笞	×	×	□	▲
竹部 笄	×	×	□	○
竹部 策	○	▲	□	○
竹部 箸	○	⊙	□	×
竹部 籠	○	○	□	○

續表

部首 \ 參比字書 \ 可洪字頭		宋本玉篇	篆隸萬象名義	原本玉篇	龍龕手鏡
衣部	褌	○	○	□	▲
羊部	羖	○	▲	□	▲
羽部	羽	▲	▲	□	▲
艸部	苔	○	▲	□	○
艸部	蔙	▲	▲	□	▲
艸部	蕨	○	▲	□	▲
艸部	蕈	○	×	□	◎
艸部	藿	×	×	□	×
艸部	藹	×	×	□	×
糸部	纖	○	▲	▲	○
車部	軯	×	▲	▲	×
車部	軿	▲	▲	▲	▲
足部	跘	○	▲	□	◎
足部	踔	⊙	⊙	□	×
足部	踏	○	○	□	○
足部	蹓	○	▲	□	○
身部	軀	○	○	□	×
角部	觷	○	○	□	○
言部	詇	×	×	×	⊙
言部	誢	○	▲	▲	▲
門部	開	▲	▲	□	▲
隹部	稚	▲	▲	□	◎
金部	鈊	○	○	□	◎
金部	銃	×	×	□	▲
金部	錩	▲	▲	□	▲
金部	鋺	○	▲	□	▲
金部	鏒	×	▲	□	◎
金部	鏉/鏊	×	×	□	×
金部	鏑	×	×	□	×
金部	鐙	⊙	⊙	□	○

續表

部首 \ 參比字書 \ 可洪字頭		宋本玉篇	篆隸萬象名義	原本玉篇	龍龕手鏡
革部	鞳	○	▲	□	○
頁部	頇	▲	▲	□	○
頁部	頸	○	▲	□	◎
頁部	頰	○	▲	□	◎
骨部	骲	×	×	□	×
食部	餛	○	▲	▲	▲
髟部	髻	○	▲	□	▲
馬部	騾	○	▲	□	▲
馬部	驌	○	▲	□	⊙
麥部	麫	○	○	□	▲
鳥部	鳶	○	○	□	▲
魚部	鰱	○	▲	□	○
魚部	鱔	○	○	□	▲
齒部	齺	×	▲	□	⊙
小　結（引《玉篇》167 處，涉及 126 個字頭）		23 字未收；31 字與可洪所引不同；7 字部分相同；65 字完全相同。	78 字未收；20 字與可洪所引不同；6 字部分相同；22 字完全相同。	117 字缺失；6 字未收；1 字與可洪所引不同；1 字部分相同；1 字完全相同。	43 字未收；21 字亦引《玉篇》，其中 17 字與可洪所引一致；29 字雖未標明引《玉篇》，但亦與可洪所引一致。

【説明】

表中符號所表示的意義：□，此字該書缺失；▲，此字該書未收；×，此字該書注釋與可洪所言《玉篇》情況不符；⊙，此字該書注釋與可洪所言《玉篇》情況部分吻合；○，此字該書注釋與可洪所言《玉篇》情況完全吻合；¤，可洪和《龍龕》都引用了《玉篇》，但所引不同；⊕，可洪和《龍龕》都引用了《玉篇》，但所引不完全相同；◎可洪和《龍龕》都引用了《玉篇》，且所引相同。

附錄圖表　　429

圖表 2　可洪所引《切韻》與現存《切韻》系韻書對照表

韻書 抄寫年代 韻目 字頭	切韻一 (伯3798)	切韻二 (伯3696) 碎十二等級合	切韻三 (斯6187)	切韻四 (斯2683/ 伯4917 級合・切一)	切韻箋注 二(斯 2071,俄 敦3109・ 切三)	切韻箋注 三(伯 3799)	切韻箋注 五(伯 3693等級 合)	切韻箋注 七(伯 2055・切 二)	刊謬補缺 切韻一(伯 2011・王 一)	刊謬補缺 切韻二(故宮博 物院藏末 跋本・王 三)	裴本刊謬 補缺切韻 (故宮博 物院藏 本・王 二)	蔣斧本 唐韻	大唐刊謬 補缺切韻 (伯2016 簡稱唐 刊)	廣韻
	初唐	初唐	初唐	初唐	元和以後 九世紀人 所書		中唐	中唐	唐昭宗天 復元年 (901) 以前				唐末五代	末代
東 熊														
江/用/鍾 憼	□/□/△	○/○/○			△/□/△		□/△/□	○/○/○		○/○/○	○/○/○		□/□/△	○/○/○
支 鍾		○			○		○		△	○	○			○
脂 剌		○			○		○	○	○	○	○			○
之 辭					▲			▲	▲	▲	▲			○
之 玆・龜玆		△			×			×	×	×				×
微 譏					○			○		○				○
微 俙					○									
魚 鵺									△				○	×
虞 鶪													○	○
模 頣	×	×			×			×	×	×	×		×	×

續表

韻書\抄寫年代\字頭\韻目	切韻一（伯3798）	切韻二（伯3696碎十二等綴合）	切韻三（斯6187）	切韻四（斯2683/伯4917綴合·切一）	切韻箋注二（斯2071,俄敦3109·切三）	切韻箋注三（伯3799）	切韻箋注五（伯3693等綴合）	切韻箋注七（斯2055·切二）	刊謬補缺切韻一（伯2011·王一）	刊謬補缺切韻二（故宮博物院藏本·王跋本·王二）	裴本刊謬補缺切韻（故宮博物院藏本·王三）	蔣斧本唐韻	大唐刊謬補缺切韻（伯2016·等綴合·簡稱唐刊）	廣韻
年代	初唐	初唐	初唐	初唐	元和以後九世紀人所書		中唐	中唐	唐昭宗天復元年（901）以前				唐末五代	宋代
麆		△			▲				△	○			○	×
夰		△			▲				△	▲			▲	○
瞌					○				○	○				○
娭		△			○				○	○				○
瞋		△			▲					○				○
脀		△			○					○				○
惲					▲				○	○				○
齦					○				⊙	⊙	⊙			○
躩					⊙	○			⊙	⊙			△	○
掾											○		△	○
蔗														○

附錄圖表　　431

續表

韻書＼抄寫年代＼字頭＼韻目	切韻一（伯3798）	切韻二（伯3696碎十二等綴合）	切韻三（斯6187）	切韻四（斯2683/伯4917綴合・切一）	切韻箋注二（斯2071, 俄敦3109・切三）	切韻箋注三（伯3799）	切韻箋注五（伯3693等綴合）	切韻箋注七（斯2055・切二）	刊謬補缺切韻一（王一） 2011	刊謬補缺切韻二（故宮博物院藏宋跋本・王三）	裴本刊謬補缺切韻（故宮博物院藏本・王二）	蔣斧本唐韻	大唐刊謬補缺切韻 2016（伯等綴合・簡稱唐刊）	廣韻
	初唐	初唐	初唐	初唐	元和以後九世紀人所書		中唐	中唐	唐昭宗天復元年（901）以前				唐末五代	宋代
陽　䑋									△		▲			○
唐　儴					▲				○	○	×			○
庚　䏶					△				△	×	▲			★
青　冥					×					×	○			×
登／蒸　䩌					▲/□		□/▲		▲/▲	▲/▲	□/▲	□/△		▲/○
尤　䰫・䰬					▲				▲	▲	▲			▲
尤　尣					★				★	★	★			★
侵　沉					○				○	○	○			○
紙支　鈘	○	□/○			○/○			□/○	○/○	○/○	○/○		○/□	○/○
止　䦲									○	×	×		△	○
虞　㯒					×				○	○	○			○

《可洪音義》研究

續表

韻書 抄寫年代 韻目 字頭	切韻一（伯3798）	切韻二（伯3696碎十二等綴合）	切韻三（斯6187）	切韻四（斯2683/伯4917・切綴合・切一）	切韻箋注二（斯2071,俄3109・切三）	切韻箋注三（伯3799）	切韻箋注五（伯3693等綴合）	切韻箋注七（斯2055・切二）	刊謬補缺切韻一（王一）2011	刊謬補缺切韻二（故宮博物院藏宋跋本・王三）	裴本刊謬補缺切韻（故宮博物院藏本・王二）	蔣斧本唐韻	大唐刊謬補缺切韻（伯2016等級合・唐簡稱唐刊）	廣韻
	初唐	初唐	初唐	初唐	元和以後九世紀人所書		中唐	中唐	唐昭宗天復元年（901）以前				唐末五代	宋代
姥 虎					×				×	×				×
姥 㨃掫敁					△				△	△	×			×
薺 厎抵					○				△	○	⊙			○
海 鯀				○	○				○	○	×			○
海 㛲				○	×				×	×	○			○
混 本				×	▲				▲	▲	▲			×
產 屛				▲	▲		△			○				○
獮 䩔					○		○		○			▲		○
晧 㦒					×		×		×	×	×			⊙
梗 譁					▲/○		▲/○		▲/○	▲/○	▲/○			▲/○

附録圖表　　　433

續表

韻書 抄寫 年代 韻目 字頭	切韻一 （伯3798）	切韻二 （伯3696 碎十二等 綴合）	切韻三 （斯6187）	切韻四 （斯2683/ 4917 伯3693・切 綴合・切 一）	切韻箋注 二（斯 2071，俄 敦3109・ 切三）	切韻箋注 三（伯 3799）	切韻箋注 五（伯 3693等綴 合）	切韻箋注 七（斯 2055・切 二）	刊謬補缺 切韻一（伯 2011・王 一）	刊謬補缺 切韻二（故 宮博物院藏 末・王 本・王 三）	裴本刊謬 補缺切韻 （故宮博 物院藏 本・王 二）	蔣斧 唐韻	大唐刊謬 補缺切韻 （伯2016 等綴合・簡 稱 唐 刊）	廣韻
	初唐	初唐	初唐	初唐	元和以後 九世紀人 所書		中唐	中唐	唐昭宗天 復元年 （901） 以前				唐末五代	宋代
偶	厚				○		○		○	○	○	○	★	○	○
歐	厚						×		×	×	×	▲/□	▲	○	○
沈	寢				○		○		○	○	○			○	○
窜	寢				○		△		○	○					○
菡	感			×			△		×	×	×				○
用	用						▲		○	★	★	★	▲		★
韻	用						⊙		▲	▲	▲	▲	▲	▲	▲
痘	眞						□/▲		▲/○	▲/○	▲/▲	▲/□	○/○	○	○
聚	至/祭								○	○	○	○	○	○	○
澽	御								○	○	○	○	○	○	○
互	暮														

續表

韻書 / 抄寫年代 / 字頭 韻目	切韻一（伯3798）	切韻二（伯3696碎十二等綴合）	切韻三（斯6187）	切韻四（斯2683/4917綴合·切一）	切韻箋注二（斯2071，俄3109·切三）	切韻箋注三（伯3799）	切韻箋注五（伯3693等綴合）	切韻箋注七（斯2055·切二）	刊謬補缺切韻一（伯2011·王一）	刊謬補缺切韻二（故宮博物院藏宋跋本·王三）	表本刊謬補缺切韻二（故宮博物院藏·王二）	蔣斧本唐韻	大唐刊謬補缺切韻（伯2016等綴合·簡稱唐刊）	廣韻
抄寫年代	初唐	初唐	初唐	初唐	元和以後九世紀人所書		中唐	中唐	唐昭宗天復元年（901）以前				唐末五代	宋代
篲 霽									▲	▲	▲	▲		○
撕/澌 祭					△				×	×	×	×	×	×
世 祭					×				×	×	○	○	×	×
害 泰					△				△	○	×	△		○
瑛												○		⊙
摶/専 線					○				○	⊙	⊙	⊙		⊙
甖 笑					△				×	○	○	○		○
操 号					△				○	×	×	○		○
蛇 禡											▲			○
鵾鸛 禡									○	○	○			○
頌 宕									○	▲	▲			○

附錄圖表　　435

續表

韻書＼抄寫年代＼字頭＼韻目	切韻一（伯3798）初唐	切韻二（伯3696碎十二等綴合）初唐	切韻三（斯6187）初唐	切韻四（斯2683/4917伯綴合・切一）初唐	切韻箋注二（斯2071,俄敦3109・切三） 元和以後九世紀人所書	切韻箋注三（伯3799）	切韻箋注五（伯3693等綴合） 中唐	切韻箋注七（斯2055・切二） 中唐	刊謬補缺切韻一（伯2011・王一） 唐昭宗天復元年（901）以前	刊謬補缺切韻二（故宮博物院藏宋跋本・王三）	裴本刊謬補缺切韻（故宮博物院藏本・王二）	蔣斧本唐韻	大唐刊謬補缺切韻（伯2016等綴合・簡稱唐刊） 唐末五代	廣韻 宋代
徑									○	○	○	○		○
穮							×		×	×	×	×	×	×
梵							○		○	○	○	○		○
蠱					×		△			×	×	○		○
樹					○		○		○	×	○	○		○
礦					○		○			×	○	○		○
盎 屋/徒木反					×		×		×	×	▲	×	▲	×
黶					▲				▲	▲	▲	▲	▲	○
詀					▲				○	○	○	▲	○	×
撼/𢴪/庌					▲				△	▲	▲	▲	×	×
鯣					▲				△	▲	▲	▲	▲	×

續表

韻書\抄寫年代\韻目\字頭	切韻一（伯3798）	切韻二（伯3696）切韻三等碎十二字綴合)	切韻三（斯6187）	切韻四（斯2683/4917伯綴合・切一）	切韻箋注二（斯2071,俄3109・敦切三）	切韻箋注三（伯3799）	切韻箋注五（伯3693等綴合）	切韻箋注七（斯2055・切二）	刊謬補缺切韻一（伯2011・王一）	刊謬補缺切韻二（故宮博物院藏末跋本・王三）	裴本刊謬補缺切韻（故宮博物院藏本・王二）	蔣斧本唐韻	大唐刊謬補缺切韻（伯2016等綴合・簡稱《唐刊》）	廣韻
	初唐	初唐	初唐	初唐	元和以後九世紀人所書		中唐	中唐	唐昭宗天復元年（901）以前				唐末五代	宋代
錫 閴					○				○	○		○	△	○
合 嗑					▲					⊙	▲	▲		⊙
葉 猒					▲				△	▲	▲	▲	▲	▲
帖 魘/魇					⊙	⊙			▲	⊙	⊙	⊙	△	○
洽 㚻陜					▲				▲	▲	×	▲	▲	×

附錄圖表　437

續表

韻書	切韻一(伯3798)	切韻二(伯3696切韻十二等綴合)(斯6187)	切韻三	切韻箋注一(斯2071,俄夬3109·切三)	切韻箋注二(伯3799)	切韻箋注三(伯3693等綴合)	切韻箋注七(斯2055·切二)	刊謬補缺切韻一(伯2011·王一)	刊謬補缺切韻二(故宮博物院藏宋跋本·王三)	裴本刊謬補缺切韻(故宮博物院藏本·王二)	蔣冘本唐韻	大唐刊謬補缺切韻(伯2016等綴合·簡稱唐刊)	廣韻
抄寫年代	初唐	初唐	初唐	元和以後九世紀所書		中唐	中唐	唐昭宗天復元年(901)以前				唐末五代	宋代
韻目													
字頭				23字所屬的韻部缺失；3字韻殘字不存；19字韻全而無此字；1字字形不清晰不能判斷；10字不合；2字部分吻合；24字字詞基本吻合。			18字所屬的韻部缺失；15字韻殘字不存；8字韻全而無此字；16字字形不清晰不能判斷；12判字不合；5字部分吻合；27字字詞基本吻合。	1字所屬的韻部缺失；1字韻殘字不存；2字韻全而無此字；17字字形不清晰不能判斷；12判字不合；4字部分吻合；40字字詞基本吻合。	23字所屬的韻部缺失；失；17字韻殘字不存；11字韻全而無此字；2字字形不清晰不能判斷；3字不合；2字部分吻合；24字字詞基本吻合。	49字所屬的韻部缺失；3字韻殘字不存；11字韻全而無此字；4字字形不清晰不能判斷；3字不合；1字部分吻合；14字字詞基本吻合。	65字所屬的韻部缺失；6字韻殘字不存；4字韻全而無此字；1字字形不清晰不能判斷；3字不合；1字部分吻合；14字字詞基本吻合。	3字韻全而無此字；字形不清晰不能判斷；15字不合；3字部分吻合；58字字詞基本吻合。

小結《切韻》(引)102處，涉及82個字詞

【說明】(1) 表中韻書擬名依據《敦煌經部文獻合集》和《唐五代韻書集存》；韻書抄寫年代暫據《敦煌經部文獻合集》。

(2) 表中符號所表示的意義：口或空格，□，大韻殘缺，此大韻缺，此字不存；△，大韻完整而無此字；▲，大韻完整，或大韻雖不全，但小韻完整，亦無其字；×，此字字頭及訓釋完整，但與可洪所言《切韻》情況不合；○，此字字頭及訓釋完整，但與可洪所言《切韻》情況不完全吻合；◎，此字字頭及訓釋完整，與可洪所言《切韻》情況基本吻合；★，字形或釋文或抄本韻書不清晰，抑或傳抄有誤，與《切韻》內容合與否不能最終判斷。

438 《可洪音義》研究

圖表 3 可洪所引《新韻》與現存《切韻》系韻書對照表

韻書\字頭	切韻一（伯3798）	切韻二（伯3696 切韻三 斯6187 碎十二等綴合）	切韻四（斯2683、伯4917 綴合・切三）	切韻箋注二（斯2071、俄敦3109・切三）伯3799	切韻箋注四（俄教1372＋斯3703、斯6013綴合）	切韻箋注五（伯3693等綴合）	切韻箋注七（斯2055・切二）	刊謬補缺切韻一（伯2011・王一）	刊謬補缺切韻二（故宫博物院藏裴本末・王三）	裴本刊謬補缺切韻三（故宫博物院藏・王二）	蔣斧本唐韻	大唐刊謬補缺切韻（伯2016等綴合・簡稱唐刊）	廣韻
抄寫年代	初唐	初唐	初唐	元和以後九世紀人所抄			中唐	唐昭宗天復元年（901）以前				唐末五代	宋代
冬 膿	×						×		×				×
脂 黎		○	○				○	△	×	×		×	○
脂 麋		★	★				★	△	★	★			★
魚 渚			×	×			×	⊙	⊙				⊙
虞 揄			×	×				△	×			△	⊙
佳 鼉			▲	▲					▲	○			×
蔡 橵			×	×					×	×		×	○
宵 繆			○	○				△	○	×		△	○
豪 濤			×	×				×	○	×			×
庚 驚								△	○	×		×	×
耕 泓／泓									×	×			×

附錄圖表　　439

續表

韻書字頭 \ 抄寫年代 韻目	切韻一（伯3798）	切韻二（伯3696碎十二等綴合）	切韻三（斯6187）	切韻四（斯2683、伯4917綴合·切一）	切韻箋注二（斯2071、俄敦3109·切三）	切韻箋注三（伯3799）	切韻箋注四（俄敦1372+斯3703、6013綴合）	切韻箋注五（伯3693等綴合）	切韻箋注七（斯2055·切二）	刊謬補缺切韻一（伯2011·王一）	刊謬補缺切韻二（故宮博物院藏宋·王跋本·王三）	裴本刊謬補缺切韻二（故宮博物院藏·王本·王二）	蔣斧本唐韻	大唐刊謬補缺切韻（伯2016等綴合·箋稱唐刊）	廣韻
	初唐	初唐	初唐	初唐	元和以後九世紀入所書			中唐	中唐	唐昭宗天復元年（901）以前	唐末			唐末五代	
鏑 耕				▲							▲				⊙
憸 蒸				×						×	×	×			×
滕 登			○	×						×	×	×			×
愖 侵				△						△	×	×			▲
匎 覃				▲						▲	★	▲			★
贊 混				★					⊙	★	★/★	△/★	△/★		★/★
勡 銑厳		★						×		△	×	×			×
袞 獮				×					△	×	×	×			×
闅 咍		△		★						★	★	★			★
驚 梗庚				▲/×					×/□	▲/×	▲/×	▲/×			▲/×

續表

字頭	韻目	韻書\抄寫年代	切韻一（伯3798）	切韻二（伯3696 斯6187 碎十二等綴合）	切韻四（斯2683、伯4917 綴合・切三）	切韻箋注二（斯2071、俄дx3109・切三）	切韻箋注三（伯3799）	切韻箋注四（俄敦1372＋斯3703、斯6013 綴合）	切韻箋注五（伯3693 等綴合）	切韻箋注七（斯2055・切二）	刊謬補缺切韻一（伯2011・王一）	刊謬補缺切韻二（故宮博物院藏宋王跋本・王三）	表本刊謬補缺切韻三（故宮博物院藏本・王二）	蔣斧本唐韻	大唐刊謬補缺切韻（伯2016・簡稱唐刊）	廣韻
			初唐	初唐	初唐	元和以後九世紀人所書		中唐	中唐	中唐	唐昭宗天復元年（901）以前				唐末五代	宋代
槸	祭					×					×					○
銃	送								▲		△			×		×
鬃	齊								△		×	×	×	×		⊙
擴	泰										×	×	×	×		×
瀬	泰										×	×	×	×		×
項	豏								▲		×	×	×	×		×
哽	敬								○		○	○	▲	○		○
屏	勁					×			△		×	×	×	×		×
秆	證					×					×	×	×	○		×
楸	屋										×	×	×	×		×
袞	質										×	×	×	×		×

附録圖表　　441

續表

韻書　抄寫年代　韻目　字頭	切韻一（伯3798）	切韻二（伯3696　切韻三（斯6187）碎十二等綴合）	切韻四（斯2683、伯4917綴合・切一）	切韻箋注二（斯2071、敦3109・切三）	切韻箋注三（伯3799）	切韻箋注四（俄敦1372+斯3703、斯6013綴合）	切韻箋注五（伯3693等綴合）	切韻箋注七（斯2055・切二）	刊謬補缺切韻一（伯2011・王一）	刊謬補缺切韻二（故宫博物院藏宋跋本・王三）	裴本刊謬補缺切韻（故宫博物院藏本・王二）	蔣斧本唐韻	大唐刊謬補缺切韻（伯2016等級合・簡稱唐刊）	廣韻
	初唐	初唐	初唐	元和以後九世紀人所書			中唐	中唐	唐昭宗天復元年（901）以前			唐韻	唐末五代	宋代
蛭　質				▲			△		×	×	×	▲	×	×
肦　迄				○			○		△	★	★	○	×	×
嗻　霽				▲					▲	▲	▲	▲		▲
諎　藥				△	×	△				×	×	×	×	×
柘　鐸				○		▲			○	▲	▲	⊙		⊙
遏　錫				×	×					×	×	×		×
𥭻　緝									○	○	○	○		○
咭　業									×	○	○	○	×	○

續表

韻書\字頭\抄寫年代\韻目	切韻一(伯3798)	切韻二(伯3696 碎十二等 綴合) 切韻三(斯6187)	切韻四(斯2683、伯4917 綴合·切三)	切韻箋注二(斯2071、俄敦3109·切三)	切韻箋注四(俄敦1372+斯3703、斯3693 俄敦6013 綴合)	切韻箋注七(伯2055·切二)	刊謬補缺切韻一(伯2011·王一)	刊謬補缺切韻二(故宫博物院藏宋跋本·王三)	裴本刊謬補缺切韻(故宫博物院藏宋本·王二)	蔣芠本 唐韻	大唐刊謬補缺切韻(伯2016 等綴合·唐稿簡刊)	廣韻
抄寫年代	初唐	初唐 初唐	初唐	元和以後九世紀人所書		中唐	唐昭宗天復元年(901)以前				唐末五代	宋代
小結(引《新韻》52處，涉及41個字詞)				11字所屬的大韻缺失；2字大韻殘字；7字大韻全而無此字形；4字字形不清晰不能判斷；13字不合；4字基本吻合。		29字所屬的大韻缺失；4字大韻殘字；2字大韻全而無此字；3字字形不清晰不能判斷；1字不合；2字部分吻合；2字基本吻合。	9字所屬的大韻缺失；10字7字大韻全而無此字，不存；5字大韻殘字；2字字形不清晰不能判斷；14字不合；1字部分吻合；2字基本吻合。	9字所屬的大韻缺失；1字7字大韻殘字；5字大韻全而無此字不存；6字大韻全而無此字形；3字字形不清晰不能判斷；23字不合；1字部分吻合；5字基本吻合。		24字所屬的大韻缺失；1字大韻殘字，不存；6字大韻全而無此字；2字字形不清晰不能判斷；9字不合；1字部分吻合；4字基本吻合。	36字所屬的大韻缺失；2字大韻全而無此字形，不存；3字字形不清晰不能判斷；5字不合；3字部分吻合；7字基本吻合。	3字大韻全而無此字；4字字形能判斷；22字不合；5字部分吻合；7字基本吻合。

【説明】(1) 表中韻書擬名依據《敦煌經部文獻合集》和《唐五代韻書集存》；韻書抄寫年代斷據《敦煌經部文獻合集》。

(2) 表中符號所表示的意義：□或空格，此大韻缺，此字無此字，其字不存；▲，大韻完整而無此字，或大韻雖不全，但此字無，亦無其字；×，此字大韻及訓釋完整，但與可洪所言《新韻》情況不合；○，此字大韻及訓釋完整，情況不完全吻合；○，此字大韻及訓釋完整，與可洪所言《新韻》內容合與否不能最終判斷。與可洪所釋所言《新韻》情況基本吻合；★，字形或釋文《可洪音義》或抄本韻書不清晰，抑或傳抄有誤，與可洪所言《新韻》內容合與否不能最終判斷。

附錄圖表　443

圖表 4　可洪所引《舊韻》與現存《切韻》系韻書對照表

韻書／字頭	切韻一（伯3798）	切韻二（伯3696碎十二等綴合）	切韻四（斯2683/伯4917綴合・切一）	切韻箋注二（斯2071,敦3109・切三）	切韻箋注四（俄дх1372+斯3703/斯6013綴合）	切韻箋注王三（伯3693等綴合）	切韻箋注切七（斯2055・切二）	刊謬補缺切韻一（伯2011・王一）	刊謬補缺切韻二（故宮博物院藏末跋本・王三）	裴本刊謬補缺切韻（故宮博物院藏本・王二）	蔣斧本唐韻	大唐刊謬補缺切韻（伯2016等綴合，簡稱唐刊）	廣韻
抄寫年代	初唐	初唐	初唐	元和以後九世紀人所書	中唐	中唐	唐昭宗天復元年（901）以前			唐韻	唐末五代	末代
冬　䑣	○												○
支　迻移		×		⊙				△	○	×		△	⊙
脂　繠		▲		▲		▲		△	×	○			▲
脂　夔		★		★		★		△	★	★			★
魚　䟽				▲		○		○	○				×
魚　䛇				○		○		×	×				×
虞　䨲				▲		▲		△		×		△	⊙
佳　䆉				○					○	×			×
臻　榛									○				×
桓　紈				○				○	○	○		△	○
蕭　儌徼				▲		▲			○	○		△	×
宵　燋				×				△	×				○

續表

韻書\抄寫年代\字頭	切韻一（伯3798）	切韻二（伯3696 斯十二等綴合）	切韻四（斯2683/伯4917 等綴合·切一）	切韻箋注二（斯2071, 俄敦3109·切三）	切韻箋注四（俄敦1372+斯3703/斯6013 綴合）	切韻箋注五（伯3693 等綴合）	切韻箋注七（斯2055·切二）	刊謬補缺切韻一（伯2011·王一）	刊謬補缺切韻二（故宮博物院藏宋跋本·王三）	裴本刊謬補缺切韻二（故宮博物院藏本·王二）	蔣斧本唐韻	大唐刊謬補缺切韻（伯2016 等綴合 簡稱刊）	廣韻
	初唐	初唐	初唐	元和以後九世紀人所書	中唐	中唐		唐昭宗天復元年（901）以前				唐末五代	宋代
泯				○					○	○			○
錚				○					○	○			○
朋			×	×				×	×	×			×
迬			×	○				×	×	×		★	×
本		×	×	×				×	×	×	?		★
簡		×	○	○				△	○	○			○
勴				△		△		○	○	○			○
扃				★		○		★	★	★		★	★
鬧				○		○		○	○	○			○
警			△			△		△					×
幸俸								○	○	○			○
銃											×		×
槊劓劘													

續表

字頭	韻目	抄寫年代	切韻一（伯3798）	切韻二（伯3696碎十二等綴合）	切韻三（斯2683/4917伯綴合・切一）	切韻箋注二（斯2071，俄敦3109・切三）	切韻箋注四（俄敦1372＋斯3703/斯6013綴合）	切韻箋注五（伯3693等綴合）	切韻箋注（伯2055・斯切二）	刊謬補缺切韻一（伯2011・王一）	刊謬補缺切韻二（故宮博物院藏宋跋本・王三）	裴本刊謬補缺切韻（故宮博物院藏宋本・王二）	蔣斧本唐韻	大唐刊謬補缺切韻（伯2016等綴合・簡稱唐刊）	廣韻
			初唐	初唐	初唐	元和以後九世紀人所書		中唐	中唐	唐昭宗天復元年（901）以前				唐末五代	宋代
忍	未									★	★	▲	★		★
毅	未									★	★	★	★		★
頵	齊					△			×	×	×	×	○		×
擴	泰						○		○	○	○	○	○		○
謮	夬				×		×		×	○	○	○	×		▲
項	厰						×		○	○	○	○	○		○
輭	敬/映						×		×	×	×	×	×		×
屏	勁								△	★	★	★	○		★
肹/肹/肸	迄						○			○	○	○	×		○
柘	鐸								⊙		▲	▲	×	⊙	▲
咕	業														

續表

韻書 \ 項目	切韻一（伯3798）	切韻二（伯3696+伯3695十二等綴合）	切韻四（斯2683/伯4917綴合·切三）	切韻箋注四（俄斯1372+俄3071，斯3703/斯3109·敦6013綴合·切三）	切韻箋注五（伯3693+斯3694等綴合）	切韻箋注七（斯2055·切二）	刊謬補缺切韻一（伯2011·王一）	刊謬補缺切韻二（故宮博物院藏宋跋本·王三）	裴本刊謬補缺切韻（故宮博物院藏宋本·王二）	唐韻 蔣斧本	大唐刊謬補缺切韻（伯2016等。簡稱唐刊）	廣韻
抄寫年代	初唐	初唐	初唐	元和以後九世紀人所書		中唐	中唐	唐昭宗天復元年（901）以前			唐末五代	宋代
字目				14字所屬的韻部缺失；9字韻殘字不存；4字韻全而無此字；2字字形不清字形不能判斷；5字1字部分吻合；10字基本吻合。			9字所屬的韻部缺失；9字韻殘字不清字形不能判斷；8字1字部分吻合；7字基本吻合。	1字所屬的韻部缺失；1字韻全而無此字；5字字形不清字形不能判斷；11字1字部分吻合；19字基本吻合。	14字所屬的韻部缺失；2字韻全而無此字；4字字形不清字形不能判斷；6字1字部分吻合；11字基本吻合。	25字所屬的韻部缺失；1字韻全而無此字；4字字形不清字形不能判斷；5字1字部分吻合；2字基本吻合。	29字所屬的韻殘字不存；1字韻全而無此字；3字字形不清字形不能判斷；13字1字部分吻合；2字基本吻合。	3字韻全而無此字；6字字形不清字形不能判斷；13字不合；2字基本吻合。
小結（舊韻）43處，涉及37個字頭												

【說明】（1）表中韻書擬名依據《敦煌經部文獻合集》和《唐五代韻書集存》；韻書抄寫年代暫據《敦煌經部文獻合集》。

（2）表中符號所表示的意義：囗或空格，此或殘損，其字不存；△，大韻殘損，此字不存，亦無其字；×，此字字頭及訓釋完整，但與可洪所言《舊韻》情況不合；○，此字字頭及訓釋完整，但小韻完整，或大韻雖不全，但可洪所言《舊韻》內容與否不能最終判斷。與可洪所言《舊韻》情況基本吻合；★，字形或釋文或抄本讀書不清晰，抑或傳抄有誤，與《舊韻》內容與否不能最終判斷。

附錄圖表　　447

圖表 5　　可洪所引《系傄《韻》》與現存《切韻》系韻書對照表

韻書＼字頭	切韻二（伯3696碎十二等綴合）初唐	切韻三（斯6187）初唐	切韻箋注二（斯2071、俄3109、敦切三）元和以後九世紀人所書	切韻箋注五（伯3693等綴合）中唐	切韻箋注七（斯2055·切二）中唐	刊謬補缺切韻一（伯2011·王一）唐昭宗天復元年（901）以前	刊謬補缺切韻二（故宮博物院藏宋跋本·王三）	裴本刊謬補缺切韻（故宮博物院藏·王本·王二）	蔣斧本唐韻	大唐刊謬補缺切韻（伯2016等綴合·簡稱唐刊）唐末五代	廣韻 宋代
鑯（支/齊）	×		★								×
躓（之/御）	△		▲			△	×	△		★	★
軒（元）			×				×				×
鐃（蕭）			▲		▲	○	○	○		▲	▲
尤（侵）		○		○							○
鮑（巧）			×	○		×	×				×
蝶蠃（哿/果）			×	×			×	×			×
廿			×				×				
梗			△	▲		▲	▲	▲			▲
禀（忝）						△	○	○			○
瀆（寘）						×	×	×			×
蛓（至）						★	★	★	★		▲
互（暮）						△	×	×	○	△	★
醋（暮）											○

續表

韻書\抄寫年代\字頭\韻目	切韻二(伯3696等十二種綴合)	切韻三(斯6187)	切韻箋注三(斯2071、俄3109敦3109·切三)	切韻箋注五(伯3693等綴合)	切韻箋注七(斯2055·切二)	刊謬補缺切韻一(伯2011·王一)	刊謬補缺切韻二(故宮博物院藏宋跋本·王三)	裴本刊謬補缺切韻(故宮博物院藏本·王二)	蔣本唐韻	大唐刊謬補缺切韻(伯2016等綴合·簡稱唐刊)	廣韻
	初唐	初唐	元和以後九世紀入所書	中唐	中唐	唐昭宗天復元年(901)以前				唐末五代	宋代
䶀 齊						▲	▲	★	○		▲
第 霽				△		○	○	○	×?		×
昔 祭				○		○	★	★	○		○
妖 怪				★			×	×	×		★
簀 線			△	×		×	○	×	×		○
屏 勁				▲		×	×	×	▲		×
眙 證				×		△	▲	○	▲		○
不 物			★			★	★	×	▲		○
葉 曷			★			★	★	×	★		★
幹 末			×			×	×	×	★	△	○
蚚蜴 昔/錫											
覡/巫 錫/虞											

附錄圖表　　449

續表

韻書	切韻二（伯3696 切韻三碎十二等綴合）	切韻三（斯6187）	切韻箋注一（斯2071、俄敦3109・切三）	切韻箋注五（伯3693等綴合）	切韻箋注七（斯2055・切二）	刊謬補缺切韻一（伯2011・王一）	刊謬補缺切韻二（故宮博物院藏跋本・王三）	裴本刊謬補缺切韻二（故宮博物院藏末本・王二）	蔣斧本唐韻	大唐刊謬補缺切韻（伯2016等綴合，簡稱唐韻刊）	廣韻
抄寫年代	初唐	初唐	元和以後九世紀人所書	中唐	中唐	唐昭宗天復元年（901）以前				唐末五代	宋代
韻目											
小結（引孫愐《韻》26處，涉及字頭25個）			13字所屬的韻部缺失；2字韻殘字不存；2字韻全而無此字頭；1字字形不清晰不能判斷；5字不合；3字基本吻合。	14字所屬的韻部缺失；2字韻殘字不存；2字韻全而無此字頭；3字字形不清晰不能判斷；3字不合；5字基本吻合。		5字所屬的韻部缺失；5字韻殘字不存；2字韻全而無此字頭；3字字形不清晰不能判斷；5字不合；5字基本吻合。	1字所屬的韻部缺失；3字韻殘字不存；2字韻全而無此字頭；4字字形不清晰不能判斷；11字不合；6字基本吻合。	6字所屬的韻部缺失；1字韻殘字不存；2字韻全而無此字頭；4字字形不清晰不能判斷；7字不合；5字基本吻合。	10字所屬的韻部缺失；2字韻殘字不存；5字韻全而無此字頭；3字字形不清晰不能判斷；5字不合；5字基本吻合。		3字韻全而無此字；5字字字形不清晰不能判斷；8字不合；9字基本吻合。

【說明】
(1) 表中韻書擬名依據《敦煌經部文獻合集》和《唐五代韻書集存》；韻書抄寫年代暫據《敦煌經部文獻合集》。
(2) 表中符號所表示的意義：□或空格，此字殘缺，其字不存；△，大韻殘損，其字不存；▲，大韻完整，但小韻完整，但小韻完全缺字，亦無其字；×，此字字頭及訓釋完整，但與司洪所言所引《韻》情況不合；○，此字字頭及訓釋完整，與司洪所言所引《韻》情況不完全吻合；◎，此字字頭及訓釋完整，與司洪所言所引《韻》情況不完全吻合，或抄本韻書抄有誤，抑或傳抄不清晰，字形或釋文《可洪音義》內容與否不能最終判斷。

參考文獻

專著類

北京圖書館金石組編：《北京圖書館藏歷代石刻拓本匯編》，中州古籍出版社1990年版。

陳五雲、徐時儀、梁曉虹：《佛經音義與漢字研究》，鳳凰出版社2010年版。

陳垣：《中國佛教史籍概論》，中華書局1962年版。

儲泰松：《佛典語言研究論集》，安徽師範大學出版社2014年版。

方一新、高列過：《東漢疑偽佛經的語言學考辨研究》，人民出版社2012年版。

《漢譯佛典語言研究》編委會編：《漢譯佛典語言研究》，語文出版社2014年版。

黃仁瑄：《唐五代佛經音義研究》，中華書局2011年版。

紀容舒、錢熙祚元斠，錢恂重斠：《重斠唐韻考》，叢書集成初編1246，中華書局1985年版。

姜磊：《〈玄應音義〉及相關韻書研究》，寧夏人民出版社2014年版。

姜亮夫：《瀛涯敦煌韻輯》，見《姜亮夫全集》，雲南人民出版社2003年版。

姜亮夫：《瀛涯敦煌韻書卷子考釋》，見《姜亮夫全集》，雲南人民出版社2003年版。

姜南：《基於梵漢對勘的〈法華經〉語法研究》，商務印書館2011年版。

蔣紹愚、胡敕瑞主編：《漢譯佛典語言研究論集》，商務印書館2013年版。

李煒：《早期漢譯佛經的來源與翻譯方法初探》，中華書局2011

年版。

李新魁、麥耘：《韻學古籍述要》，陝西人民出版社 1993 年版。

李永富：《切韻輯斠》，藝文印書館 1973 年版。

梁春勝：《楷書部件演變研究》，綫裝書局 2013 年版。

梁曉虹：《日本古寫本單經音義與漢字研究》，中華書局 2015 年版。

梁曉虹、徐時儀、陳五雲：《佛經音義與漢語詞彙研究》，商務印書館 2005 年版。

劉復、魏建功、羅常培等編著：《十韻彙編》，國家圖書館出版社 2009 年版。

龍國富：《〈妙法蓮華經〉語法研究》，商務印書館 2013 年版。

龍宇純：《唐寫全本王仁昫刊謬補缺切韻校箋》，香港中文大學 1968 年版。

苗昱、梁曉虹：《〈新譯大方廣佛華嚴經音義私記〉整理與研究》，鳳凰出版社 2014 年版。

潘重規：《瀛涯敦煌韻輯新編》，文史哲出版社 1974 年版。

潘重規：《瀛涯敦煌韻輯別錄》，文史哲出版社 1974 年版。

上田正：《切韻殘卷諸本補正》，東京大学東洋文化研究所附屬東洋学文献センター刊行委員会 1973 年版。

上田正：《切韻諸本反切総覧》，均社 1975 年版。

上田正：《切韻逸文の研究》，汲古書院 1984 年版。

譚翠：《〈磧砂藏〉隨函音義研究》，中國社會科學出版社 2013 年版。

王文顏：《佛典重譯經研究與考錄》，文史哲出版社 1993 年版。

吳彩鸞書：《唐寫本王仁昫刊謬補缺切韻》，廣文書局 1964 年版。

無名氏：《玉篇抄》，見張涌泉主編，許建平、關長龍、張涌泉等撰《敦煌經部文獻合集》第 8 冊，中華書局 2008 年版。

辛嶋静志著，裘雲青、吳蔚琳譯：《佛典語言及傳承》，中西書局 2016 年版。

徐朝東：《蔣藏本〈唐韻〉研究》，北京大學出版社 2012 年版。

徐時儀：《一切經音義三種校本合刊》，上海古籍出版社 2008 年版。

徐時儀：《〈慧琳音義〉研究》，上海社會科學出版社 1997 年版。

徐時儀：《玄應和慧琳〈一切經音義〉研究》，世紀出版集團 2009 年版。

徐時儀：《玄應〈衆經音義〉研究》，中華書局 2005 年版。

徐時儀、陳五雲、梁曉虹編：《佛經音義研究》（首屆佛經音義研究國際學術研討會論文集），上海古籍出版社 2006 年版。

徐時儀、陳五雲、梁曉虹編：《佛經音義研究》（第二屆佛經音義研究國際學術研討會論文集），鳳凰出版社 2011 年版。

徐時儀、梁曉虹、陳五雲：《佛經音義研究通論》，鳳凰出版社 2009 年版。

楊同軍：《語言接觸與文化互動：漢譯佛經詞彙的生成與演變研究》，中華書局 2011 年版。

楊正業等輯校點校：《古佚三書：上元本玉篇；韻；小學鉤沉三編》，四川辭書出版社 2013 年版。

姚永銘：《慧琳〈一切經音義〉研究》，江蘇古籍出版社 2003 年版。

于淑健：《敦煌佛典語詞和俗字研究》，上海古籍出版社 2012 年版。

于亭：《玄應〈一切經音義〉研究》，中國社會科學出版社 2009 年版。

張涌泉主編，許建平、關長龍、張涌泉等撰：《敦煌經部文獻合集》，中華書局 2008 年版。

張幼軍：《佛教漢語訓釋方法探索——以〈小品般若波羅蜜經〉爲例》，湖南師範大學出版社 2008 年版。

鄭賢章：《〈龍龕手鏡〉研究》，湖南師範大學出版社 2004 年版。

鄭賢章：《〈郭迻經音〉研究》，湖南師範大學出版社 2010 年版。

鄭賢章：《〈新集藏經音義隨函錄〉研究》，湖南師範大學出版社 2007 年版。

朱慶之：《佛典與中古漢語詞彙研究》，文津出版社 1992 年版。

朱慶之編：《佛教漢語研究》，商務印書館 2009 年版。

宗福邦等編：《故訓匯纂》，商務印書館 2003 年版。

論文類

白藤礼幸：《安澄撰〈中論疏記〉所引の〈玉篇〉について》，《二松學舍大學大學院紀要》第 18 集，二松學舍大學大學院，2004 年。

高田時雄：《玉篇の敦煌本》，《人文》第 33 集，京都大學教養部，1987 年。

高田時雄：《玉篇の敦煌本・補遺》，《人文》第 35 集，京都大學教養部，1988 年。

京都大學令集解研究會：《〈令集解〉に於ける〈玉篇〉利用の実態》，《鷹陵史學》第 3—4 集，佛教大學，1977 年。

井上順理：《"令集解"引"玉篇"佚文考——〈孟子伝来考〉附論》，《鳥取大學教育學部研究報告・人文・社會科學》第 17 集，鳥取大學教育學部，1966 年。

井野口孝：《法進〈沙彌十戒并威儀経疏〉にみえる〈玉篇〉佚文について》，《京都府立大學學術報告・人文・社會》第 53 集，京都府立大學學術報告委員會，2001 年。

李偉國：《俄藏敦煌〈玉篇〉殘卷考釋》，《中華文史論叢》第 52 輯，上海古籍出版社 1993 年版。

鈴木慎吾：《〈切韻残卷諸本補正〉未収の切韻残卷諸本について》，《開篇》第 23 輯，好文出版 2004 年。

鈴木慎吾：《〈切韻残卷諸本補正〉未収の切韻残卷諸本——ベルリン本補遺》，《開篇》第 28 輯，好文出版 2009 年。

鈴木慎吾：《〈切韻残卷諸本補正〉未収の切韻残卷諸本——大谷本補遺》，《開篇》第 29 輯，好文出版 2010 年。

鈴木慎吾：《切韻諸本残存狀況一覽圖：切韻諸本研究資料之一》，《開篇》第 31 輯，好文出版 2012 年。

森鹿三：《〈令集解〉所引〈玉篇〉考》，《東方學報》第 41 集，京都大學人文科學研究所，1970 年。

上田正：《〈玉篇〉逸文論考》，《訓点語と訓点資料》第 73 集，訓点語學會，1985 年。

辻星児：《倭名抄所引の〈玉篇〉について》，《岡山大學文學部紀要》第 1 集，岡山大學文學部，1980 年。

西端幸雄：《大乗理趣六波羅密経釈文——漢字索引》，《訓点語と訓点資料》第 59 集，訓点語學會，1976 年。

西崎亨：《東大寺図書館蔵〈中観論疏記（卷六末）〉引〈玉篇〉佚文考》，《訓点語と訓点資料》第 62 集，訓点語學會，1979 年。

西崎亨：《天理図書館蔵建保六年書写〈三教指帰註〉引〈玉篇〉佚文》，《訓点語と訓点資料》第 65 集，訓点語學會，1980 年。

徐時儀：《略論佛經音義的校勘——兼述王國維、邵瑞彭、周祖謨和蔣禮鴻所撰〈玄應音義〉校勘》，《杭州師範大學學報》（社科版）2011年第3期。

徐時儀：《〈一切経音義〉引〈玉篇〉考》，《開篇》第27集，好文出版2008年。

佐藤義寬：《〈三教指帰成安注〉所引〈玉篇〉佚文集並びに研究》，《文芸論叢》第31集，大谷大學文藝研究會，1988年。

佐藤義寬：《〈三教指帰成安注〉所引〈玉篇〉佚文集並びに研究・補遺篇——付・〈切韻〉等佚文》，《文芸論叢》第32集，大谷大學文藝研究會，1989年。

字詞索引

四劃

卅 20, 21, 54, 151, 152, 190, 191, 215, 284, 285

上 105, 172

尤 11, 93, 110, 155, 209, 210, 283, 368

囚 21, 156, 251, 252, 264

幻 105, 152, 171, 172, 373, 382, 382, 403

互, 4, 7, 9, 19, 20, 66, 118, 152, 162, 171, 172, 192, 193, 201, 213, 220, 233, 257, 274, 279, 286, 287, 307, 332, 334, 340, 350, 354, 358, 367, 405, 406, 420

尤 2, 4, 5, 17, 29, 57, 95, 101, 106, 133, 188, 209, 269, 299, 330, 339, 352, 408

五劃

宄 34

印 6, 7, 8, 10, 12, 25, 26, 52, 57, 80, 87, 88, 91, 94, 96, 105, 106, 108, 111, 129, 133, 140, 144, 151, 162, 174, 174, 179, 180, 181, 182, 196, 202, 308, 324, 328, 329, 330, 331, 333, 334, 335, 336, 341, 343, 345, 348, 350, 351, 354, 363, 369, 378, 389, 390, 408, 409, 413, 414, 415, 416, 417, 418

市 22, 33, 43, 55, 104, 114, 124, 151, 179, 181, 192, 194, 199, 222, 224, 386, 393, 400, 403, 407

句 15, 20, 25, 30, 37, 38, 40, 41, 50, 53, 61, 69, 72, 119, 136, 141, 151, 177, 178, 206, 252, 303, 308, 329, 331, 336, 343, 346, 352, 353, 355, 357, 358, 359, 372, 376, 381, 383, 385, 389, 393, 395, 396, 397, 398

屶 115

尻 35, 263

六劃

夷 8, 28, 29, 33, 40, 53, 200, 205, 243, 265, 328, 349, 377, 406, 407, 408

刓 305, 315, 316, 325, 341, 342

吃 30, 370

犴 39, 40

伕 105, 106

仱 204

怀 106

伍 22

休 78, 151, 152, 154, 300, 335, 340, 344, 349, 364, 398, 407

屻 227

网 21, 156, 251

舛 34

忉 126, 127

忍 273

北 17

両 132, 151, 152, 153

㕁 125, 126, 257

邦 151, 152, 154

七劃

厄 24, 25

役 34, 177, 405

剙 26, 27

巫 28, 292, 317, 318, 326, 334

帗 97, 98, 99, 114

斋 115

呩 93, 112

吔 114, 247

呧 113

吱 93, 112

犾 8, 40, 93, 119, 120

沉 11, 50, 51, 155, 209, 210, 217, 236, 244, 245, 266, 333, 349, 359

汻 7, 50

決 55, 56, 165, 295, 301, 336, 354, 358, 408

沈 11, 50, 51, 151, 152, 155, 208, 209, 210, 217, 330, 333, 336, 338, 344, 346, 359, 377, 394, 395, 414

玒 40, 41, 146

忼 152, 171, 173, 377

肮 125, 126

阾 77

八劃

苉 66, 68

苔 120, 137

兔 18, 306, 411, 412

㞑 285

炉 126

呹 113

咕 232, 260, 276

㕸 36, 242, 271

枘 224, 225

杼 37
俀 305, 306, 307, 323
卓 15, 50, 94, 150, 183, 204, 228, 312, 316, 325, 366, 420
抵 212, 281, 345, 346, 389
拖 265, 365, 418
拓 57, 90, 11, 122, 179, 180, 195, 223, 232, 236, 237, 238, 238, 250, 258, 259, 276, 346, 419, 420
泓 237, 247, 268, 269, 409
罔 21, 22, 48, 56, 81, 151, 152, 156, 232, 251, 252, 264, 271, 344
坻 71, 111, 112, 212, 311
坵 111, 112
幸 23, 24, 27, 40, 60, 160, 263, 267, 268, 272, 279, 283, 336, 389, 403, 420
玠 151, 152, 155
肯 1, 73, 152, 171, 173, 346, 394
朋 10, 11, 44, 152, 171, 173, 263, 269, 337, 347, 410, 411
朌 125, 126, 151, 152, 156, 232, 257, 275, 276, 403

九劃

茲 187, 188, 195, 200, 209
軌 34, 71, 151, 152, 158, 182, 183, 195, 220, 337, 350, 365, 368, 420

迻 89, 106, 114, 115, 123, 124, 190, 211, 265, 301, 306, 309, 322, 324, 325, 365
契 151, 152, 157
奭 25, 73, 347, 386
屏 22, 35, 36, 232, 254, 275, 279, 289
怹 48
峟 30
紈 267
柳 151, 152, 157, 158, 344
姹 117
姟 204
俙 89, 106, 107, 190, 197, 201
屏 22, 35, 36, 116, 131, 254, 264, 275, 279, 289, 336, 339, 340, 353
砭 53
拯 46, 47
涇 122
瓺 41, 55, 78
兗 25, 169
恫 49, 50
㤊 93, 96, 127
叚 21, 61, 132, 151, 152, 158
胂 16, 17, 44, 205

十劃

莞 67, 291, 405
軒 48, 282, 291, 300, 303, 353
蚨 291, 292, 318, 319, 326
蚜 9, 61, 132, 133, 223, 307,

308, 320
逌 263, 269
剝 27, 84, 110, 111, 247, 263, 268, 272
鬥 15, 82, 341
耿 24, 60, 267, 268, 272
敖 151, 171, 174
敕 42
秤 57, 144, 232, 254, 255
烈 48, 341, 395
唕 93, 96, 113
耄 151, 152, 158, 159
盍 226
盌 41, 55, 78, 144
栨 232, 255
桂 37
眙 279, 290
鈢 14, 46, 305, 308, 321
狾 191, 221
㫆 121
砑 190, 215
殷 152, 157, 171, 174, 175, 205, 206
涙 89, 122, 189, 293
垸 28
瓩 40, 41
悎 127, 128
袏 237, 238, 258, 259, 276
胒 90, 91, 126, 189, 190, 294
竻 134

十一劃

浤 232, 237, 247, 269
貫 4, 90, 116, 129, 151, 171, 175, 176, 182, 390, 421, 422
菖 218
菡 218
菣 151, 152, 162
堻 226
逜 72, 73, 232, 259
專 1, 2, 6, 27, 41, 42, 51, 194, 222, 331, 347, 348, 351, 359, 369, 392, 397, 398, 408, 417
舷 212
唵 14, 15, 31, 46
售 31
勔 232, 251, 270, 271
勗 26, 270
盔 41, 55, 78
觕 212
斛 305, 308, 321
婇 212, 213
婊 36
婟 36, 242, 266
欸 274, 275, 288, 289
猄 120, 137
偋 22, 35, 36, 254, 264, 275, 279, 289
僅 117, 204, 205
偶 105, 125, 216, 333, 336, 341, 408

字詞索引　　　459

偂 107, 173
偵 103, 107
偹 14, 22, 31
晢 279, 288
屈 117
硏 92, 100, 130
捭 151, 152, 162, 163
掍 305, 313, 314, 315, 322
掏 198, 206
操 124
涖 93, 123
珱 52, 90, 129, 130, 189, 222
圅 32, 249
悑 128, 129
悸 49
窓 47, 59
𢙴 295, 296
袤 232, 256
酕 151, 152, 163
脢 16, 44, 205
脈 44, 401, 402
笴 90, 135, 151, 152, 163, 164, 294, 368
笝 134, 321

十二劃

寓 7, 34
葆 67, 232, 235, 251
萠 202
甚 217, 232, 252, 298
靬 92, 140

軯 92, 99, 139
蛨 133, 205
蜵 93, 133
蛇 9, 61, 132, 223, 307
剓 200
剶 27, 84, 263, 268, 272, 273
敨 41, 42
鈘 143, 210
嘩 11, 32, 113
嗒 14, 22, 31
喑 31
嘆 305, 311, 312, 321, 322
粵 65
絜 69
椎 38, 145, 361, 377
晡 97, 130
晢 288
睞 229, 230
婼 229, 230
媈 93, 117, 205
偵 107, 108
嗒 43
崵 33
屢 82, 229
硤 53
摔 227
揖 47
揄 232, 245, 266
渴 51, 358
湣 51, 233, 236, 244, 245, 266
番 55, 389
惵 232, 248, 249

悚 12，49
誅 92，93，142，226，227
酢 71，83，279，287
敠 81，219，221
脘 151，152，165，381，382，
　396，422
堂 208
豜 151，152，166
策 42，62，68，344，402
筈 63，339，340
筑 62，63
踤 140

十三劃

蒎 299
蒺 66，68，352，370，371，376
蒙 151，177，178，179，194，
　348
著 67，68
蒜 67
虜 93，116
魃 286，385
槀 56，328，360
鉚 152，190，191，215
鉗 78，148，192
嗔 113，114
嗜 232，258，305，310，311，
　325
麂 49，131，135，151，152，
　165，166，198
毹 125
綈 69，70

椹 68，78，138，167，217，252，
　298
僙 207，208
僕 108，305，324
僞 93，108，109
辞 75，80，90，111，143，195，
　200，216，310，409，411
躬 73，74
磇 92，130，309，310，322
壼 32，249，250
溮 123
窡 237，247，268，269
誄 75，405
殟 93，146
頑 224
肆 66
雅 93，96，143
赺 70

十四劃

髩 81，89，107
瘊 12，58
瘢 116，131，361，362
痤 219，361，362
蓝 295
蔙 137
蔗 89，136，206，207，365
蝶 284，297，298
蜮 60
蝎 291，292，318，326
剽 27，84，110，111，247，263，
　268，272

斟 50
斡 291, 300, 405
聝 60
魄 13, 73, 83, 155, 156, 315
稫 57, 130
穊 305, 306, 323
熊 25, 198, 330, 358, 361, 397, 398
覝 28, 279, 292, 317, 318, 326
銃 104, 144, 233, 252, 272
銂 78
銰 114, 247, 248, 269
閞 142, 143
粹 65
槀 38, 163, 164
榛 236, 246, 267
嫡 93, 117, 118
獐 151, 152, 166
䰗 93, 109
僥 8, 23, 24, 27, 28, 263, 267, 268, 272, 279, 282, 283, 393
僑 93, 109
僅 34, 134, 152, 171, 176, 177, 321, 347
餌 92, 97, 147
豪 151, 152, 166, 167, 198, 206, 234, 235, 246, 299, 337
搏 194, 222
漬 123, 283, 285, 286, 309, 323, 324
堀 305, 317, 320

瑱 232, 241, 242, 253, 275
愬 49, 50
覟 92, 142
頡 202, 203
禇 64
禪 136, 314
箂 135
鄩 214, 215

十五劃

髴 81, 89, 107
髶 148

萬 69

蕀 137, 138
蕈 68, 138, 151, 152, 167, 217
輦 16, 72
蝡 102, 134
螋 293, 294
蟛 318, 319, 326
蝦 9, 61, 132, 133, 223, 242, 246, 266, 305, 307, 308, 320, 357, 358, 369, 413
頓 300, 301, 305, 325, 326
唻 71
稽 57, 58, 188, 203, 204, 328, 366, 383, 398, 416
幟 33, 42, 369
噌 114, 247
導 102, 103, 114
嘈 228, 229, 316, 324
總 151, 152, 168

牖 47, 48, 59, 285
毆 93, 120, 121, 167, 168, 216
暴 7, 32, 43, 44, 273, 283, 323, 358, 369, 389
踝 74, 75, 369, 411, 413
靥 82, 146, 229
碌 53, 192
殴 120, 121, 151, 152, 167, 168, 216
毅 273, 337
潯 124
潰 304
墠 28
甄 41
惷 199, 219
憚 311, 322, 390
憨 293, 295, 346
窳 211
諫 9, 10, 75, 201
諨 75
諢 6, 9, 75, 76, 334

諛 245, 266
頸 147
頰 79
膝 45, 232, 235, 248
膞 16, 44, 205
箒 90, 135, 294, 353, 366, 367, 368
踔 102, 141
踏 141, 294, 346, 354, 355, 392

十六劃

瘤 131, 132
頤 76, 77, 82, 221, 241, 264, 273, 274, 279, 287
徹 23, 24, 27, 263, 267, 268, 272, 279, 283, 399
螉 61
螃 318, 319, 326
鞭 10, 79, 232, 241, 253, 264, 275, 340
積 131, 337
髭 80, 141, 142
幨 191
錩 144
錘 6, 39, 104, 199, 200
錠 41, 55, 78, 144
錣 192, 229
鹹 305, 308, 321
嘯 16, 32, 60, 212, 344
駁 16, 17, 300
橖 38
儘 93, 104, 110
墾 90, 121, 122, 190, 222, 223
磺 21, 54, 191, 284
操 168, 197, 198, 223, 332, 335
擐 175, 182
憿 23, 24, 27, 263, 267, 268, 272, 279, 283
懅 98, 99, 128, 355, 375, 389
憖 100

懆 151, 152, 168, 169, 197, 215, 223

憻 129

謏 216, 217

謔 229, 230, 232, 235, 258

褯 232, 259, 314

鮑 33, 283, 284, 322, 323, 327, 348, 348

膭 12, 45, 46

膶 12, 45, 46

膡 151, 152, 168

十七劃

髽 81, 82, 151, 152, 169, 220, 221, 232, 233, 240, 241, 253, 274, 280, 287, 288

癍 58, 59, 232, 238, 239, 253, 264, 274, 384

邋 73

鶍 101

龜 85, 150, 187, 188, 200, 209, 293, 328, 331, 332, 334, 407, 408

穢 192, 224

鮹 305, 307, 320

檴 13, 38

橄 39, 348, 349, 393

瞧 54, 55

鴻 27, 51, 52

濕 151, 152, 169, 183, 314, 329, 352, 378

濤 232, 234, 235, 246

壐 52

顉 7, 8, 79

頮 147

襏 12, 65, 145, 415, 416

膿 232, 234, 243, 264, 265, 376

瀔 84, 181

簏 89, 136, 190, 206, 207

十八劃

蘊 69

蕣 232, 236, 246, 267

闖 228

聶 152, 171, 177, 192, 330, 331

飊 294, 295

鞳 146

薵 304

騶 148

鵩 101, 149

燋 246, 268

戁 191, 221

雙 141

襴 53, 403

撼 227

瀘 195, 219, 220

瓊 49, 52

謟 296

襋 64

簡 2, 5, 7, 8, 10, 13, 23, 39, 63, 64, 87, 88, 90, 105,

106, 122, 198, 223, 263, 270, 352, 361, 370, 371, 418
蹓 141

十九劃

鬢 82, 370, 379, 395, 396
藿 138, 353, 366
蘷 189, 209
齠 86, 258, 310
蠣 61, 284, 297
蠃 61, 284, 297, 298
鏒 93, 144
麖 151, 152, 170, 171, 188, 203, 204
鼃 232, 242, 246, 266
難 252, 298
儴 188, 189, 207
礦 54, 20, 21, 152, 190, 191, 215, 284, 285, 337
轙 191
懲 233, 243, 248
懶 12, 13, 49
譏 9, 75, 160, 201
警 108, 165, 239, 240, 252, 271, 324
譚 11, 76, 180
羯 137
贐 84, 106, 133, 334
蹲 206

二十劃

藶 139

蘗 290, 291
礨 40, 62, 373, 374
鼇 232, 243, 244, 265
黥 27, 84, 110, 111, 232, 247, 263, 268, 272
鐕 114, 232, 247, 248, 269
鐓 145
鏊 145
鐈 103, 145
鐬 93, 145, 407
譽 7, 32, 329
鹹 82, 83, 229, 306, 323
繶 92, 139
櫪 93, 118, 119
罐 92, 115, 116
譮 264, 274, 275, 289
譟 76
譫 299, 300

二十一劃

夔 232, 244, 265, 386
癩 58, 59, 232, 238, 239, 253, 264, 274
齎 85
囈 32
驃 148
纔 232, 246, 268
權 6, 39, 57, 202, 255, 347, 393, 403
屬 187, 214
籑 289
躓 281, 282

二十二劃

犢 225
贈 80
鑛 54, 190, 191, 215, 285
鷗 223, 224
攞 124, 125
鰹 149

二十三劃

贊 72, 232, 236, 237, 250, 251
贗 72, 236, 237, 250, 251
臺 189, 209
鱗 14, 15, 86, 150, 151, 204
蠾 61

纕 70
鷽 202

二十四劃以上

廬 83
蠹 196, 225
蠾 228, 305, 316, 324
齷 232, 237, 256
蠻 293, 294
鑲 280, 281, 305, 317
龜 85
驢 80, 81
齒齊 15, 93, 150, 151, 204
鱠 149, 150
鼎 305, 325